Michael Jovy

Jugendbewegung und Nationalsozialismus

D1672468

Michael Jovy

Jugendbewegung und Nationalsozialismus

Zusammenhänge und Gegensätze
Versuch einer Klärung

Eingeleitet von Arno Klönne

Lit

Dieser Ausgabe liegt ein durchschriftliches Exemplar des Dissertations-Typoskriptes von 1952 zugrunde. Gegenüber der maschinenschriftlichen Dissertation aus dem Jahre 1952 wurden nur formale Fehler berichtigt. Sachliche
Korrekturen sind unterblieben, um den dokumentarischen Charakter der Buchausgabe zu wahren. Unleserliche
Stellen und eine Reihe von Anmerkungen mußten ohne die redaktionelle Mitarbeit des Autors rekonstruiert werden,
wobei eine grundsätzliche Überprüfung aller Quellen nicht möglich war.

Redaktion: Peter Ulrich Hein

CIP-Kurztitelaufnahme der Deutschen Bibliothek

JOVY, MICHAEL:
Jugendbewegung und Nationalsozialismus :
Analyse ihrer Zusammenhänge u. Gegensätze /
M. Jovy. Vorw. A. Klönne. Münster : Lit Verlag,
1984.
  (Geschichte der Jugend ; Bd. 6)
  ISBN 3-8866-017-3

NE: GT

Lit Verlag, Vorländerweg 48, 44 Münster, Tel. 0251/7 68 61

Printed in Germany

Inhalt

Einleitung von Arno Klönne

Die hier veröffentlichte Studie von Michael Jovy über das Verhältnis von Jugendbewegung und Nationalsozialismus ist in den Jahren 1950 bis 1952 ausgearbeitet und im letztgenannten Jahr von der Philosophischen Fakultät der Universität Köln als Dissertation angenommen worden; Hauptgutachter war der Historiker Theodor Schieder. Die Dissertation lag bislang nur maschinenschriftlich vor; gleichwohl ist in den zahlreichen Veröffentlichungen zum Thema, die später herauskamen, immer wieder auf diese Studie Bezug genommen worden. Wenn die Dissertation von Jovy nun, mehr als 30 Jahre nach ihrem Zustandekommen, erstmals im Druck vorgelegt und damit einer breiteren Öffentlichkeit verfügbar gemacht wird, so bedarf dies der Begründung:

Die Frage nach den Beziehungen zwischen Jugendbewegung und Nationalsozialismus ist heute auf doppelte Weise aktualisiert. Erstens gibt es ein wiedererwachtes Interesse daran, Einsicht in die ideologischen Herkünfte des deutschen Faschismus zu gewinnen, also herauszufinden, welchen Motivationen und Leitbildern denn die Hinwendung von Massen der Bevölkerung in Deutschland zur NSDAP zuzuschreiben ist. Die faschistische Bewegung in Deutschland nahm für sich in Anspruch, in ganz besonderem Maße den "Willen der jungen Generation" auszudrücken, und tatsächlich war es neben anderen Faktoren diese "Jugendlichkeit", die der Hitlerpartei zum Erfolg verhalf. In seiner Symbolik wies der deutsche Faschismus viele Ähnlichkeiten und Übereinstimmungen mit der Formenwelt der Jugendbewegung auf. Schon diese Feststellungen geben hinreichend Anlaß dazu, nach dem Verhältnis von Nationalsozialismus und Jugendbewegung zu fragen.

Zweitens ist nicht von der Hand zu weisen, daß es manche Entsprechungen zwischen dem zivilisationskritischen, lebensreformerischen Potential der einstigen Jugendbewegung und Leitideen der heutigen, wiederum vorwiegend jugendlichen Alternativbewegung gibt, trotz aller historisch-politischen Distanzen, die zwischen diesen beiden Bewegungen liegen. Diese Feststellung lenkt aber den Blick von neuem auf die gesellschaftspolitischen Bedeutungen der deutschen Jugendbewegung vor 1933.

Insofern kann, so denke ich, die Studie von Michael Jovy auf ein neues Interesse rechnen. Sie behandelt einen bestimmten Aspekt der historischen Realität, nämlich die Ideengeschichte, und sie bedient sich dabei weitgehend der Kategorien und Begriffe der Jugendbewegung selbst.

Es liegt auf der Hand, daß eine wissenschaftliche Arbeit aus der unmittelbaren Nachkriegszeit, vom heutigen Stand der Forschung her betrachtet, ihre Lücken und Grenzen hat. Die Materiallage war in den Jahren, in denen Jovy seine Studie schrieb, äußerst schwierig, und das theoretische und methodische Repertoire der Geschichtswissenschaft war damals hierzulande noch keineswegs so weit entwickelt wie heute. Diese Nachteile der Arbeit von Jovy werden aber aufgewogen durch wichtige Vorzüge, die seine Studie aufweist: Der Verfasser interpretiert sein Thema noch aus der eigenen Erfahrung der klassischen Jugendbewegung bzw. ihrer illegalen Fortsetzung im NS-Staat; insoweit ist seine Darstellung auch selbst ein historisches Dokument. Michael Jovy, der 1939 als 19jähriger wegen Fortsetzung der verbotenen Bündischen Jugend verhaftet und 1941 vom Volksgerichtshof in Berlin wegen Vorbereitung zum Hochverrat zu 6 Jahren

Zuchthaus verurteilt wurde, 1944 in die "Bewährungseinheit" 999 eingewiesen wurde und der erneuten Verhaftung durch die Flucht zu den amerikanischen Truppen entkommen konnte, war in den ersten Jahren nach 1945 maßgeblich an den Bemühungen beteiligt, die Jugendbewegung wieder ins Leben zu rufen. Es versteht sich, daß er über sein Thema nicht innerlich unbeteiligt geschrieben hat. Mitzubedenken sind die besonderen Bedingungen zur Zeit der Abfassung der Studie von Jovy: Es gab damals in der veröffentlichten politischen Meinung in Westdeutschland eine weitverbreitete Tendenz, die historische Verantwortung für die faschistische Katastrophe einseitig und verkürzt der Jugendgeneration um 1930 und speziell der Jugendbewegung zuzuschieben, von der Verantwortung der "Institutionen" (Parteien, Kirchen usw.) aber möglichst zu schweigen, eine Vorgehensweise, die der "Restauration" eben dieser Institutionen ideologischen Schutz bot. Dies galt umgekehrt auch für die Präsentation von Widerstand gegen den NS: Herausgestellt wurden die Aktivitäten von Parteien, Militärs und Kirchen gegen das NS-Regime; von jugendbewegter oder überhaupt jugendlicher Opposition war (ausgenommen die Weiße Rose) kaum irgendwo die Rede, eine Version, die ebenso unzutreffend wie nachhaltig wirksam war.

Zweifellos ist die Studie Jovy's durch die Absicht geprägt, der Jugendbewegung vor 1933 und den widerständigen Gruppen aus der Jugendbewegung nach 1933 gegen solcherart Verkürzungen der historischen Realität zu ihrem Recht zu verhelfen.

Beim heutigen Kenntnisstand können einige Fragen, die Jovy's Arbeit aufwirft, sicherlich genauer bearbeitet werden. Um auf solche Probleme kurz hinzuweisen:

Es geht heute nicht mehr so sehr um die Frage nach direkten Übereinstimmungen zwischen "Programmen" der Jugendbewegung und Positionen der faschistischen Politik. Wichtiger scheint vielmehr die Untersuchung jener politischen Kultur, die in Deutschland schon längst vor dem Aufstieg der NSDAP zur Massenpartei dominierte, mit der die Jugendbewegung eng (freilich nicht widerspruchsfrei) verbunden war, der andererseits aber auch Gefühlswelten entstammten, die dem deutschen Faschismus seine "idealistischen" Züge gaben, die ihn als "verkehrte Utopie" erst möglich machten. Aber auch die Frage nach der Widerständigkeit gegenüber dem NS-System ist heute weiter gefaßt; der Blick richtet sich auch auf Verhaltenspotentiale, die – zunächst scheinbar "unpolitisch" – die "innere Sicherheit" des etablierten Faschismus bedrohten. In diesem Zusammenhang erscheinen jugendliche Oppositionsgruppen vom Typ der "Edelweißpiraten" in einem anderen Licht als bei Jovy; hinzu kommt, daß wir inzwischen mehr über sie wissen als im Jahre 1952.

Der Problemhorizont, vor dem heute Zusammenhänge und Gegensätze von Jugendbewegung und Nationalsozialismus diskutiert werden können, soll im folgenden (aus meiner Sicht) wenigstens angedeutet werden. Nur auf den ersten Blick nimmt es sich paradox aus, daß die deutsche Jugendbewegung ideologisch viele Schnittmengen mit dem Nationalsozialismus aufwies, daß aber nach 1933 jugendbewegt-bündische "Umtriebe" den faschistisch-deutschen Staatsorganen als eine besonders verfolgungswürdige Form der Staatsgefährdung erschienen und dementsprechend rigoros unterdrückt wurden. Bei näherem Hinsehen zeigt sich, daß zwischen politischen Ideologien und "lebensweltlichen" Orientierungen ein Konflikt entstehen kann, der politische Folgen hat; ein solches Widerspruchspotential kann für ein totalitäres System gerade dann gefährlich sein, wenn es sich gewissermaßen in ideologischer Nähe bewegt.

Der Nationalsozialismus in Deutschland war als politische Bewegung Teil einer Strömung, die zwischen den beiden Weltkriegen in vielen Ländern Europas in dieser oder jener Variante zu finden war; die heutige Sozialwissenschaft setzt hierfür zumeist, von der Selbstbezeichnung der ersten machtpolitischen Ausformung dieser Strömung ausgehend, den Begriff "Faschismus". Mit einem solchen Oberbegriff sollen nicht die nationalspezifischen Differenzen der einzelnen hier gemeinten Bewegungen oder Staatssysteme (etwa die Unterschiede zwischen dem "Mussolini-Staat" und dem "Hitler-Staat") geleugnet werden. Der generalisierende Begriff "Faschismus" trägt aber einem historischen Sachverhalt Rechnung: Es gab bei diesen politischen Bewegungen einen Grundbestand ideologischer, politisch-organisatorischer und sozialstruktureller Übereinstimmungen quer durch die verschiedenen betroffenen Länder. An dieser Stelle sei festgehalten, daß die spezifisch deutsche Jugendbewegung nicht Ursache einer politischen Strömung sein kann, die in vielen anderen Ländern ebenfalls ihre Rolle spielte, auch in solchen Ländern, wo von dieserart Jugendbewegung nichts zu spüren war. Damit ist allerdings die Frage nach dem Wirkungszusammenhang von Jugendbewegung und deutschem Faschismus nicht abgetan. Eine entscheidende Komponente des Faschismus war, daß es sich hier nicht um den Alleingang von Machteliten handelte, sondern um eine soziale oder politische Bewegung; wo der Faschismus zum Erfolg kam (wie in Italien und Deutschland), war er von Massen der Bevölkerung aktiv getragen. Eine Massenbewegung als Vorbereitung des faschistischen Staates ist aber nicht denkbar ohne längerfristige Herkünfte, ohne Traditionen, ohne tiefverwurzelte Kontinuitäten gesellschaftlichen Bewußtseins und politischer Leitvorstellungen.

Exakt an dieser Stelle ist der Blick auf die Jugendbewegung zu richten. Für die organisations- und machtpolitische Durchsetzung des faschistischen Staates in Deutschland war die Jugendbewegung ohne Bedeutung; nicht die Bünde waren es, die Hitler in den Sattel verhalfen oder die von der NS-Diktaturstaatlichkeit profitierten. Aber ohne Zweifel gehörte die Jugendbewegung zu jenen Strömungen in der deutschen Sozial- und Geistesgeschichte, die Dispositionen bereitstellten, also Denkweisen, Leitbilder und Lebensformen, an die der Faschismus anknüpfen, die er zum Teil integrieren konnte und die einen erheblichen Teil seiner Attraktion ausmachten.

Würde man mit der sozialwissenschaftlichen Methode der quantitativen und qualitativen Inhaltsanalyse an Standardbegriffe der bürgerlichen (zum Teil übrigens auch der proletarischen) Jugendbewegung in Deutschland und des Nationalsozialismus vergleichend herangehen, also die Häufigkeit und den Stellenwert bestimmter darin sich artikulierender Gesellschaftsbilder feststellen, so würde man gewiß sehr viele Kongruenzen finden, die sich schon in jeweiligen Schlüsselworten andeuten: Führer und Gefolgschaft, Volk und Reich, Ehre und Treue, Blut und Boden, Nation und Sozialismus, Volksgemeinschaft. Man würde auch herausbekommen, daß mit gleichen Begriffen sich nicht unbedingt immer völlig identische Vorstellungen verbanden, dies weder innerhalb der Jugendbewegung selbst, noch zwischen Jugendbewegung und Nationalsozialismus. Der Erfolg der faschistischen Bewegungen lag eben darin, daß sie "symbolisch" integrierten und zusammenschlossen, was bei näherem Hinsehen keineswegs restlos und unbedingt ein und dasselbe meinte; insofern ist also mit der Feststellung, daß – dies nur als Beispiel – der Begriff "Führer" in der Jugendbewegung andere Inhalte hatte als in der NSDAP, die Anziehungskraft des gemeinsamen Begriffs für die Zwecke des Nationalsozialismus nicht außer Geltung gesetzt.

Bei der eben angedeuteten Betrachtungsweise bleibt unberücksichtigt, daß die Jugendbewegung in ihren verschiedenen Phasen und Richtungen gesellschafts-politisch kein einheitliches Bild bot. Es ist hier nicht der Platz, Differenzierungen dieser Art darzustellen; im Ergebnis läßt sich aber wohl sagen, daß Leitbilder, die vom NS her integrierbar waren, in der gesellschaftspolitischen Vorstellungswelt der jugendbewegten Bünde zwischen 1923 und 1933 zumindest dominierten. Ausgeklammert bleibt hier auch die Frage nach dem unmittelbaren, organi-sationspolitischen Verhältnis der einzelnen Bünde zur NSDAP oder zur HJ; da-rüber sind an anderer Stelle Details zu finden. Allerdings ist die Vorstellung zu korrigieren, als sei die ideologische Affinität zum Nationalsozialismus ein Spezifi-kum der Jugendbewegung gewesen. Tatsächlich stimmte damals nämlich die Mehrheit des deutschen Bürgertums insgesamt, insbesondere seiner jungen Ge-neration, mit den gesellschaftspolitischen Vorstellungen des Nationalsozialismus weitgehend überein; schließlich kam der Wahlerfolg der NSDAP in dieser Schicht nicht versehentlich zustande. Insofern war also in diesem Punkte die bürgerliche Jugendbewegung nur ein Ausdruck – und quantitativ oder kräftemäßig nicht einmal ein sonderlich wichtiger – bürgerlich-deutscher politischer Gefühlswelt im Vor-Faschismus.

Das ersehnte "Dritte Reich" trug der Vorstellung (nicht unbedingt der späteren Realität) nach mittelständische Züge; gedankliche Bezugspunkte bot dafür der Rückgriff auf (vermeintliche oder tatsächliche) Lebens- und Gesellschaftsver-hältnisse vor der Herausbildung des Industriekapitalismus. Solche Tendenzen waren nicht nur bei den deutschen Mittelschichten zu finden; sie wurden aber in Deutschland noch radikalisiert durch die wirtschaftlichen Verluste, die diese Schichten hier durch den Ausgang des Ersten Weltkriegs und durch die Inflation erlitten hatten. Hinzu kam, daß aufgrund der politischen "Sonderentwicklung" Deutschlands (Niederlage der bürgerlichen Revolution, Verspätung des National-staats, Reichseinigung von oben her, Fortbestand feudaler Politikprivilegien) der Liberalismus im hiesigen Bürgertum ohnehin kaum verankert war und die politi-sche Demokratie, die man selbst nicht hatte durchsetzen können, nun als "wel-scher Demokratismus" ins Negative umgedacht wurde. Der "nationale Sozialis-mus" als Antithese zum "Individualismus" der Freiheitsideale der Revolution von 1789, oder der "heroische deutsche Staatsgedanke" als Antithese zur "händle-risch-liberalen Zivilisation Englands", – das waren Leitbilder, die der Nationalso-zialismus nicht erst entwickeln mußte, sondern die bereits vor und um 1914 im deutschen Bürgertum und bei seinen intellektuellen Wortführern weithin aner-kannt waren.

Die Jugendbewegung in Deutschland war eine Bewegung bürgerlicher Jugend auch insofern, als sie sich (wenngleich nicht reibungslos) diesen politischen Vor-stellungen des Bürgertums vielfach einfügte, aber es bedurfte nicht der Jugend-bewegung, um die eben skizzierten Denkweisen in die Welt zu setzen.

Nach 1933 waren es, von einigen kleinen politischen Gruppierungen der Ju-gendbewegung hier abgesehen, nicht etwa "antifaschistische" Politikkonzepte, die Konflikte zwischen dem NS-Staat beziehungsweise der HJ-Führung und denjenigen hervorriefen, die innerhalb oder außerhalb der Hitler-Jugend das Mi-lieu der Jugendbewegung aufrechterhalten wollten. Es wurde gesagt, daß die politischen Anschauungen der Bünde zumindest überwiegend mit den Ideen der "nationalen Erhebung" durchaus zusammenliefen. Aber es saß ein Stachel im Fleisch, der sich unter den Bedingungen des NS-Staates zwangsläufig politisch auswirken mußte: Der Autonomie-Anspruch der Jugendbewegung, ganz praktisch gemeint und gelebt als Anspruch auf eigene Gestaltung der jugendlichen Gruppe und ihrer Aktivitäten, war nicht vereinbar mit dem Sozialisationssystem des faschistischen Staates. So erklärt es sich, daß die Fortexistenz bündischer Tendenzen oder illegaler bündischer Jugendgruppen für die NS-Führung zu einem Problem wurde, mit dem sie trotz aller repressiven Mittel ebenso wenig fertig wurde wie mit der gegen alle Verbote immer wieder neuen Herausbildung spontaner Jugendgruppen, die sich an Überlieferungen der bündischen Jugend orientierten, dies zunehmend auch innerhalb der Arbeiterjugend. In einer aus NS-Sicht geschriebenen, kenntnisreichen Dissertation über die deutsche Jugendbewegung, 1939 veröffentlicht, wird die Differenz zwischen Nationalsozialismus und Jugendbewegung auf folgende Formel gebracht: "... Die Jugendbewegung ... hat zu einseitig den genössischen Gedanken verwirklicht. Sie hat der ... Unterordnung unter den Befehl eines Führers zu wenig Raum gegeben..." Zusammenfassend: Die bürgerliche deutsche Jugendbewegung bis 1933 war in ihren politischen Denkweisen oder Gefühlswelten überwiegend so weit in der Nähe des Nationalsozialismus, daß sie sich 1933 als Teil der "nationalen Erhebung" verstehen mußte. Diese Politikvorstellungen der Jugendbewegung beziehungsweise ihrer Mehrheit waren Symptom einer allgemeinen politischen Fehlentwicklung des deutschen Bürgertums - aber eben nur ein Symptom neben vielen gleichgerichteten, und gewiß nicht die Ursache der Bewegung hin zum Faschismus. Als aber der Faschismus in Deutschland staatlich etabliert war, zeigte sich, daß in der Tradition der Jugendbewegung zugleich eine wichtige Chance systemoppositionellen Verhaltens lag. Das "autonome" Milieu jugendlichen Gruppenlebens blieb zumindest zum Teil widerstandsfähig auch gegenüber dem totalitären Zugriff der staatlichen Jugenderziehung im Faschismus: Jugendbewegung und Nationalsozialismus standen in einem Verhältnis, das Zusammenhang und Gegensatz zugleich bedeutete, sobald die nationalsozialistische Bewegung in den faschistischen Staat eingemündet war.

Michael Jovy, der die Neuherausgabe seiner Studie noch selbst mit vorbereitet hatte, ist im Januar dieses Jahres in Rom gestorben. Er hatte auch als hoher Diplomat seine Herkunft aus der Jugendbewegung und seine Erfahrungen mit der NS-Diktatur nicht vergessen. Durchaus undiplomatisch meldete er sich gegen Beschönigungen und Rechtfertiger der faschistischen Herrschaft zu Wort. Er war und blieb ein Mann des Widerstandes.

Paderborn, Januar 1981

Literaturhinweise:

Interessante Materialien und Meinungen zum Thema finden sich in den Jahrbüchern des Archivs der deutschen Jugendbewegung, Burg Ludwigstein/Witzenhausen, vor allem Band 12, 1980.

Eine sehr detaillierte, freilich auf der Ebene der ideologischen Verlautbarungen verbleibende Darstellung über "Bürgerliche Jugendbewegung und Hitlerjugend von 1926 bis 1939" gibt Michael H. Kater im Archiv für Sozialgeschichte, 1977, S. 127 ff.

Die NS-Sicht von Jugendbewegung als Opposition ist enthalten in einer internen Schrift der NS-Reichsjugendführung aus dem Jahre 1941, nachgedruckt unter dem Titel "Jugendkriminalität und Jugendopposition im NS-Staat" (LIT-Verlag) Münster, 1981.

Zur Geschichte der jugendbewegt-bündischen Opposition im NS-Staat vgl. auch Arno Klönne, Jugend im Dritten Reich – Die Hitlerjugend und ihre Gegner; Düsseldorf und Köln, 1982.

Eine wichtige Quelle zum Thema ist die bündische Emigrationszeitschrift "Kameradschaft – Schriften junger Deutscher", als Reprint erhältlich bei D.Hespers, Luise-Gueury-Str. 15, 4050 Mönchengladbach 6.

Vorwort

Als ich mich am 1.11.44 aus dem berüchtigten Bewährungsbataillon 999 befreite
– ich weiß heute noch nicht, ob ich hätte auf einen Menschen schießen können,
wenn der Unteroffizier mehr als einen Gegenbefehl versucht hätte – und zu den
Amerikanern entkam, war ich mir eines so tödlichen Gegensatzes der Jugendbewegung, der Bünde und Jungenschaften zum Nationalsozialismus bewußt, daß
es mir absurd erschienen wäre, hätte irgendjemand das Gegenteil behauptet.
Als politischer Flüchtling in der rührenden Obhut deutsch-jüdischer Emigranten in
der amerikanischen Armee, wurde ich dann mit dem Buch Howard Beckers
"German youth – bond or free?" konfrontiert. Zuerst war ich schockiert über
seine These, daß die deutsche Jugendbewegung der direkte Vorläufer der Hitlerjugend gewesen sein sollte. Ich kam dann aber dazu, langsam von dem persönlichen Erleben bei der Beurteilung der Vergangenheit Abstand nehmend, nach
Zusammenhängen und Ursachen zu suchen, die die deutsche Jugendbewegung
mit in die Katastrophe des Dritten Reiches gerissen hatten.
Das Studium der Geschichte an der Universität Köln wie die Erlernung des notwendigen Handwerks eines Historikers verstärkten in mir den Wunsch, das Geschehen der Vergangenheit zu erforschen und wissenschaftlich zu klären. Das
Ergebnis meiner Bemühungen war die vorliegende Dissertation; sie mag in manchen Punkten durch neuere Forschungen überholt sein, aber sie enthält auch
Wertungen, die weiter bestehen werden. Sie ist sicherlich nicht unbeeinflußt von
meiner unmittelbaren Teilnahme am Geschehen, so sehr ich mich um eine neu-
trale Wertung bemüht habe. Aber auch wenn man mit dem Herzen schreibt,
kann man der geschichtlichen Wahrheit nahe sein. Die von mir benutzten
schriftlichen Quellen waren seinerzeit noch kaum geordnet, nicht umfassend
bekannt und daher unvollständig. Aus ihnen mögen sich heute unterschiedliche
Schlüsse ziehen lassen. Als einen Vorteil bei meiner Arbeit und ihren Ergebnissen
sehe ich die von mir genutzte Möglichkeit der direkten Befragung von Beteiligten an, denen die Vorgänge noch unmittelbar vor Augen standen, während jetzt
– nach mehr als 30 Jahren – vieles aus der Erinnerung geschwunden sein mag.
Ihnen allen sei an dieser Stelle für ihre Antworten gedankt. Mein besonderer
Dank gebührt meinem Doktorvater, Herrn Professor Theodor Schieder, der selbst
der Jugendbewegung entstammt und mir jederzeit ein Vorbild und guter Ratge-
ber für die geschichtliche Forschung gewesen ist.
Ich glaube mit dieser Arbeit nachgewiesen zu haben, daß die deutsche Jugendbewegung nicht so ohne weiteres als Vorgängerin der Hitlerjugend gedeutet und
gewertet werden kann, daß nicht alle Bünde in einem Rausch falscher nationaler
Begeisterung zur Hitlerjugend übergelaufen sind und viele der Bündischen eigentlich nur hineingingen, weil sie zunächst glaubten, dort ihre eigenen Vorstellungen durchsetzen zu können. Kein Wunder, daß sie scheiterten, da dieser Typ
des "bündischen Menschen" so gar kein Verhältnis zur politischen Macht und
noch weniger zu einer fanatisch ideologisch geprägten Partei wie der NSDAP
besaß. Es kann aber auch als erwiesen gelten, daß in einer Reihe von Bünden
und insbesondere dem größten von ihnen, der Deutschen Freischar, eine ernsthafte Auseinandersetzung mit dem Nationalsozialismus noch vor seiner Machtübernahme stattgefunden hat, die zu einer Distanzierung von Gedankengut,
Form und Auftreten der NSDAP führte. Wie sehr die Bünde nach 1933 von der
Reichswehr preisgegeben wurden, mit der sie sich durch Pflege soldatischer

Traditionen so stark verbunden hatten und mit deren Schutz sie auch nach der Machtübernahme rechneten, darüber lohnte weitere Forschung.

Der Verrat des Vize-Admirals von Trotha, der als Bundesführer die gegen die Hitlerjugend in dem Hochbund "Großdeutscher Bund" geeinigten größten Bünde im Stich und sich zum Ehrenführer der Marine-Hitlerjugend ernennen ließ, hat eine üble Rolle gespielt und den Selbstverteidigungswillen der Bünde mit untergraben.

Überraschend war eigentlich zu Beginn der 50iger Jahre das allgemein geringe Interesse an dem Thema dieser Arbeit. Nach gängiger Überzeugung hatte sich die Jugendbewegung überlebt und war durch die Hitlerjugend, die ja so viele ihrer Formen pervertiert hatte, in Mißkredit geraten. Die öffentliche Jugendpflege und die großen Jugendverbände der Nachkriegszeit vermieden ängstlich die früher so gern imitierten bündischen Lebensformen und Stile. Sie tendierten mehr zum Jugendclub englisch-amerikanischer Art und glaubten, mit der gewechselten Form genügend zur Überwältigung der Vergangenheit beizutragen. Die neu erstandenen bündischen Gruppen machten Lager und gingen auf Fahrt wie einst, lehnten mit wenigen Ausnahmen eine Beschäftigung mit der Politik ab und zogen sich in den Elfenbeinturm der Märchen, Legenden, Lieder der Völker und esoterischen Literatur zurück.

In der öffentlichen Meinung gab es als Widerstand gegen das Dritte Reich eigentlich nur den 20. Juli. Wer waren schon die Geschwister Scholl oder die von den gehorsamen Bürgern und Parteigenossen gefürchteten und verachteten und schließlich gehängten Edelweißpiraten in Köln? Von den Toten der Jugendbewegung sprach keiner. Dagegen stellte mir in einer Wiedergutmachungsverhandlung ein Gerichtsassessor die Frage, ob dieser ganze sog. jugendliche Widerstand denn nicht nur eine Kinderei, ein Jugendstreich gewesen sei. Während in Europa der Toten des Widerstandes in ehrender Form gedacht wurde und die Völker sich zu ihnen bekannten, verblieb der Widerstand gegen Hitler bei uns im Zwielicht: einem trüben Zweifel an seiner Rechtmäßigkeit, der Angst vor Infragestellung staatlicher Autorität, einer Fast-Kriminalisierung seiner Taten, dem verachtenden Verratsverdacht und erschreckenden Vorwurf des Eidbruches, einer sich der Selbstreinigung verweigernden deutschen Justiz, der moralisch unzulässigen Verteidigung mit einem Befehlsnotstand, der Menschenschwäche und Unfähigkeit, eigenes Verschulden einzusehen, der nur Karriere denkenden Ablehnung von Verantwortung und der schäbigen Selbstverteidigung und Selbsteinstufung, immer nur ein Mitläufer gewesen zu sein.

Erst die in den letzten beiden Jahrzehnten aufbrechende Unruhe in der deutschen Jugend stellte die Frage nach der Vergangenheit neu und dringend. Hatten alle Väter sich willenlos dem nationalsozialistischen Rausch ergeben und seine Greuel gebilligt? Oder waren es oft nur Kurzsichtigkeit, falsche Analysen und Urteile, die sie zu ihrem Handeln bewogen, Unterschätzung der Brutalität eines Regimes, das sich plötzlich wider Erwarten über sie stülpte und sie schneller erstickte, als sie handeln konnten?

Eine Antwort muß gegeben werden, sicherlich kann sie angesichts der Komplexität der geschichtlichen Ereignisse nicht in einer Schwarz-Weiß-Malerei erfolgen. Diese ist unzulässig, wenn wir den Menschen und dem Geschehen wertend gegenüberstehen wollen. Meine Arbeit war als Beitrag zu dieser Antwort gedacht.

Bukarest, im Mai 1983

I. Einleitung

Zu Beginn unseres an Revolutionen und Umwälzungen so reichen Jahrhunderts wird auch ein Teil der deutschen Jugend von einer eigenartigen Unruhe erfaßt. Zuerst instinkthaft und dann zu immer klarerem Bewußtsein sich steigernd erfährt sie die Erkenntnis, daß die alte Tradition der sie umgebenden Welt brüchig geworden ist. In immer wieder erneuten Wellen stößt sie vor und verändert in einer permanenten Revolution von 5 Jahrzehnten völlig das Erscheinungsbild und die Ausdrucksform der jungen Generation. Weder die beiden Weltkriege, noch die großen politischen Veränderungen, Nachkriegselend und Arbeitslosigkeit haben diesen Strom zu unterbrechen vermocht. Bis jetzt haben wir noch nicht den genügenden Abstand gewonnen, um diese geschichtliche Erscheinung "Jugendbewegung" in ihren Ausmaßen und letzten Auswirkungen endgültig beurteilen zu können. Zweifellos aber wird man es als ein bezeichnendes Merkmal dieser Zeit festhalten müssen, daß die Jugend in den letzten 5 Jahrzehnten ein besonderer kultureller und politischer Faktor geworden ist, daß sie eine Bedeutung im öffentlichen Leben errungen hat wie in keiner Epoche unserer bisherigen Geschichte. Der zum Schlagwort gewordene Satz "Wer die Jugend hat, hat die Zukunft" mag nur als hinweisend genommend werden für die Wichtigkeit, die man diesem Faktor nun beizumessen gewohnt ist.

Jedoch kennzeichnet es den Charakter der Jugendbewegung, daß es der erwachsenen Gesellschaft nicht gelungen ist, diese Jugend für ihre Ziele und Ansprüche in Besitz zu nehmen, während die neuen Formen, die geschaffen werden, vielfach in die Gesellschaft einmünden und auch hier ihre Gültigkeit behalten.(1) Der Jugendbewegung selbst bleibt die Macht zur Durchsetzung ihrer Forderungen versagt. Aber es geht ihr ja im Grunde gar nicht darum, politische Macht zu gewinnen, sondern ihre Ansprüche sind auf den Menschen und sein Verhalten gegenüber den großen zeitbewegenden Ideen und gesellschaftlichen Zuständen gerichtet. Ihre Haltung der Kritik und Opposition gegen die "Lüge menschlichen Lebens" kennzeichnen am besten die Worte des am 9. September 1943 in Berlin hingerichteten Theo Hespers: "Wir Menschen der deutschen Jugendbewegung haben den alten Parteien, den kulturellen und religiösen Formen stets nur sehr kritisch gegenübergestanden. Aus der Kritik entstand zum Teil scharfe Ablehnung. Wo man sich aber in die gegebenen Formen hineinstellte, um sie lebendig zu gestalten, blieb der nötige Abstand gewahrt, so daß man seine persönliche Haltung aufrechterhielt. Es ist der Mühe wert, noch einmal klar herauszustellen, warum wir so vielen Formen kritisch und selbst ablehnend gegenüberstanden, die an sich wertvolle Ideen vertraten. Wem galt unsere Kritik am Sozialismus, am Nationalsozialismus, am Katholizismus, am Christentum? Waren es die Ideen oder die Menschen? Wir können eindeutig antworten, daß es die

1

Menschen waren und die Halbheit, mit der die Ideen vertreten und gelebt wurden. Wir sahen, daß die Vertreter des Sozialismus sich nicht entschieden für eine soziale Neuordnung einsetzten, daß die Vertreter des Nationalsozialismus nicht das Wohl des Volkes und der Nation, sondern egoistische Ziele im Auge hatten, daß die Vertreter des Katholizismus nicht die Weite zeigten, die der Weltkirche ansteht, daß die Vertreter des Christentums nicht mit der Lehre der Nächstenliebe ernst machten."(2)

Es ist nach dem ersten und besonders jetzt nach dem zweiten Weltkrieg oft die Frage aufgeworfen worden, ob die Jugendbewegung tot, ob sie als geschichtliche Erscheinung nicht bereits als abgeschlossen zu betrachten sei.(3) Zuletzt hat sich Hermann Mau in verschiedenen Artikeln und öffentlichen Vorlesungen mit diesem Problem befaßt.(4) Für die Zeit nach dem ersten Weltkrieg hat nach dem Niedergang des Wandervogels und der Freideutschen der Aufbruch der bündischen Jugend bewiesen, daß der Weg der Jugendbewegung noch nicht zu Ende gegangen war. Für die Jetztzeit ist die Entscheidung schwierig. Es kann hier nur so viel gesagt werden, daß Jugendbewegung überall dort entsteht, wo jugendliche Gruppenbewegung erfolgt, die, der eigenen Existenz bewußt geworden, sich in einem Gegensatz zu dem Bestehenden befindlich sieht und nun von sich aus versucht, neue, ihrem Wesen und ihrer Art gemäße Formen zu schaffen. Nun ist es erstaunlich, daß, wenn nach den Leistungen dieser sich über 5 Jahrzehnte hinstreckenden und für die innere deutsche Geschichte so bedeutenden Jugendbewegung gefragt wird, man eigentlich nur schwer eine zureichende Antwort zu geben vermag. Obgleich die Zeitschriften und das sonstige Schrifttum der Jugendbewegung sowie die Literatur über sie selbst eine Bibliothek zu füllen vermöchten, und über den Wert der darin ausgesprochenen Gedankenvorgänge kaum gezweifelt werden kann, (es ist vielmehr zu bewundern, mit welchem Ernst die jeweilige junge Generation sich mit den großen und kleinen Problemen der Zeit auseinandersetzt) so finden wir doch kein Werk ersten Ranges. (5) Obgleich diese Jugend immer wieder mit dem unerhörten Anspruch, die Welt zu verändern, aufbricht, bleiben alle diese Ansätze eigentlich auf den Bereich der jungen Generation selbst beschränkt. Unbezweifelt bleiben hier die großen Neuschöpfungen und Erfolge der Jugendbewegung auf dem Gebiet der Pädagogik, der Auffindung neuer, jugendgemäßer Lebensformen, des Volksliedes und der alten Musik, der Landschulheime, der Freizeitgestaltung, der Arbeitslager und Siedlungsbewegung.(6) Vor allem aber hat sie in der heutigen Kulturkrise einen klaren Willen zu einem gesunden und aufbauenden Leben gezeigt. Sie hat dem überspitzten Individualismus wie dem Kollektivwahn die neuen Formen eines wirklichen Gemeinschaftslebens gegenübergestellt. Mit dem Versuch der Durchsetzung ihres neuen Gedankens von einer Volksgemeinschaft, der in ihren Reihen junge Menschen ohne Unterschied der sozialen Herkunft zusammenführte, erfüllte sie eine Funktion von größter soziologischer Bedeutung, die wegweisend für die drängendste Frage, das soziale Problem, unseres Jahrhunderts hätte werden können. Es ist nicht zu leugnen, daß es der Jugendbewegung in einer Welt, deren mechanistische Organisationsformen alles wirkliche Leben zu überwuchern drohten, wieder wirklich gelungen ist, organisch gewachsene soziale Bindungen aufzubauen. In den Gemeinschaften und Bünden der Jugendbewegung gab es einen Raum, in dem sich auf der Grundlage einer echten menschlichen Zuordnung die verschiedensten politischen Überzeugungen und Gesellschaftsschichten zu treffen vermochten. Es sei hier nur an die Freideutsche Jugend und die Deutsche Freischar erinnert, die die Freizügigkeit der Meinungsbildung und eine gleichzeitige persönliche Verbundenheit in hohem Maße gekannt haben. So "macht es den geschichtlichen Rang der Jugendbewegung aus, daß sie nicht auf eine flüchtige ephemere Situation antwortet, sondern auf ein Grundproblem unserer Epoche hin angelegt ist. Die Vehemenz, mit der sie aufbricht, die Radikalität, mit der sie ihren Weg verfolgt und die Kühnheit des ihr eingeborenen Zielbildes meinen nicht die Not eines Jahrzehnts, sondern die Not eines Jahrhunderts. Die geschichtliche Grundsituation, auf die sich die Jugendbewegung bezieht, die soziale Krise am Ausgang des bürgerlichen Zeitalters, ist heute die gleiche wie vor einem Jahrhundert, als die Jugendbewegung aufbrach. Sie hat sich inzwischen nur unendlich zugespitzt und ist uns klarer bewußt geworden."(7)

Wenn es der Jugendbewegung nun nicht gelang, ihre einmal geschlossene Gemeinschaft in die Erwachsenenwelt zu übertragen, so lag das wohl an zwei Gründen. Es ist eine bedauernswerte Bedingtheit allen menschlichen Lebens, daß die notwendige Auseinandersetzung mit den Problemen des Alltags, die Rücksicht auf Beruf, Stellung und Familie die Radikalität und Unbedingtheit aller idealistischen Forderungen einschränkt. Den Stufenübergang von der Welt des Jugendlichen zu der des Erwachsenen, die den einzelnen nun unmittelbar vor die rein materielle Frage einer persönlichen Existenzsicherung stellt, vermochten auf die Dauer keine Gemeinschaft, kein Bund der Jugendbewegung zu überwinden. Dieser offensichtliche Mangel lag nun nicht etwa in einer besonderen Charakterschwäche der Jugendbewegung, sondern beruht auf der Struktur jugendlicher Gemeinschaften, die eine Reihe Faktoren, die das Erwachsenenleben bestimmen, naturgemäß noch nicht berücksichtigt hat. Hinzu kommt, daß der junge Mensch der Jugendbewegung eine instinkthafte Abwehr und ein tiefes Mißtrauen gegenüber allen Organisationsformen der Erwachsenen in sich trug, daß ihn ein heftiger Konflikt von dem politischen Handeln und dem gesellschaftlichen Leben der alten bürgerlichen Generation trennte und er sich lieber zurückzog, als in diese Verhältnisse einzugreifen. In den letzten Jahren vor 1933 schienen allerdings die Bünde ihre vorpolitische Position verlassen zu wollen. Besonders bedeutsame Ansätze zeigten sich in der Jungmannschafts- und Mannschaftsarbeit der Deutschen Freischar und des Jungnationalen Bundes wie auch den Hochschulgilden. Dort fand eine ernsthafte Auseinandersetzung mit den politischen und geistigen Fragen der Gegenwart statt, und alles deutete darauf hin, daß diese Bemühungen zu einem geschlossenen Einsatz auf dem politischen Kraftfeld hätten führen können, wenn nicht die Machtübernahme durch die NSDAP im Januar 1933 diese Entwicklung radikal abgeschnitten hätte. Erst die Verbotszeit brachte dann verschiedene illegale Gruppen geschlossen zu einer aktiven politischen Arbeit, die sich im Zusammenhang mit verschiedenen Gruppen der deutschen Opposition nach 1933 verfolgen läßt.(8)

Der zweite Grund für die Schwierigkeit, die Jugendbewegung in einer entsprechenden Form im Erwachsenenalter weiterzuführen, mag in einer gewissen Erschöpfung der Produktivität gelegen haben. Durch den Kampf gegen die bürgerliche Umwelt wurde der junge Mensch zu einer gewissen Notreife gezwungen, die ihn dazu brachte, sich immer wieder mit den schwersten Problemen auseinanderzusetzen und neue Formen anstelle der zum Untergang bestimmten zu schaffen. Da sie die Leistungen ihres Lebens in der Jugend zu vollbringen gezwungen waren, war diesen Menschen oft die Kraft zu weiterem nicht gegeben,

3

und es trat zuweilen eine frühzeitige geistige Erschöpfung ein.(9) Diese äußerte sich vor allem in einer Art von Müdigkeit gegenüber neuen Gemeinschaftsbildungen, wenn die Stufe des Jugendalters überschritten war. Es kann aber hieraus keineswegs gefolgert werden, daß nun die Menschen der Jugendbewegung allgemein im praktischen Leben versagt hätten.

Der etwas mitleidig belächelte Typus des "Ewig-Jugendbewegten" verbleibt, gemessen an der großen Zahl derjenigen Menschen, die durch die Jugendbewegung geformt wurden, doch in einer verschwindend geringen Minderheit. Die Jugendbewegung hat es im Gegensatz zu anderen Verbänden und Organisationen nie geliebt, besondere Statistiken und Leistungsberichte zu veröffentlichen. So ist es kaum möglich, genauere Zahlen über Beruf und Einkommen ihrer Angehörigen zu ermitteln. Es kann aber nicht übersehen werden, daß eine erhebliche Anzahl unserer heutigen Universitätsprofessoren, Dozenten und Lehrer, Musiker, Architekten, Verwaltungsbeamten und Politiker aus den Reihen der Jugendbewegung hervorgegangen sind. Wichtig ist, daß alle diese Menschen ein neues Berufsethos mit sich brachten.(10) Nicht mehr wirtschaftliche Sicherheit war wie beim bürgerlichen Menschen der Ausgangspunkt ihrer Berufswahl, und ebensosehr lehnten sie die Überschätzung des Brotberufes ab, da ihr Wille zur Lebensgestaltung aus einem Ganzheitsgedanken heraus wirkte und sie so eine einseitige Beschäftigung mit beruflichen Fragen und denen des Geldverdienens ablehnen mußten.

Die Lebensformen der Jugendbewegung besaßen nun eine so starke Formkraft, daß sie in verhältnismäßig kurzer Zeit in alle Verbände eindrangen, die sich irgendwie mit Jugendarbeit beschäftigten. Parteien und Kirchen erkannten bald, daß die Anziehungskraft der Erziehungsmächte und -mittel, die die Jugendbewegung schuf, stark auf die Jugendlichen einwirkte. So war es vor allem in den 20er Jahren für einen Außenstehenden schwierig, die wirklichen Jugendbewegungsgruppen von den Jugendpflegeverbänden zu unterscheiden, zumal die Grenze sich auch quer durch einzelne Verbände hinzog. Daher ist es notwendig, eine gewisse Abgrenzung derjenigen Bünde vorzunehmen, die als zur Jugendbewegung zugehörig betrachtet werden können, damit die Untersuchung sich bei der Fülle der verschiedensten Bünde und Jugendorganisationen, die besonders nach dem ersten Weltkrieg vorhanden waren, nicht ins Uferlose fortzusetzen hat und mögliche Verwechselungen von vornherein ausgeschlossen sind. Nach der oben gegebenen Definition der Jugendbewegung, die sich nur auf die unabhängig von den Erwachsenen-Organisationen gebildeten Bünde beziehen kann, entfallen für unsere Betrachtung alle von politischen Parteien gegründeten Jugendorganisationen ebenso wie die rein konfessionellen Verbände und solche, die von Erwachsenen zu irgendeinem besonderen Zweck ins Leben gerufen worden sind (so etwa die Wehrverbände, die auf Lebensreform gerichteten Bünde Vortrupp, Guttempler usw.). Es fallen ebenfalls für die Zeit vor 1920 nicht unter den Begriff Jugendbewegung die deutschen Pfadfinderbünde, die erst seit der Tagung auf Schloß Prunn im August 1919 zu einem großen Teil den scoutistischen Weg verlassen(11), und wie die Neupfadfinder, die einen wichtigen Beitrag zum Gesamtbild der bündischen Jugend geleistet haben, den Weg zur Jugendbewegung betraten. Von den katholischen Verbänden sind wohl nur die Quickborn-Jungenschaft sowie einige illegale Gruppen, die aus der katholischen Jugend herauswuchsen und völlig im Gedankengut der Jungenschaft lebten, ganz zur bündischen Jugend zu zählen.

4

Es ist zwar unbestreitbar, daß sowohl in den konfessionellen wie auch in den proletarischen Jugendverbänden sich zum Teil wirklich junge Kräfte durchgesetzt haben und eine gewisse Unabhängigkeit gegenüber den Gründungsparteien erlangten. Aber auch diese Gruppen übernahmen Formen und Gedankengut von dem Kern der eigentlichen Jugendbewegung, die mit dem Wandervogel begann und sich über die Freideutschen, die bündische Jugend, die autonome Jungenschaft und die illegalen Gruppen nach 1933 fortsetzte.

Das Kennzeichnende für alle diese Gruppen der eigentlichen Jugendbewegung (und nur über diese soll hier gesprochen werden) ist die Loslösung aus der Gesellschaftsschicht des Bürgertums, der doch die meisten ihrer Jugendlichen angehörten. Wir haben es hier mit einem Prozeß zu tun, wie er sich vergleichsweise nur noch in einem anderen Land der Welt, nämlich in Rußland vor 1914 abgespielt hat.(12) Hier wie dort wurde die intelligente Schicht bürgerlicher Jugend von einer Art sozialer Scham und Trauer ergriffen(13), wollte völlig rein und selbstlos leben, eine klassenlose Gemeinschaft errichten, die sie anstelle der alten korrumpierenden Gesellschaftsordnung forderte. Dieser aus dem Gegensatz zwischen Alt und Jung erwachsende Generationskonflikt erreichte aber in Deutschland, trotz aller Heftigkeit, mit der er geführt wurde, nicht jene absolute Grenze, zu der die russische Intelligenzler-Jugend in letzter Selbstverleugnung bis zum völligen Nihilismus und Selbstmord trieb. Der Auszug der deutschen Jugend aus dem Hause der deutschen Väter endete für die meisten auf der Stufe des Erwachsenenalters mit einer Rückkehr in die herrschende Gesellschaftsordnung, die man hier nicht zu überwinden vermochte.

Für die Jugend aber wurde der Bund gewissermaßen ein Staat im Staate. Alle Zeitprobleme wurden von dieser Position aus beurteilt. Hier in ihrem eigenen Lebensraum hatte sich die Jugendbewegung in einem revolutionären Vorstoß, den jede in sie eintretende Generation neu vollziehen mußte, von allen morschen Bindungen befreit. Hier wuchs ein Gefühl der vollkommenen Autonomie, die gleichzeitig von einem tiefen Verantwortungsgefühl begleitet war und die beste Ausprägung in der Meissner-Formel von 1913 erhielt: "Freideutsche Jugend will aus eigener Bestimmung, vor eigener Verantwortung, mit innerer Wahrhaftigkeit ihr Leben gestalten. Für diese innere Freiheit tritt sie unter allen Umständen geschlossen ein."

Nun genügte aber die Behauptung, "die bürgerliche Gesellschaft hat uns verloren"(14), keineswegs zur Bestimmung der Jugendbewegung. Es kam hinzu die Neuschöpfung der Gemeinschafts- und Lebensformen, die sich in der Stammeserziehung, der Fahrt und dem Heimabend zeigten, wie auch das neue Liedgut und die Wiederbelebung der Barockmusik sich in unerschöpflicher Fülle ausbreiteten.(15) Da aber die verschiedensten Bünde sich durch dauernd erneute Splitterungen und Bündigungen bildeten, und obgleich alle etwas zu dem gemeinsamen Werk beigetragen haben, so wird sich diese Untersuchung doch auf die wichtigsten Erscheinungen der Jugendbewegungsbünde beschränken müssen und nach ihren Beziehungen zu einer anderen Kraft fragen, die ebenfalls ihre Wurzeln bis in die Zeit vor dem ersten Weltkrieg senkt und von sich aus behauptete, die wirkliche Erneuerungsbewegung des deutschen Volkes zu sein. Keinesfalls aber soll hier der Eindruck erweckt werden, als handle es sich bei diesen beiden Erscheinungen um vergleichbare geschichtliche Größen.

Die Macht war die Nationalsozialistische Deutsche Arbeiterpartei (NSDAP). Die ihr zugehörige, am 3./4. Juli 1926 aus einer Jugendgruppe der SA gestiftete Hitlerjugend erhob dann auch von sich aus den Anspruch, die einzige und wirklich deutsche Jugendbewegung zu sein. In den Arbeiten, die nach 1933 über die Jugendbewegung geschrieben worden sind, so bei Will Vesper, Luise Fick und Heinrich Ahrens,(16) tritt dieser Anspruch in der gleichen Form auf, oder ist dahingehend gemäßigt, daß die Hitlerjugend das Werk der Jugendbewegung sinnvoll in sich aufgenommen und zu Ende geführt habe. Es fällt bei diesen Darstellungen eine Tendenz auf, die sich in der Verneinung der nicht in dieses Schema passenden Richtungen dahin ausspricht, daß "nur ganz hoffnungslose Sackgassen, in denen die deutsche Jugend von volksfremden Verführern sich gegen sich selbst irreleiten ließ, mit verdientem Schweigen übergangen wurden". Es ist aber nicht zu leugnen, daß sich ein bedeutender Teil der bündischen Jugend gegen die Gleichsetzung von Jugendbewegung und Nationalsozialismus als wesentlichen Erneuerungsbewegungen des deutschen Volkes zur Wehr gesetzt hat. Trotzdem ist es dem Ausland wie auch den außenstehenden deutschen Betrachtern eigentlich nie zum Bewußtsein gekommen, daß hier wesensmäßige Unterschiede vorliegen könnten. In dem 1946 erschienenen Werk des amerikanischen Soziologen Howard Becker "German Youth, bond or free" das nach 1949 mit einer Umarbeitung der beiden letzten Kapitel in deutscher Sprache unter dem Titel "Vom Barette schwankt die Feder, die Geschichte der deutschen Jugendbewegung" herausgegeben wurde,(17) ist die Ansicht herausgestellt, daß die bündische Jugend in geistiger Hinsicht die Vorarbeit für die Ausbreitung des Nationasozialismus geleistet habe und daß es nur einer gewissen Verkehrung der Begriffe und Formeln bedurft hätte, um die deutsche Jugend "den Abhang hinunter" stürzen zu lassen. Um die politische Bedeutung dieser Ansicht zu ermessen, sei hier erwähnt, daß dieses Buch das Standardwerk war, nach dem die amerikanischen Erziehungsoffiziere die deutsche Jugendbewegung zu beurteilen pflegten und daß es weitgehend zur Meinungsbildung über den für den Ausländer so schwierigen Komplex "deutsche Jugendbewegung" beigetragen hat.

Es ist schon allein unbeweisbar und widerspricht der revolutionären, neue Werte schaffenden Erscheinung der Jugendbewegung, wenn Becker versucht, sie allein aus einer rückwärtsgewandten romantischen Sehnsucht nach den 30er Jahren des vorigen Jahrhunderts, dem Biedermeier, zu erklären.(18) Der "Mythos vom Lindenbaum" ist unhaltbar. Diese Bewegung der Jugend ist so vielgestaltig und besitzt so viele Wurzeln, daß jede einseitige Festlegung ihrem ganzen Wesen widerspricht. Gewiß gab es viel rückwärtsgewandte, romantische Sehnsucht, die sich aber nicht der Enge, kleinlicher Sicherheit und Beschränktheit des landläufigen Lebens der 30er Jahre zuwandte,(19) sondern tiefer zurück ins Mittelalter und die großen Zeiten der deutschen Geschichte reichte. Aus dem 19. Jahrhundert boten eigentlich nur die Zeit der Freiheitskriege, Fichtes Reden an die deutsche Nation, sowie die Vorstufe der Jugendbewegung, die Urburschenschaft, einen Anziehungspunkt, dem sich das Interesse und ein Verwandtschaftsgefühl der Jugend zuneigte. Denn nicht Sicherheit und Ruhe, sondern neues Leben, Umgestaltung der Welt und Sehnsucht nach der Ferne bewegten diese jungen Menschen. Die Idee des Reiches und des Ordensstaates, die Einheit von Leben und Kultur waren ja in der Vergangenheit einmal vollendet worden und vermochten so auf die ins Unbedingte zielende Jugendbewegung zu wirken.

Wenn es auch der nationalsozialistischen "Bewegung" gelang, nicht unbeträchtliche Teile der bündischen Jugend in ihre Reihen einzugliedern und eine stimmungsmäßige Verwandtschaft in vielem vorgelegen hat, so kann doch daraus

6

nicht die Entstehung des Nationalsozialismus hergeleitet werden. Allein zahlenmäßig hat die Jugendbewegung nie so viele Menschen besessen, daß sie ein besonders schwerwiegender Faktor in einer Massenpartei vom Ausmaße der NSDAP hätte werden können, und besonders hervorgetreten ist in der Zeit nach 1933 keiner, der in der Jugendbewegung einen Namen hatte. Es bliebe als einzige Möglichkeit der stimmungsmäßige Einfluß bündischer Romantik, der sich eben durch den allgemein starken Formgehalt auf alle Jugendorganisationen, also auch die Hitlerjugend auswirkte. Wer aber die Gesamtsituation nach 1919 betrachtet und die Ursachen für den Aufstieg der NSDAP und ihrer Hitlerjugend untersucht, wird kaum der Ansicht sein, daß einer der Hauptgründe für das Zustandekommen einer solchen Riesenorganisation die romantische Stimmung der bündischen Jugend gewesen sei. Jedenfalls hat die Hitlerjugend ihre Mitglieder aus allen organisierten und unorganisierten Schichten der Jugend geholt, und man kann nicht behaupten, daß in erster Linie die bündische Jugend ihr Reservoir gewesen wäre, obgleich allerdings die übernommenen Formen der Jugendbewegung einen großen Anreiz für ihre Werbung boten.

Man sollte hier nicht vergessen, daß der grundlegende Unterschied zwischen der Jugendbewegung und der NSDAP der einer Bewegung zu einer Massenorganisation ist. Schon die Art und Weise, in welcher die Menschen zu einer politischen Parteibildung zusammengetrommelt werden, die Suggestion und Propaganda, mit denen immer wieder auf die große Masse eingewirkt wird, die berechnende Strategie und kühle Taktik der Politik der Parteileitung setzen eine durchgearbeitete und vollkommene Organisation aller Mittel und Wege voraus. Die Bewegung dagegen ist ein "aus sich selbst rollendes Rad", das von der inneren und äußeren Mitschöpfung jedes Einzelnen seine Triebkraft gewinnt. Sie ist vielschichtig und aus den Willenskomponenten aller Beteiligten zusammengefügt, läßt sich nicht von einer Zentrale aus steuern und in ein festes Schema bringen. Der Weg einer Organisation läßt sich vorausberechnen, die Bewegung ist mit Vernunftgründen allein nicht zu fassen. Sie birgt ein Irrationales, Unberechenbares in sich. Die Organisation will Zustände ändern oder bewahren, die Bewegung will einen neuen Menschen, sie zielt auf die letzten Hintergründe des Daseins.

Wenn man diese Unterscheidungsmerkmale anwendet, dann kann man schon rein begrifflich die Jugendbewegung und den Nationalsozialismus nicht als gleiche Größen behandeln oder von einer Erfüllung der tiefsten Anliegen der Jugendbewegung durch diesen sprechen. Dennoch widerspricht es nicht der obigen Unterscheidung, wenn sich eine Reihe von Berührungspunkten tatsächlich vorfinden, ja teilweise sogar eine völlig übereinstimmende Begriffswelt, die nur bei einer näheren Untersuchung wesenhafte Unterschiede erkennen läßt. Die Gründe hierfür liegen einmal darin, daß Begriffe wie Volk, Reich, Führertum usw., die in der Jugendbewegung eine erlebnismäßige Grundlage hatten, in der NSDAP zur Kennzeichnung bestimmter politischer Absichten, Ziele und Methoden mit der gleichen Berechtigung benutzt wurden; weiterhin in der teilweisen Übernahme des Kulturgutes der Jugendbewegung durch die Hitlerjugend, sowie auch den wiederholten Versuchen der älteren Generation, in die Jugendbewegung einzudringen und sie für ihre Ziele und Zwecke zu benutzen. Schon Blüher, der Geschichtsschreiber des Wandervogel, nennt dieses "Eindringen der Oberlehrer", wie er sich ausdrückt, eine die Jugendbewegung zerstörende Macht, die vor allem zu einer allgemeinen "Phraseologie" geführt habe. "Es war als hätten sie etwas läuten gehört von Sedan und Versailles und meinten, es müsse sich das nun alles bei den Jungen wiederholen. Da hörte man alte Offiziere mit schnarrender Stimme von den 'nationalen Pflichten und Aufgaben' des Wandervogels reden und der Jugend weise Lehren geben, wie sie's zu machen habe. Da wurde die hohe Redensart von dem 'entsittlichendem Einflusse der Großstadtkultur' neu zum hunderttausendsten Male variiert, und da betonte man immer wieder mit unüberwindbarem Pathos, daß man 'in dieser so materialistischen Zeit wieder den Mut habe, Idealist zu sein'. Es kamen Oberregierungs- und andere Räte und wußten von Grund auf alles besser; sie rühmten und lobten und priesen den Wandervogel wegen seiner vorzüglichen Eigenschaften als eine wahre Vorschule für das Militär, als ein vortreffliches Erziehungsgebäude zu den hohen Aufgaben und Idealen der Menschheit, als einen wahren Tummelplatz des Jugendfrohsinnes, der von dem Ernst dieses Lebens noch ungebeugt sei und als einen Mahnrufer und Herold zu fröhlicher und gestrenger Pflichterfüllung ... Das Alter ist eine Alterserscheinung."(20)

Es ist eine Tatsache, daß jede Einflußnahme der Erwachsenenwelt auf die Jugendbewegung tödlich wirkte, wenn sie versuchte, diese in ihre parteipolitischen Ideologien und Schemata zu pressen. Die Jugendbewegung mußte daran erstarren und wurde zur Jugendpflegeorganisation. So konnte die Hitlerjugend schon deshalb nicht den Anspruch erheben Jugendbewegung zu sein, so sehr sie auch nach außen hin auf den Grundsatz pochte "Jugend muß durch Jugend geführt werden", weil sie in letzter Instanz doch den direkten Anweisungen der obersten Parteileitung zu folgen hatte, und darum die Selbstführung der Jugend nur in einem von Erwachsenen vorgeschriebenen Rahmen verwirklicht wird. Mochte sie in der Erscheinungsform noch so sehr der bündischen Jugend gleichen, dieser Unterschied, der zwar von der Propaganda den Jugendlichen geschickt verdeckt wurde, machte sie zur parteipolitisch ausgerichteten Staatsjugend und versagte ihr die Freiheit der Jugendbewegung.

ZIEL DER UNTERSUCHUNG UND QUELLENLAGE.

Diese Untersuchung soll nun nicht dahin führen, eine Apologie der Jugendbewegung zu einem Spruchkammerverfahren zu schreiben. Noch sind die Ereignisse unserer jüngsten Vergangenheit allzusehr mit dem tagespolitischen Geschehen verknüpft, als daß eine letzte historische Eingliederung, Distanzierung und Wertung möglich wäre. Andererseits spielt die Jugendbewegung in der innerdeutschen Geschichte eine so große Rolle, daß eine Klärung ihrer Verhältnisse, Einflußnahme und Auswirkungen zur Aufhellung und zum Verständnis dessen, was geschehen ist, nicht vernachlässigt werden darf. Die geschichtliche Größe "Nationalsozialismus", die hier nur in ihrer Beziehung zur Jugendbewegung mit untersucht werden muß, kann schon deshalb nicht voll ausgewertet werden, weil das erste Anliegen dieser Untersuchung immer die geschichtliche Erscheinung der Jugendbewegung bleiben soll. Es besteht allerdings die Gefahr, daß Partei ergriffen wird, und ich bin mir bewußt, daß die persönliche Verknüpfung mit der letzten Periode der Jugendbewegung eine unvoreingenommene Beurteilung fast ausschließt. Andererseits ist die Jugendbewegung so sehr erlebnismäßig bedingt, daß ein Außenstehender fast unmöglich tiefer in ihr ganzes Geschehen eindringen kann und kaum um ein Mißverständnis herumkommt. Das beste Beispiel ist hier wieder das Buch von Howard Becker "German Youth, bond or free".

Sicherlich ist es bei der Vielschichtigkeit der Jugendbewegung möglich, eine

Schwergewichtsverlagerung auf diesen oder jenen Punkt ihrer Erscheinung vorzunehmen und auch mit genügend Quellen zu belegen.(21) Die vorliegende Untersuchung möchte sich aber, so weit dies bei den obengenannten Umständen erreichbar ist, von einer solchen Verfahrensweise freimachen und nur feststellen, in welcher Beziehung die Jugendbewegung zum Nationalsozialismus gestanden hat. Nach Möglichkeit soll es vermieden werden, Einzelpersönlichkeiten in ihrer Stellung zum Nationalsozialismus zu kennzeichnen, da eine solche Festlegung für heute noch lebende Menschen zu einer politischen Diffamierung führen könnte. Die Tagespolitik ist eben noch zu sehr versucht, "Verantwortliche" für die Vergangenheit zu finden und läßt keine unbefangene Stellung zu. Zudem haben führende Menschen aus der Jugendbewegung nie einen solchen Einfluß besessen, daß sie das ganze Kraftfeld der verschiedensten Bünde mit einer Ideologie hätten durchdringen können. Es überschneiden und ergänzen sich vielmehr alle Einflußlinien so sehr, daß wir zu einem der Wahrheit entsprechenderen Bild gelangen, wenn wir die Jugendbewegung als Gesamterscheinung betrachten und die Stimmen der Einzelnen als jeweilig zum Chor gehörig nicht aus dem Zusammenhang lösen. Jugendbewegung kann eben ohne den Gemeinschaftsgedanken nicht sein und nur von dort her erfaßt werden.

Diese Untersuchung soll also zunächst Entstehungsgeschichte und Organisationsformen der Jugendbewegung behandeln, da diese als originär und selbständig entstanden betrachtet werden müssen. Dann aber soll in der Auseinandersetzung der Jugendbewegung mit den politischen Zeitfragen und sozialen Problemen untersucht werden, inwieweit hier Beziehungen zum Nationalsozialismus bestanden haben. Bei der Entstehungsgeschichte ist besonders das wellenartige Vorstoßen der verschiedenen Jugendbewegungsformen zu berücksichtigen. Sodann sind gleichartige und verschiedene Einflußmächte zu skizzieren, die unterschiedliche Verwendung verschiedener Begriffe und Ideen zu klären, sowie die geistige Auseinandersetzung der Jugendbewegung mit der NSDAP zu erörtern. Ein wichtiger Punkt wird die Erziehungsfrage sein, und es soll versucht werden, Erziehungsziele und Methoden zu vergleichen. Die abschließenden Kapitel müssen sich mit der Stellung der Jugendbewegung zur Machtübernahme, der Bedeutung der letzten Welle ihres Vorstoßes und der Situation der illegalen Zeit der bündischen Jugend befassen.

Eine schwierige Situation entsteht dieser Untersuchung dadurch, daß die einzelnen Quellen oft schwer erreichbar sind, und eine restlose Erfassung der noch möglicherweise vorhandenen Bestände kaum gelingen kann. Da die Hitlerjugend das ehemalige Reichsarchiv der deutschen Jugendbewegung auf dem Ludwigstein beschlagnahmte und entführte, ist unersätzliches Quellenmaterial verlorengegangen. Ferner hat seinerzeit die "Gestapo", die das Schrifttum der Jugendbewegung als staatsgefährdend ansah, bei den Haussuchungen, welche bei Angehörigen der Jugendbewegungen vorgenommen wurden, ebenfalls alles Erreichbare beschlagnahmt und vernichtet. Die Prozeßakten der Volksgerichte und Sondergerichte sind entweder noch nicht zur Forschung freigegeben oder wurden zerstört. Nach persönlichen Informationen sind die meisten der illegalen Schriften, die im Ausland hergestellt wurden, nur noch im Britischen Museum in London erreichbar. Einige Exemplare illegalen Schrifttums konnten mir von Herrn Professor Schoeps zur Verfügung gestellt werden. Durch Spenden aus privater Hand ist es gelungen, auf dem Ludwigstein wieder einen Teil des alten Schrifttums zusammenzutragen. Dort, sowie in dem mir freundlicherweise von Herrn Prof. Schoeps zur Verfügung gestellten Nachlaß Wilhelm Stählins konnte ich einen großen Teil der benötigten Quellen entnehmen. Eine vollständige Zeitschriftensammlung soll sich auch noch in der Deutschen Bücherei in Leipzig befinden. Besonders schwierig ist es, Zeitschriftenmaterial aus der Zeit nach 1930 zu erhalten. Die noch vorhandenen Stücke befinden sich ausnahmslos in Privatbesitz und wurden oft unter merkwürdigen Umständen erhalten. Da sie wegen ihrer Seltenheit nur ungern verliehen werden, ist es mir nur durch meine vielfachen Verbindungen zu den verschiedensten Menschen der Jugendbewegung gelungen, diese Quellen zusammenzubringen. Einige Urkunden und zahlreiche Briefe aus dem Schriftwechsel der Freideutschen Kreise sind im Besitz von Knud Ahlborn im Kinderheim Klappholtal auf Sylt. Wenn es nicht gelingt, das Schrifttum der Periode von 1930 an in irgendeiner Sammlung zu vereinigen, wird in Zukunft eine Untersuchung dieser Zeit der Jugendbewegung fast unmöglich sein. Das trifft umsomehr zu, als in der Literatur über die Jugendbewegung die letzte Zeit vor der Machtübernahme durch den Nationalsozialismus so gut wie gar nicht behandelt worden ist. Die Gründe hierfür werden wohl in dem Willen zum Totschweigen jeder inneren Opposition von seiten der nationalsozialistischen Staatsgewalt zu suchen sein.

Die Zeitschriften sind also die erste Quelle dieser Untersuchung und besonders zu erwähnen ist die seinerzeit von Werner Kindt herausgegebene unabhängige Zeitschriftenschau der deutschen Jugendbewegung "Wille und Werk", da hier besonders das für die politischen Fragestellungen wichtige Aufsatzmaterial zusammengetragen worden ist. Weiterhin ist berücksichtigt die Literatur über die Jugendbewegung, die teilweise sehr gute Quellenhinweise gibt und auch eine Reihe wichtiger Urkunden im Abdruck enthält. Ebenfalls werden herangezogen Manuskripte und Briefe, die mir zur Verfügung gestellt wurden. Besonderer Wert ist auch auf die persönliche Befragung von Beteiligten gelegt worden, die einen tieferen Einblick in die Zusammenhänge besaßen. Zuletzt habe ich mir auch erlaubt, meine eigenen Erfahrungen in der Jugendbewegung als Erlebnisgrundlage zum Verständnis des Ganzen heranzuziehen.

II. Die geschichtliche Entwicklung und die Organisationsformen der Jugendbewegung

DIE POLITISCH-GEISTIGE SITUATION DEUTSCHLANDS ALS AUSGANGSPUNKT DER JUGENDBEWEGUNG WIE AUCH DES NATIONALSOZIALISMUS

Wenn Aufbruch und Beginn der deutschen Jugendbewegung in Ursprüngen und Anfängen auch als eine originäre Tat der Jugend angesehen werden müssen, so weist doch die Trennung von Vätern und Söhnen, dieser heftige Konflikt der Generationen auf weitere und größere Zusammenhänge, die durch die Struktur dieser Zeit bedingt waren. Dieser Generationskonflikt war ja nicht nur eine Auseinandersetzung, die sich im familiären Rahmen abspielte, sondern ein Auszug der Jungen aus der ganzen sie umgebenden Welt der Alten, ein Protest als Ausdruck eines Krisenbewußtseins, daß nun auch die Jugend erfaßte und sie in Bewegung brachte, wie es kaum einer jungen Generation je geschehen war.

Denn obgleich Deutschland zu Beginn des 20. Jahrhunderts die scheinbare Sicherheit eines wohlgeordneten Staatslebens genoß, so hatten doch die politischen, wirtschaftlichen, sozialen und geistigen Veränderungen, die sich im Laufe des 19. Jahrhunderts angebahnt hatten, einen Strukturwandel herbeigeführt, der letztlich in der allgemeinen Krise der bürgerlichen Gesellschaft und zwei furchtbaren Kriegen endete. Die historische Einsicht eines Jakob Burckhardt hatte schon in den "Weltgeschichtlichen Betrachtungen" der 70er Jahre die Analyse des Zeitalters gestellt und die Wurzeln der gegenwärtigen Krise in ihrem Wesen und Ursprüngen bloßgelegt. Mit prophetischer Gabe wies damals Friedrich Nietzsche auf die kommenden Umwälzungen und verkündete, daß die Tafeln der alten Werte zerbrochen seien. Die allgemeine Fin-de-Siècle-Stimmung und innere Unsicherheit vor den drohenden Problemen der Zeit wurden nur äußerlich von plattem Nützlichkeitsstreben und wachsendem Erwerbssinn der bürgerlichen Schichten übertüncht. Im deutschen Bürgertum "vollzog sich eine Art seelischer Schrumpfung, da der Flügelschlag der nationalen Einigung, der äußeren Erfolg an die Stelle inneren Reichtums setzte, die bürgerliche Bildungsschicht berauschte und zweifellos verflachte."(1) Das offizielle geistige Leben war zumeist von Epigonentum beherrscht. Die Warnungen de Lagardes und Langbehns, die sich gegen den Materialismus des täglichen Lebens wandten und eine Erneuerung des deutschen Volkslebens forderten, verhallten kaum gehört.(2) Sie gewannen erst Einfluß, als nach dem ersten Weltkrieg auch die Fassade des äußeren Glanzes und der Macht zerschlagen und die Katastrophe offenbar geworden war.

Auf dem Gebiete der Politik hatte sich kein Erbe gefunden, der fähig gewesen wäre, das Werk Bismarcks weiterzuführen. Die Unsicherheit der inneren wie äusseren Politik unter Wilhelm II., sein Schwanken zwischen Gottesgnadentum und sozialem Kaisertum, die durch Hurrapatriotismus und preußische Militärmärsche aufgeblähte nationale Stimmung des bürgerlichen Untertanen, das Verblassen der großen Linie Bismarck'scher Bündnispolitik zugunsten eines oft überbetont starken Auftretens, das dann zwangsläufig an den realen außenpolitischen Machtverhältnissen scheitern mußte, waren Symptome einer wachsenden Krise, die das Ende der bürgerlichen Zeit in Deutschland anzeigten.

Die nationale Frage war durch die kleindeutsche Lösung nicht zu einem endgültigen Abschluß gebracht, und wenn auch Bismarck das politisch Mögliche dem Traum der deutschen Kaiseridee des Mittelalters vorgezogen hatte, so war doch das Deutsche Reich nur mit dem Verlust und dem Verzicht auf wertvollste Volkssubstanz zu schaffen gewesen.(3) Die in der Habsburger Monarchie verbleibenden deutschen Volksteile sahen sich immer mehr in einen heftigen Kampf mit den anderen Nationalitäten der Donau-Monarchie gedrängt und richteten daher den Blick auf den größeren deutschen Bruder, der ihnen allein Sicherheit und Unterstützung in ihrem Existenzkampf geben konnte. Der Nationalstaatgedanke, im deutschen Reich bereits zum großen Teil verwirklicht, beunruhigte auch die anderen Nationalitäten im Südosten und drohte den historischen Staat der Habsburger zu sprengen. So wuchs die "Heim ins Reich Bewegung" aus den geschichtlichen Bedingtheiten der völkischen Situation und ist keineswegs erst eine Erfindung der Jugendbewegung oder des Nationalsozialismus gewesen. Als dann Österreich-Ungarn nach 1918 auseinanderfiel, kam sie in den von der überwiegenden Mehrheit der Bevölkerung Deutsch-Österreichs und des Sudetenlandes ausgehenden Anschlußbestrebungen zum Durchbruch. Die

11

gemeinsame Front der Soldaten des ersten Weltkrieges wirkte weiter und die fast hoffnungslose wirtschaftliche Lage Deutsch-Österreichs mit seiner nur für einen Großstaat angemessenen Hauptstadt Wien ließ das Anschlußproblem in wachsendem Maße in den Vordergrund rücken.

Die Industrialisierung Deutschlands, die nach 1870 in unerhörtem Maß voranschritt, hatte einen bisher unbekannten Reichtum und die Wohlhabenheit der bürgerlichen Kreise zur Folge.(4) Aber das rein ökonomische Denken führte zur Verflachung und überlagerte alle tieferen Probleme. Die in der Hoffnung auf lohnenderen Erwerb in die Städte und Industriegebiete geströmte Landbevölkerung sah sich oft getäuscht und dem Elend preisgegeben. Aus den Getäuschten, Entwurzelten und Ausgebeuteten rekrutierte sich das wachsende Proletariat, dem die nur auf Verdienst und Profit bedachten Wirtschaftskreise keine neue Heimat zu geben vermochten. In großen Mietskasernen und lichtfernen Hinterhöfen führte manche Familie ein freudloses Dasein. Die vorbildliche soziale Gesetzgebung des Bismarck-Reiches vermochte zwar den größten Übelständen abzuhelfen und die Wirtschaftskreise zu einem sozialeren Gebaren zu zwingen, jedoch verhärtete der Kampf gegen die Sozialdemokratie die Fronten und das unterirdische Grollen der Besitzlosen verstummte nicht.(5) Das ausgehende bürgerliche Zeitalter vermochte es einfach nicht mehr, neue und gültige soziale Formen zu prägen. Der Bürger selbst verlor die Fähigkeit zum freien Denken und Handeln, indem er sich an den Obrigkeitsstaat klammerte und mit tiefem Mißtrauen das heranwachsende Proletariat betrachtete. Der Untertan, wie ihn Heinrich Mann beschreibt, wurde weithin zum herrschenden Typus des öffentlichen Lebens. Die Anbetung des Dämon Macht verwirrte den nur auf Erfolg und Nützlichkeit gerichteten Blick und ließ die Grenzen des Möglichen vergessen. So mußte auch der geniale Versuch Bismarcks, die soziale Frage vom Staat her zu ordnen, in seinen politischen Auswirkungen auf das Proletariat scheitern. Jeder revolutionäre Versuch, die Spannungen abzubauen, wurde durch ausgeprägten Kastengeist und Standesdünkel vereitelt "Immer größer, immer drohender ist die Aktualität der Revolution geworden, und was zu Anfang des Jahrhunderts nur als Ausgeburt der Phantasie politischer Hypochonder erschien, war an seinem Ende unmittelbar nahe herangerückt."(6)

Die Verlogenheit der Lebensführung des Bürgertums kam vor allem auch auf dem kulturellen Sektor und in der Jugenderziehung zum Ausdruck. Die Schule diente allein der Wissensvermittlung und wurde nur als eine Institution zu besserem wirtschaftlichen Fortkommen in späteren Jahren angesehen. Schon im Knabenalter wurde der junge Mensch äußerlich zum Erwachsenen gestempelt und versuchte nun oft kümmerlich in verborgenen Kneipen einen Vorgeschmack der studentischen Freiheit zu finden. Tanzstunde und der frühe Zwang zu den bürgerlichen Konventionen schufen den blasierten Typ des "Pennälers", den eine uns heute unvorstellbare Enge des Jugendlebens umschloß. Jugend galt nicht als eigene, selbständige Lebensstufe, sondern war lediglich eine möglichst rasch zu durcheilende Vorbereitungsperiode zur Geltung und Stellung im Berufsleben.(7) Der Student aber sah oft seine höchste Lebensform in maßloser Biertrinkerei und einigen männlich wirkenden Schmissen. Zudem boten die Corps die Möglichkeit, durch ihre "alten Herren" schnell in die notwendigen Verbindungen zu erfolgreicher Karriere zu gelangen. Verallgemeinert werden darf allerdings dieser im Vordergrund stehende Typ des Corpsstudenten nicht. Die Auswirkungen reformerischer Zeitströmungen auf die Studentenkorporationen blieben nicht ohne jeden Erfolg. In einzelnen Verbindungen deutscher Studenten und den Tur-

12

nerschaften versuchte man diese Erscheinungen zu überwinden.(8)

Das Neue und Revolutionäre aber brach in der Jugend selbst auf. Es kam für sie der Augenblick, da sie sich von dem auf ihr liegenden Druck zu befreien suchte, die Hohlheit der über sie gesetzten Formen und die Schwäche der bestimmenden Gewalten erkannte und es unternahm, sich selbst neue Werte zu setzen. Eine heranwachsende Generation vermochte im Leben ihrer Väter keinen Sinn mehr zu finden und trennte sich von ihnen, um eine neue und eigene Welt zu schaffen. Der einzelne Jugendliche blieb, in einen heftigen und zunächst unverstandenen Widerstand gegen die erwachsene Umgebung gedrängt, nicht allein. Er fand sich bald von einer großen Zahl gleichdenkender und mitleidender junger Menschen umgeben. Erst in seiner weiteren Entwicklung erstreckte sich dieser Generationskonflikt auch auf die politischen und sozialen Zustände, die die Jugendbewegung als fremd und zum Untergang bestimmt ansah.(9) Zunächst gab es in den höheren Schulen Gruppenbildungen von Jugendlichen, die sich in Opposition zum Lehrer setzten. "Die Jugend", so schreibt Hans Blüher, dessen Schilderung vom Beginn des Wandervogels in ihrer stimmungsmäßigen Zeichnung und der Personenschilderung bisher unübertroffen ist, "begann sich in ihren feineren Teilen zu bewegen; sie konnte unmöglich stille sein und sich widerspruchslos den Stempel aufdrücken lassen, den eine ergrauende Generation für den gültigen hielt". Es gelang ihr, "aus sich selbst heraus, ohne einen Lehrer zu fragen, eine große Bewegung zu schaffen, die nichts anderes war als ein Kampf ..... Steglitz wurde der Mutterboden einer Jugendbewegung, die sich fast 10 Jahre lang im Kleinen und Privaten hielt, die sich das Ideal der fahrenden Schüler aus dem Mittelalter holte, um daran in einer neuen Zeit gesund und selbstherrlich zu werden, die sich dann auf einmal plötzlich erhob, als die Sterne günstiger standen, und in romantischer Begeisterung in wenigen Jahren sich über ganz Deutschland ergoß, so daß zu Tausenden und Abertausenden die vom Alter gekränkte Jugend durch die Wälder brauste."(10)

Nun war aber die Jugendbewegung keineswegs die einzige Gruppe, die gegenüber dem Wilhelminischen Reich eine Oppositionsstellung bezog. Vielmehr gab es neben den oppositionellen Strömungen von der Seite des Marxismus her noch eine Vielzahl von Gruppen, die das zweite Reich nicht als Erfüllung ihrer politischen Vorstellung betrachteten. Arnim Mohler hat sie unter dem Begriff der "Konservativen Revolution" zusammengefaßt und auch mit dem besonderen Namen einer "Deutschen Bewegung" bezeichnet.(11) Es mag hier dahingestellt bleiben, ob die von ihm in diesem Begriff zusammengefaßten, oft sehr heterogenen Gruppen wirklich alle zu einem großen Strom gehören(12), der sich durch diese Zeit zieht und ob sie alle als ernstzunehmende Bestrebungen zu werten sind. Sicherlich können ganz bedeutende Unterschiede ideologischer Art (so muß unbedingt die nationalbolschewistische Strömung von der konservativen getrennt bleiben) und in vielleicht noch größerem Maße solche des Niveaus festgestellt werden. Der Begriff der Konservativen Revolution soll hier aber immerhin übernommen werden, da er sich als brauchbar erweist, alle diese von "rechts" kommenden Strömungen zusammenzufassen. Gemeinsam ist diesen Gruppen die Frontstellung gegen die Zeiterscheinungen des Zweiten Reiches mit dem Unterschied, daß der eine Flügel glaubt, seine Ziele auf einem reformerischen Weg in diesem Reich verwirklichen zu können und damit nach dessen Untergang auch ausgelöscht wird, während der andere Flügel sein Ziel durch rücksichtslosen Neubeginn erreichen will und darum größere Fernwirkung erzielt.

Zu dem reformerischen Flügel dieser deutschen Bewegung rechnet Mohler etwa die christlich-soziale Bewegung des Hofpredigers Adolf Stöcker, die National-Sozialen unter Friedrich Naumann, den Alldeutschen Verband von 1891 mit all seinem utopischen säbelrasselnden Imperialismus, daneben Kulturreformbestrebungen wie den Dürer-Bund, die Heimatkunstbewegung mit Friedrich Lienhard, Adolf Bartels und Paul Schultze-Naumburg und die Bodenreformer wie Adolf Damaschke, in Österreich-Ungarn die Deutschnationalen um Georg Ritter von Schönerer und die Christlichsozialen des Wiener Bürgermeisters Karl Lueger.(13)

Der radikalere Flügel, dessen Fernwirkungen in die Weimarer Republik hineinströmten, umfaßt die sogenannten völkischen Gruppen und bedeutendere einzelne Zeitkritiker wie Julius Langbehn und Paul de Lagarde, die sich um die Wiedergewinnung des deutschen Wesens bemühten, das sie als stark gefährdet ansahen. Die völkischen Gruppen und kleinen Splitterparteien bringen es 1893 sogar auf die Zahl von 16 Reichstagssitzen. Ihr Hauptkampfmittel ist der Antisemitismus, der sich hier schon lange vor Hitler bei fast allen Gruppen der Konservativen Revolution in den abgeschmacktesten Formen zeigt. Fast alle bemühen sich auch altgermanische Überlieferungen wieder zum Leben zu erwecken, um damit, wie sie glauben, zu den alten Quellen der Kraft zurückzukehren. Die völkische Ideologie, die besagt, daß der Mensch wesentlich durch seine Volkszugehörigkeit, Blut, Rasse, Stamm bestimmt und verpflichtet sei, findet sich bei der gesamten deutschen Bewegung wie auch die Forderung, daß aus diesen Kräften die große Erneuerung kommen müsse. Kennzeichnend ist hier auch für die meisten ein gewisses Sektierertum, eine gewisse Formlosigkeit und unklare Zielsetzung, die der großen Masse des Volkes unverständlich bleibt und darum nicht zu größeren Wirkungen gelangt. Erst nach dem ersten Weltkrieg wurde der Nationalsozialismus unter Adolf Hitler weitgehend zum Sammelbecken dieser Bestrebungen. Er vermochte durch schlagkräftige Parolen und Propaganda die notwendige Massenbasis zu schaffen, die zur Durchsetzung der völkischen und antisemitischen Ziele, zur Schaffung des Dritten Reiches notwendig war. Allerdings erfuhr auch er von solchen Gruppen der Konservativen Revolution den heftigsten Widerstand, die das Dritte Reich Adolf Hitlers wiederum als eine Verfälschung des eigentlichen Anliegens der deutschen Bewegung bezeichneten.(14)

Der Begriff des Dritten Reiches, der durch das Buch Möller van den Brucks "Das dritte Reich" in die deutsche Bewegung eingeführt worden war(15), wurde nach 1923 zum Inbegriff und Kennwort all dieser Bestrebungen. Er findet sich gleichermaßen bei der Jugendbewegung, dem Nationalsozialismus wie denjenigen Gruppen, die das Reich Adolf Hitlers heftig bekämpften und erfährt dort die verschiedenartigsten Deutungen. Im Namen dieses neuen Reiches aber wird die Frontstellung gegenüber der Aera des "Wilhelminismus" wie gegen die Weimarer Republik bezogen.

Der Untergang des Zweiten Reiches durch den Weltkrieg und die unmittelbaren Folgen für das deutsche Volksleben zeigten, wie brüchig die Ordnung des liberalistisch-kapitalistischen Zeitalters gewesen war. Die unheilvollen Auswirkungen des Versailler Vertrages, Verstümmelung des deutschen Staatsgebietes, Abschnürung von den Rohstoffmärkten der Welt, Inflation und Reparationen, die Verhinderung des Anschlusses der süd-ostdeutschen Gebiete an die Weimarer Republik, schufen in Mitteleuropa ein Depressionsgebiet von bisher unbekanntem Ausmaß.(16) Das nationale Ressentiment in Deutschland vermochte keine Be-

14

rechtigung der Niederlage anzuerkennen und die wachsende Erbitterung über die erlittenen Demütigungen, denen sich die schwache Republik auszusetzen gezwungen war, schufen den günstigsten Nährboden für die deutsche Bewegung, deren Lehre vom Dritten Reich jetzt auch ungeheure Aktualität gewinnen konnte. Ein kämpferischer Nationalismus, dessen kriegerische Seite schon durch sein erstes Entstehen in den Freiheitskriegen vorgeprägt war, kam jetzt zum Durchbruch. Er ging weit über alles an nationaler Leidenschaft hinaus, was man bisher in Deutschland zu sehen gewohnt war. Der Einfluß des Grenzland-Deutschtums, vor allem im Osten und Südosten, wo sich in dauernden Reibungen mit dem Slaventum ein nationaler Brennpunkt entwickelte(17), verstärkte und erhärtete das Nationalbewußtsein noch mehr, und es ist bezeichnend, daß Hitlers Nationalismus in dieser Umgebung gewachsen war.(18)

Die hart um ihre wirtschaftliche Existenz ringende Republik vermochte es nicht, die heterogenen Gesellschaftsschichten und Klassen auf die Dauer an sich zu binden. Die Wirtschaftskrise entfremdete ihr auch die Arbeiterschaft, und als die ehemaligen Feindstaaten ihr endlich einige Erfolge in der Außenpolitik gönnten, war es bereits zu spät. Die Inflation hatte die Proletarisierung der mittel- und kleinbürgerlichen Schichten beschleunigt und die Arbeitslosigkeit steigerte das soziale Elend. Zwar wurden der Republik von 1924 - 1929 mit Hilfe amerikanischer Anleihen einige ruhigere Jahre geschenkt, doch die Wirtschaftskrise zerstörte sehr bald das mühsam Aufgebaute. Die äußerste Linke erstrebte die Lösung der sozialen Frage durch die Fortsetzung des Klassenkampfes, während die Sozialdemokratie durch ihr Bündnis mit den bürgerlichen Parteien die Zugkraft des revolutionären Pathos verlor. Wenn auch die Waage lange in der Schwebe blieb, so war schließlich der erwachte Nationalismus doch stärker als die politische Linke, zumal er versprach, auch das soziale Elend zu beseitigen und das lockendere Bild einer erneuten Volksgemeinschaft aufstellte. Die Sehnsucht nach einer neuen Ordnung der Lebensverhältnisse und Regelung der nationalen Frage ließen das dritte Reich und einen starken Führer aus der Not als einzigen Ausweg und letzte Hoffnung erscheinen.

Hinzu kam noch, daß die leitenden Staatsstellen der Republik zumeist von den Taktikern der großen Parteien besetzt wurden, die sich dem Partialdenken und den vorherrschenden Parteiinteressen nicht zu entwinden vermochten. Vor allem aber erreichte der Ruf "Deutschland erwache" die Frontgeneration, und es strömten dem Nationalsozialismus viele Landsknechte der Freikorps zu, die auch an dem Putschversuch Hitlers in München 1923 aktiven Anteil nahmen. Die Großindustrie und Großbanken aber sahen sich in ihrer Furcht vor einer proletarischen Revolution ebenfalls zu Hitler gedrängt, der die staatliche Ordnung aufrechtzuerhalten versprach und die Besitzverhältnisse garantieren wollte. Hitler schien eben allen etwas versprechen zu können und die Ideologie der NSDAP, während sie im ganzen unklar und verschwommen blieb, gab durch ihre Übernahme heterogenster Gedankengänge von überall her die Möglichkeit einer Interpretation nach eigenem Geschmack und Interessen.

Daß das Phänomen der nationalsozialistischen Bewegung nicht von den Strömungen (wir vermeiden hier sorgfältig die vereinheitlichende Bezeichnung "Strom") der deutschen Bewegung zu trennen ist, sondern als ein besonderer Exponent gewertet werden muß, kann wohl keineswegs bestritten werden. Den Zusammenhängen und Gegensätzen nachzugehen, kann nicht Aufgabe dieser Untersuchung sein. Das Buch Armin Mohlers über die Konservative Revolution leistet zu dieser Frage wertvollste Vorarbeit. Aus seiner Darstellung geht aber weiter hervor, wie stark ideologische Momente der Konservativen Revolution auf die Jugendbewegung gewirkt haben, ja daß ihre Reichsvorstellungen und völkischen Tendenzen weitgehend von dort übernommen worden sind. Wiederbelebung des deutschen Volkstums und germanischen Brauchtums, Bodenreform und Lebensreform, der Gedanke eines dritten, neuen Reiches, dieses wirkte alles in den verschiedensten Bünden der Jugendbewegung weiter. Ja, es kommt schließlich dahin, daß sich die Anhänger konservativ-revolutionärer Strömungen weitgehend aus der Jugendbewegung rekrutieren. Jedoch unterscheidet sich die Jugendbewegung in ihrer Gesamtheit sowohl vom Nationalsozialismus als auch den anderen Strömungen der deutschen Bewegung dadurch, daß es hier nie zur Ausbildung einer festumrissenen Doktrin, zur Aufstellung eines weltanschaulichen Dogmas kommt, ja daß selbst jede Erstarrung in einer Organisation immer wieder von der dynamischen Kraft jugendlichen Lebens überrannt wird. Hieraus erwächst auch der vorliegenden Untersuchung eine große Schwierigkeit, da jede Fixierung und verallgemeinernde Aussage nur unter größten Vorbehalten aufgestellt werden kann.

Die Ansprechbarkeit der Jugendbewegung für die ideologischen Gedankengänge der Konservativen Revolution in Deutschland ist wohl darauf zurückzuführen, daß abgesehen von der gleichen Abneigung gegen die herrschenden staatlichen und politischen Gewalten (bei der Jugendbewegung zum Teil allerdings durch den Generationskonflikt bestimmt) und dem Streben nach einer vollkommenen Erneuerung das revolutionäre Pathos der deutschen Bewegung anziehen mußte. Zugleich wuchs ja auch hier der Drang zu einer Revolution aus der gleichen sozialen Schicht, dem Bürgertum. So konnte die aus der bürgerlichen Gesellschaft hervorbrechende Jugendbewegung hier eine politisch revolutionäre Haltung aufgreifen, ohne daß sie den für sie schwierigen Weg zum revolutionären Proletariat zu begehen brauchte. Weiterhin kam der sektiererische Charakter der Kreise der konservativen Revolution dem bündischen Denken der Jugendbewegung in besonderem Maße entgegen. Es ist geradezu bezeichnend, daß der Mensch der Jugendbewegung sich nicht der NSDAP als Massenpartei zuwendet, sondern in erster Linie den vom Elitegedanken getragenen Ideologien der anderen konservativ-revolutionären Strömungen. Die Auswirkungen dieser Beziehungen, die bei oberflächlicher Betrachtung des ganzen Phänomens nur schwer zu entwirren sind und oft zu der Annahme verführen, als sei die Jugendbewegung lediglich als Teilerscheinung der deutschen Bewegung und noch weiter geradezu als Wegbereiter des Nationalsozialismus zu betrachten, werden uns im Verlauf dieser Arbeit weiterhin in Anspruch nehmen. Zunächst wenden wir uns der Entstehung und Entwicklung der Jugendbewegung selbst zu und betrachten sie als originäre Tat der Jugend, deren Beweggründe zunächst nicht von politisch-ideologischen Momenten getragen werden.

DER WANDERVOGEL VOM BEGINN BIS ZUM AUSBRUCH DES GROSSEN KRIEGES

Die Jugendbewegung begann ihren Weg mit dem Aufbruch des Wandervogels in Steglitz. Sie ist also ein Kind der Mark und ohne die besonderen Verhältnisse der kleinbürgerlichen märkischen Stadt Steglitz, die uns Blüher so anschaulich schildert, wohl gar nicht zu denken. Die ersten Anfänge reichen bis in die Jahre 1896/97 zurück. Der Obersekundaner Karl Fischer war damals Unterführer

einer Wandergruppe des Schüler-Stenographen-Vereins am Gymnasium in Steglitz. Die später sagenhaft gewordene Fahrt durch den Böhmerwald im Jahre 1897 wurde ein so unvergeßliches Erlebnis für ihn, daß er, als der Leiter des Stenographenvereins Hermann Hoffmann die Stadt verließ, den Entschluß faßte, diesen losen Wanderkreis nun zu einer festen Gemeinschaft zu fügen. Das Verbot aller selbständigen Schülervereinigungen durch die Schulbehörde war ihm dabei eher willkommen als unlieb, denn "das war es ja gerade, was er wollte: einen großen deutschen Jungenbund, unabhängig von der Schule, von der Jugend gegründet und von der Jugend unterhalten."(19)

Um das Hindernis des Verbotes selbständiger Schülervereinigungen zu umgehen, bediente sich Fischer einer überaus klugen taktischen Maßnahme. Er gewann eine Anzahl bekannter und einflußreicher Persönlichkeiten(20) für seine Idee und schuf mit ihnen zusammen den sogenannten "Elternausschuß", der den Behörden gegenüber als Aushängeschild diente, um die Bedenken gegen die Schülervereinigung zu zerstreuen. Mit diesen Persönlichkeiten wurde in der Gründungsversammlung vom 4. November 1901 der "Wandervogel" (Ausschuß für Schülerfahrten) im Ratskeller zu Steglitz aus der Taufe gehoben. Fischers Verdienst war es, daß er, wie Hans Breuer schrieb(21), erkannt hatte, daß die Schülerfahrten nicht von ungefähr kamen, sondern hier "eine große propagandafähige Idee begraben" lag. Er bildete mit seiner Führerschaft den eigentlichen Wandervogel, der völlig getrennt von dem Elternausschuß sein eigenes Leben führte und den er autokratisch beherrschte. Die Schüler wurden in ein sogenanntes "Scholarenbuch" eingetragen, waren aber nicht Mitglieder des Vereins. Die Führer nannten sich Bachanten und Fischer legte sich selbst die Bezeichnung Oberbachant und später, als der Wandervogel erstarkte, die Bezeichnung Großbachant zu. Diese Namen wählte man in der Anlehnung an das Scholarentum des Mittelalters. Nach der Gründung begann eine eifrige Werbung; die ersten Flugblätter wurden gedruckt, in denen die neue spartanische Art des Wanderns gepriesen wurde. Nach einer Ansprache Fischers im Frühjahr 1902 in der Aula des Steglitzer Gymnasiums schlossen sich neue begeisterte Anhänger an. Im September/Oktober 1902 wurde nach einer Fahrt durch die Lüneburgerheide die erste auswärtige Ortsgruppe gegründet. Im gleichen Jahr zog der Bachant Hans Breuer mit einer Schar auf einer 4-wöchigen Fahrt bis nach Heidelberg. Die Ostmarkenfahrt im Herbst 1903 brachte dann den Höhepunkt des Fahrtenlebens. Genauere Angaben über die Zeit des aufblühenden Wanderns sind noch vorhanden. Im Jahre 1904 wurde die erste Wandervogelzeitung unter dem Titel "Wandervogel, illustrierte Monatsschrift" herausgegeben.(22) Im gleichen Jahr aber kam es schon zu heftigen inneren Auseinandersetzungen und durch diese Streitigkeiten wurde schon zu Beginn die Geschlossenheit des Wandervogels gestört. Dennoch wuchs die Bewegung mehr und mehr in die Breite. Gegen Fischers autokratisches Regiment lehnten sich vor allem die feingeistigen Elemente auf, die zugleich die etwas rohe und allzu ungebundene Art des Vaganten und Kunden ablehnten. Am 29. Juni 1904 löste sich der Wandervogel in seiner bisher bestehenden Form auf. Am gleichen Tage kam es zur Neugründung des Wandervogel, eingetragener Verein, zu Steglitz bei Berlin. Vorsitzender des neuen Bundes wurde Prof. Gurlitt, sein Stellvertreter Heinrich Sohnrey. Die Mehrzahl der alten Bachanten und des Elternausschusses löste sich ebenfalls von Fischer. Dieser gründete bald darauf mit den ihm treu Gebliebenen den "Altwandervogel". Gegenüber dem autokratischen Prinzip Fischers bildete der Steglitzer Wandervogel ein Führerkollegium, das die bevorrechtigte Stellung des Oberbachanten beseitigte. Auch im Altwan-

17

dervogel (AWV) konnte sich Fischer auf die Dauer nicht durchsetzen. Er legte sein Großbachantenamt am 1.11.1906 nieder. Die Führung übernahm der Rittergutsbesitzer W. Jansen. Eine weitere Abspaltung entstand auf der Jahreshauptversammlung der Führerschaft des AWV im Januar 1907. Inzwischen waren bereits in vielen Städten Ortsgruppen gegründet worden.(23) Die Jenaer Ortsgruppe, die auf dieser Tagung mit ihrer Forderung nach Enthaltsamkeit vom Alkohol auf den Fahrten nicht durchgedrungen war, gründete jetzt unter ihrem Führer Ferdinand Vetter den Wandervogel, Deutscher Bund für Jugendwandern (20.1. 1907). Dieser Bund, vorerst auf die Ortsgruppen in Jena, Chemnitz und Delmenhorst gestützt, weitete sich sehr bald aus. Er besaß im Jahre 1908 schon 24, 1909 dann 53 und 1910/11 etwa 120 Ortsgruppen. Innerlich erstarkte dieser Bund, als das Freundespaar Hans Breuer und Hermann Lissner die Führung des Bundes übernahm.(24) Hans Breuer – gefallen am 20.4.1918 als Truppenarzt vor Verdun – wurde bald zur bedeutendsten Führerpersönlichkeit des Wandervogels. Er hatte schon dem engsten Kreise um Fischer in Steglitz angehört und vermochte es, durch seinen Ideenreichtum dem Wandervogel ein eigenes Gesicht zu geben. Mit dem Maler Hans Pfeifer (einer der wenigen noch lebenden Zeugen all dieser Vorgänge) gab er 1909 den Zupfgeigenhansl, Liederbuch des Wandervogels, heraus. Dieses Liederbuch trug viel dazu bei, daß das alte Volkslied wieder zu einer lebendigen Wirkung in der deutschen Jugend kommen konnte.(25)

Die Blickrichtung der Wandervogelbünde ging aber bald weit über die Grenzen des deutschen Reiches hinaus. Schon 1909 wurde durch H. Moutschka die erste Ortsgruppe in Prag gegründet und 1910 richtete der Wandervogel, Deutscher Bund, ein eigenes Gauamt in dieser Stadt ein. Es folgten Ortsgründungen in Tetschen, Wien, Brünn, Pilsen, Iglau sowie einer Gruppe in Kronstadt, die um den Feindseligkeiten der Mayaren aus dem Wege zu gehen, den Decknamen "Charpathia" annahm.

Auch im Norden Deutschlands regte es sich unter der Jugend. Im September 1905 gründeten Hamburger Primaner, junge Kaufleute, Lehrer und Studenten in der Lüneburgerheide einen Freundschaftsbund, den "Hamburger Wandervererin."(26) Diese Gruppe schloß sich im Oktober 1908 mit dem neugegründeten Bremer Wanderverein und 1909 mit weiteren Wandervereinen zusammen. Die erste eigentliche Jugendgruppe bildete sich im März 1909. Auf dem Bundestag zu Tangermünde 1913 gab sich dieser Verein den Namen "Bund deutscher Wanderer". Bis zu diesem Zeitpunkt hat er immer mehr den Charakter eines bloßen Vereins abgelegt. Auch hier wandte man sich gegen Bier, Kneip- und Skatabende der Jugend und wollte lebendige Jugendgemeinschaft. Oberstes Ziel war die Selbsterziehung der Mitglieder. Auch dieser Bund verbreitete sich schnell und verlagerte seinen Schwerpunkt bis 1911 nach Mitteldeutschland (Magdeburg, Leipzig). Ein Mitbegründer, Knud Ahlborn, zog 1907 auf die Universität Göttingen und bemühte sich die Ideen des Hamburger Wandervereins in der studentischen Jugend zu verbreiten. Seine Bemühungen führten zur Gründung des ersten akademischen Wandervereins mit dem Namen "Freischar". In kurzer Zeit folgten weitere Gründungen in Freiburg, Dresden, Stuttgart, Marburg, Hannover und der "Bund der akademischen Freischaren" setzte sich gegenüber den althergebrachten Korporationen und Verbindungen an den Hochschulen Deutschlands durch und schuf einen neuen Typus des deutschen Studenten.

Die Vielzahl der bisher entstandenen Bünde rief nun den Wunsch nach einem Zusammenschluß der einzelnen Gruppen der Jugendbewegung hervor. Im April

1910 kam es auf dem Bundestag in Arolsen zu einer vorübergehenden Vereinigung zwischen dem Wandervogel deutscher Bund, dem Bund deutscher Wanderer und den akademischen Freischaren. Diese Bündigung zerbrach aber an vorhandenen sachlichen Gegensätzen und daran, daß der WV Deutscher Bund nach
der Sachsenburger Tagung (14.-16.5.1910) alle Kräfte auf den Zusammenschluß
der Wandervögelbünde selbst konzentrierte. Letztere Tagung wurde dann auch
von allen Wandervogelbünden besucht. Es wurde ein Ausschuß gewählt, der als
Zentralstelle die Einigungsverhandlungen fortsetzen sollte. Er bildete am
8.1.1911 als Vorstufe des Einigungsbundes den Verband deutscher Wandervögel.
In diesen Verband traten dann auch der Posener, Steglitzer und der am 30.6.
1911 in Wien gegründete Österreichische Wandervogel, Bund für deutsches
Jugendwandern, ein. Eine gemeinsame Zeitschrift wurde herausgegeben, die
nach der Einigung den Titel "Wandervogel, Monatsschrift für deutsches Jugendwandern" führte. Daneben bestanden die Gaublätter der über ganz
Deutschland und die auslandsdeutschen Gebiete verstreuten 19 Wandervogel-
gaue. Die Jahre bis 1913 brachten verschiedene Teileinigungen. Am 5.1.1913
löste sich der WV Deutscher Bund auf und trat geschlossen dem neuen Einigungsbund "Wandervogel, Bund für deutsches Jugendwandern e.V." bei, der
damit am gleichen Tage in Göttingen ins Leben gerufen wurde. Der am 10.11.
1910 gegründete "Jungwandervogel" und ein Teil des "Altwandervogels"
schlossen sich dem großen Bund nicht an. Der Jungwandervogel glaubte sich
vor allem gegen den aufkommenden Massenbetrieb, das Eindringen des Eltern-
und Freundesrates sowie der Schule wehren zu müssen. Er teilte die Ansicht
Blühers, daß durch diese Kräfte der Niedergang des Wandervogels zu einer
bloßen Schülervereinigung verursacht sei. So beharrte er weiterhin in einer
schroffen Gegenstellung zur erwachsenen Welt, deren Anerkennung sich der
Wandervogel als wichtiger Erziehungsfaktor errungen hatte. Äußerlich kam diese
Entwicklung dadurch zum Ausdruck, daß sich der Wandervogel, Bund für deutsches Jugendwandern, und der Altwandervogel den Jugendpflegeorganisationen
genähert hatten und sich dem 1911 vom Generalfeldmarschall von der Goltz
gegründeten Sammelbund national ausgerichteter Verbände "Jungdeutschland"
anschlossen.

FREIDEUTSCHE, KRIEGSWANDERVOGEL UND REVOLUTIONSJAHRE BIS 1923.

Im Jahre 1913, als auf der einen Seite sich der stärkste Wandervogelbund der
Jugendpflege näherte, begann aber auch schon der zweite Vorstoß der Jugendbewegung, dessen Träger unter dem Sammelnamen der "Freideutschen" zusammengefaßt werden.(27) War die erste Welle der Jugendbewegung noch rein ge-
fühlsbetont gewesen, so kam in der zweiten ein mehr intellektueller Typ zum
Durchbruch, der das fast instinktmäßige Handeln des Wandervogels nicht mehr
kannte, dem alles zum Problem wurde, dem die selbstsichere Haltung oft verlorengegangen war. Die Freideutschen als solche waren auch kein Bund wie der
Wandervogel, sondern eine Art Sammlung der aus dem jugendlichen Dasein herauswachsenden Schicht der Jugendbewegung. Schon in den akademischen
Freischaren hatten sich Wandervögel und Wanderer gefunden.(28) Zu ihnen stie-
sen eine Anzahl Lebensreformbünde und die freien Schulgemeinden unter der
Leitung von Gustav Wyneken, sowie eine Reihe von Einzelpersönlichkeiten, die

durch ihr Lebenswerk Einfluß auf diese Jugend genommen hatten.(29) So fehlte den Freideutschen die Geschlossenheit der Lebensform, des unmittelbaren Erlebnisses, sowie das starke Bundesgefühl, das der Wandervogel kannte. Im Freideutschtum war mit dem Beginn auch schon die Vielzahl der Möglichkeiten späterer auseinanderstrebender Entwicklungen vorhanden. Hie trafen Kräfte aufeinander, die auf den ganzen weiteren Fortgang der deutschen Jugendbewegung einen entscheidenden Einfluß gewinnen konnten. Am 11. u. 12. Oktober 1913 versammelten sich etwa 2000 - 3000 junge Menschen und Vertreter aus 13 Verbänden auf dem Hohen Meißner bei Kassel. Dort feierte man in bewußtem Gegensatz zur bürgerlichen Welt, die am Völkerschlacht-Denkmal in Leipzig mit der gewohnten Art bürgerlich-vaterländischer Feste die Jahrhundertfeier der Völkerschlacht durchführte, ein Fest der Jugend in so eigener Art und neuem Formwillen, daß dieses Fest zu einem Markstein der deutschen Jugendbewegung geworden ist.(30)

Zum ersten Mal trat hier die Jugendbewegung als Ganzes vor die aufhorchende Öffentlichkeit und vollzog zugleich die scharfe Trennung von der bürgerlichen Gesellschaft. Sie wollte nicht mehr länger nur ein "Anhängsel der älteren Generation" bleiben(31), sondern im Bewußtsein, Träger einer neuen Lebensform zu sein, erkannte sie sich als neue und besondere Schicht gegenüber der alten Gesellschaftsordnung. Die Formel des Meißner-Bekenntnisses (s. S. 5) war keine Zielsetzung, sondern der Ausdruck des Unabhängigkeitsgefühls der Jugend, die in Selbstverantwortung und eigener Bestimmung sich nicht den von außen herangetragenen Zweckbestimmungen beugen wollte. Auf den Vorbesprechungen zur Meißner-Tagung war es vornehmlich Wyneken, der die unabhängige Stellung der Jugendbewegung verteidigte.(32) Er wandte sich mit aller Schärfe gegen die Versuche der Vertreter derjenigen Verbände, die die Jugend für ihre eigenen Zwecke und Ziele einzufangen bestrebt waren, und ihr Rassenhygiene, lebensreformerische Gedanken und deutschvölkische Erziehungsarbeit als wichtigste Aufgaben auftragen wollten. In den Reden und Besprechungen zeigen sich schon damals deutlich die beiden Richtungen der Freideutschen, deren eine mehr allgemein menschlich-freiheitlichen Zielsetzungen folgte, während die andere stark völkisch gebunden war. Diese beiden Richtungen, vorerst noch durch das gemeinsame Band des Freideutschtums zusammengehalten, mußten sich folgerichtig in den kommenden Kriegs- und Revolutionsjahren auseinander entwickeln, da ihre Divergenzen, als die Frage des Einsatzes auf dem Gebiet der Politik gestellt wurde, nicht mehr zu überbrücken waren. Schon auf der Meißner-Tagung sollen die völkisch eingestellten Wandervögel Ottger Gräff und Albrecht Meyen unter Protest das Fest verlassen haben.(33)

Obgleich das ganze Fest Wandervogelcharakter trug, nahm doch der Wandervogel Bund für deutsches Jugendwandern als Bund nicht an dieser Tagung teil. Aber hier bezog der größere Teil der Führerschaft eine andere Stellung als die Bundesleitung. Sie kam auf den Hohen Meißner und stellte dann später den Antrag, den Beschlüssen des Freideutschen Jugendtages schnell beizutreten.(34) Die vorsichtige und abwartende Haltung der Bundesleitung des Wandervogels war von mancherlei Gründen bestimmt. Man fürchtete, "es könnte dort zu politischen Kundgebungen kommen", hatte mit dem aus der Blüherschen Darstellung bekannten Beauftragten des Jungwandervogels Jansen erhebliche Differenzen gehabt und auch die Stellung zu Wyneken war unklar.(35) Der tiefste Grund der Ablehnung aber lag wohl darin, daß der Wandervogel seinen Charakter als Jugendbund wahren sollte, und es sich bei den Freideutschen zumeist um die altersmäßig aus dem Bund entwachsenen Wandervögel handelte.(36)

Die Reaktion der Erwachsenenwelt auf die Meißner-Tagung und die Gründung der Freideutschen Jugend konnte nicht lange ausbleiben, zumal der radikalere Flügel unter der Leitung Wynekens in der Schülerzeitschrift "Der Anfang" eine heftige Polemik gegen ihre wichtigsten Institutionen: Schule, Elternhaus, Religion, Ehe und Patriotismus führte. Die Wendung gegen jedes Dogma rief vor allem die katholischen Kräfte auf den Plan. Am 27.1.1914 wurde der "Anfang" und am 28.1. 1914 auch der Zupfgeigenhansl in Bayern verboten. Der Abgeordnete des Zentrums Schlittenbauer griff die Freideutsche Jugend im Bayrischen Landtag an und beschuldigte sie der Homosexualität.(37) In den Zielen der Bewegung sah er nur negative Momente, Kampf gegen das Elternhaus, die Schule, jede positive Religion, die christliche Moral und einen gesunden Patriotismus. Die Verteidigung der Freideutschen übernahm Prof. Natorp, der allgemein als Freund der Jugendbewegung galt, aber ihre extremen Richtungen ablehnte. In der öffentlichen Versammlung in der Tonhalle in München am 9.2.1914 zeigte sich schon klar das Überwiegen der gemäßigten Richtung, die sich gegen Wyneken und den "Anfang" aussprach.

Auf der Vertretertagung der Freideutschen in Marburg am 7. und 8. März 1914 kam es dann zum Bruch zwischen den Verbänden.(38) Der Wandervogel ging eigene Wege, die Lebensreformverbände und Wyneken schieden aus. Im großen und ganzen siegte die gemäßigte Richtung. Die Meißnerformel wurde erheblich abgeschwächt. In dem als Entwurf bezeichneten Programm hieß es nun: "Als Freideutsche Jugend treten Jugendbünde zusammen, die von der Jugend selbst geschaffen sind und die wollen, daß nun auch ihre Gemeinschaft von der Jugend getragen werde .... Die Vermittlung der Werte, welche die älteren erworben und überliefert haben, wollen wir dadurch ergänzen, daß wir mit innerer Wahrhaftigkeit, unter eigener Verantwortlichkeit unsere Kräfte selber entwickeln. Wirtschaftliche, konfessionelle und politische Parteinahme lehnen wir als vorzeitige Bindungen dieser unserer Selbsterziehung ab. " Endgültig aber gab sich der radikale Flügel nicht geschlagen, ja man plante für den Vertretertag in Leipzig einen regelrechten Putsch. Heftigste Auseinandersetzungen standen bevor.(39)

Der Ausbruch des ersten Weltkrieges aber verschlang zunächst alle Kräfte. Obgleich Wyneken noch vor dem Kriege unter begeisterter Zustimmung der Freideutschen erklärt hatte, es gälte mit den anderen Völkern einen Wettbewerb um höhere Dinge zu führen als um äußere Macht, zogen Wandervögel und Freideutsche mit heller Begeisterung zum Kampf. Der Sturm der jungen Freiwilligenregimenter auf Langemarck 1914 wurde zum Mythos der Jugendbewegung.(40) Die Tiefe der Einwirkung des Fronterlebnisses offenbarte sich auch in dem Buch von Walter Flex "Wanderer zwischen beiden Welten". Sein Wort "Leutnantsdienst tun heißt vorleben, das Vorsterben ist vielleicht einmal ein Teil davon" wurde der Inbegriff der soldatischen Haltung der Jugendbewegung. In Front- und Etappengebiet fanden sich die Wandervogelgruppen zusammen. Von hier aus drangen Begriff und Ethos des Soldatentums in die Jugendbewegung ein und trugen mit dazu bei, in den 20er Jahren den Typus des Bündischen zu bilden. Eine weitere Folge des Fronterlebnisses und des Langemarckmythos war die starke Bindung der Bünde an die Reichswehr. Die tatbereite Hingabe für Volk und Heimat erschien wie eine letzte Erfüllung des romantischen Sehnens der Jugendbewegung, das endlich die Probe der Bewährung erreicht zu haben glaubte.

Im großen und ganzen aber brachte der Krieg den Wandervogel in eine schwere

Krise. Die Abwesenheit der Führer unterbrach das kontinuierliche Wachsen der Gruppen. Die notwendige persönliche Verbindung wurde auf die Dauer unterbrochen.(41) Viele Gruppen wurden von Mädchen geführt, gegen deren Leitung sich die noch knabenhaften Jungenführer immer mehr zur Wehr setzten. In der Freideutschen Jugend gewann die Partei Wynekens ihren Einfluß zurück. Zwar war es der gemäßigteren Richtung gelungen, unter Knud Ahlborn die Monatsschrift Die "Freideutsche Jugend" (Freideutscher Jugendverlag Adolf Saal, Hamburg), die ein guter Spiegel des geistigen, pädagogischen und politischen Denkens der Freideutschen war, als Organ der Freideutschen Bewegung ins Leben zu rufen. Aber gegen den Versuch, eine festere Vereinsorganisation zu schaffen, wandte sich der von mehr als 800 Wandervögeln und Freideutschen besuchte "Westdeutsche Jugendtag" auf der Loreley (4./5.8.1917).(42) Die Freideutsche Jugend sollte Jugendbewegung sein und nicht zu einer "Jugendpartei" werden. Auf den folgenden Führertagungen (Hoher Solling 3.10.1917 und Nürnberg, Karfreitag 1918) gelang es dem entgegenkommenden Handeln des Hauptausschusses, auf der Grundlage der alten Meißner-Formel wieder zu einer Einigung zu kommen. So wurde die Marburger Spaltung überwunden.

In den Zweckbestimmungen des dort gegründeten Arbeitsamtes, das in Punkt 2 seiner Verfassung sich vornahm: "alle Kräfte der Bewegung zusammenzufassen zum Schutze gegen solche öffentlichen Gewalten, die die Bewegung oder überhaupt jugendliche Gewissensfreiheit zu unterdrücken oder einzuengen versuchen", kam die erneute Kampfansage der Jugend gegen die bürgerliche Ordnung zum Ausdruck.(43) Die Führer des Wandervogels e.V. traten jetzt der Freideutschen Bewegung bei. Ebenso schloß sich der Greifenbund an, der 1916 von Ottger Gräff mit stark antisemitischen und nationalistischen Zielsetzungen gegründet worden war und zum Anfangsbund der "Jungdeutschen" wurde. Die Rückkehr der Wandervogelsoldaten aus dem Feld brach die noch äußerlich aufrechterhaltene Einheit der Wandervogelbünde. In heftigen Kämpfen nahm die ganze Jugendbewegung zu den neu aufgeworfenen Lebensfragen Stellung.

Die Revolutionsjahre bis 1923 bringen eine Reihe von wichtigen Entscheidungen und Entwicklungen des Gesamtkomplexes der Jugendbewegung mit sich:
1) Die Freideutschen kommen zu einer direkten Auseinandersetzung mit den sozialen und politischen Problemen der Zeit.(44) Sie vermögen diese Kämpfe nicht als Bund zu überstehen, aber einzelne Persönlichkeiten der Freideutschen gelangen zu einer Wirkung in den sich neu gründenden Bünden. Das Ende des Krieges, die Folgen des Versailler Vertrages, die Novemberrevolution von "links" stellen die Hauptanliegen dieser Zeit, die Lösung der nationalen und sozialen Frage, mit unerbittlicher Deutlichkeit vor die junge Generation, die gerade erst von den Schlachtfeldern des Krieges heimgekehrt ist. Während aber der eine Teil der Freideutschen Jugend mehr pazifistisch, menschheitlich und intellektuell geartet, sich auf die Seite der Revolutionäre stellt und unter Führung von Karl Bittel, Alfred Kurella, Wittvogel u.a. mit dem Proletariat und dem Marxismus verbindet, die gemäßigtere Mitte völlig ausgeschaltet hilflos der Radikalisierung zusehen muß, gründen die Rechtsstehenden 1919 auf dem Lauenstein den "Jungdeutschen Bund", um den Versuch zu machen, alle völkisch Denkenden zur Rettung der nationalen Integrität des Vaterlandes zusammenzuschließen.(45) Hier waren es die älteren Führer, die den größten Einfluß ausübten (Frank Glatzel, Hans Gerber, Karl Bernh. Ritter, Wilh. Stählin, Wilh. Stapel).

In den Revolutionswirren standen sich Menschen der Jugendbewegung mit der

Waffe in der Hand gegenüber. Viele Wandervögel schlossen sich den bestehenden Freikorps an. So wurde das Freikorps "Oberland" vom ehemaligen Bayerngauwart des Wandervogel e.V. Friedrich Weber und Hauptmann Beppo Römer geführt und stand in enger Verbindung zur "Orgesch" der Reichswehr. Ebenso waren im Freikorps "Epp" und dem aus dem Freikorps "Oberland" herauswachsenden "Bund Oberland" (Zeitschrift "Das dritte Reich", später Niekisch-Anhänger), Kräfte der Jugendbewegung vertreten.(46) Sie kamen damals in erste Berührung mit der NSDAP, die sich mit den völkischen Kräften zum "Deutschen Kampfbund" zusammengeschlossen hatte. Der Gedanke einer wehrhaften Erziehung dringt auch in die deutschen Randgebiete. In Wien und Innsbruck entstehen jungdeutsche Kompanien des Oberland-Bundes. In Schlesien beteiligt sich eine Wandervogel-Hundertschaft, nachdem Hans Dehmel dazu aufgerufen hatte, an den Grenzkämpfen.(47) Andererseits gab es Kräfte, die dem billigen Hurrapatriotismus der Vorkriegszeit abhold, auch jetzt wieder eine Wiederholung dieser Erscheinungen fürchteten und sich so diesen Kämpfen fernhielten. Auf der Seite der Linken aber reihten sich Freideutsche opferbereit in die Kampfgruppen des Proletariats ein.(48)

Auf den Tagungen der Freideutschen Jena 1919, Hofgeismar 1920 kam es zu heftigen Auseinandersetzungen der beiden Flügel der Freideutschen.(49) Hatte man vorher geglaubt, das Band des Freideutschtums sei menschlich stark genug, die Gegensätze auf einer höheren Ebene zu verbinden, so erwiesen sich für die Zukunft diese Bande doch als zu schwach. An dem Gegensatz sozialistisch-völkisch, Bejahung des Bürgerkrieges - Neubau des Staates auf nationaler Grundlage schieden sich die Geister.

Die freideutsche Jugend brach auseinander. Der von Knud Ahlborn 1921 aus der Arbeitsgemeinschaft Freideutsche Jugend e.V. gegründete Bund Freideutsche Jugend e.V. war nur noch ein Torso. Es gelang den Kommunisten seit 1919 alle Tagungen der Freideutschen praktisch zu sprengen. Die letzte größere Tagung sah noch einmal der Hohe Meißner 1923, aber die politischen Aktivisten waren es müde zu diskutieren, sie drängten zur Tat. Das Wort Wittvogels, "ihr Freideutsche habt einen ganzen Stall voll Ideen, aber keine einzige für die ihr sterben könnt", war das Endurteil. Es war nicht gelungen, das Freideutschtum als Ganzes zum politischen Einsatz zu bringen.(50)

2) Die zweite wichtige Entwicklung in den Jahren bis 1923 war die Ausbreitung der Jugendbewegung, die nun auf die Jugendpflegevereine, sozialistische, nationale und konfessionelle Bünde übergriff.(51) Für die weitere Entwicklung der bündischen Jugend, die noch verfolgt werden soll, spielte die Durchdringung der nationalen Jugendverbände und der Pfadfinder mit dem Ideengut der Jugendbewegung die größte Rolle. Bei den nationalen Jugendverbänden, vor allem der Deutschnationalen Jugend (DNJ) waren es die Jungdeutschen, die Träger dieser Entwicklung wurden.(52) Aus der DNJ entwickelten sich zwei Bünde: der Jungnationale Bund e.V. (Bundesleiter zuerst Admiral Scheer, dann H. Dähnhardt, (Jungdeutscher), der sich später in einen reinen Jungenbund (auf dem Bundestag in Goslar Pfingsten 1924), Jungnationaler Bund, Deutsche Jungenschaft unter H. Ebeling und einen gemischten Jungnat. Bund deutscher Jugend unter Dähnhardt teilte.(53) Von dieser Entwicklung trennte sich als zweiter Bund auf dem Bundestag in Nürnberg 6.-8.11.1921 der spätere Großdeutsche Jugendbund unter Vizeadmiral von Trotha. Bezeichnend war es, daß man sich einen Admiral

zum Bundesführer suchte. Über den Jungdeutschland-Bund, dessen Vorsitz von der Goltz innehatte, hielt Dähnhardt enge Verbindung mit dem Reichswehrministerium. Zur NSDAP bestanden keine Verbindungen, obgleich einige namhafte Nationalsozialisten dem JNB e.V. angehört haben, aber meist vor ihrem Übertritt ausgeschlossen wurden. Die Jungdeutschen, deren Bund nicht so sehr eine Organisation (nur 300 Mitglieder), sondern mehr ein weiter Kreis von Gleichgesinnten war, arbeiteten in diesen Bünden wie ein Sauerteig, der bewirkte, daß sie immer mehr den jugendpflegerischen Charakter verloren und zu reinen Jugendbünden wurden.

Zugleich wurden die Pfadfinderbünde von der Jugendbewegung erfaßt. Der deutsche Pfadfindertag auf Schloß Prunn 1919 spaltete den Pfadfinderbund.(54) Die aus dieser Spaltung hervorgegangenen Neupfadfinder wurden einer der Faktoren, der mit den wichtigsten Beitrag zur späteren Deutschen Freischar lieferte. War es bei den jungnationalen Bünden ein mehr preußisch-soldatisch betontes Deutschtum, so kam hier das großdeutsch-romantische Bild zu voller Geltung. Wohl von keiner Seite der Jugendbewegung aus wurde der Gedanke des Reiches als romantisch verklärtes Ziel so weit von der politischen Ebene gelöst wie hier. Es war die Zeitschrift "Der weiße Ritter" (Schriftleiter Martin Voelkel, Voggenreiter und F.L. Habbel), die ein mit magischen Qualitäten errichtetes Führungssymbol, den Weißen Ritter, eine Art national-romantische Version des St. Georg vor den Bund der Jungen stellte.(55) Die Durchdringung der Pfadfinder in Deutschland mit den eigentümlichen Momenten der deutschen Jugendbewegung verursachte nachher große Schwierigkeiten, als es um die Frage des internationalen Bundes der Pfadfinder ging. Die Deutschen hatten immer mehr den Charakter einer rein scoutistischen Organisation abgestreift und waren ein Teil der bündischen Jugend geworden, der lediglich in einigen Äußerlichkeiten noch dem englischen Vorbild glich. Eine gleiche Entwicklung bahnte sich in Österreich an. Hier zeigte sich, daß die Gedanken, die man sich in der Jugendbewegung über das Reich und die Volksgemeinschaft machte, nicht in die Enge des kleindeutschen Reiches zu pressen waren. Gemeinschaft des Volkes, das galt ebenso sehr für die Deutschen in Bessarabien wie für die Reichsdeutschen.

3) So war es nur eine natürliche Konsequenz, wenn sich die Jugendbewegung in den deutschen Randgebieten, vor allem in Österreich und im Sudetenland sehr stark entwickelte.(56) Durch die Pariser Vorortsverträge war das Deutschtum hier in einen Kampf um seine nationale Existenz gedrängt. Im Weltkrieg hatten die österreichischen Wandervögel nicht für das Haus Habsburg, sondern in erster Linie für das deutsche Volk gekämpft. Die Kameradschaft der Front und des Wandervogels mußte zum stärksten Bindeglied werden. Schon auf der Meißner-Tagung 1913 hatten die österreichischen Wandervögel durch ihren Bundesleiter Prof. Keil an die grenzdeutschen und auslandsdeutschen Fragen gemahnt und den Einsatz für die bedrohten Brüder gefordert. Durch den unglücklichen Ausgang des Krieges erhob sich diese Forderung nur umso dringender. In Österreich waren es vor allem junge Führer (Karl Ursin, Amanshauser und Fürstenau, kaum 19jährig), die auf der Grundlage des Volksbewußtseins die Jugendbewegung neu aufbauten. Die tägliche Wirklichkeit des nationalen Existenzkampfes verhinderte es, daß sich die sudetendeutschen und österreichischen Wandervögel sehr stark auf romantische und symbolische Reichsideen, wie etwa bei den Neupfadfindern, festlegten und zwang zur politischen Orientierung, die später dann in vielen Fäl-

len zu einer Verbindung mit den Nationalsozialisten führte. Die ganze Stellung der südostdeutschen Jugendbewegung zur NSDAP war von Beginn eine andere. 1914 hatte Fritz Kutschera am Osterfeuer des Frankfurter Bundestages die Aufgaben der südostdeutschen Jugendbewegung als richtungsweisend für die Gesamtheit hingestellt. Nun zog der Volkstumskampf die Reichsdeutschen in diese Auseinandersetzung hinein. Den großdeutschen Gedanken zu festigen, zogen die Bünde auf Grenzlandfahrt, und die enge Berührung mit den dortigen Gruppen spielte oft eine Rolle, wenn es später um politische Entscheidungen ging. Inwieweit im südostdeutschen Raum dem Nationalsozialismus aus der Jugendbewegung Führende und Wegbereiter entstanden, wird noch an verschiedenen Stellen zu erörtern sein.

4) Die letzte noch zu erwähnende Entwicklung dieser Jahre betrifft den Kampf zwischen jüngerer und älterer Generation, die sich durch den Weltkrieg fremd geworden waren und nun in einem die Jugendbewegung selbst betreffenden Generationskonflikt verschiedene Positionen bezogen. Hatte im Wandervogel noch während des Krieges eine Art Burgfrieden geherrscht ("wartet bis die Frontsoldaten einst zurückkehren, daß sie mitreden können")(57), hatten die "Kriegsführer" nur nachbeten sollen, was ihnen der Kriegsbundesleiter Pfarrer Schomburg vorsetzte:(58) "Wyneken und Blüher sind die Gegner der Jugendbewegung", so setzte mit der Revolution eine überaus starke Gegenbewegung ein, die sich gegen die Erstarrung in der Organisation, vereinsmäßige Satzung und die gemütvolle Führung der Mädchen richtete. In den Wogen der Erregung brach der Wandervogel e.V. auseinander.(59) Ein Bundesführertreffen Ostern 1922 in Merseburg beschloß die Auflösung des Bundes. Der Krieg hatte zwischen den nur um weniges im Alter unterschiedenen Generationen der Front und der Heimat eine so starke Grenze gezogen, daß sie vorerst nicht zu überbrücken war.
Die Feldsoldaten des Wandervogel, deren Führungsansprüche von den Jüngeren abgelehnt wurden, fanden sich schon 1920 auf einem allgemeinen Treffen zusammen und gründeten Pfingsten in Kronach den Kronacher Bund alter Wandervögel.(60) Gegen die im Wandervogel e.V. verbleibenden Führer setzte nun der Kampf der Jungen ein. Besonders die Sachsen trieben diese Entwicklung voran. Hier wurde Rudolf Mehnert der Wegbereiter des neuen Jungenbundes. Alles Idyllische des Wandervogels wurde abgelehnt, "der Bund soll getragen sein von einem Orden von Führern" die Idee eines "Jungen-Staates" trat hier zum ersten Mal auf.(61) Die Mädchen haben keinen Platz mehr darin. Strengste Zucht und Auslese wird gefordert. Ein neues, selbstherrliches Führertum schart die Jungen des Bundes in einer persönlichen Gefolgschaft um sich. Der Bund soll ein Staat festgefügter Jungengaue sein.
Der Alt-Wandervogel vermag als erster Bund geschlossen diesen neuen Weg einzuschlagen. In rücksichtslosem revolutionären Schwung werden die Satzungen, Eltern- und Freundesbeirat über Bord geworfen. Alle über 20 Jährigen dürfen nur im Bund bleiben, wenn sie als Führer einer Gruppe gewollt werden.(62) Als eine Art Königtum der Jungen wird die Bundesführung Ernst Buske, einem der fähigsten Menschen der bündischen Jugend übertragen (Bundestag auf dem Lauenstein 2./3. August 1919). Ostern 1921 war der AWV bereits zum reinen Jungenbund geworden, das Ausleseprinzip mit größter Strenge durchgeführt, so daß von 6000 Bundesmitgliedern nur noch 1900 Jungen übrigblieben. Aus dieser Entwicklung lösten sich 1920 westdeutsche Wandervögel und gründeten unter

den Brüdern Oelbermann den Nerother-Wandervogel, Deutscher Ritterbund(63), dessen oberstes Weistum "Freundschaft und Freundestreue" hieß. Von den Großfahrten dieses Bundes gingen bald die Sagen durch das ganze deutsche Jungenland.

Mit äußerster Heftigkeit wurden die Kämpfe um die Neugestaltung des Jungenbundes im Wandervogel e.V. geführt. Den Anstrengungen Rudolf Mehnerts gelang es im Verein mit einer Auslese von Führern den Bundesleiter Neuendorf zu stürzen (Führertreffen in Kassel 30.5.1920).(64) Sachsen ging voran auf dem neuen Weg. Da ertrank Mehnert auf einer Großfahrt in Schweden, als er seinen Freund zu retten versuchte. Auf dem Bremer Jugendtag (4.-6.9.1920) unternahmen es Neindorf, Schapke und Kindt, die Grundgedanken des Wandervogels in den sogenannten Bremer Leitsätzen zusammenfassen.(65) Um die Idee des Jungenbundes zu bekämpfen, beauftragte Neindorf den Universitäts-Professor Plenge, eine Abhandlung gegen Blüher zu schreiben. Dieser aber verlegte sich auf eine üble Polemik, gegen deren Schmähungen sich der gesunde Sinn der gesamten Jugendbewegung wandte. Die Verhältnisse der Bundesleitung wurden immer turbulenter. Unter Führung der Sachsen gründete man Ostern 1921 den Wandervogel Jungenbund, der eine ungeheuere Aktivität entfaltete. Der Führer dieses Bundes, Kügler, schloß ein Bündnis mit dem Schlesiergau des WV e.V. unter Hans Dehmel, der soeben die Grenzlandfahrt als politische Idee herausgestellt hatte. Durch diese neue und große Aufgabe hoffte man auch die anderen zu gewinnen. Eine Grenzlandaktion sollte das Mittel sein, um die aktiven Junggaue zu einem großen Bund zusammenzuschmieden.

Zu Ostern 1922 versammelten sich die Führer der Bünde unter Führung der Neu-Pfadfinder auf der Wartburg.(66) Dort schlossen sie als eine "neue Ritterschaft" die Tafelrunde und begaben sich in den "Dienst des Reiches". In Deutschland herrschte das Elend der Inflation. Aber alle Not konnte die Jungenbünde nicht von ihren freiwillig übernommenen Verpflichtungen zurückhalten. Der Sommer sah die ersten großen Auslandsfahrten aller Bünde unter dem gemeinsamen Zeichen des Balkenkreuzes. Das Chaos der ersten Nachkriegsjahre der Jugendbewegung klärte sich auf. Schlesier, Sachsen und sudetendeutsche Wandervögel schlossen ein Freundschaftsbündnis. Die Idee eines "Hochbundes" der deutschen Jungen gewann Leben und zwang alle in ihren Dienst. In unzähligen Führertreffen, Fahrten, neuen Gruppenbildungen, nächtlichen Diskussionen und der begeisterten Aktivität der Jungen bereitete sich etwas Neues vor.

DIE BÜNDISCHE JUGEND 1923 - 1933

Die Wartburg-Tagung wurde der Beginn einer neuen Aera der Jugendbewegung. Waren es dort die Führer gewesen, die zusammenkamen, so trafen sich am 3./4. August 1923 die Bünde selbst zum gemeinsamen Grenzfeuer bei Weissenstadt im Fichtelgebirge.(67) Das erste große Fest der bündischen Jugend stand unter dem Zeichen des schwarzen Balkenkreuzes im weißen Feld. Der Schein des Feuers sollte über die Grenzen hinüber zu den deutschen Brüdern im Ausland leuchten. Ein neues Bild war vor die Jungen gestellt. "Opfersinn" und "Ostlandritt" forderte es und den Dienst für das neue Reich. Worin liegen nun die Unterschiede zu den vergangenen Formen und Inhalten?
1. Die bündische Jugend stellt sich im Gegensatz zu Wandervogel und Freideut-

schen bewußt in eine Aufgabe, die die "Erneuerung von Volk und Reich" aus dem Leben der Jugendbewegung her will.

2. Dadurch wird der Selbstzweck der Jugendbewegung aufgehoben zugunsten einer freiwillig übernommenen Dienstverpflichtung.

3. Nach dem Vorbild des deutschen Ritterordens wird in Anlehnung an den mittelalterlichen Reichs- und Dienstgedanken unter dem Einfluß der Neupfadfinder eine Ordensidee in die Jungenbünde hineingetragen, die den Einzelnen nicht mehr nur auf den jeweiligen Führer hinweist, sondern Führer und Gefolgschaft auf eine gemeinsame Idee verpflichtet.(68)

4. Die Ordensidee bedingt strenge Auslese und stellte höchste geistige und körperliche Anforderungen an Jungen und Führer.

5. Das äußere Erscheinungsbild ändert sich völlig. Der Vagant und fahrende Scholar, der in losen Gruppen durchs Land zieht, oft nur einen bunten Kittel trägt, weicht dem Jungen in der "Kluft", die als gemeinsames äußeres Zeichen des "Ordens" getragen wird. Das Auftreten nach außen zeigt eine disziplinierte Gruppe, deren Ordnung Ausdruck der inneren "Zucht" ist.

6. Der Gebrauch von Symbolen, heiligenden Zeichen, feierlichen Formen (unter dem Einfluß Stefan Georges und des Kreises um den Weißen Ritter) gewinnt große Bedeutung und unterscheidet von der burschikosen Romantik des Wandervogels und dem Intellektualismus der Freideutschen.

7. Der Gedanke eines "Hochbundes" der deutschen Jugend wirkt auf alle künftigen Zusammenschlüsse.

8. Das Bewußtsein, eine Elite darzustellen, läßt einen Führungsanspruch für die Erneuerung des Reiches aufwachsen und führt in letzter Hinsicht die heranwachsende Jungmannschaft in die Politik.

Die wichtigsten Komponenten, die zu dem Bild der neuen Jugendbewegung beitrugen, waren die Freiheit des Wandervogels, die Zucht und die mystische Reichsidee der Neupfadfinder, das völkische Denken der Jungdeutschen, das Soldatentum des Weltkrieges und der Freikorpskämpfe, sowie die Ordensidee der mittelalterlichen Ritterorden. Zwangsläufig konnte ein solches Bild nur von einer männlichen Gemeinschaft getragen werden. Die Ordensidee bedingte zugleich eine idealkommunistische Gemeinschaftsform, deren letzter Ausdruck die gemeinsame Fahrt war. Der Begriff des Bundes erhielt eine neue und umfassende Sinngebung. Er wurde "die zentrale Lebensmacht, die alle die gegeneinander gerichteten Gebiete des Wirtschaftlichen, des Religiösen, des Nationalen, des Ideellen, des Materiellen, des überlieferten Gefühls und der wissenschaftlichen Erkenntnis innerlich miteinander ausrichtet und einheitlich sinnvoll durchströmt."(69) Seine Stellung ist autonom, abgelöst von der bürgerlichen Gesellschaftsschichtung und sein Dienstgedanke freiwillig übernommene Verpflichtung. Eine Zweckbestimmung gibt es da nicht, sondern "der Begriff des Dienens wird zum magnetischen Sinngehalt bündischen Lebens".(70)

Die aus dem Wandervogel hervorgegangenen Kernbünde Altwandervogel, Wandervogel Jungenbund und Wandervogel Wehrbund schließen sich am Grenzfeuer im Fichtelgebirge zusammen. Die Neupfadfinder bleiben noch außerhalb dieses Bundes, der innerlich von schweren Kämpfen erschüttert wird. In einem offenen Brief fordert K.R. Matusch im November 1923 vom Bundeskapitel die Führung für die politische Gruppe gegenüber der künstlerisch-pädagogischen Gruppe. "Die wahrhaft gestaltenden Kräfte unseres Bundes aber sind nicht künstlerische oder theoretische Menschen, sondern Tatsachenmenschen, Eroberernaturen....

Ihnen gebührt die Führung des Bundes; an Schritt und Haltung, an ihrem vom sogenannten Wandervogeltyp völlig abweichenden Lebensstil sind sie dem tiefer Blickenden kenntlich."(71) 1924 übernimmt Ernst Buske die Führung des neuen Bundes. Seiner Begabung gelingt es, die divergierenden Kräfte für ein gemeinsames Bundesleben fruchtbar werden zu lassen. Auf streng geschlossenen und durchgestalteten Fahrten und Lagern formt sich immer deutlicher das Bild des bündischen Jungenlebens.

Im Jahre 1923 legten die Neupfadfinder einen Verfassungsentwurf für den Hochbund der deutschen Jugendbünde unter der Losung "für Jugend und Reich" vor.(72) Er sollte ein Bekenntnis "zum Schicksal des deutschen Volkes und zu der Freiheit und den Lebenskräften der Jugendbewegung" sein. Als Ziel war gesetzt: "Gestaltung des Jugendlebens und endliche Beherrschung des Volkslebens durch die bündische Jugend."(73) Hiermit hatte man sich bewußt eine politische Sendung gegeben und forderte auch die Mannschaft über 21 Jahre in ein festes Dienstverhältnis zu Bund und Reich. Die Zeit für den Zusammenschluß aber schien den übrigen Bünden noch nicht gekommen. Teils wurden Bedenken gegen den Entwurf geltend gemacht, oder man wünschte ein organisches Zusammenwachsen in den einzelnen Mannschaften, teils wollte man nur die völkisch eingestellten Verbände ohne die Freideutschen auf völkisch-weltanschaulicher Basis sammeln, oder auch die Grenze öffnen für "die proletarische Wirklichkeit."(74) Solche Teillösungen aber waren mit der vorgelegten Konzeption der Neupfadfinder unvereinbar. So mußte Martin Voelkel schreiben: "Ein allgemeiner Zusammenschluß der bündischen deutschen Jugend darf jetzt nicht stattfinden."

Trotz dieser Rückschläge aber geht der Kampf um den großen Bund weiter. Eine von 5 Bünden unterzeichnete Einladung ruft die bündische Jugend zu einer Langemarckfeier am 4.8.1924 in die Rhön. Kein Rache-. oder Revanchegefühl stört diese Totenfeier der Jugend für ihre gefallenen Kameraden des großen Krieges.(75) Der Tod der jungen Wandervögel vor Langemarck ist zum Mythos geworden, dem sich die ganze bündische Jugend verpflichtet fühlt. Im Jahre 1925 schließen sich der Bund deutscher Ringpfadfinder und der Bund deutscher Neupfadfinder mit größeren Teilen des Wandervogels zum Großdeutschen Pfadfinderbund zusammen.(76) In Schlesien beginnt das erste große Werk der sich immer stärker herausgliedernden Jungmannschaft mit dem Aufbau des Boberhauses, das Grenzlandheim und Volkshochschule zugleich werden soll. Der Wandervogel, deutsche Jungenschaft führt das erste Arbeitslager in Goldborn durch, in dem Harz-Elbegau wird die Idee des Kameradschaftshauses, das die Studenten des Gaues als Wohnheim einige Semester benutzen sollen, verwirklicht.

Das Jahr 1926 bringt im April endlich den erhofften Zusammenschluß. Der Alt-Wandervogel, der Großdeutsche Pfadfinderbund und der Wandervogel, deutscher Jungenbund schlossen sich zum Bund der Wandervögel und Pfadfinder zusammen. Der scheinbar wesensfremde Zusammenschluß der Neupfadfinder mit den Wandervogelbünden war nur ein Zeichen dafür, wie stark das Moment des Bündischen bei den Neupfadfindern im Gegensatz zu dem Deutschen Pfadfinderbund, der sich dieser Einigung nicht anschloß, bereits durchgedrungen war. Im Bundesarbeitslager in Dassel, das sich fast ganz durch den Verdienst aus körperlicher Arbeit unterhielt, und an dem 150 Jungenführer aller Gaue teilnahmen, erprobte sich die Kraft und Unternehmungslust des neuen Bundes.(77) Es ist hier wohl die Geburtsstunde des freiwilligen Arbeitsdienstes anzusetzen.

Es waren Ernst Buske, Georg Goetsch und Hans Dehmel, die den inneren Ausbau des Bundes vorantrieben und die Bedeutung der Jungmannschaftsarbeit in dem Bund, der etwa 12000 bis 15000 junge Menschen umfaßte, erkannt hatten. Die starke Betonung der Jungmannschaftsarbeit bewog weitere Älterenbünde der Jugendbewegung zum Beitritt, so den Bund der Köngener (W. Hauer), der aus dem Lager der christlichen Jugendbewegung kam und den Reichsstand, Gefolgschaft deutscher Wandervögel.(78) Auf dem Bundesarbeitslager von Hermannsburg gab sich der Bund den neuen Namen "Deutsche Freischar", die jetzt zum Bund par exellence der bündischen Jugend geworden war. Die Bundesführung lag zuerst in der Hand Hans Dehmels und ging 1928 an Ernst Buske über. Im gleichen Jahr schloß sich der größte Teil der österreichischen Wandervögel unter Seidler als neuer Gau der Freischar an.(79) Die Hochschularbeit wurde in den Gilden, Volkstumsarbeit und Arbeitslagern vor allem vom Boberhauskreis vorangetrieben und die politische Arbeit unter Fritz Borinski im Leuchtenburgkreis fortgesetzt.(80) Das Bewußtsein, ein politischer Faktor im Volksleben zu sein, führte die Jungmannschaft zu ernsthafter Beschäftigung mit den politischen Fragen.(81) In der Zeitschrift "Deutsche Freischar" fand diese Aufgabenstellung ihren bedeutsamen Niederschlag. "Menschen, die politisch in allen Lagern vom Nationalsozialismus bis zum Sozialismus und selbst Kommunismus standen, beugten sich dem Bild des Bundes und den in seinen Grenzen verwirklichten Zielen der Volkseinheit."(82) Hier lag der entscheidende Unterschied zur NSDAP, die zwar auch eine Volksgemeinschaft verwirklichen wollte, sie aber unter einen Parteidogmatismus band und nicht die Fülle der lebendigen politischen Kräfte in sich aufnahm. Der Tod Ernst Buskes (27.2.1930) war ein verhängnisvoller Schlag für den aufwachsenden Bund.(83) Er allein hätte es wohl verstanden, die aus der Jungenschaft des Bundes unter der Führung von Eberhard Koebel (tusk) neu herauswachsenden Kräfte der deutschen Jungenschaft vom 1.11. 1929 (dj. 1.11.) sinnvoll in das Gesamtgefüge einzubauen. Auch waren die jungen Freischärler der Meinung," wenn Ernst Buske noch gelebt haben würde, wäre die Einigung mit dem Großdeutschen Jugendbund und die Anerkennung des Admirals von Trotha als Bundesführer nie gekommen".(84) So aber war die Freischar praktisch führerlos und der am 4.5.1930 erfolgte Zusammenschluß mit dem Großdeutschen Jugendbund (ehemaliger DNJ) und dem Jungnationalen Bund unter der Bundesführung des Vizeadmirals a.D. von Trotha nur ein Ausweg aus dem Dilemma.(85) Dieser neue Bund nahm einige Wochen später den Namen Deutsche Freischar an. Dieser Zusammenschluß bedeutete keinesfalls, wie es ein Teil der Presse behauptete, für die alte deutsche Freischar eine politische Rechtsschwenkung. Die organische Verschiedenheit der Bünde aber war zu groß und das Bündnis scheiterte nicht zuletzt an der Person und Haltung des Admirals auf dem Führertreffen in Wernigerode (29.9.–5.10.1930).(86) Jungnationaler Bund und Großdeutscher Jugendbund bildeten von da ab gemeinsam die Freischar junger Nation (FJN), während die alte Freischar ihren Namen beibehielt. Ihr neuer Bundesführer wurde einer der Getreuen Martin Voelkels, der Professor für Pädagogik Helmuth Kittel. Den Vorsitz der Gruppe "Jugendbewegung" im Reichsausschuß deutscher Jugendverbände übernahm Dr. Heinz Dähnhardt (Jungnationaler Bund)

Für das Jahr 1931 gibt das "Kleine Handbuch der Jugendverbände" (Herausgeber Deutsches Archiv für Jugendwohlfahrt) etwa 30 Bünde mit 60000 Mitgliedern für die bündische Jugend an. Wir übernehmen die dort vorgenommene Gruppierung und politische Charakterisierung der Bünde:

1. Wandervogelbünde:

Deutsche Freischar (8000), Deutsche autonome Jungenschaft (1100), Wandervogel, Deutscher Bund (700), Nerother Wandervogel (1500), Bund deutscher Wandervögel und Kronacher (3000), Bund deutscher Wanderer, Jungwandervogel (500), Hagalbund (6500 Mädchen).

2. Pfadfinderbünde: Dachorganisation Deutscher Pfadfinderverband (17000).

Deutscher Pfadfinderbund (8760), Deutsche Pfadfinderschaft (1500), Ringgemeinschaft Deutscher Pfadfinder (700, Wandervogeleinfluß), Reichspfadfinder (2000), Kolonialbund deutscher Pfadfinder, Bund deutscher Kolonialpfadfinder (zus. 3000), Deutscher republikanischer Pfadfinderbund (Erziehung für den neuen Volksstaat, 1500), Ring deutscher Pfadfindergaue (wirbt für den Boy-Scout-Gedanken), Deutscher Späherbund, Deutsche Seepfadfinder.
Junge Pioniere, Deutscher Arbeiterpfadfinderbund.
Konfessionell: Christliche Pfadfinderschaft (5930), Pfadfinderkorps St. Georg, Kadimah – Ring jüdischer Wanderer und Pfadfinder (1300), Bund deutscher Pfadfinderinnen e. V. (2000).

3. Jungnationale Bünde: (Klare politische Zielsetzung ohne Parteibindung, Poitisches Ziel das Dritte Reich, Erneuerung von Volk und Staat aus dem Geist der Jugend.)

Freischar junger Nation (10000), Bund der fahrenden Gesellen (3000), (beide besitzen starke Verbindung mit der volkskonservativen Bewegung. Zusatz des Verfassers)
Ideen eines neuen Nationalismus vertreten: Die deutsche Falkenschaft (800), der Deutsche Kreis (150), Die Geusen, Bund der jungen Nation (1800).
Mit der Nationalsozialistischen Bewegung sympathisieren:
Adler und Falken (3400), Nordungen Junggermanischer Orden, Wandervogel deutsches Jungvolk, Wandervogel, Bund der Tatjugend (nationalistisch) (700), Bund Eckehard e. V. (Schilljugend).
Zum Nationalismus bekennen sich: Freischar Schill (1000), Die Eidgenossen (500) (beide radikal völkisch), Bund Artam (2000), Bündische Gemeinden für Landarbeit und Siedlung, Artamanen (600).

4. Weltanschauliche Bünde:

Evangelisch: Christ-Deutscher Bund, Köngener Bund (700), Schlüchtener Jugend (420)
Katholisch: Großdeutsche Jugend, Katholischer Wandervogel (910) Quickborn (6000), Jungborn (3000), Normansteiner, Kreuzfahrer (2300), Deutschmeister Jungenschaft, Jungkreuzbund (3000). (Der Neudeutschlandbund katholischer höherer Schüler ist in dieser Aufzeichnung nicht unter die bündischen Verbände gerechnet, obgleich auch hier viele Gruppen von den bündischen Formen beeinflußt waren. Zusatz des Verfassers).
Im Jungdeutschlandbund sind Verbände und Bünde nationaler Art aber verschiedener Prägung unter einer Dachorganisation vereinigt. (Rein fiktiver Zusammenschluß. -Zusatz des Verfassers) Adler und Falken, Deutscher Pfadfinderbund, Freischar junger Nation, Fahrende Gesellen, Hindenburg Bund, Bismarck Bund, Jungwolf, Junglandbund, Kyffhäuserjugend. (also wehr-politische und bündische Verbände. -Zusatz des Verfassers)
Zu diesen Bünden hinzuzurechnen ist noch die bündische Jugend außerhalb der Reichsgrenzen, Österreichischer Wandervogel, Österreichisches Jungenkorps (öjk), Sudetendeutscher Wandervogel, der Kameradschaftsbund unter Heinz

Rutha, Südostdeutscher Wandervogel, sowie einige später gegründete Bünde jungenschaftlicher Prägung: das Graue Korps, Jungentrucht, Südlegion, Grauer Orden, Stromkreis.(87) Die letztgenannten Bünde hatten kleinere Mitgliedszahlen, wurden aber durch ihre Aktivität und die neue Form der Jugendbewegung, die sie mit der dj.1.11. (Deutsche Jungenschaft vom 1.11.1929 später d.a.j. Deutsche autonome Jungenschaft) gemeinsam vorantrieben, für die Gesamtgeschichte der Jugendbewegung noch bedeutungsvoll. Sie müssen im Rahmen dieser Untersuchung noch besonders behandelt werden.

In den Jahren bis 1933 widmen sich die Bünde dem inneren Ausbau und den Aufgabenstellungen, die sie sich in den Arbeitslagern, Volkstumsarbeit, Volkshochschulen, Auslandsarbeit usw. gestellt haben. Vor allem wurde die Auslandsarbeit eine gemeinsame Angelegenheit der Bünde, die seit dem 26.2.1927 und dem Sommer 1928 zur Durchführung dieser Aufgabe ein gemeinsames Bündnis geschlossen hatten, und die Mittelstelle für Jugendgrenzlandarbeit einrichteten.(88) Die Versuche in der Tagespolitik festen Fuß zu fassen, müssen gesondert behandelt werden. Es kann aber schon hier festgestellt sein, daß wenig Verbindung zu den politischen Jugendorganisationen bestand. Die Hitlerjugend wurde im allgemeinen nicht als Jugendbewegung betrachtet. Eine größere Rolle spielten noch die Verbindungen zur Reichswehr durch das Reichskuratorium für Jugendertüchtigung unter General von Stülpnagel und über den Vorsitzenden der Gruppe "Jugendbewegung" im Reichsausschuß der Jugendverbände Heinz Dähnhardt, der durch seine Herkunft aus dem Jungdeutschlandbund ebenfalls enge Beziehung zu dessen Vorsitzenden Generalfeldmarschall a.D. von der Goltz besaß.(89) Von den Bünden wurden nun enge Beziehungen zu den jeweiligen Wehrkreisen unterhalten, die die Wehrhaftmachung der Jugend unterstützen sollten. Diese Verbindung mit der Reichswehr führte 1933 nach der Machtergreifung Hitlers zu der irrtümlichen Annahme, die Bünde könnten sich vor der Gleichschaltung mit der Hitlerjugend durch die Reichswehr schützen. Der Zusammenschluß aller wesentlichen Bünde im Frühjahr 1933 zum Großdeutschen Bund unter dem Admiral von Trotha, der ein Gegengewicht zur Hitlerjugend darstellen sollte, wurde vor allem in der Hoffnung auf den Schutz der Reichswehr unternommen. Daß dieser Schutz utopisch, die Reichswehr aus politischen Gründen schon gebunden war, konnten die Bünde nicht wissen. Jedenfalls weigerten sich die Reichswehrdienststellen irgendwelche Verantwortung zu übernehmen, wenn die Bünde sich der Gleichschaltung widersetzen wollten. Die gewaltsame Auflösung und Gleichschaltung des Großdeutschen Bundes und der übrigen Verbände, die durch den am 17. Juni 1933 von Hitler zum Reichsjugendführer ernannten Baldur von Schirach erfolgte, brachte das Ende der legalen Zeiten der bündischen Jugend. Die näheren Umstände und Ereignisse brauchen an dieser Stelle nicht erwähnt zu werden, da sie noch ausführlich dargestellt werden.

Gegen die allmählich feststehenden Fronten der Bünde, die sich seit 1927 nicht wesentlich veränderten, erhob sich noch einmal von der Stufe der Jungenschaft aus seit dem 1.11.1929 eine neue Welle der Jugendbewegung, die quer durch alle Bünde wirkte und unter dem Gedanken des Aufbaues einer von allen staatlichen Gewalten unabhängigen großen deutschen Jungenschaft stand. Diese letzte Welle der Jugendbewegung, deren Hochstand durch die staatlichen Zwangsmaßnahmen des dritten Reiches abgewehrt wurde, und die daher nicht zur vollen Auswirkung gelangte, hat dennoch so große Folgen gehabt, daß sie hier nicht übersehen werden darf. Insbesondere ist eine geschichtliche Darstellung notwen-

dig, da sie bisher vollkommen fehlt und nur ein Werk von nationalsozialistischer
Seite, das 1942 erschien, sich ausführlicher mit dieser Erscheinung der Jugendbewegung befaßt.(90) Und es ist bezeichnend für die Stärke der Nachwirkung
dieser letzten Welle, daß der Verfasser von nationalsozialistischer Seite aus in
dem Kapitel "Die freien Jugendbünde" fast ausschließlich mit diesem Phänomen
der Jugendbewegung abrechnet, während die alten Bünde völlig zurücktreten.

DIE ENTWICKLUNG DER HITLERJUGEND

Wie stand es nun um die Jugendorganisation der NSDAP? Von vornherein ist
hier festzustellen, daß es sich nicht um eine Gruppe der Jugendbewegung handelt. Schon Gründung und Beginn kennzeichnen sie als parteipolitische Jugendorganisation, deren Aufgabe es war, die junge Generation für die NSDAP zu
werben. Ihre letzte Instanz blieb immer die oberste Parteileitung der NSDAP.
Zwar berief man sich auf den Wandervogel als Vorläufer, um die Legitimität einer
echten Jugendbewegung zu erhalten, aber die bündische Jugend wurde scharf
abgelehnt und ihre Geschichte als eine solche des Individualismus gegenüber
dem neuen Gemeinschaftswillen verworfen.(91) Ebenso oft wurde der Vorwurf herausgekehrt, daß sie ja sich nur an die Söhne des Bürgertums, die höheren Schüler wende und daher nichts von einer wirklich sozialen Volksgemeinschaft wisse. Aber der Hitlerjugend fehlte die autonome Bundesbildung der Jugendbewegung, die von der Jugend her ohne Befehl und aus eigenem Auftrag
für die Errichtung des neuen Reiches stritt. Stattdessen übernahm sie die politische Ideologie einer Partei, die nach bestimmten, von ihr herausgegebenen
Richtlinien eine neue Staatsordnung schaffen wollte. Baldur von Schirachs Wort
"Das Symbol der Bünde war die Fahrt, das Symbol der HJ ist der Reichsberufs-
wettkampf" zeigt ganz deutlich, daß die Hitlerjugend weitab von der Lebens-
sphäre der Jugendbewegung marschierte.(92) Zudem zeigte sich in der Hitlerjugend nicht jene Dynamik der Entwicklung, die in der Jugendbewegung zu immer neuen Formen und Inhalten führte. Ideenmäßig bleibt die Hitlerjugend statisch und ihre einzige Dynamik zeigt sich in der äußeren Ausbreitung, die im Gegensatz zu den Bünden, deren Zahlen im allgemeinen konstant blieben, geradezu gewaltige Ausmaße annahm. Wie stark der Zustrom von Jugendlichen in die
Hitlerjugend von Bündischer Seite aus war, läßt sich leider nicht feststellen, da
hier jede statistische Unterlage fehlt. Zahlenmäßig hatten die Bünde bis 1933
keine größeren Verluste zu verzeichnen, und es läßt sich auch nicht feststellen,
daß die Bünde vor 1933 stärker um ihren Mitgliederstand besorgt waren. Aus der
allgemeinen politischen Grundrichtung der Bünde läßt sich wohl nur schließen,
daß wohl der meiste Zuwachs von seiten der nationalen Verbände erfolgte. Bedeutsam ist aber wohl der auch von der Hitlerjugend hervorgehobene Unterschied der soziologischen Struktur. Während die Bünde in der großen Mehrzahl
die Schüler höherer Lehranstalten erfaßten, waren in der Hitlerjugend alle sozialen Schichten vertreten.
Gewisse Vorstufen der Hitlerjugend mag es vor der November-Revolte in Bayern
gegeben haben. Dort zogen die marschierenden Kolonnen der SA viele Jugendliche
an, so daß sich allerorten Jugendgruppen bildeten, die aber mit der Niederschlagung
des Hitlerputsches 1923 wieder verschwanden.(93) Das Wort "Hitlerjugend"(94)
wurde von Julius Streicher gefunden und die Hitlerjugend selbst aus einer Ju-

gendgruppe der SA am 3./4. Juli 1926 als HJ e.V. gegründet.(95) Ihre ersten Gruppen bestanden vor allem in Sachsen, wo sich auch der spätere Reichsstatthalter in Sachsen, Martin Mutschmann tatkräftig einsetzte. Erster Reichsjugendführer der Hitlerjugend wurde Kurt Gruber, der am 30.10.1931 durch die Ernennung Baldur von Schirachs zum Reichsjugendführer abgelöst wurde. Die parteirechtliche Stellung der HJ und auch diejenige Kurt Grubers blieb immer unklar.(96) Zum Teil unterstand sie der obersten SA-Führung, zeitweilig auch dem Vorsitzenden des Parteigerichts.

1928 kam es zum ersten Reichstreffen der Hitlerjugend in Bad Steben und auf dem Parteitag 1929 marschierte die HJ zum ertenmal mit 2000 Mitgliedern auf. Hier stand nun eine Jugendorganisation, die von vornherein den Anspruch auf Alleinherrschaft erhob, die keinen Kompromiß mit anderen Gruppen schloß und deren Bindung an ein Parteidogma unabdingbar war.(97) Diese Jugend wollte keine Elitebünde bilden, sondern die große Masse der deutschen Jugendlichen erfassen, nicht um sie selbständig zu machen, sondern um sie der Erwachsenenorganisation des Nationalsozialismus, der NSDAP, zuzuführen. Während die bündische Jugend der Großstadt auf weiten Fahrten entfloh, stand die Hitlerjugend in hartem Kampf um die "Straße". So wurde hier ein völlig anderer Typ des jungen Deutschen geprägt, fanatisch gläubige, harte junge Straßenkämpfer, die sich oft besser mit der Faust als mit geistigen Begründungen durchzusetzen verstanden. "Hart wie Kruppstahl, zäh wie Leder und flink wie die Windhunde" hat später Adolf Hitler gesagt.

Und die Hitlerjugend eroberte die Straße. Gegenüber der "verbohrten Sekte" bündischer Führer, die die HJ im Grunde nicht für "gesellschaftsfähig" hielten, erlangte sie durch die Machtübernahme Hitlers die alle Regungen der Jugendbewegung erstickende Machtfülle einer Staatsjugend. Am 2. Oktober 1932 defilierten 100 000 Jugendliche in Potsdam an Hitler vorbei.(98) Kein Verbot hatte die Entwicklung ihrer Organisation zu hemmen vermocht. Den Westen Deutschlands eroberte Hartmann Lauterbacher für die HJ und in dem ehemaligen Jungnationalen Karl Nabersberg, der zum Stellvertreter Baldur von Schirachs aufgerückt war, besaß sie einen vorzüglichen Organisator. Die gewaltsame Überrumpelung des Reichsausschusses der deutschen Jugendverbände durch den Obergebietsführer Nabersberg und 50 Berliner Hitlerjungen in den Februartagen 1933 beendete den offenen Kampf.(99). Der Vorsitzende des Reichsausschusses, General Vogt, ergab sich, wurde in die Reichsjugendführung aufgenommen und erhielt das goldene Ehrenzeichen der Hitlerjugend. Ebenso wurde der Reichsverband für deutsche Jugendherbergen "übernommen". Mitte Juni 1933 wurde Baldur von Schirach zum Jugendführer des deutschen Reiches ernannt und sein Machtbereich jeder Kompetenz eines Ministeriums entzogen. Das ihm vom Führer verliehene Recht, über die Führung der deutschen Jugendverbände zu entscheiden, benutzte er sogleich zu seiner ersten Amtshandlung, der Auflösung des Großdeutschen Bundes. Die vom Staat verliehene Machtfülle des Jugendführers siegte über den von einer autonomen Jugendgemeinschaft erkorenen bündischen Führer. Die Machtstaatsidee hatte also auch auf dem Jugendsektor den Erfolg davongetragen. Sie bestimmte alle kommenden Terroraktionen der Hitlerjugend gegen die sich verzweifelt wehrenden Reste der übrigen Jugendverbände. Über die Einzelheiten dieser Auseinandersetzungen wird noch besonders zu berichten sein.

III. Jugendbewegung und Politik

DIE GRUNDFRAGE

Wenn nach dem Verhältnis der deutschen Jugendbewegung zum Nationalsozialismus gefragt wird, so muß zunächst die Frage gestellt werden, inwieweit hat Jugendbewegung überhaupt etwas mit Politik zu schaffen. Es heißt hier, den Weg zu erfassen, den die deutsche Jugendbewegung hin zu den politischen Tagesfragen beschreitet, und verlangt wird schließlich die Beantwortung der Frage, war die Jugendbewegung, die sich als Revolution der Jugend gegen die Mächte der Erwachsenenwelt begriff, ein Teil der nationalsozialistischen Bewegung, die in Gestalt der NSDAP mit dem Anspruch auftrat, die Volksbewegung der Deutschen zu einer Neuordnung ihrer gesamten Lebensverhältnisse zu sein.

Die Beziehung Jugendbewegung – Politik ist zunächst mit dem Aufbruch der Jugendbewegung noch nicht gegeben.(1) Sie folgt aber zwangsläufig in dem Maße, wie der junge Mensch beginnt, sich aus seiner Arbeitsstellung heraus mit der Umwelt zu beschäftigen und wenn er über die Gründe seiner Ablehnung sich langsam stärker bewußt wird. Sie beginnt ferner, als die Jugendbewegung die ersten Auswirkungen auf die Gesamtstruktur des öffentlichen Lebens zeigt und ist des weiteren eine Folge der engen Verbindung mit Erwachsenen und den aus dem Stadium der Jugend herauswachsenden Älteren, die einmal in enger Verbindung mit den lebendigen Gemeinschaften der Jugend standen. Es kann also oft zeitlich hier eine Entwicklung verfolgt werden, die aus dem unbewußten Zustand der Aufbruchszeit des Wandervogels etwa bis zur Meißner-Tagung geht. Der Weltkrieg und die Folgen der Revolution, die mit den schwersten Erschütterungen aller Lebensmächte verbunden waren, zwingen auch die Jugendbewegung in eine ernste Auseinandersetzung mit dem Gesamtgeschehen. Sie sieht sich unlöslich dem Ganzen zugeordnet und anerkennt die organische Verbundenheit mit dem Schicksal von Heimat und Volk. Der Wille, das Zerstörte neu aufzubauen, aus dem Geiste der Jugendbewegung ein neues Reich zu schaffen, führt die dann entstehenden Bünde in eine selbstgewählte innere Verpflichtung, die auch in der stärker disziplinierten Ausdrucksform der 20er Jahre offenbar wird. Für den Bund bedeutete es die Entwicklung zum Lebensbund, in dem auch die Mannschaft und Jungmannschaft Raum hat. Im Großen und Ganzen sucht man nach eigenen Lösungen und lehnt die Bindung an die politischen Alltagsmächte ab.(2) Der Gedanke, Elite zu sein, wächst zu der Absicht, sich auf die Führerstellung eines neuen Staates vorzubereiten. Jedoch gelingt es nicht, die neuen und für die Jugendbewegung gültigen sozialen Bildungen auf das tägliche Leben zu übertragen. Zwar sind ihre Ausstrahlungen nach außen nicht zu übersehen und nehmen oft unerwartete und ungeahnte Auswirkungen an, aber die direkte Übertragung muß zunächst daran scheitern, daß sich die aus einer persönlichen und nächsten Bindung von Mensch zu Mensch organisch gewachsenen Formen nicht unmittelbar auf eine vollkommen technisierte und unpersönlich verbundene

Welt verpflanzen lassen. Vielleicht ist es der Jugendbewegung nicht bewußt geworden, daß im Gesamtleben die beiden soziologischen Kategorien Gemeinschaft und Gesellschaft einfach nicht zu überbrücken sind und naturgemäß nebeneinanderstehen müssen. Die besondere Stellung des Bundes, der als idealkommunistische Fahrtengemeinschaft, in der selbst der Umlauf von Geld nicht üblich war – auch heute noch ein Zustand bei den Gruppen, die den Anspruch erheben, Fortsetzung der Jugendbewegung zu sein – lebte, ist einem Orden vergleichbar, der aus der Stärke seiner Abgeschlossenheit heraus zwar weitgehende Wirkungen zu erzielen vermag, aber zunächst nicht fähig ist, sich ein klares Bild von der realen Struktur der Außenwelt zu schaffen.(3) So wirken viele Versuche der Jugendbewegung für den Außenstehenden romantisch und oft unbegreiflich, da er es gewohnt ist, nach Nützlichkeitserwägungen und taktischen Überlegungen zu handeln. Die Übernahmen von Formen der Jugendbewegung durch Parteien und andere Organisationen lassen zwar oft den Eindruck entstehen, als ob auch dort echte Jugendbewegung vorhanden sei. Aber in Wirklichkeit handelt es sich um "Verkehrungen", da hier die persönliche Beziehung und der seelische Inhalt der Jugendbewegung fehlt; Verkehrungen eben deshalb, weil die Grundbedingung nicht erkannt, zumeist sogar nicht gewollt wurde, und die Form ohne Inhalt ist.

Die Erkenntnis der Fehlerquelle bei den Versuchen, bündisches Leben in das "weltliche" zu übersetzen, führt die Jungmannschaften dann zu einem intensiven Studium der politischen Fragen und Verhältnisse.(4) Dennoch bleibt man der Meißner-Formel treu und lehnt jede Bindung an irgendeine politische Partei für die Gesamtheit des Bundes entschieden ab. Man setzt der Organisation der Parteien den Begriff der Gemeinschaft entgegen, wahrt die autonome Stellung, und es entspricht der inneren Notwendigkeit des Andersgeartetseins, wenn die Jugendbewegung sich mit einer verzweifelten Anklage gegen die Zustände des staatlichen und gesellschaftlichen Lebens, gegen die Verlogenheit der Parteidoktrinäre abwendet, und den eigenen Weg zu gehen versucht. Nicht zuletzt mußte die NSDAP dem bündischen Menschen in der ganzen Art ihres Auftretens widerstreben. Die bedeutende Rolle, die dort die Propaganda und die Parteitaktik spielte, war unvereinbar mit den Gedankengängen der Jugendbewegung über die Haltung in der Politik.(5) Sie will nicht Propaganda und äußere Machtorganisation, sondern ihr Ziel bleibt die Wandlung zum neuen Menschen und "lebendigen Volk". So will sie zwar politische Wirkung, aber im umfassendsten Sinn des Wortes und niemals auf dem technischen Weg der Massenparteien. Alles Organisatorische von Satzungen, Programmen und Erfassung von Menschenmassen ist ihr fremd. "Organisation ist das Zeichen der Gesellschaft, ist Zeichen dafür, daß ein Volk in seine Teile aufgelöst, sich zu beliebigen Zwecken organisieren läßt – nur unfähig zur Kraft der Gemeinschaft. Sie erzieht leicht zur fiktiven Gesinnung im Gegensatz zur realen Gesinnung, die nur durch Wandlung erreicht wird. – Die Organisation kann nicht innerlich wandeln."(6) Gleich fern "vom Liberalismus des 19. Jahrhunderts sowie von seinem starren Gegenstück, dem Kadavergehorsam des Subalternen",(7) hoffte sie dem neuen Reich ein verändertes Gesicht bündisch-politischer Haltung zu geben, die von den lebendigen Kräften der erlebten Gemeinschaft getragen sein sollte.

Vor allem aber wandte sie sich gegen die Parteien, die reine Interessenpolitik betrieben. Der Schritt zur Politik geschah für die Jugendbewegung aus einem Verantwortungsbewußtsein, das in den "politischen Vorfiguren"(8), der Gemeinschaft von Lager und Fahrt, der Gruppe als autonomer jugendlicher Lebensform, den Arbeitslagern und Arbeitskreisen und auf den großen Bundestreffen gewachsen war. Sie begann mit der Gestaltung von dem Einzelnen her und suchte aus der Erfahrung bedeutender Persönlichkeiten des öffentlichen Lebens, die sie in ihre Gemeinschaften einlud, sowie aus der ernsthaften Beschäftigung mit politischen Fragen die Fähigkeit des politischen Handelns zu erlernen. "Macht über sich selbst haben, über den geringsten seiner Tätigkeitskreise", das allein schien ihr "Recht auf Reife zur Macht über andere und Übernahme größerer Verantwortung" zu geben.(9) Ihr Führungsgesetz hieß: "Laßt uns besser werden! Gleich wird's besser sein". So erarbeitete sie "in unbewußtem Gehorsam gegen dieses Gesetz der Führung zwar eine politische Haltung, ist aber nicht mit politischen Programmen hervorgetreten. Sie hat zunächst sich selbst geschult, nicht aber die Massen angesprochen. Erst in den letzten Jahren ist sie sich der Tatsache ihrer politischen Kräfte überhaupt bewußt geworden."(10) Die endgültige Identifizierung von Jugendbewegung und Politik erfolgt in der Zeit nach 1933, in der die illegalen Reste der bündischen Jugend im Kampf gegen die Übermacht des totalen Staates standen und der Begriff "Bündisch" gleichbedeutend wurde mit "staatsfeindlich". Revolution der Jugendbewegung bedeutete jetzt in gleichem Maße politische Revolution. Der letzte Existenzkampf schuf die politisch handelnde Gruppe bündischer Jugend.(11)

Es ist nun im folgenden die Entwicklung von der Urwandervogelhorde zu der zu politischem Bewußtsein erwachsenen bündischen Gruppe aufzuzeigen und die Frage zu stellen, in welcher Weise sich die Jugendbewegung mit den politischen Problemen auseinandersetzte. Es können hier folgende Stufen der Entwicklung verfolgt werden:

1. der unpolitische Zustand bis etwa zum ersten Weltkrieg;
2. das erwachende politische Bewußtsein in der Auseinandersetzung mit Krieg und Revolution;
3. bewußte politische Orientierung in der Weimarer Republik.

Die 4. Stufe der Beziehung der Jugendbewegung zur Politik, die durch den politischen Widerstand gegen ein totales Staatssystem gekennzeichnet ist, braucht in diesem Abschnitt nicht besonders behandelt zu werden, da ihr an anderer Stelle eine ausführliche Behandlung zuteil wird.

JUGENDBEWEGUNG OHNE POLITISCHES BEWUSSTSEIN

Während die erste Vorform der Jugendbewegung, die Burschenschaft des beginnenden 19. Jahrhunderts, ihre Entstehung unmittelbar den Folgen der Zeitereignisse verdankte und damit in nächster Berührung mit den politischen Ereignissen aufwuchs, somit eine politische Bewegung der jungen Generation im wahrsten Sinne des Wortes genannt werden darf, liegen die Verhältnisse bei der Horde des Wandervogels ganz anders.(12) Zudem kommt hinzu, daß es sich bei der Burschenschaft zumeist um Studenten handelte, die Gründung von den jungen Kriegsfreiwilligen der Lützower Jäger ausging, während der Wandervogel zunächst eine Schülerbewegung war, es sich hier also um eine im Durchschnitt altersmäßig wesentlich jüngere Generation der Jugend handelte, deren Reifeprozeß anfangs auch keineswegs durch Kriegs- oder besondere Notzeiten beschleunigt worden ist.

So war es keine politische Idee, kein Programm einer Partei oder ähnliches, was den Anstoß zur Entstehung des Wandervogels gab. Ja vielleicht ist es sogar ungerechtfertigt, die Uranfänge des Wandervogels nur als eine Revolution der Jugend gegen die drückende Macht der Altersgeneration anzusehen, wie es Blüher tut. Diese Revolution lag zwar unbewußt zweifellos in dem Gefühl, das die ersten "Horden" Karl Fischers aus dem bürgerlichen Steglitz hinaustrieb, aber der Gegensatz, in dem sich die Jugend befand, wurde eigentlich erst durch das Wandervogelleben bewußt. So hat Wilhelm Stählin recht, wenn er schreibt, daß es "zunächst nur eine Flucht aus dem Bereich der Städte und dem Leben der Erwachsenen" war.(13) "Was die ersten Wandervögel einte und sie zu Wanderungen in Wald und Feld hinausführte, war der Drang einen Eigenbesitz zu haben, sich mit jungen Kameraden zusammen der Natur zu erfreuen, in selbst gewählter Einfachheit der Lebensweise von Verzärtelungen und Genußsucht sich loszusagen". Aber der Gegensatz gegen Elternhaus und Schule, den er nur in gewissem Maße anerkennt, ist nicht erst durch Blühers Schriften, wie er meint, in seiner vollen Schärfe heraufbeschworen worden. Dieser Gegensatz lag schon gewissermaßen in der Luft, war bedingt durch die ganze unjugendliche Atmosphäre jener Zeit.

Alle Zwecksetzungen, Ideale und politischen Ideen, die man im Laufe der Zeit dem Wandervogel hat unterschieben wollen, sie waren im Anfang gar nicht vorhanden. Dieser Auszug der Jugend war ziel- und zwecklos, war im Grunde eben nur eine Flucht der Jugend aus dem drückenden und engen Bereich von Schule und Elternhaus in ein eigenes Land, das sie sich nach ihren Träumen aufbaute. Denn "sie taten nichts weiter, als ein Feuer anstecken, sich Wandermären erzählen und Pläne schmieden. Hin und wieder saßen zwei beseite und sprachen von etwas, das sie nur allein hören sollten. Erichs Laute erklang, und er sang dazu ein altes Lied. Was hatte Erichs Laute nicht alles getan! Sie hatte einem alten Herrn, dem es keine Ruhe ließ und der des Nachts zu den Lagerfeuern der Jugend kam, zu Tränen gerührt. Erich sang: 'Zu Straßburg auf der langen Brück;' das klang nur aus seinem Munde gut und kein anderer durfte es singen. So saßen sie in ihre Decken gehüllt und wurden immer schweigsamer. Droben stand der Große Bär und begann sich langsam zu neigen. Die Nacht wird kalt und das Gras feucht. Hier und da schnarcht einer, bis ihn die Kälte und das ausgebrannte Feuer weckt.... Sie schütteln sich den Staub von den Kleidern. Am Morgen liegt alles da, als ob nichts geschehen wäre. Wer möchte wohl behaupten, daß die Kerle da hinausgezogen seien, um die Ruine kennenzulernen."(14) So beschreibt uns Blüher, der Chronist des Wandervogels, das Leben einer Horde draußen auf Fahrt. Wir finden hier nichts von Zielsetzungen, die auch nur irgendwie politisch gedeutet werden können, ja es fehlt eben jede Zielsetzung(15), es ist reine jugendliche Romantik, Sehnsucht, Gefühl, was zum Ausdruck kommt.(16) Auch die Briefe und Berichte, die wir von anderen Wandervögelgruppen kennen, zeigen nichts davon, daß in diesen Anfangstagen etwa völkische Ziele, patriotische Gedanken, große Ideale, soziale Fragen die Triebfedern der Jugendbewegung gewesen seien.

Ideale, Ziele und Zwecksetzungen beginnen dann erst in den Wandervogel einzudringen, als man sich genötigt sah, nun das Beginnen irgendwie vor der Erwachsenenwelt zu rechtfertigen. Das war natürlich nicht möglich, indem man einen Bericht über das Leben und Treiben der Gruppe gab, wie es bei Blüher ausführlich beschrieben ist.(17) Die Kenntnis von der Wildheit und Romantik dieses

Treibens hätte allzubald Schule, Elternhaus und Kirche zum Eingreifen veranlaßt. So erscheinen dann in dem Maße, wie sich der Wandervogel an die Öffentlichkeit wendet, immer mehr sittliche, patriotische und kulturelle Ziele als Aushängeschild der Jugendbewegung.(18) Sie bringen keinen Jungen dazu, sich der Horde anzuschließen, aber sie bewegen viele Einflußreiche und Erwachsene, dieser aufkeimenden Bewegung Förderer und Schützer zu sein. Ebenso knüpft die Nachahmung des mittelalterlichen Scholaren nicht an irgendwelche politische Ideen an. Die Mischung von Scholarentum, Kunden und Tippelbrüdern beweist nur, wie fern von jedem politischen Bewußtsein sich der Wandervogel entwickelte. Selbst die Gedanken über die Schulreform wurden erst von Gurlitt und Wyneken, die als Erwachsene Einfluß erlangten, in den Wandervogel hineingetragen.

Aber die weitere Ausbreitung des Wandervogels, das allmähliche Reiferwerden führte dazu, daß die Nur-Romantiker langsam zugunsten einer geistigeren Art der Wandervögel Platz machten. Es wächst der Stolz auf die Leistung, einen eigenen Bund ins Leben gerufen zu haben. "Es weiß sich jeder nur als das kleine Glied einer großen Gemeinde, nicht auf die eigene Person, auf die Sache sind wir stolz. – Sie sehen in uns ein WV-Kraftmeiertum. Es war gewiß unsere größte Gefahr. Das Kilometerfressen haben wir überwunden .... Über das Grobe an dieser Art hinauszukommen, arbeiten wir".(19) So schreibt ein Wandervogel im Jahre 1910. Aber immer noch bleibt der Blick auf die Jugend selbst gerichtet. Was geschieht, wird zum Nutzen und Fortkommen des Wandervogels getan. Der Fahrtenbetrieb wird sinnvoller gestaltet, ohne daß er seine Romantik verliert, das Volkslied wird zu neuem Leben erweckt und an die Stelle der studentischen Kneiplieder gesetzt, Alkohol und Nikotingenuß werden verpönt. Der Bund wird innerlich ausgebaut, erstarkt und erfaßt immer größere Teile der deutschen Jugend. Sie gestaltet sich ihren Raum selbst, aber durch diese Eigengestaltung wird sie ein volkspolitischer Faktor von größter Bedeutung. Das Wandern lehrte den Wandervogel eine neue Liebe zu Heimat und Volk. Die Auslandsfahrten führten zu den deutschen Volksgruppen im Ausland und schufen auch hier neue und lebendige Verbindung. So ist auf einmal nun ein "Wandervogeldeutschland" da, "soweit die deutsche Zunge reicht."(20) Aber das Sprechen von den "Schönheiten des Vaterlandes", von der "Liebe und Achtung vor dem Deutschtum", von der Bereitschaft für das "Vaterland zu leben, und, wenn es not tut, zu sterben", ist weit entfernt von allem billigen Hurrapatriotismus jener Zeit.(21)

Das soziale Problem als solches taucht überhaupt noch nicht in dem Blickkreis der Jugendbewegung auf. Die Ursache liegt vor allem darin, daß die Mitglieder in der überwiegendsten Mehrheit von den Söhnen des zu jener Zeit gut situierten Bürger- und Kleinbürgertums gestellt wurden. Daß sich Jugend hier aber schon aus eigener Kraft soziale Formen schafft, den Begriff der Gemeinschaft zuerst lebt und somit wegweisend Gebilde prägt, die in ihren sozialen Formen auch die Kriegs- und Nachkriegsnöte überstanden, tritt nicht ins Bewußtsein. So kann denn über die Jugendbewegung dieser Zeit in Hinsicht ihrer politischen Bedeutung etwa folgendes gesagt werden: Der aus Gefühlen und Romantik erwachsenen Bewegung des Wandervogel erwächst aus dem Erleben der Fahrt volkliches Bewußtsein, das aber nicht zum politischen Programm erhoben wird, sondern integrierender Bestandteil des Wandervogellebens bleibt. Als neue soziale Form bildet sich die auf persönlicher Verbundenheit und gemeinsamer Erlebnisgrundlage beruhende Gemeinschaft, der Bund. Eine gewisse Zielsetzung wird erst ausgesprochen, als es nötig war, der übrigen Welt die Existenz der Jugendbewegung vom Intellekt her zu begründen. Die Meißner-Tagung und die darauf folgenden Kämpfe zwangen eigentlich die Jugendbewegung, ihre eigene politische Bedeutung zu erkennen. Diese Erkenntnis führte zunächst zur Autonomieerklärung in der Meißner-Formel. Die Jugend behielt sich ihren eigenen Raum vor und grenzte sich heftig und scharf gegen die übrige Welt ab. Der Umschwung in dieser Haltung wurde erst durch größere Zeitereignisse herbeigeführt, vor denen keine Flucht möglich war.

DAS ERWACHENDE POLITISCHE BEWUSSTSEIN IN DER AUSEINANDERSETZUNG MIT KRIEG UND REVOLUTION

Der Durchbruch der bürgerlichen Krise in Krieg und Revolution war ein Zeitereignis, dem sich die junge Generation nicht entziehen konnte. "Die Flucht in die Wälder," in ein sich selbst genügendes jugendliches Dasein, war auf einmal nicht mehr möglich. Von den Zeitereignissen erfaßt, versuchte die Jugend Stellung zu nehmen. Diese Stellungnahme vollzog sich in einer invidualistischen Beurteilung und Parteinahme, denn wenn sie auch als solche allgemein erfolgte, so reagierte doch der Einzelne und nicht der Bund als solcher. Die Art und Weise dieser Reaktion, die sich nun zeitlich auch mit der Entstehung der NSDAP berührte, läßt die Unterschiede zwischen beiden Erscheinungen scharf heraustreten.

Der Krieg riß den jungen Wandervogelmenschen plötzlich und unerwartet aus der Geborgenheit seiner Gruppe, aus der Romantik des Jugendlebens in die unerhörte Realität eines Kampfes auf Leben und Tod. Die idealistische Grundhaltung, die seiner ganzen Lebensweise eigen war, schuf den Typus des Wandervogelsoldaten, den uns in seiner ganzen Einfachheit und schlichten inneren Grösse Walter Flex im "Wanderer zwischen beiden Welten" gezeichnet hat, und dessen Todessturm auf Langemarck als Mythos in der deutschen Jugendbewegung weiterlebte. Es war kein politisch geschulter Soldat, der als kriegsfreiwilliger Wandervogel ins Feld zog. "Manchem war's, als ginge es auf grosse Fahrt. Weihnachten würde es dann eine schöne gemeinsame Friedensfeier im Landheim geben, rief man sich am Bahnhof zu. Sonst wurden keine grossen Worte gemacht; alle waren überzeugt, daß es um eine grosse heilige Sache ging."(22) Der Wandervogel sah nicht die Hintergründe des Kriegsgeschehens, kaum findet sich in den Briefen und Erlebnisberichten ein Satz, der auf eine rationale Erfassung des politischen Geschehens im Kriege hindeutet.(23) Im Grunde erlebte er den Krieg als Romantiker, bei dem das Bewußtsein vom Erlebnis her bestimmt wurde und das Gefühl, als Angehöriger des "angegriffenen" deutschen Volkes seiner heiligen Pflicht zum Schutze der geliebten Heimat zu folgen, stark genug war, alle sich daraus ergebenden Konsequenzen zu tragen. Die erste Enttäuschung seines völkischen Gefühls erfuhr er zumeist in der Kaserne, wo der Umgangston, die ganze Lebensweise so gar nicht seinen Vorstellungen vom deutschen Volk entsprachen, und er sein Andersgeartetsein schmerzlich empfand. So schrieb ein Wandervogel: "Man hat ja als Soldat erst die Übel, an denen unser Volk leidet, richtig erkannt. Der Krieg hat das goldene Gitter unseres stillen Gartens aus den Angeln gehoben und uns unvermittelt auf die laute Strasse gesetzt, wo schwere, rohe Soldatenstiefel uns die letzten geheimen Rosen unserer Seele zu zertrampeln drohten. Schwer und wuchtig, ja niederschmetternd traf uns das Bewußtsein von der Wirklichkeit unseres Volkslebens."(24) Doch blieb zumeist der

Idealismus ungebrochen. Als Offizier lehnte der Wandervogel Bevorzugung ab, war ein vorbildlicher Kamerad, der es aus der Gewohnheit des Fahrtenlebens heraus verstand, sich in schwierigen Lagen zurechtzufinden. Die Bemühung, Wandervogelgruppen in Kriegs- und Etappengebiet zu bilden, zeigte aber, daß man sich im Grunde unverstanden glaubte, daß die Kameradschaft des Soldatentums nicht das gab, dessen man bedurfte. Ja, je mehr das grauenvolle Töten zunahm, die Propagandamaschine des Krieges auf immer höheren Touren lief, desto mehr wird der Mensch der Jugendbewegung zur Selbstbesinnung gedrängt, entweder von der Sinnlosigkeit solchen Tuns abgestoßen, oder er versucht die "Materialschlacht zum Abenteuer" umzudeuten und wird "vom christlichen Vaterlandsverteidiger zum Landsknecht, der mit den dunklen und hellen Nächten ringt."(25) Das heldische Ringen wurde hier zum Selbstzweck erhoben, ja als letzter Sinn des Mannseins gesehen. Diese Sinngebung wirkte weiter in den späteren Freikorps und den völkischen Teilen der Jugendbewegung. Im allgemeinen aber bewirkte der zur billigen Alltagsware herabgewürdigte Patriotismus, mit dem man die Massen aufzuputschen versuchte, zwangsläufig negativ auf das Elitegefühl des Wandervogels und verursachte eine Herabminderung seiner Opferbereitschaft. Wie ein großes Verhängnis erschien der Krieg, und die Wandervogeljugend, die "ausgezogen voll hoher Hoffnung, eine sittliche Wende herbeizuführen und eine gottverlassene Menschheit zur Umkehr zu bewegen durch ihr Beispiel – sie fiel, aber alles blieb beim Alten in der alten Generation". Sie sah sich sterben, "für ein Geschlecht, dem alle heroischen Worte und Werte nur Vorwand waren für Geschäftsinteressen, das Gott und Vaterland sagte, wenn es Geld meinte."(26) Die tiefe Tragik des "Umsonst" lag über dieser ganzen Frontgeneration der Jugendbewegung. Nicht so sehr, daß der Krieg verloren war, sondern, daß auch die erhoffte Gesundung des Volkes nicht eintrat, verstörte sie, denn sie hatte es schon bei Beginn des Ringens erkannt und ausgesprochen: "Ein Sieg ohne Heilung für unser Volksganzes wäre unser Untergang. Erst wenn die einen nicht mehr schwelgen und die anderen nicht mehr murren, sondern beide dankbar das Vorhandene teilen, möge uns der Frieden beschert werden, dann wünsche ich ihn unserem Volke, aber erst dann."(27)

Die mehr intellektuell veranlagten Freideutschen hatten zum Teil schon von vornherein den Krieg als unheilvolles Geschick empfunden und in ihm den Zerstörer aller Werte gesehen. So richteten sie ein Telegramm an den deutschen Kaiser mit der beschwörenden Bitte, den Krieg wenn möglich zu verhüten.(28) Tiefer Abscheu "gegen die teuflischen Methoden und Werke der Zerstörung an Menschenleben" spricht aus den Kriegsberichten einiger Freideutscher.(29) Sie machten auch Front gegen das geplante Reichsjugendwehrgesetz, indem sie sich an die "menschlich Hoffnungsvollsten" unter den Reichstagsabgeordneten verschiedener Parteien wandten.(30) Gegenüber dieser Richtung des Freideutschtums aber formierte sich bald der Flügel der Jungdeutschen, "der im Nationalismus nicht die einengende Schranke, sondern die notwendige Voraussetzung jeder gesunden Kultur und im Krieg nicht den Zerstörer von Lebens- und Seelenwerten, sondern den Reiniger und Erneuerer sah."(31)

Der schon bei der Gründung der Freideutschen latent vorhandene Gegensatz von "menschheitlich" und "völkisch" kam jetzt im Kriege zum vollen Durchbruch. Auf der einen Seite wird es auf der Tagung der Freideutschen im Landschulheim am Solling ausgesprochen, daß "von jetzt ab nie mehr der Menschheitsgedanke als der übergeordnete außer acht gelassen werden dürfe. Was der Menschheit schade, könne gar nie dem einzelnen Volke nützen. Eine nationale Erziehung ohne rückhaltlose Betonung der Menschheitsaufgaben der Nation sei in Zukunft zu verwerfen."(32) In diesem Heft der Zeitschrift, in dem auch die "völkischen Leitsätze" veröffentlicht wurden, wird gleichzeitig die Behauptung aufgestellt: "das Programm der Völkischen läßt sich nur auf Kosten des Geistes verwirklichen," während bei den Völkischen Ottger Gräff schrieb: "Wir Angehörige der nordischen Rasse lehnen es dankend ab, als Völkerbrei mit Schwarzen, Roten, Gelben und Morgenländern in einen Topf geworfen zu werden."(33)

Es ist aber bemerkenswert, daß dieser Gegensatz anfangs keinesfalls das Band des Freideutschtums zerriß. Selbst als der Ausgang des Krieges die einen auf die Seite des Proletariats zur tatkräftigen Mithilfe an der Revolution rief, und die anderen in den Freikorps die alte Welt zu verteidigen suchten, hielt diese menschliche Verbundenheit noch einige Jahre stand. Auf den Tagungen in Jena und Hofgeismar suchte man noch nach Brücken zueinander, als der Einzelne sich bereits für diese oder jene politische Partei entschieden hatte. Politisch gesehen standen sich hier Sozialisten und Völkische gegenüber.(34) Zwar waren diese Gegensätze eigentlich nicht so unüberbrückbar wie die Parteinamen besagen, denn auch von den ganz "rechts" stehenden Freideutschen war immer wieder vorbehaltlos betont worden, daß Gerechtigkeit und menschenwürdige Lebensführung dem ganzen Volk gewährt werden müßten. Sie hatten sich sogar beispielsweise für die weitgehende Sozialisierung der Betriebe eingesetzt und die Grenze gegenüber der Sozialdemokratie nur in der Ablehnung der materialistischen Geschichtsauffassung gezogen.(35) Aber der starke Individualismus, ein Erbe der liberalistischen Einflüsse im Freideutschtum, schloß eigentlich von Anfang an die Einigung auf eine gemeinsame politische Linie des Freideutschtums aus.

Die genauen Berichte über die Reden und Aussprachen auf den beiden Führertagungen der Freideutschen in Jena und Hofgeismar sind ein deutlicher Beweis dafür, wie weit die politische Frage als solche die Jugendbewegung erschütterte. Alles, was dort gesprochen wurde, war von einem so tiefen Ernst und innerlicher Überzeugung, trug so deutlich den Willen nach einer neuen Ordnung der gesamten Lebensverhältnisse des deutschen Volkes, daß die Berechtigung vorliegt, von einer wirklich politischen Revolution der Jugendbewegung zu sprechen. Was dieser Revolution aber fehlt, ist die entscheidende politische Tat des gesamten Freideutschtums. Nur Einzelne verließen den Raum der politischen Diskussion und suchten sich selbst das Feld ihres Einsatzes.

In welchen Richtungen und Forderungen laufen nun diese politischen Aussprachen der Freideutschen aus? Grundsätzlich wird die Revolution als eine Aufgabe gesehen, die die Jugend zu bewältigen hat. Sie "ist berufen, das Vakuum dieser Zeit mit ihrem Idealismus auszufüllen. Nur sie ist noch nicht kompromitiert, sie ist noch nicht völlig unfrei geworden durch Beruf, Besitz und alle jenen Fesseln der Gesellschaft, die wir noch abzustreifen vermögen."(36) Die Zielsetzung der revolutionären Bestrebung läuft zwar in den Bahnen bestimmter politischer Richtungen, aber die Politik dient hier dem Ethos. Denn so wird weiter gesagt: "Menschen wollen wir werden und Menschen wollen wir heranbilden. Allem eine Kampfansage, das uns vor diesem einen einzigen Ziele im Wege steht: der Wirtschaft und der von ihr bedingten Gesellschaft, Moral, Zivilisation usw., dem alten, das, sich selbst genügend, Leben tötet."(37) Es "war der Augenblick gekommen, wo die große Erziehungsgemeinschaft Freideutsche Jugend" eine

Aufgabe von kulturpolitischer Bedeutung lösen mußte.

Ferner brachte das gemeinsame Ideal des Freideutschtums, welches ja für alle unverrückbar die Meißner-Formel ausdrückte, trotz aller Schärfe der Diskussion dieser Zeit, mit der Anerkennung und Achtung des anderen Menschen auch im Gegner eine gewisse Relativierung der Parteiprogrammatik mit sich. Denn, so führte Tormin aus, hat der Einzelne "gewählt und steht er eines Tages an seinem Platz im Parteikampf, so mag ihm Duldung und Schätzung des Menschen im politischen Gegner aus der Erkenntnis fließen, daß jener auch einem Ideal folgt, das sich mit dem Freideutschtum so gut verträgt, wie das seine. Besser wir nehmen von vornherein die Überzeugung von der Bedingtheit jedes politischen Standpunktes mit in den Kampf, wir werden fester dastehen als derjenige, der erst draussen erfährt, daß der Schurke oder Tor, den er zu bekämpfen auszog, ein Idealist und Wissender ist wie er, – und der mit dieser Enttäuschung alle Lust am Kampfe verliert."(38)

Als letztes gemeinsames Kennzeichen dieser politischen Diskussion kann dann noch herausgehoben werden, daß nirgendwo eigentlich politische Tagesprobleme, noch gesellschaftliche Verhältnisse erörtert werden, sondern das Gespräch durchaus "im Problematischen letzter Weltanschauungsunterschiede" verharrte, so daß es völlig aussichtslos war, endgültige Entscheidungen treffen zu wollen, da hier der politische Kompromiß unmöglich war.(39)

In der politisch-weltanschaulichen Orientierung ergaben sich bei überwiegender Bejahung der Revolution (E. Busse-Wilson spricht sogar von einer Revolutionspsychose, da kein Jugendlicher auf den Titel eines Revolutionärs verzichten wollte) etwa vier Gruppierungen, von denen drei als aktivistisch und politisch handelnde Gruppen betrachtet werden konnten, während die vierte, die den eigentlichen Stamm der Freideutschen bildete, sich letztlich nur mit der denkerischen Durchdringung der politischen Probleme beschäftigte, ohne den Weg zu einem politischen Einsatz zu sehen. Als die aktivste Gruppe in politischer Hinsicht konnten die radikal-kommunistisch und marxistisch überzeugten Freideutschen um Karl Bittel gesehen werden, ihnen zur Seite standen die religiös-anarchistisch-kommunistisch bis zur letzten Leidenschaftlichkeit erregten jungen Menschen um Vorwerk, die den "Kommunismus im Geiste" predigten.(40) Gegenüber diesen beiden Gruppen standen im schärfsten Gegensatz die Jungdeutschen unter Frank Glatzel, die aber im Verlauf der Tagung immer mehr zurücktraten und sich stärker dem Ausbau einer eigenen jungdeutschen Bundesgemeinschaft zuwandten. Sie vertraten gegenüber den unruhigen und radikalen Revolutionären ein Ordnungsprinzip in der Politik (alles Tun, das Ordnung in das Chaos bringt, ist politisches Handeln) und lehnten diejenigen politischen Parteien, die als "unklare Mischung möglicher Gesichtspunkte zusammengekommen sind", ab. Ein Zusammengehen mit der proletarischen Jugend erschien ihnen unmöglich, da man dort "voller Haß und dogmatischem Fanatismus den Kampf gegen das Bürgertum" predige. Stattdessen erhoben sie die Forderung eines "positiven Idealismus, der für das Volk in gemeinsamer Arbeit ein Gemeinwesen" aufbauen sollte.

Den Überzeugungsversuchen der kommunistischen Gruppen, die die Freideutschen zum Klassenkampf aufriefen, hielten diese entgegen, daß eine einheitliche freideutsche Partei und eine einheitliche Stellungnahme zur politischen Partei dem immanenten Sinn des Freideutschtums widerspreche.(41) "Selbst wenn nun jemand glaubt, daß zu seiner Anschauung über Weg und Ziel (oder

gar zu seiner Parteistellung) alle hin(durch) finden müßten, wenn sie richtig denken könnten, so dürfe er sie doch nicht als die Freideutschen bezeichnen, weil
die Tatsachen widersprechen würden." Er dürfe aber auch nicht versuchen, sie
durch Überredung oder gar äußerliche Mittel (Propaganda) dazu zu machen,
weil darin eine Vergewaltigung derjenigen läge, die nicht in der Lage sind, seine
Gedankengänge nachzuprüfen.(42) Als Grundlage der jungdeutschen politischen
Haltung wurde herausgestellt: "Die Lebensgestaltung des Volkes in Gemäßheit
seines Wesens, seiner inneren eingeborenen Gesetze, die Erfüllung der
Verantwortung, die das Volk gegenüber sich selbst als Persönlichkeit trägt, die
der Einzelne sich selbst gegenüber trägt, die der Einzelne als Zelle dem Volk gegenüber trägt ... der durch innere eingeborene Gesetze bedingten schicksalhaf-
ten Aufgabe, die wir als Einzelpersönlichkeit, wie als Volkspersönlichkeit zu erfüllen berufen sind."(43)

Gegenüber diesen drei politisch handelnden Gruppen befand sich die vierte in
einer ausweglosen Lage. In der Bemühung eine Synthese zu schaffen, mußte sie
notwendig an den grundsätzlichen Gegensätzen scheitern. "In die hoffnungslose
Wahl zwischen 'weißer' und 'roter Garde' gedrängt, versuchte sie in denkerischen Konstruktionen eine Lösung zu finden. Der Gedanke, einen Men-
schentypus wie den der Freideutschen zu sammeln und ihn zur 'Machtergreifung' zu führen," trug utopischen Charakter.(44) Der Wille zu einem sofortigen
Eingreifen in die Politik mußte an der "realen Möglichkeit eines solchen Einsatzes scheitern."(45)

Auf der einen Seite verwarf man die augenblickliche Herrschaft des Bürgertums, sah sich aber genötigt, solange man nicht die Macht hatte, etwas anderes
an deren Stelle zu setzen, sie aus rein materiellen Existenzgründen anzuerkennen. Obwohl die Nivellierung durch eine Diktatur des Proletariats abgelehnt
wurde, hielt man sich andererseits genötigt, an die Mächtegruppe des Proletariats sich anzuschließen, da nur hier die ernste Anstrengung gemacht werde, die
bestehenden Zustände zu ändern.(46) So gelangte man schließlich zur grundsätzlichen, "heute nicht praktischen" Anerkennung der Ziele des Proletariats, die
aber nur als Durchgangsziele für die endgültigen Aufgaben des Freideutschtums
angesehen wurden. Das hieß, man wollte oder hoffte, sich des Proletariats bedienen zu können, um einen Zustand herbeizuführen, in dem die persönlichen
Führungsqualitäten und das Treueverhältnis, also die menschlichen Bindungen
vor den parteipolitisch-dogmatischen ständen.(47) Um die Vorbedingung zu erreichen, wurde eine politisch-pädagogische Aufgabenstellung und Erziehung des
Proletariats gefordert. Erst dann, wenn "die genügende Anzahl Arbeiter in ihren
Anschauungen in oben angedeutetem Sinn verändert worden" seien, "dann ist
der Augenblick zur Revolution gekommen". Dann glaubten sie "auf seiten der
roten Garde gegen die weiße solange ankämpfen" zu müssen, bis diese vollkommen besiegt sei.(48) Aber hiermit war eine konkrete politische Stellungnahme für
den entscheidenden Moment verweigert, die Aussichtslosigkeit eines sofortigen
Zusammengehens mit den proletarischen Gruppen ausgesprochen. Der größere
Teil der Freideutschen war zwar zum politischen Bewußtsein gelangt, er verblieb
aber dabei, nur eine politische Aufgabe aufzuweisen, ohne den Moment eines
Einsatzes je wieder zu finden. Als Konsequenz der Aussprachen in Jena und
Hofgeismar ergab sich das Auseinanderfallen der Freideutschen Jugendbewegung. Alle, die gehofft hatten, aus dem Freideutschtum eine politische Tatge-
meinschaft hervorgehen zu sehen oder zumindest kulturelle und politische Akti-

vität erwartet hatten, wurden enttäuscht und schlossen sich zu Sonderbünden zusammen. Die Jungdeutschen, deren Gewicht und Unterschied zu den Freideutschen auf den Tagungen nicht so sehr zum Ausdruck gekommen war – vor allem daher, weil die Völkischen sich auch zu einem, wenn auch ihnen gemäßen, die nationalen Belange zuerst berücksichtigenden Sozialismus bekannten –, fanden ihr Wirkungsgebiet in den völkischen und jungnationalen Bünden.(49) Die kommunistischen Freideutschen gingen völlig in das Lager des revolutionären Proletariats über. Die mehr problematisch Veranlagten sammelten sich in der "Arbeitsgemeinschaft Freideutsche Jugend". Sie blieben ein Kreis für sich, dem keine größeren und politisch richtungsweisenden Einflüsse auf die Jugendbewegung mehr gelangen. Die noch jüngeren Wandervögel unter den Freideutschen, unter ihnen Ernst Buske, fanden ihr Wirkungsfeld in dem Aufbau des Nachkriegswandervogel und dessen Entwicklung zur Deutschen Freischar. Bei starken völkischem Bewußtsein gelang es dieser Gruppe doch zu einer sinnvollen Synthese mit der Menschheitsidee zu kommen. So lag wirklich eine Sinngebung für die kommende bündische Jugend in den Worten, die Ernst Buske 1920 schrieb: "Urquell der ganzen Freideutschen Jugendbewegung ist der Wandervogel, und der Wandervogel ist in allem ein echtes Kind des deutschen Volkes. So ist die Jugendbewegung zum Volk gekommen und so entsteht aus diesen Stimmungen und Bestimmtheiten ganz von selbst das Streben nach einer Volksgemeinschaft. Aber als notwendige Ergänzung dieser völkisch-kulturellen Bindung muß die Menschheitsidee erscheinen. Denn die Nation ist uns nicht das Maß aller Dinge."(50). Als Ergebnis dieses Zeitabschnittes eines erwachten politischen Bewußtseins der Jugendbewegung kann folgendes festgehalten werden:

1. Die äußere Situation in Krieg und Revolution zwingt die Freideutschen zur Auseinandersetzung mit der Politik.

2. Sie erlebt diese Auseinandersetzungen als echte innere Problematik.

3. Der Weg zu einem geschlossenen politischen Einsatz kann nicht gefunden werden, da die Diskussion in den weltanschaulichen Gegensätzen verhaftet bleibt und sich nicht politischen Tagesaufgaben zuwendet.

4. Alle politischen Gegensätze vermögen es hier nicht, die Achtung vor dem anderen Menschen im politischen Gegner zu zerstören.

5. Die Freideutsche Jugend zerbricht an den auftretenden politischen Gegenströmungen als Gesamterscheinung. Die politisch aktiven Persönlichkeiten gehen zu den jeweils politisch entsprechenden Bünden und Parteien über.

6. Die Spaltung in Jungdeutsche und Freideutsche wirkt sich in gewissem Masse in den beiden großen Flügeln der bündischen Jugend aus, der vom Wandervogel bestimmten Deutschen Freischar und den von den Jungdeutschen beeinflußten jungnationalen Bünden.

DAS VERHÄLTNIS DER JUGENDBEWEGUNG ZUR POLITIK IN DER ZEIT DER WEIMARER REPUBLIK (BEWUSSTE POLITISCHE ORIENTIERUNG DER JUNGMANNSCHAFTEN)

War der Wandervogel noch eine Fluchterscheinung der Jugendbewegung aus dem gesamten Bereich des Erwachsenen und damit auch Flucht vor einer bewußten politischen Orientierung, und hatten sich die Konflikte, die die aus dem Wandervogel wachsende Generation in harte und schwere Auseinandersetzung mit dem politischen Zeitproblem brachte, im Freideutschtum vollzogen, so ergab sich für die bündische Jugend eine neue Wendung, in welcher man versuchte, die Jugend als eigene Lebensstufe sinnvoll in das Gesamtgeschehen einzuordnen. Damit wies man ihr aber auch eine politische Aufgabe zu, die sie als Jugend zuerst in der politischen Vorform des Bundes und später als erwachsene Generation im Staat zu erfüllen gedachte. Es blieb zwar die Form eines romantischen Jungenbundes bestehen, aber sie diente nicht mehr nur einem Selbstzweck der Jugend, sondern alles Tun empfing seinen Sinn aus dieser politischen Aufgabenstellung, die die Erneuerung von Volk, Staat und Reich wollte. Der Gedanke einer durch eine Elite bestimmten Volksbewegung erforderte den Lebensbund, der alle heranwachsenden Generationsschichten umfaßte, und in Jungenschaft, Jungmannschaft und Mannschaft gegliedert war.(51) So hieß es in der Verfassung der Deutschen Freischar nicht mehr nur "vor eigener Verantwortung", sondern die neue politische Bestimmtheit der bündischen Jugend kam in einer Erweiterung zum Ausdruck, die besagte: "in strenger Verantwortung vor sich selbst und ihrem Volk". Unabdingbar war aber für sie die Lebensführung in "unbedingter persönlicher Freiheit." (52) Freiheit war aber hier nicht im individualistisch-liberalistischen Sinne gemeint, sondern als Freiheit der neuen Menschen des Bundes gesehen, die gegenüber dem individualistischen Ich-Menschen und den kollektivistischen Massen-Menschen den Menschen der Gemeinschaft stellte, der die Freiheit und "innere Verpflichtung zum gemeinsamen Dienst am Volk" gleichermaßen vereinigte.(53) Um "Freiheit und Bindung" als Folge des Bundes gestaltete sich das Leben der bündischen Jugend. In der Spannung zwischen diesen beiden Polen vollzog sich die politische Orientierung je nach dem Maße, wie einer von beiden überwog. Die Kunst des Maßhaltens, gleichsam als Meisterschaft in der Politik angesehen, haben nicht immer alle Bünde in der Vollendung geübt. Es ist der bleibende Verdienst der Deutschen Freischar, daß sie als Kern der bündischen Jugend diese Aufgabe erkannt und durchgeführt hat.

Die politische Orientierung der Bünde erfolgte bei durchgängiger nationaler Bestimmtheit (im Gegensatz zum Nationalsozialismus nicht nationalistisch und auch nicht in besonderem parteipolitischen Sinne) in etwa zwei Hauptrichtungen, die ihren Ausdruck in der politischen Willensbildung der Bünde fanden. Die Übergänge in dieser Orientierung sind allerdings fließend und entsprechen so der Mannigfaltigkeit aller bündischen Lebensäußerung. Der Unterschied der beiden Hauptrichtungen politischer Orientierung aber lag darin, daß sich die eine in einer in etwa bestimmten politischen Linie vollzog, während die andere allgemeines und umfassendes politisches Denken der jungen Generation erstrebte.

Die jungnationalen Bünde, deren Herauswachsen aus der deutschnationalen Jugend und Durchdringung mit dem Gedanken- und Formgut der Jugendbewegung sowie deren Beeinflussung durch die Jungdeutschen hier schon behandelt wurde (vergl. S. 23f.), waren es, die eine politische Willensbildung in bestimmtem Sinne durchführten, ohne sich allerdings dabei an eine Partei anzuschließen. Ihr Ziel war "Das dritte Reich", die "Erfüllung von Bismarcks Werk".(54) Sie bezeichneten sich selbst als "nationale Opposition" und brachten sich damit in eine Frontstellung gegen das herrschende System, die gewollt und ohne jede Kompromißbereitschaft war.(55) In der positiven Begründung des Staates durch das protestantische Staatsethos sahen sie entgegen der liberalen Staatsauffassung die ihnen gemäße Staatslehre, die den Staat als "Gottes Wille" und "göttliche

Schöpfungsordnung" rechtfertigte und in einer Linie über Luther, Fichte und Hegel sowie das Preußentum zur Konsequenz des deutschen Staatsdenkens führte. Den Staat definierten sie "als Gemeinschaft sittlichen Werdens". Der Bund aber wurde als "sichtbar gewordene Verantwortung empfunden und erhielt seine wesentlichste Aufgabe durch den Kampf um die innere Erneuerung des deutschen Volkes", während der äußere politische Kampf nur durch "den Wert von der Bedeutung, den er jeweils für den inneren Kampf" hatte, bestimmt wurde.(56) Den Platz innerhalb der parteipolitischen Front der nationalen Opposition sah die Freischar junger Nation als zu eng und begrenzt an. In ihr hatte sich das bündische Element schon stärker durchgesetzt und aus einer nationalpolitischen Bewegung, die sich 1918 die Aufgabe gestellt hatte, "der kämpfenden Front den Rücken zu stärken und neue seelische und soldatische Kräfte freizumachen", war über zahlreiche Versuche nationalistischer Frontbildung hinweg der Durchbruch zu einer bündischen Bewegung vollzogen.(57) Sie sollte die "Lebensheimat" der jungen Nation sein, deren Ziel das "kommende Reich" blieb.

Gegenüber den als jungnationale Bünde gekennzeichneten Verbänden vertrat die Deutsche Freischar eine politische Willensbildung, die jede programmatisch-dogmatische Fassung, jede politische Parole verneinte. Der Bund lehnte es ab, Partei zu sein, und gerade dadurch, "daß jedes Glied des Bundes gezwungen war, sich allein und mit eigener Sprache zu verteidigen und damit sich seines Bundes völlig bewußt zu sein", erhielt er sich die Kraft der Jugendbewegung, und die Gefahr eines raschen Verbrauchs der Kräfte war gebannt.(58)

Der Freischar lag daran, in die Politik nicht "von dem Niveau einer Tageszeitung her" einzudringen, sondern die jungen Menschen zu befähigen, "primär grundsätzliche Entscheidungen zu fassen". Sie wollte "fähige und willensstarke Männer" im politischen Leben, deren Sachkunde geschätzt und bekannt sei.(59) Von diesen erwartete sie, daß sie geschichtsbildend wirken würden und nicht von denen, die "demonstrierend die Straßen beherrschten". In der erlebten Einordnung in die Gemeinschaft sah sie eine Grundlage der Mannesaufgabe, die Kameradschaft übe, bevor die politische Entscheidung ins Bewußtsein gerückt sei. Sie empfand hierin einen Gegensatz zu der Kameradschaft als Folge politischer Entscheidungen, die lediglich vom "Intellekt her bestimmt" sei und durch Änderung der politischen Gesinnung zerbreche. Wir haben es also hier mit einer echten politischen Elitebildung zu tun, die gegenüber dem Vorwurf, sie sei wie "Offiziere ohne Soldaten", auf die Sicherheit ihrer Werbekraft und die Notwendigkeit für jede Partei, im Ernstfall auf dieses Kraftreservoir zurückgreifen zu müssen, verweisen konnte. Diese Elite bündischer Jugend wurde von dem Bewußtsein geprägt, "daß nur die sachliche Mitarbeit an den außerhalb jeder Parteipolitik stehenden gemeinsamen politischen Aufgaben im eigentlichen Sinne des Wortes Politik sei, daß diese sachlichen Arbeitskreise die eigentlichen Zellen des Staatsaufbaues der Zukunft bilden und somit vorzüglich politische Gruppen genannt zu werden verdienen."(60) Innerhalb der grundsätzlichen Grenzen der "unbedingten persönlichen Freiheit" und der "strengen Verantwortung vor sich selbst und dem Volk" vermochte sie die parteipolitische Mannigfaltigkeit in die bündische Einheit" einzugliedern und brachte damit ein demokratisches Prinzip zur Geltung, aus dem heraus sie sich diktatorischen Versuchen, die sie als "ungeheuerliches Maß persönlicher Geistesbeschränkung" und als Bruch der "freiheitlichen deutschen Vergangenheit" empfand, widersetzte.

Wenn aber auch hier im Prinzip ein demokratischer Aufbau des Bundes vorlag, der von starken Führerpersönlichkeiten geschaffen wurde, so fühlte man sich doch keineswegs mit den bestehenden Verhältnissen des politischen Systems, das man nur "in seiner Verzerrung als ein ewiger Kompromiß" kennengelernt hatte, einverstanden.(61) Jedoch wollte man nicht nationale Revolution wie die Jungnationalen, sondern "Regeneration" des gesamten Staatslebens. Daher war auch das Verhältnis zur Republik keineswegs ganz ablehnend.(62) So hielten es der Bund der Wandervögel und Pfadfinder (die spätere Deutsche Freischar) und die um das Auslandsamt der deutschen Pfadfinderbünde gruppierten Pfadfinderverbände für eine Selbstverständlichkeit, daß im Ausland die schwarz-rot-goldene Fahne getragen wurde.(63) Sie wehrten sich dagegen, daß man sie als "Rechtsbünde" bezeichnete, weil sie aus der großdeutschen Einstellung heraus die zu ihren Bünden gehörigen auslandsdeutschen Gruppen nicht aufgeben wollten.

Allgemein gilt für die bündische Jugend die Ablehnung des bürgerlichen Menschen, dessen Politik als "kluges Spiel der Theoreme", von "blutleerer Art" ohne Unterstützung eigener Lebenserfahrung vorgebracht, als Halbheit angesehen wurde, die im Höchstfalle im jungen Bürgertum zur "Gründung politischer Clubs" oder wenn man etwas unsachlicher sei, "vielleicht selbst Mußproletarier zum Nationalsozialismus, Stahlhelm und dergleichen" führe.(64) Abgelehnt wurden auch der gute "Staatsbürger" und "streng national gesinnte Deutsche", die "Phrasen der Rechtsparteien", die man als Bedrohung der erlebnisbedingten nationalen Gesinnung ansah. Dagegen wird die Schicht der Frontsoldaten als diejenige bezeichnet, "die der Wahrheit schlechthin am nächsten war."(65) Im großen und ganzen fühlte sich aber die junge Frontgeneration, die vor allem die Führung in der politischen Willensbildung der Bünde besaß, im öffentlichen Leben übergangen. In den Bünden gelang ihr vielfach eine Synthese mit der Nachkriegsgeneration, die ja gleichermaßen "um Gemeinschaft und Führung aus Gemeinschaft und um soziale Gerechtigkeit in Wirtschaft, Staat und Volk" rang.(66) Denn die Parteien, in der Starrheit ihres Parteigetriebes verhaftet, vermochten es nicht, der jungen Generation den Platz zu schaffen, den sie forderte. Umso heftiger wandte sich daher die Kritik der Bünde gegen sie und ihre Art Politik zu betreiben. "Jugendfeindliche Taktik" wird ihnen vorgeworfen, "Interessen- und Klassenpolitik, Mangel an Fernzielen", "statt der schönen Worte der Parteiprogramme" wird "Radikalismus der Sachlichkeit" gefordert.(67) Von der Rechten bis zur Linken werden sie beschuldigt, der Vergangenheit anzugehören, "Knechte des Systems zu sein, schwarz-weiß-rot zu sagen und zu meinen, die Wirtschaft ist international," "das Parteibuch" sei ihr Trumpf und sie gebrauchten einen "Wust von Phrasen, die einfach wie Dogmen übernommen" würden.(68) Kein Politiker in Deutschland, von dem in Volksversammlungen die Rede sei, habe den Mut zur Unpopularität aufgebracht, der nun einmal erforderlich sei, wenn es gälte die Konsequenz daraus zu ziehen, daß Deutschland den größten Krieg verloren habe.(69) Diesem Alten gegenüber wird der Ansatz einer politischen Erziehung einer jungen Generation gefordert, "die nicht auf den Argumenten des Tages aufgebaut ist, sondern jenseits des Parteienstreites die großen politischen Geschehnisse alter und neuer Zeit in ihren Kräften erkenntlich zu machen sich bemüht."(70)

Es ist bemerkenswert zu sehen, mit welchem Ernst die Jugendbewegung, der man so oft verschwommene Romantik, rein gefühlsmäßige Reaktion und Mangel an politischem Tatsachensinn vorwarf, sich während der Weimarer Epoche um das Problem einer echten politischen Erziehung bemühte. Diese Erziehungsaufgabe wollte sie abseits vom Lärm der Gassen durchführen und es bleibt als fester Gedanke in allen Bünden, daß die durch sie hindurchgegangenen Menschen die künftige Führerschaft der Nation sein müßten, wenn nicht alles verlorengehen solle.(71) Als ernste Forderung erhebt sie die Loslösung von der politischen Phrase und dem politischen Schlagwort.(72) Als Grundlage zum Verständnis aller Politik wird die Kenntnis der Geschichte angesehen, die erst "die Möglichkeit, die Ereignisse beurteilen und einschätzen zu können" schaffe. Erst durch Eindringen in die tieferen Zusammenhänge und Verlassen der Oberfläche "sei jedes Ereignis einzuordnen in seinen großen Zusammenhang".(73) Sachliche Beherrschung der Wirklichkeit soll Voraussetzung jedes politischen Wirkens werden. Es bliebe ohne diese Sachkenntnis "keine Möglichkeit über der Verhetzung, über dem Interessengeist zu stehen und aus der dürren Ebene bloßer Agitation für ideologisch verbrämte Ichsüchte emporzusteigen."(74) Große und tragende Ideen werden für die Politik gefordert, und mit aller Kraft sucht man zu verhindern, daß die bündische Jugend sich den Parteilehren verschreibt, die den Anspruch auf alleinige Gültigkeit vertraten. Politische Leidenschaft und Kompromißlosigkeit in den grundsätzlichen Dingen wird bejaht, aber sie sollen streng geschieden werden vom Radikalismus und dem "fanatischen Verfechten des parteipolitischen Gedankenkreises."(75) Diese Art politischen Denkens bleibt unvereinbar mit der Unterwerfung unter eine parteipolitische Doktrin, wie sie damals schon der Nationalsozialismus forderte, und nicht die wenigsten Gegensätze zwischen beiden Erscheinungen sind auf die Verschiedenartigkeit der politischen Haltung zurückzuführen. Für den bündischen Menschen bleibt immer der Bund der Ort, in dem er in einer lebendigen Gemeinschaft die Voraussetzungen einer wirklich organisch gewachsenen, politischen Willensbildung gewinnt. Da aber die bündische Jugend glaubt, "daß das Deutschland von morgen nicht so aussehen wird, wie es sich übereifrige Patentrepublikaner, die die Form von Weimar unverändert in alle Ewigkeit konservieren wollen, vorstellen, aber auch nicht so, wie es sich unklar als Drittes Reich in den Köpfen nationalsozialistischer Führer malt", so verbindet sie mit der politischen Erziehung auch eine in etwa bestimmte Aufgabenstellung in der Politik.(76)

Diese sieht sie vornehmlich darin, wieder ein "sinnvolles Volksleben" möglich zu machen. Als Volk im Kleinen aber begriff sich der Bund.(77) So stellt die Verfassung der Deutschen Freischar die Arbeit in den volklichen Gebilden des Bundes (Gemeinde, Gau, Stamm, Jungenschaft, Jungmannschaft, Volkshochschule usw.) in den Vordergrund. Die weitere Aufgabe soll zur Überwindung der Klassen und Stände führen, beabsichtigt also eine soziale Neuordnung, die ebenfalls in dem Gemeinschaftsleben des Bundes vorgelebt werden muß. Die Wirtschafts- und Gruppeninteressen sollen denen der Nation untergeordnet werden, Grenzlandfahrten der politischen Bildungsarbeit dienen, denn die Aufgabe "Nation" war nicht durch die Staatsgrenzen der Republik begrenzt.(78) Aus der Erneuerung des Menschen wie des Volkes soll der neue Staat geschaffen werden, die Verwirklichung des Reiches. Die bündische Jugend setzt sich so keine programmatische Aufgabenstellung im parteipolitischen Sinne, sondern eine allgemeine nationale Erneuerung zum Ziel. Das hat allerdings zur Folge, daß sie als Gesamtheit zur direkten Aktion in der Politik unfähig bleibt und 1933 durch die nationalsozialistische Machtergreifung überrumpelt wird.

Allgemein hatte sich in den großen Bünden um 1929 die Überzeugung durchgesetzt, daß das herrschende Regierungswesen in sich gefestigt und an der Tatsache, daß es von der größten und geschlossensten Klasse der Gesellschaftsordnung anerkannt und verteidigt würde, nicht vorbeizugehen sei. Durch die Tolerierung des Wehrwillens von seiten der Sozialdemokratie war eine Lage geschaffen, die einen ernstlichen Konflikt ausschloß, zudem auch im größten Land Preußen Sozialdemokratie und Zentrum, da jene wieder die Kirche tolerierte, in keinem scharfen Gegensatz zueinander standen. Daß kommende wirtschaftliche Schwierigkeiten das System als unhaltbar erweisen könnten, hielt man zumindest für fraglich.(79) So zielten bündisch-politische Absichten auf eine Reform, die sich innerhalb der vom Lebenswillen des Volkes bestimmten staatlichen Form vollziehen sollte. In dieser "reformatorischen" Absicht stellten sich eine Reihe bekannter Menschen der Jugendbewegung wie Dähnhardt, Glatzel, Körber, Muhle, Werner Pohl und andere mehr in die Parteien hinein. Von einem großen Teil der Jugendbewegung wurden sie als die Vertreter der jungen Generation angesehen und zu ihrer Unterstützung ohne besondere Rücksicht auf die einzelne Parteizugehörigkeit wurde aufgefordert.(80)

Zu einem Versuch des Einsatzes bündischer Kräfte in eigenen Parteigruppierungen kam es vor den Septemberwahlen 1930. So erhoffte man von dem politischen Einsatz der Reichsgruppe bündischer Jugend im Rahmen der Deutschen Staatspartei eine Beeinflussung der Wahlen vom 14. September 1930. Den Aufruf zu dieser politischen Frontbildung unterzeichneten führende Menschen der wichtigsten Bünde. Bezeichnenderweise spielte sich dieser "Fronteinsatz" in einer Partei der Mitte ab und bezog dadurch zugleich Stellung gegen die diktatorischen Kräfte, vor allem gegen den Nationalsozialismus. Man erwartete "einen neuen Durchbruch junger Kräfte" in der Politik. Das Ziel war der "Volksstaat" der Deutschen.(81) Die erlassenen Aufrufe zeigen im großen ganzen das Bild politischer Haltung bündischer Jugend, das im Vorhergehenden gekennzeichnet wurde. Aus der Erkenntnis der "Not von Volk und Staat", die die "alten Parlamentarier nicht mehr meisterten", trieb die "politische Krise der Gegenwart" die bündische Jugend in diese Partei.(82) Sie sah sich bis zu diesem Zeitpunkt "einer verhärteten Front alterfahrener Routiniers der parlamentarischen Taktik" gegenüber, die ihren "Einsatz nicht wollten", weil sie nur die Stimmen, nicht aber die Ehrlichkeit und die Aktivität der Jugend gebrauchen konnten. In "scharfem Gegensatz" stellte sie sich zum Nationalsozialismus, dessen "radikale Verneinung alles Bestehenden" sie mit der "weltoffenen Haltung der Jugendbewegung" nicht vereinbaren zu können glaubte. Den Weg dieses Einsatzes in der Politik sollten "radikale Sachlichkeit, nüchtere Sicht dessen, was ist und rücksichtsloser Kampf gegen den Einzelegoismus von Volksgruppen" kennzeichnen. Aber dieser Versuch scheiterte in vollem Umfange ebenso, wie die zugleich gestartete Unternehmung, eine weitere politische Gruppe in der "Bündischen Reichsschaft" unter Dr. Kleo Pleyer zu bilden.(83)

Als weiterer Versuch der bündischen Jugend, in die Politik vorzustoßen, muß hier die bereits 1929 gegründete Volkskonservative Vereinigung erwähnt werden. Da man den eigentlichen Zeitpunkt für eine Parteigründung noch für verfrüht hielt, trat man nur während der Wahlen im September 1930 als Partei auf. Zu diesem Schritt sah man sich gedrängt, da Heinrich Brüning gewissermaßen als Ehrenmitglied der Vereinigung angesehen wurde, und man es als eine Ehrenfrage betrachtete, ihn in diesem schweren Wahlkampf zu unterstützen. Dieser politische Versuch ist besonders interessant, weil hier zum ersten und einzigen Mal in der Jugendbewegung die gesamte führende Älterenschicht eines Bundes sich zu einem gemeinsamen und geschlossenen politischen Einsatz bewogen fühlte.

In der volkskonservativen Vereinigung trafen sich drei Richtungen, die jede für sich und alle gemeinsam zur Erneuerung des staatlichen und volklichen Lebens auf konservativer Grundlage drängten. Die erste Richtung kam aus der Jugendbewegung, d.h. hier dem Jungnationalen Bund, dessen Bundesführer Heinz Dähnhardt auch der 1. Schriftführer der Vereinigung wurde. Hinzu kam noch der Verein deutscher Studenten (VdSt). In politischer Grenzlandarbeit und Reform des studentischen Korporationslebens strebte er für die Studenten eine konkrete politische Aufgabenstellung an. Als dritte Richtung trat von der Gewerkschaftsseite der Deutschnationale Handlungsgehilfenverband unter seinem geistigen Führer Max Habermann hinzu. Der DHV hatte starke kulturpolitische Interessen, die er in der Hanseatischen Verlagsanstalt zu verwirklichen suchte. Seinerzeit hatte er die Gründung des Jungnationalen Bundes gefördert und besaß selbst in den "Fahrenden Gesellen" (B. Ziegler) eine ausgesprochen bündische Gruppe. Hier wurden gewisse antisemitische Tendenzen durch Wilhelm Stapel und seinen Kreis hineingetragen, die sich aber in der weiteren Vereinigung der Volkskonservativen nicht auswirken konnten.

Positiv und fruchtbar hätte an diesem Versuch die hier eingegangene Verbindung von christlich-nationaler Gewerkschaft und bündischer Jugend werden können. Alle drei Richtungen brachten ja ein modernes politisches Interesse mit, und die Unterstützung durch einige hinzukommende junge deutschnationale Abgeordnete wie Treviranus, Lambach, von Lindeiner-Wildau und den Osthistoriker Hoetzsch schien ihr Anliegen und die Aussichten noch weiter voranzutreiben. Aber unmittelbar vor der Wahl traten einige alte Herren aus der Deutschnationalen Volkspartei, die sich mit Hugenberg überworfen hatten, hinzu, die die jüngeren Kräfte der Jugendbewegung stark zurückdrängten. So wurde das eigentliche Anliegen der Volkskonservativen Vereinigung durch die alten Parteiaktiker stark überfremdet. Die stärksten geistigen Kräfte waren wohl Edgar J. Jung, der hier einen Ansatzpunkt für die Verwirklichung seiner Ideen suchte, und Hermann Ullmann (Sudetendeutscher), der als Schriftleiter des "Kunstwart" aus dem Kreis um Avenarius hervorgegangen war, aber im Bereich der christlichen Gewerkschaften verblieb. Als Herausgeber der "Politischen Wochenschrift", die sich aber nur mit mäßigem Erfolg gegen die gekonnte Publizistik der politischen Linken hielt, und als Schriftleiter der "Deutschen Arbeit" verfügte er über weitreichende journalistische Beziehungen.

Der Ausgang der Wahl brachte eine große Enttäuschung. Man hatte gehofft, daß die Verbindung Jugendbewegung, christlich-nationale Gewerkschaft und Studenten eine wesentlich größere Stimmenzahl verbürgt hätte. Wie eine kalte Sturzflut mußten die Massenstimmen der NSDAP auf die Bestrebungen, eine "rechte Mitte" aufzubauen, wirken. Nach der Wahl blieben die Volkskonservativen nur noch als Vereinigung zusammen. Im Reichstag schloß man Bündnisse mit dem Landvolk und verwandten kleinen politischen Splittergruppen, ohne noch eine besondere politische Wirksamkeit zu erreichen. Gegenüber dem gewaltigen Anschwellen der NSDAP lebte man hier nur noch in der vagen Hoffnung des "als ob" und sah im Innersten doch ein, daß keine Chance mehr gegeben war. Die Auflösung der Volkskonservativen Vereinigung erfolgte unter dem Eindruck der Machtübernahme im März 1933.(84)

So brach das Bündnis mit den Parteien schnell auseinander. Letztlich scheiterten diese politischen Versuche der Jugendbewegung an ihrer politischen Unerfahrenheit, die die Realität parteipolitischer Methodik noch nicht genug kannte, an dem Fehlen der Einsicht in das Problem der Macht und der intellektuellen Redlichkeit dieser Jugend, die sich im politischen Machtkampf nicht behaupten konnte. Die Folge dieses Zusammenbruchs war ein stärkeres Zurückziehen auf das bündische Eigenleben, die Einsicht, daß die bündische Jugend nicht berufen sei, "mit ihrem Geist alte Fassaden aufzufrischen".(85) Heftige Kritik erfuhr nun der Versuch der Bündischen Reichsschaft, sich die Alleinvertretung bündisch-politischen Wirkens zuzuschreiben.(86) Der Gedanke einer allgemein bündischen Frontbildung außerhalb der bestehenden Parteien blieb lebendig, gelangte aber durch die Machtergreifung Hitlers nicht mehr zur Auswirkung. Der 30. Januar 1933 löste die Frage, bündische oder diktatorische Staatsbildung?, die die Bündischen zuvor bewegt hatte, in letzterem Sinne. Die bündische Jugend selbst hielt eine diktatorische Entwicklung "für unfruchtbar und von nur episodenhafter Bedeutung." Sie schien ihr "an die Grundlagen bündischer Idee zu rühren, da das bündische Gefolgschaftsprinzip, aufgebaut auf der Gemeinschaft freier und starker Menschen, die Diktatur nicht will".(87)

Über die Versuche kleinerer rechtsstehender Bünde, mit der NSDAP zusammenzuarbeiten, soll noch besonders gesprochen werden. Für die große Linie waren sie ohne Belang. Die stärksten Bünde zeigten als solche so große Eigenständigkeit und Abneigung, sich einer Partei unterzuordnen, daß sie für einen solchen Versuch nicht in Frage kamen. Zur Hitlerjugend, die als parteipolitisch bestimmte Jugendorganisation völlig anders geartet war, bestanden einfach keine erlebnismäßig begründeten Verbindungen.

Zusammenfassend kann über die politische Arbeit der bündischen Jugend folgendes festgestellt werden:

1) Sie versucht das im Bund gewonnene Erlebnis der Gemeinschaft, die ideal-kommunistisch bestimmt ist und keine Klassen und Vorzüge des Standes kennt, in die Politik (der Parteien) zu übertragen.

2) Als Ziel der politischen Arbeit stellt sie die Erneuerung von Volk, Staat und Reich aus dem "Volk im Kleinen" oder der "jungen Nation", d.h. dem Bund heraus. (Bund wird hier zu einer politischen Vorfigur)

3) In der politischen Orientierung setzt sich das Erbe der Jungdeutschen in einer politischen Bestimmtheit (bei den jungnationalen Bünden), das der Freideutschen in einer allgemein-politischen Bildung (Deutsche Freischar u.a.) fort.

4) Sie lehnt sowohl das alte Interessensystem der Parteien wie alle diktatorischen, fanatischen Radikallösungen ab und steht damit dem Nationalsozialismus im allgemeinen ablehnend gegenüber.

5) Mittel zur politischen Schulung sind ihr sachlich-politischer Kenntniserwerb und der Einsatz in den Arbeitskreisen der Bünde. Der Art politischer Propaganda der NSDAP steht sie fern.

6) Sie sieht sich selbst als die Elite an, die die kommende Führerschaft im Staat übernehmen wird.

7) Sie denkt großdeutsch, aber nicht nationalistisch. Ihr Volksgedanke wird nicht durch staatliche Grenzen beschränkt.

8) Sie entwickelt keine politische Programmatik, kann deshalb auch nicht zu einer Partei im hergebrachten Sinne werden, sondern verharrt in den grundsätzlichen Fragen der Politik.

9) Die Versuche, sich innerhalb einer Partei und mit Hilfe dieser im öffentlichen Leben durchzusetzen, um politisch mitbestimmend zu werden, scheitern, da die Masse der Anhänger ausbleibt.

10) Die Aufgabe einer bündischen Frontbildung im politischen Leben bleibt bestehen, wird aber durch die Machtübernahme der NSDAP gegenstandslos.

IV. Welche geistigen Mächte und politischen Kräfte wirken auf die politische Willensbestimmung der Jugendbewegung?

War die Form politischer Willensbildung und Haltung der Jugendbewegung auch eine Neuschöpfung der Jugend, die ganz aus ihrem Geist und ihrem Leben gestaltet wurde, so war der geistige Inhalt politischen Denkens doch nicht etwa ohne jede Beziehung zur Umwelt, sondern stand im Zusammenhang mit dem Gedankengut der Dichter, Zeitkritiker, Philosophen und Politiker, denen sich die Jugendbewegung verwandt fühlte und deren Ideen sie oft mit der ganzen Leidenschaftlichkeit und Unbedingtheit der Jugend übernahm. Ein besonderer Einfluß wurde auch durch die eigenen auslandsdeutschen Jugendgruppen des Südostens ausgeübt, die durch ihre lagebedingte Situation schon bei Beginn ihrer Arbeit mit den politischen Problemen dieses Raumes in nächste Berührung kamen und deren Volkstumskampf in der reichsdeutschen Jugend sein Echo fand. Des weiteren sind hier auch die Einwirkungen des Ostens (Rußland und Ostasien) zu erörtern, die besonders in dem Zeitabschnitt nach 1929 das Gesicht bestimmter Gruppen geprägt haben.

Allerdings können in dieser Arbeit nur allgemeine, skizzenhafte Darstellungen dieser Einflüsse gegeben werden, soweit sie formprägend gewesen sind. Zum Teil liegen Arbeiten darüber vor, zum anderen müßte noch eine endgültige Klärung erfolgen, die darum besonders wichtig erscheint, da die Weiterwirkung dieser Mächte auch noch in der heutigen Jugendbewegung zu verfolgen sind.

A) GEISTIGE EINWIRKUNG EINZELNER DENKER UND IDEOLOGIEN

1) Nietzsche, Lagarde, Langbehn u.a.

Eine stärkere Einwirkung auf den kulturpolitischen Willen der Freideutschen Jugend vermochten der Schriftsteller Ferdinand Avenarius (Gründer des Dürerbundes, 1902, und Herausgeber des Kunstwart) sowie der bekannte Verleger Eugen Diederichs auszuüben.(1) Durch ihr Eintreten für eine wesenhafte deutsche Kultur bewahrten sie die Jugendbewegung vor manchen üblen Zeiterscheinungen.(2) Zudem war Avenarius ein lebendes Bindeglied zu Nietzsche und Langbehn, hatte er doch gerade mit letzterem manche Stunde im Gespräch über die Zukunft der deutschen Jugend verbracht.

Der große Einfluß Nietzsches ist aus der Jugendbewegung gar nicht wegzudenken. Vor allem ist es der Zarathustra, der diese Jugend innerlich ergreift. Die Wirkung seiner anderen Werke ist hier weitaus geringer. Er war es ja, der die "alten Tafeln der Werte" zerbrochen hatte und die Strenge des eigenen Gesetzes zum Richtmaß erhob. In der zweiten Unzeitgemäßen Betrachtung hatte er von

52

der Besinnung der Jugend auf die echten Bedürfnisse und von dem Absterben der Scheinbedürfnisse gesprochen, hatte die Bildungsphilister wie keiner verabscheut, das große Ideal Zarathustras aufgestellt, das ein neues Menschentum verkündete.(3) Gegenüber der bürgerlich-liberalistischen Welt wie der kollektivistisch-sozialistischen betonte er das aristokratisch-individualistische Prinzip der Gesellschaftsbildung. "Nietzsches Jasagen zum Leben, zur Selbstbestimmung und Selbstverantwortung, zum Kampf gegen Herkommen und Brauch, Umwertung aller Werte, Willen zur Macht, Aufbau der Kultur aus der Führerpersönlichkeit – alles das wurde Jugendbewegung."(4)

Die direkten Einflüsse Nietzsches sind an vielen Stellen des Schrifttums der Jugendbewegung nachgewiesen worden.(5) Seine visionäre Schau des neuen Menschen gewann in der Jugendbewegung Gestalt. Dem "Du sollst" der Erziehungs- und Zeitmächte setzte sie den Grundsatz Nietzsches "Ich will" entgegen. Auch ihren starken Verpflichtungsgedanken spricht die bündische Jugend wieder mit einem Nietzschewort aus: "Frei wovon! Was schert das Zarathustra. Hell aber soll mir dein Auge künden, frei wozu".(6) ·

In ähnlichem Maße wie Nietzsche auf das ethische Bewußtsein wirkte Langbehn auf die "deutsche Charakterbildung" der Jugendbewegung. Sein Buch "Rembrandt als Erzieher" gehörte zum ersten Bildungsgut des Gründers der Wandervogelbewegung Karl Fischer.(7) Die Leitgedanken dieses Werkes sind dann auch in der Tat Leitgedanken der Jugendbewegung geworden. Das konservative Element der Jugendbewegung, das bei allem revolutionären Drang Bestand hatte, geht vor allem auf ihn und Lagarde zurück. Er hatte die Bildung der Zeit als äußerlich, kalt und unpersönlich empfunden. Er hatte die Staatsmänner angeklagt, daß sie es nicht verstünden, der deutschen Jugend Ideale zu bieten, an denen sich der Idealismus der Jugend aufrichten könne und die Erziehung zu einem deutschen Charakterbild hin gefordert, das Natürlichkeit, Kindlichkeit und echte Volkstümlichkeit aufweisen sollte. Er wünschte eine Geistesbildung, die verinnerlicht und vertieft auf den Kräften der deutschen Seele und des deutschen Herzens aufgebaut, die Zivilisationsmechanik der Zeit ersetzen könnte.(8) Echte Persönlichkeit und maßvoller Individualismus sollten die Kennzeichen einer "edlen Minderheit sein, deren adlige Erziehung frei und männlich Körper und Seele formen" sollte. Seine Anschauung, daß das gesamte Weltleben nur ein Kampf zwischen Jugend und Alter sei, daß "Deutschsein Menschsein" heißt, daß der "große Mensch" die tiefsten Eigenschaften seines Stammes in sich vereinigen müßte, sein Appell an die Jugend, sich zur Partei der "Unabhängigen", einer "Adelspartei" in höherem Sinne zusammenzuschließen, wirkte auf das geistige Bild der Jugendbewegung in großem Maße ein und trug mit bei zu dem Sendungsbewußtsein für das deutsche Volk, welches in ihren Reihen auflebte.

Aus dem 19. Jahrhundert wirkten dann noch dauernd weiter die Reden Fichtes, dessen Pathos der Freiheitskriege immer als verwandt empfunden wurde, und weiterhin war es Paul de Lagarde, den sich die erste Zeit der Jugendbewegung als ihren Lehrmeister erwählt hatte.(9) Jedoch verlor er bei fortschreitender Zunahme des geistigen Bildungsgutes der Jugendbewegung an Ansehen. Trotzdem nennt ihn Richard Braun wohl mit Recht einen Propheten der Jugendbewegung. Auch Wilhelm Flitner hebt die Bedeutung seiner Abhandlung "Über die Klage, daß der deutschen Jugend der Idealismus fehle", neben den Werken Nietzsches und dem Rembrandtdeutschen als besonders wichtig für die Jugendbewegung hervor.(10) Die Hoffnung auf die Jugend als Erneuerer der

53

Zukunft des deutschen Volkes spricht sich in allen seinen Worten deutlich aus. Sein Unwille gegen die "Berufenheit der Männer, welche der Sehnsucht und den Bedürfnissen ihrer Söhne und Enkel mit dem Trödel, der als Rest des Besitzes früherer Tage in ihren, der Alten, Hände geblieben ist, genügen wollen", fand bald in der Revolution der Jugendbewegung gegen die Erziehungsmächte seinen Widerhall.(11)

Dadurch, daß diese Denker ebenso wie auf die Jugendbewegung auch auf die Entstehung des deutschen Nationalismus und des Machtstaates einwirkten (Gerhard Ritter sieht in den Schriften Fichtes eines der frühesten Zeugnisse erwachenden nationalen Machtwillens, der Keim des ganzen späteren Militarismus stecke darin ebenso wie die Idealisierung dieses Machtwillens, den Machiavelli in seiner ursprünglich reinen Naturhaftigkeit gesehen habe)(12) ergeben sich natürlich gewisse geistesgeschichtliche Beziehungen zwischen Jugendbewegung und Nationalismus in seiner praktisch-politisch wirksamsten Form, dem Nationalsozialismus. Arnim Mohler stellt die Gesamtheit dieser Beziehungen unter den großen Rahmen der Zeitströmungen der Konservativen Revolution.(13) Aber da Jugendbewegung und Nationalsozialismus eine wesensverschiedene Haltung gegenüber der Politik einnehmen, die hier bereits aufgewiesen wurde, gelangen sie in beiden Erscheinungen zu völlig verschiedenen Auswirkungen. Hitler selbst beruft sich in seinem Buch "Mein Kampf" nicht auf diese Denker, sondern seine Konzeption des Nationalismus stützt sich auf die "Grundlagen des 19. Jahrhunderts" von H. St. Chamberlain und die dort aufgestellten Rassetheorien.(14) Nur mittelbar und gefühlsmäßig übernahm er weitere Gedankengänge aus dem Bereich der Konservativen Revolution, da diese sozusagen in der Luft lagen.

2) Stefan George.

Von den Dichtern war es neben Hölderlin, dessen Hyperion und Gedichte die Jugendbewegung begeisterten, vor allem Stefan George(15), dessen Formkraft und Ideen vom Neuen Reich tief in das Gedankengut der Jugendbewegung hineinwirkten.(16) Der Begriff des Bundes, wie George ihn deutete, drang weit über seinen eigenen Kreis hinaus in die Verbände der bündischen und national-revolutionären Gruppen.(17) Der Bund wird hier zur kultischen Gemeinde, die nicht von außerhalb mehr bestimmt, ihren Sinn aus dem eigenen Sein empfängt. Seine Form ist Herrschaft im Sinne eines charismatischen Führertums und Dienst am Neuen Reich. Die Begriffe Volk, Blut, Reich sind völlig aus dem Bereich des Politischen und Geschichtlichen verlagert.(18) Volk sind diejenigen, deren Leben um eine Sinnmitte kreist. Blut ist der Ausdruck für eine Verwandtschaft geistiger Empfänglichkeit. Das Reich aber ist der Ordnungsbereich, dem sich der Bund unterwirft und unter seiner Führung durch Ordnung und Gesetz erhält.

Die Übernahme Georgescher Ideen zeigt sich in der deutlichsten Weise im Schrifttum der Neupfadfinder, das diese im Verlag "Der Weiße Ritter" herausgeben.(19) So in den Büchern der Waldverwandtschaft, wenn es heißt: "Die Gemeinschaft ist die Kugel, sie rundet sich gleichmäßig vom Zentrum aus, strahlig, gestaltig, nach allen Seiten. Und nie ist ihr ein End, nie ein Beginn gesetzt." Das ganze Werden einer Jungmannschaft ist hier in Georges Geist geschildert.(20) Immer wieder wird von der Sendung, dem Werden des Neuen Reiches gesprochen. In einem Kapitel "Das Reich" wird die Versammlung der Ritter des Bundes ganz im Sinne Georgescher Kulthandlung geschildert.(21)

In "Leonardo, Brief und Siegel" wird Meisterschaft und Jüngertum Stefan Georges nachgestaltet.(22) Magische Kraft ist dem Meister der weißen Macht gegeben, das Jüngertum ist verliehene Gnade und Schicksalsaufgabe. Der Meister Leonardo, eine Nachschöpfung des Algabal, in dem sich George das Leben unterwirft, steht hier in scharfem Gegensatz zu den geistlichen Mächten. Der Bund ist "eine Gemeinschaft des Glaubens an die Erde", das "gemeinsame Erleben des Glaubens" schafft "unter den Bundesbrüdern neue unauslöschliche Liebe, um derenwillen sie in den Tod gehen".(23) Das absolute Sein des Bundes ist hier ins Höchste gesteigert. Der Charakter des Bundes ist nur männlich bestimmt. Das Weibliche hat keinen Teil an dieser Welt. Die höchste Erfüllung des Bundes soll die Gestaltung des Staates sein. Die ganze Welt Georges, seine Botschaft vom Neuen Reich, der rein männliche Charakter seines Bundesgedankens, das alles wirkte auf die Auffassung der Bündischen, formte ihre politischen Begriffe von Volk und Reich und gab ihnen diesen oft schwer bestimmbaren Charakter, der den Uneingeweihten zu völlig falschen Folgerungen kommen läßt. In besonderem Maße geschieht das bei Howard Becker, der als außerdeutscher Betrachter den magischen Gehalt dieser ganzen Begriffswelt nicht genug würdigt und ihn nur politisch zu fassen versucht.

3) Einwirkungen aus dem Bereich der "Konservativen Revolution"

Schon zu Beginn dieser Arbeit ist auf die Zusammenhänge der Jugendbewegung mit den Strömungen der Konservativen Revolution in Deutschland hingewiesen worden.(24) Wenn es hier auch bestritten bleibt, ob die Jugendbewegung und insbesondere die bündische Jugend als Gesamterscheinung der Deutschen Bewegung zuzurechnen ist, so müssen doch dort, wo sie dem Einfluß politischer Ideologien unterliegt, in besonderem Maße die Kreise der Konservativen Revolution als richtungsweisend und einflußgebend beachtet werden. Ein Ausschließlichkeit der Zusammengehörigkeit mit diesen Kreisen kann schon deshalb nicht konstatiert werden, da in der freideutschen Epoche die kommunistische Ideologie eine besondere Rolle spielt und etwa der Leuchtenberg-Kreis in der Deutschen Freischar sozialdemokratisch orientiert war.(25)

Wenn auch der Vorkriegswandervogel mit seinen völkischen Tendenzen der Deutschen Bewegung nicht ganz fernsteht, so gewinnt diese doch erst nach dem Weltkrieg in der bündischen Jugend eine zunehmende Bedeutung. Allerdings muß hier festgestellt werden, daß die eigentlichen Jugendgruppen ohne ideologische Bindung aufwachsen, sich in unbekümmerter Form erhalten, während die geistig-politischen Fragen die Führerschicht der einzelnen Bünde beschäftigen. Maßgebend ist für die Älterenkreise zunächst das gemeinsame Erlebnis des Weltkrieges, der Freikorpskämpfe sowie das stärker erwachende politische Verantwortungsbewußtsein, gepaart mit dem Glauben an eine spezifisch deutsche Sendung zur Erneuerung des Reiches, wie er etwa bei den Neu-Pfadfindern in der Zeitschrift "Der Weiße Ritter" offenbar wird.

Als 1923 das Buch Moeller van den Brucks "Das dritte Reich" erschien, konnte es auf eine gläubig bereite Schar junger Menschen aus der Jugendbewegung wirken, und der Gedanke eines dritten Reiches der Deutschen wurde insbesondere von den jungnationalen Bünden zu einem Sinnbild aller Erneuerungsbestrebungen erhoben.(26) Stark beachtet wurde in der Jugendbewegung weiterhin Oswald Spenglers geschichtsphilosophische Theorie vom Untergang des Abendlandes. Auch seine Synthese von Preußentum und Sozialismus mußte anziehend wirken.(27) Das ganze revolutionäre Pathos der Deutschen Bewegung kam der bündischen Jugend umso eher entgegen, als sie selbst sich ja von einem revolutionären Schwung getragen glaubte, gleichzeitig aber national gebunden blieb und nicht wie die russische Intelligenzler-Jugend eine vollständige Loslösung aus der bürgerlichen Gesellschaftsschicht vollzog.

Bemerkenswert ist es in diesem Zusammenhang, daß sozial-revolutionäre Tendenzen, die von den Gruppen der Konservativen Revolution ausgingen, die bündische Jugend in viel stärkerem Maße anzogen, als etwa der Nationalsozialismus Adolf Hitlers. Die Erscheinungen einer Massenpartei wirkten auf den Elitegedanken der Bündischen immer abstoßend. Nach den Darstellungen von Werner Pohl, des Verbindungsmannes der Deutschen Freischar zur politischen "Linken", wurde noch 1932 ein Vortrag des einzigen Nationalsozialisten der Bündischen Gesellschaft Berlin allgemein abgelehnt, und ebenso ungern seien die Nationalsozialisten auf den Arbeitslagern gesehen worden, da sie dauernd Sprengungsversuche unternahmen und ihre Ungeistigkeit störte.(28) So lassen sich auch allgemein keine Einflüsse der Ideologie der NSDAP auf das Gedankengut der bündischen Jugend feststellen. Bedeutender war schon die Bindung zu Otto Strasser, zu dem die Schwarze Jungenschaft, Stoßtrupp Hildebrand, als "aktiver Träger und Vorkämpfer der Jungmannschaft eines nationalen Sozialismus" stand.(29)

Die Synthese einer preußischen und östlichen Orientierung mit dem Reichsgedanken, wie sie von Ernst Niekisch und dem Kreis, der sich in Fortsetzung der Ideen Moeller van den Brucks um die Zeitschrift "Die Standarte" scharte, vollzogen wurde, vermochte ebenfalls stärkeren Widerhall zu finden.(30) Niekischs Zeitschrift "Der Widerstand" wurde fast ausschließlich von der bündischen Jugend gelesen.(31) In den Kreisen um die Zeitschrift dieser und weiterer Gruppen der Deutschen Bewegung, Der Vormarsch, Das Reich (Friedrich Hielscher, Hartmut Plaas, Otto Strasser, Kapitän Ehrhardt, E. v. Salomon) wurde versucht, das gültige Bild des Neuen Nationalisten herauszustellen. Edgar J. Jung wandte sich gegen die Herrschaft der "Minderwertigen" und forderte eine "deutsche und europäische Neuordnung" in einem neuen Reich. Seine Ablehnung der Massendemokratie und die Herausstellung eines starken Führer- und hohen Persönlichkeitsideals, von dem die "Hoch-wertigen" als zukünftig führende Eliteschicht im Staat geprägt werden sollen, die Wege, die er aufzeigte, um eine lebendige Gemeinschaft anstelle der zerfallenden Gesellschaft zu errichten, sowie seine starke Anlehnung an Friedrich Nietzsche und Stefan George erscheinen geradezu wie ein politisches Bekenntnis der jungen Generation der Jugendbewegung.(32) Es muß allerdings hier wieder betont werden, daß alle diese Einflüsse und Bestrebungen der Deutschen Bewegung selbst, so wie ihr Wirken auf die bündische Jugend, zwar enge Verwandtschaften aufweisen, nicht aber vereinheitlicht werden dürfen und auchkeine einheitliche ideologische Bindung der Jugendbewegung zur Folge hatten. So wurde etwa die vom Widerstandsverlag (Niekisch, Solger, Götz) verfochtene außenpolitische Konzeption, die ein weitgehendes Zusammengehen mit dem bolschewistischen Rußland befürwortete, von dem Kreis um "Die Kommenden" (Ernst Jünger, Hans Ebeling, Werner Lass, Gerhard Brandt, Alfred Bonfert) abgelehnt.(33) Auch H. Freyers "Revolution von rechts" fand keine ungeteilte Zustimmung. Wichtig war auch noch die "Sozialistische Nation" (K.O. Paetel), da sich von hier aus Verbindungslinien zu der illegalen Tätigkeit der Gruppe "Sozialistische Nation", an der fast ausschließlich bündische Gruppen teilnahmen, in der nationalsozialistischen Zeit ergeben.(34) Ein näheres Eingehen auf die Personenkreise muß hier unterbleiben, da sonst die Arbeit aus dem historischen Rahmen allzusehr in die Tagespolitik hinübergreifen würde.

Diese Kreise aus dem Bereich der Konservativen Revolution fanden sich als geistige Front gegen den Nationalsozialismus zusammen. Es fehlte jeder organisatorische Zusammenhang und keinesfalls gab es eine autoritäre Bindung. Jungmannschaftliche Bünde wie die Geusen, die Freischar Schill, der Wikinger Jungenbund, Wehrbünde wie Oberland und Wehrwolf stoßen hinzu.(35) Die Machtübernahme des Nationalsozialismus wird negativ aufgenommen, lediglich als ein Durchgangsstadium zum nationalistischen Reich bezeichnet. Die Kritik am Nationalsozialismus, die in den Zeitschriften der bündischen Jugend geäußert wird, ist weitgehend von diesen Kreisen beeinflußt, so seine Charakterisierung als undeutsch, als römisch-faschistisch, der Vorwurf, daß er nicht revolutionär sei, sondern bürgerlich usw.(36) (Vgl. die Darstellung der Kritik bündischer Jugend am Nationalsozialismus in dieser Arbeit)

Was den bündischen Menschen hier anzog, war der Typ des jungen Weltkriegsoffiziers und Freikorpskämpfers, der seiner nationalen Aufgeschlossenheit und Einsatzbereitschaft entgegenkam, und das Gestalten des Weltkriegserlebnisses dieser Schriftsteller (Salomon, Jünger, Schauwecker), die den Krieg und Kampf zu einer Lebensform erhoben, der im Sinne eines übervölkischen Vollzuges neue Ordnungen aus dem notwendig eintretenden Chaos schafft.(37) Die Abwendung der jungenschaftlichen Bünde von dem völkischen Gedankengut ist wohl weitgehend von hierher beeinflußt. Den Tendenzen zu einer politischen Verbindung mit Rußland kam die seit 1929 immer mehr steigende Vorliebe der bündischen Jugend für den Osten entgegen, die sich auch im Liedgut, äußeren Formen und Schrifttum äußerte. Die Idee des Reiches, die in den Kreisen der Konservativen Revolution vertreten wurde, war der Georges stark verwandt, so wenn es heißt: "Aufgabe des Reiches aber ist es, den Trägern der an keine Nation, kein Volk und keine Rasse gebundenen Deutschheit die Herrschaft zu übertragen, um das Erdreich Gottes zu gestalten"(38), und wirkte so notwendig auf die bündischen Kreise, die von George stark beeinflußt waren und hier dem politischen Sendungsbegriff Reich ebenfalls eine mystische Sinngebung verliehen sahen.

Die Gesamtwirkung der Strömungen der Konservativen Revolution war naturgemäß bei den jungnationalen Bünden stärker, wirkte besonders auf das Entstehen der autonomen Jungenschaftsbünde und war besonders stark im Berliner Raum, da dort die Führer und Jungmannschaften der Bünde Gelegenheit hatten, an den einzelnen Diskussionskreisen teilzunehmen.(39)

DEUTSCHTUM IM AUSLAND UND JUGENDBEWEGUNG

Es wurde im Zusammenhang dieser Arbeit schon mehrfach die besondere Lage der auslandsdeutschen Gruppen der Jugendbewegung erwähnt. Der enge Zusammenhang mit den reichsdeutschen Gruppen, der durch die Auslandsfahrten in Gebiete des deutschen Volkstums im Südosten noch verstärkt wurde, brachte es mit sich, daß die dortige Situation nicht ohne tiefere Einwirkung auf die Reichsdeutschen bleiben konnte. Da vor allem die Gruppen im Sudetenland und Österreich in den Volkstumskampf in besonderem Maße hineingezogen wurden, gewann dort die Jugendbewegung sehr früh einen ausgesprochenen politischen Charakter, der von den praktischen Lebensnotwendigkeiten daselbst geformt wurde und nie so im Theoretischen verhaftet blieb wie bei der Jugendbewegung im Reich. Daß die Nationalsozialisten dort erheblich stärkeren Einfluß erringen konnten, lag wohl auch daran, daß Hitler selbst Österreicher war, und somit vieles in seiner politischen Konzeption von der auslandsdeutschen Situation in diesem Raum bestimmt war.(40) Hitler gewinnt eigentlich von dorther erst seine politische Position. Man vergleiche nur den breiten Raum, den die Schilderung der österreichischen Verhältnisse in "Mein Kampf" einnimmt und hier deutlich als Ausgangsstellung hervortritt.(41)

Das Bewußtsein in einer gefährdeten Lage zu leben, umgeben zu sein von fremden Volksteilen, die alle darauf bedacht waren, die Ansprüche ihrer nationalen Belange eifersüchtig zu wahren, brachte den österreichischen Wandervogel schon bei Beginn mit den politischen Kräften zusammen, die sich die Verteidigung und Stärkung des Volkstums zum Ziele gesetzt hatten.(42) So kamen die Führer und Förderer des Wandervogels aus den Kreisen, die großdeutsch und völkisch eingestellt waren, die Wandervögel fast ausschließlich aus dem sogenannten kulturellen Mittelstand, einer Gesellschaftsschicht, die national und schönerianisch dachte. Auch die Lebensreform-Gruppen und Abstinenzler, die zu den "Rauschtrank-feindlichen Anschauungen vom Standpunkt des bewußten Deutschtums" kamen(43), sowie der Neudeutsche Kulturbund, eine dem Dürerbund verwandte Gesellschaft, die sich ebenfalls die Erneuerung des Volkstums und die "Hebung der rassischen Anlagen" zum Ziele gesetzt hatten, waren mit an der Gründung und Ausbreitung des Wandervogelgedankens im Südosten beteiligt.(44) Alle diese Kreise aber stellten sich gegen den Habsburger Staat, versuchten die Verbindung an die Reichsdeutschen fester zu knüpfen und baten wie die Vertreter des Österreichischen Wandervogels auf dem Hohen Meißner um Schutz gegen die "Flut der Slawen."(45) Diese Bitte, auf dem Hohen Meißner noch als ein Parteiaufruf angesehen, fand aber doch ihren Widerhall in der reichsdeutschen Jugendbewegung. Der Gedanke, die Brüder im Ausland zu unterstützen, ihnen in ihrem Kampf einen Rückhalt zu geben, weckte das schlummernde Volksbewußtsein bei den Reichsdeutschen in hohem Maße. Es wuchs hier ein Sendungs- und Pionierbewußtsein für die deutsche Sache, welches die großen Unternehmungen der Bünde, die Grenzlandfahrten ins Leben rief. So schrieb Breuer: "Oh, seht nur, welchen Schund das Vaterland ins Ausland wirft. Hier ist Arbeit. Der Acker liegt brach, jetzt die Pflugscharen angesetzt!"(46) Auf dem Bundestag 1914 in Frankfurt, der auch als Kundgebung für den Deutschen Osten und seine Kultur gedacht war, rief der Führer des Österreichischen Wandervogels Dr. Fritz Kutschera die Deutschen im Reich zur Wanderung nach Österreich: "Laßt uns nicht im Stich! Wer auf gefährdetem Vorposten steht, der hat ein gutes Recht darauf, von der Haupttruppe unterstützt zu werden - mehr sage ich nicht. Wandert nach Österreich und lernt das herrliche Land kennen."(47) In den Wandervogelzeitschriften erschienen Aufrufe, die zum Studium nach Prag und Graz riefen. Auf fast allen reichsdeutschen Gautagen waren Österreichische Wandervögel zu finden(48), und Kutschera schrieb im reichsdeutschen Bundesblatt, um Interesse für die Arbeit der Schutzvereine zu wecken: " Unsere nationalen Schutzvereine können keinen besseren Bundesgenossen finden als den Wandervogel ... Die da draußen sind froh, mit Volksgenossen wieder einmal ausgiebig plaudern, deutschen Liedern lauschen zu können."(49)

Stärker noch als in den österreichischen Kernländern tobte der Volkstumskampf im Sudetenland und Prag. Dort war es vor allem der Prager Hans Moutschka, der den Wandervogel im Reichsgebiet kennengelernt hatte und nun daran ging, mit aller Kraft diesen auch in den Sudetenländern auszubreiten. So bewußt die völkische Aufgabe aber auch wurde, in den Anfangszeiten waren die Sprachgrenzfahrten nur Erkundigungen, bedeuteten noch keinen praktischen Einsatz. Die Gautage, die grundsätzlich an der Sprachgrenze oder auf Sprachinseln abgehalten wurden, kamen mehr einer politischen Demonstration gleich.(50) Die völkisch-kämpferische Gesinnung war bei den Deutsch-Böhmen, voran bei den Sudetenländern, viel stärker ausgeprägt, als in den Alpenländern und Wien.(51) Zu letzter Schärfe aber steigerte erst der Weltkrieg und sein unglücklicher Ausgang für die Mittelmächte den Volkstumskampf in diesen Gebieten und führte zu immer stärkerem Anschluß an die politischen Gewalten im Reich, die versprachen, diesen Kampf für das Auslandsdeutschtum siegreich zu vollenden. Zur Charakterisierung des volklichen Bewußtseins dieser Jugendbewegungsgruppen kann aber hier gesagt werden, daß es sich keinesfalls um einen Hurrapatriotismus handelte, sondern es waren vielmehr der tägliche Existenzkampf des Deutschtums in diesen Gebieten wie die auf den Fahrten erlebte Verbundenheit mit den deutschen Bevölkerungsteilen, die die tiefere Grundlage dieses Bewußtseins bildeten.

Als aber dann mit den Männern aller Völker Österreichs auch die junge deutsch-österreichische Mannschaft in den Krieg trat, da war es nicht die alte schwarzgelbe Kaiseridee, für die sie sterben gingen. Die große Liebe dieser Jugend war ihr deutsches Volkstum und ihre große Sehnsucht "Deutschland". Die "österreichische Position" war auch von der deutschen Jugend innerlich aufgegeben, als der letzte Krieg um ihren Bestand anhob, und wenn damals Kutschera schrieb: "Wir stehen auf Grenzwacht ihr Jungen, das Wort bedeutet Pflicht," so war dieses Lied ganz aus dem Geist und dem Bewußtsein der Wandervögel im alten Österreich geschaffen, die sich als vorgeschobener Posten des großen deutschen Gesamtvolkes betrachteten.(52) Diese Leidenschaftlichkeit des Volksempfindens, der Gedanke einer völkischen Selbsthilfe, die Idee einer Einheit des Reiches der Deutschen, die Sehnsucht "Heim ins Reich", sie mußten notwendig zuerst dort erwachsen, wo die Gegensätze der Nationalitäten lebendig waren und fanden erst im Reich ihr Echo, als man sich nach dem verlorenen Krieg selbst in den Kampf um die nationale Existenz gedrängt sah.(53) Vorweg aber war es der Wandervogel, dessen gemeinsames Band der Jugendbewegung über die Reichsgrenzen hinwegreichte, der das Verbindende des Volkstums erlebte und so aufnahmefähig war für den Gedanken einer Sammlung der "über die ganze Erde zersplitterten jungdeutschen Kräfte".(54) Der erste Weltkrieg, der dann deutsche und österreichische Wandervögel in der gemeinsamen Frontstellung des Kampfes vereinigte, steigerte dieses Volksbewußtsein in noch stärkerem Maße, so daß selbst der verlorene Krieg als sinnvoll empfunden wurde, da er den Weg freimachte für den Anschluß Deutschösterreichs an das Reich. "Wir lasen im Fackelschein aus einem zerlesenen Zeitungsblatt den ersten Satz der Proklamation der konstituierenden deutsch-österreichischen Nationalversammlung Deutschösterreich ist ein Bestandteil der Deutschen Republik! Der alte Traum Deutschösterreichs war in Erfüllung. Unser Kriegsziel erreicht. Wir nahmen die Stahlhelme ab und sangen in die nebelkalte Novembernacht, durch die das Tosen des zügellosen Rückzuges brandete: Deutschland, Deutschland über alles..." Die Pariser Vorortverträge aber zerrissen diesen Traum der Volksdeutschen.(55)

Sie schufen eine deutsche "Irredenta" von solchem Ausmaße, die die naturge-
wachsene "Heim ins Reich-Bewegung" zu einer so schwierigen internationalen
Frage erhob, daß sie eine ruhige Friedensentwicklung in Mitteleuropa einfach
ausschloß. Nicht der Nationalsozialismus war es, der das Problem der Auslandsdeutschen erst künstlich erzeugte, sondern er verstand es nur durch die Aufnahme des großdeutschen Gedankens als ersten Punkt seines Parteiprogram-
mes(56), diese Kräfte, die vor allem auch in den Jugendbewegungsgruppen der
Volksdeutschen lebendig waren, für sich zu gewinnen, den leidenschaftlichen
Idealismus für das Reich mit den parteipolitischen Zielen der NSDAP zu verbinden und so die politische Führung des Anschlußgedankens an sich zu reißen.

Durch die konsequente Verfolgung dieses großdeutschen Zieles in einem parteipolitischen Rahmen gewann der Nationalsozialismus eine so beherrschende
Stellung, daß er hierdurch die vereinzelten und mehr auf einer rein völkischen
Basis vorgetragenen Bemühungen der Bünde einfach aufsaugen konnte und das
zum Teil hervorragend qualifizierte "Menschenmaterial" der Jugendbewegung
der Volksdeutschen in sich aufnahm.

Im Reich selbst fand der großdeutsche Gedanke immer größere Anhängerschaft
in den Reihen der Bünde. Die Grenzlandkämpfe, an denen sich der Wandervogel
diesseits und jenseits der Grenzen beteiligte, – wobei festzustellen ist, daß sich
zumeist aus Wandervögeln bestehende Freikorps niemals in die innerpolitischen
Kämpfe mischten(57), – brachte die Jugendbewegung in engen Zusammenhang
mit den Männern des Deutschen Schutzbundes, Schulvereins und ähnlichen Organisationen, die ebenfalls für den großdeutschen Gedanken eintraten, so daß
hier der Generationskonflikt weitgehend überwunden wurde, und gerade in den
volksdeutschen Gebieten im Südosten der Weg für einen parteipolitischen Einfluß
von seiten der älteren Generation freigemacht war.(58)

Am Grenzfeuer im Fichtelgebirge 1923 hatten die Bünde das schwarze Balkenkreuz als gemeinsames Zeichen der "Ostlandverpflichtung" übernommen.(59) Hier
hatten sie eine Aufgabe gefunden, die nicht parteipolitisch gebunden, trotzdem
politisch bedeutsam genug war und sich außerdem mit der ganzen bündischen
Lebensart verbinden ließ. Die Grenzlandfahrt, die die Verbindung mit dem
Volkstum draußen herstellen sollte, wurde zum großen Rahmen, in dem sich die
Volkstumsarbeit der bündischen Jugend vollzog. Die Fahrt als reines Abenteuer
wurde damit zurückgedrängt, sie behielt zwar ihren romantischen Schimmer,
wurde aber unter einen Dienstgedanken gestellt, wurde zur "Heerfahrt" für das
Reich. Härten und Entbehrungen wurden nicht mehr um ihrer selbst willen
getragen, denn jetzt "müssen sie zu den deutschen Brüdern in der Zerstreuung,
koste es, was es wolle. Sie müssen sehen und hören, wie die dort um ihr
Deutschtum kämpfen."(60)

Die erlebnismäßig begründete Verbindung der bündischen Jugend zum Auslandsdeutschtum war viel zu weit gefaßt, als daß sie einer einzigen parteipolitischen Konzeption hätte folgen können. Erst aus dem Erlebnis, aus einer fast
visionären Schau der Einheit aller Deutschen, wuchs der Wille zur politischen
Tat, sich der Not der deutschen Brüder dort draußen anzunehmen. "...Und sie
sind in der Zips. Sie finden die anderen Reichsdeutschen und Deutsch-Böhmen,
die da seit Wochen unter den deutschen Bauern leben. Sie sehen, wie diese um
ihr Volkstum ringen. Sie horchen auf die Stimmen uralter Geschichten, die da
überall laut werden, sie steigen hinauf auf die Felsspitzen der Tatra und glauben

im Geiste rings um Deutschland die versprengten Marken zu sehen, die einsam um ihr Deutschtum kämpfen. Sie grüßen die Brüder. Und dann wissen sie, was sie denen im Schwabenland zu künden haben, von diesem Leben, dessen tragische Not so wenige kennen. Heiß quillt es in ihnen auf: Oh Deutschland! Und ein Riesenbanner steht über den Graten und Spitzen. Noch sind seine Zeichen nicht zu erkennen. Aber es fordert Dienst. Die Fahne weht ..."(61)

Es bleibt aber keineswegs bei einer nur romantischen Verbrüderung mit den Volksdeutschen. Die Grenzland- und Auslandsfahrten wurden sorgfältig vorbereitet. Fragebogen, anhand derer die Gruppen versuchen sollten, genaue Statistiken über die Verhältnisse dort anzufertigen, wurden mitgegeben.(62 Dabei wurde "gewissenhafte, ehrliche Erkundung" und "offenes Aufnehmen und Erfassen des fremden Landes" als Selbstverständlichkeit bezeichnet. Die Beteiligungsziffern an diesen Fahrten werden von dem größten Bund, der deutschen Freischar, für 1928 mit 1502 und 1929 mit 1640-2000 angegeben. Hiervon sind allerdings die reinen Auslandsfahrten abzurechnen, die 1928 etwa ein Drittel und 1929 ein Fünftel der Zahlen in Anspruch nehmen.(63). Als Formen der Grenzlandfahrt gibt Ernst Buske a) die Jugendfahrt als Bild des Reiches, b) die Älteren-Gruppenfahrt als Erkundungsmittel" an.(64) Besonders hervor hebt er die Leistung der Schlesier "bei der Aufstellung der Deutschtumsstatistik in Polen." Planmäßige Erkundung für fast sämtliche deutsche Siedlungsgebiete (Polen Wolhynien, Baltikum, Rußland, Ungarn, Rumänien, Jugoslawien, Südtirol, Elsass, Schleswig) sei noch nötig. Keinesfalls aber sollte diese Arbeit der Bünde nun dazu führen, auf eigene Faust "Außenpolitik im Westentaschenformat" zu betreiben. In der Verbindung mit der staatlichen Außenpolitik könne die Volkstumsarbeit ein wichtiges Mittel deutscher Kulturpropaganda werden. Abgelehnt wird aber jede staatliche Kontrolle, die zu einem Mißbrauch der bündischen Jugend von Amts wegen führen könnte. Das "Streben kann nur gehen auf Erkundung und Begegnung."

Irgendwelche machtpolitischen Bestrebungen mit der auslandsdeutschen Frage zu verbinden, lehnte der Kern der bündischen Jugend ab. Als die Deutsche Freischar in ihrem 1929 veröffentlichten Liederbuch auch die Nationalhymnen der anderen Länder abdruckte, geschah das in der vollen Absicht, den Wohnstaaten der deutschen Minderheiten gegenüber die gleiche Loyalität zu zeigen, wie man sie auch von ihnen forderte.(65) Den Vorwürfen von "rechts", die von nationaler Unzuverlässigkeit, Würdelosigkeit, Instinktlosigkeit sprachen, dem nationalsozialistischen Jugendblatt "Wir Jungen", das die Deutsche Freischar eine "ziellose Summe liberaler Wandervögel" nannte, antwortete Ernst Buske scharf, "daß es der Bund nach wie vor ablehne, sich politisch einer Partei auszuliefern." Das Volkstum habe die bündische Jugend als "lebendige Einheit erfahren" und an dieser volksdeutschen Einstellung sei nicht zu rütteln, die kritisierenden Bünde seien lediglich in der nationalen Phrase leistungsfähiger.(66)

Die gesamte Volkstumsarbeit der bündischen Jugend ging nicht darauf hinaus, die nationalen Gegensätze zu verschärfen oder die Vorbereitung für eine Herrschaftsausdehnung der deutschen "Herrenrasse" zu leisten, sondern es ging ihr um die berechtigte Selbstbehauptung deutscher Minderheiten im Ausland. Aus der Tatsache, daß ein großer Teil des deutschen Volkes außerhalb der Reichsgrenzen, daß das deutsche Volk als Volk unter anderen Völkern lebte, ergab sich für sie die Notwendigkeit außenpolitischer Schulung der jungen Generation. Ihr Zweck sollte, wie Ernst Buske schrieb, sein "1.) die Schaffung des Bewußtseins vom Primat der Außenpolitik, 2.) die Kenntnis von der Art und Sonderheit der anderen Völker."(67) Es ist als typisch für die allgemeinpolitische Haltung der bündischen Jugend anzusehen, daß sie sich wie hier von der Innenpolitik abwandte, da sie den Kampf und Streit der Parteien untereinander ablehnte und sich darüber hinweg einer größeren nationalen Aufgabe verpflichtet fühlte, die, auf das Ganze gerichtet, nicht so leicht in Gefahr war, zur Domäne irgendeiner Partei zu werden.

Absicht und Ziel dieser Arbeit für das deutsche Volkstum im Ausland gab der Deutschen Freischar Ernst Buske in folgenden Richtlinien bekannt: Notwendig sei: "1.) Die Schaffung des Bewußtseins der Zusammengehörigkeit der deutschen Volksfamilie ... Das Zusammengehörigkeitsbewußtsein muß in alle Volksschichten getragen werden und jeden machtpolitischen Scheines entkleidet werden. Nicht übersteigerter Nationalismus, sondern völkische Selbstbehauptung ist das Ziel. 2.) Die Schaffung und Verbreitung der Kenntnis der politischen, kulturellen und wirtschaftlichen Lebensbedingungen der Grenz- und Auslandsdeutschen ... 3.) Die Vermittlung der kulturellen Güter unseres Volkes ... Die Kulturgemeinschaft ist das einzige Mittel der Selbstbehauptung."(68)

Eine gewisse Zusammenfassung der Grenzlandarbeit aller Bünde wurde von der Mittelstelle für Jugendgrenzlandarbeit – ab 1930 mit Erweiterung des Aufgabengebietes "Mittelstelle deutscher Jugend in Europa" – durchgeführt. In der von der Mittelstelle herausgegebenen Zeitschrift "Volk und Reich" schrieben neben den Menschen der Jugendbewegung eine Reihe hervorragender und bekannter Wissenschaftler und Politiker.(69) Wenn auch die Volkstumsgedanken dieser Zeitschrift vielfach an spätere nationalsozialistische machtpolitische Ausdehnungen mahnen, so lag im Grundton der Beiträge doch wohl keine nationalistische Färbung. Es würde hier zu weit führen, die Zeitschrift "Volk und Reich" im einzelnen zu besprechen, zumal ja auch die darin vorgetragenen Gedankengänge zum großen Teil nicht aus der Jugendbewegung stammen, sondern von der Seite der Wissenschaft, Wirtschaft, Politik und Geopolitik versucht wurde, zur Frage einer notwendigen Neuordnung Mitteleuropas Stellung zu nehmen. Allgemein wurde der großdeutsche Gedanke vertreten, der sich aber von der nationalsozialistischen Prägung dadurch unterschied, daß er, weit und universal genug gefaßt, die anderen Völker Mitteleuropas nicht als minderwertig bezeichnete, sondern als zugehörig zur mitteleuropäischen Schicksalsgemeinschaft anerkannte.(70) Nicht Beherrschung, sondern Neuordnung dieses großen Raumes wurde hier gefordert und diese Neuordnung als die große Sendung der deutschen Nation angesehen.

Dieses Bewußtsein der großen Sendung des Deutschen ist aus der bündischen Jugend nicht wegzudenken, es verband sich mit dem deutschen Volkstum im Ausland, führte aber nicht zu einer Abgrenzung gegenüber den anderen Nationen. So machte es die Mittelstelle für Grenzlandarbeit den Gruppen zur Pflicht, neben den Volkstumsgruppen auf jeder Fahrt auch einer Jugendorganisation des Gastlandes zu begegnen.(71) Auf diese Weise wurde z.B. in Ungarn zum erstenmal auch ein Treffen durchgeführt, das die Auslandsdeutschen durch die Vermittlung der Reichsdeutschen mit der ungarischen Jugend zusammenführte. Die Hochschätzung fremden Volkstums zeigte sich auch in der immer weiteren Aufnahme ausländischen Liedgutes in die Liederbücher der Bünde.(72) Zu einer Gefahr für Europa konnte der Sendungsgedanke erst werden, als er durch die NSDAP unmittelbar der Machtpolitik verbunden wurde, dadurch einen ausgesprochen militanten Charakter erhielt, und mittels der Rassenlehre die Völker einer diskriminierenden Wertung unterzogen wurden.

Die Mittelstelle für Jugendgrenzlandarbeit selbst wurde 1933 von der NSDAP übernommen.(73) Mit Ausnahme von Friedrich Heiss, der weiterhin die Zeitschrift herausgeben konnte und sich dem Nationalsozialismus unterwarf, wurden alle anderen Mitarbeiter ausgeschaltet. Hans Dehmel mußte das Boberhaus, von dem die Volkstumsarbeit der Deutschen Freischar ausging, verlassen. In der nationalsozialistischen Zeit bearbeitete diese Stelle später in erster Linie die Umsiedlungsfragen der Volksdeutschen. Ein seltsames Nachspiel fand die bündische Grenzlandarbeit, die ungewollt der NSDAP das in der Mittelstelle gesammelte Material für ihre volksdeutschen Pläne zur Verfügung gestellt hatte, im Nürnberger Prozeß, als Alfred Rosenberg vorgab, nichts von den Vorgängen in den besetzten Ostgebieten gewußt zu haben. Es wurde ihm dort die Denkschrift "Oberländer" des Referenten im Ostministerium Dr. Markull vom Jahre 1943 vorgelegt, in welcher dieser rückhaltlos alle Fehler der Ostpolitik des Nationalsozialismus dargestellt hatte. Markull aber kam aus dem Norddeutschen Orden, einem den Nerothern nahestehenden Bund.(74)

In Österreich und im Sudetenland führten der großdeutsche Gedanke und der Volkstumskampf die Jugendbewegung letztlich fast in vollem Umfange in die Reihen der NSDAP.(75) Eine gewisse Ausnahme bildeten sudetendeutsche und österreichische Wandervögel, die die im Reich vorgelegte Entwicklung der bündischen Jugend zu straffer soldatischer Form und Orientierung am Geist des Preußentums ablehnten und den Wandervogel alten Stils weiterführten sowie einige Gruppen in Wien, die von dem Gedankengut der dj. 1.11. beeinflußt waren.(76) Das Bewußtsein der Zugehörigkeit zur gesamtdeutschen Jugendbewegung führte den größeren Teil der österreichischen Wandervögel zum Anschluß an die Deutsche Freischar(s. S. 29). Es waren die Kräfte, die zu einem politischen Einsatz drängten und in der Deutschen Freischar den kommenden Gesamtbund der deutschen Jugendbewegung zu sehen glaubten. Ihre mehrfachen Versuche, in die Freischar eine "klare nationale Ausrichtung" zu bringen, scheiterten.(77) Andererseits wirkte aber die vollzogene Machtübernahme durch die NSDAP in Deutschland auf die Jugendbewegung in Österreich zurück. Das Reich war die große Sehnsucht und das Vorbild gewesen. Hitler schien endlich die große nationale Tat der Einigung vollzogen zu haben. Nun konnte nach der ganzen Mentalität und österreichischen Situation kaum noch ein wirksames Gegengewicht gegen die Propaganda der NSDAP übrigbleiben. Dort schien den meisten Menschen der österreichischen Jugendbewegung nunmehr die einzige Möglichkeit gegeben, den großdeutschen Gedanken zu verwirklichen und so kämpften Seidler und seine Gefolgschaften in der illegalen NSDAP in Österreich.(78) Der Anschluß 1938 aber mußte ihnen als die Erfüllung ihrer Bestrebungen gelten. Wenn irgendwo der Nationalsozialismus eine Volksbewegung war, dann in Österreich und im Sudetenland, wo er zutiefst auf dem großdeutschen Denken des Volkes ruhte, das nach dem Untergang des Habsburger Staates sich zwangsläufig auf der Suche nach einer neuen, sinnvollen politischen Ordnung zum Reich hin orientieren mußte.

Eine besondere und bemerkenswerte Rolle spielte die sudetendeutsche Jugendbewegung in der Sudetendeutschen Partei Konrad Henleins. Die bündisch durchgeformten Gruppen des Sudetendeutschen Wandervogels, die Jungenschaft der Adler und Falken, in erster Linie aber der Kameradschaftsbund Heinz

Ruthas stellten nach der Auflösung der NSDAP starke Führungskräfte für die von Konrad Henlein neu gegründete Sudetendeutsche Partei. Der Kreis um Heinz Rutha im Kameradschaftsbund hatte sich bereits seit langem sorgfältig darauf vorbereitet, eine politische Führungsschicht heranzubilden. Seine Aufgabe sah er darin, "jene Menschen zu suchen und zu sammeln, die als Erzieher und zukünftige Politiker geeignet sind, aus ihnen in strenger Formung einen staatstragenden Stand zu züchten."(79) Während die übrigen Bünde wehrhafte Erziehung trieben, machten die Älteren des Rutha-Kreises politische Studienreisen, gründeten Hochschulringe, die sich mit staatstheoretischen Problemen befaßten. Ideen Georges, Platos, Stammlers und in erster Linie Ottmar Spanns beeinflußten das Gedankengut. Auch Konrad Henlein selbst stand in enger Fühlung mit diesem Kreis, der sich bemühte, auch im Reich und Österreich Einfluß zu gewinnen. Es handelt sich hier um einen typisch bündischen Versuch, über eine Elitegruppe den Weg zu beherrschender Stellung in der Politik anzutreten. Dieser Versuch konnte gelingen und war erfolgreich, solange wie die Sudetendeutsche Heimatfront im Rahmen des tschechoslowakischen Staates genötigt wurde, alle oppositionellen Kräfte zu vereinigen, und der Kampf um die völkische Selbstbehauptung die inneren Gegensätze zurückdrängte. In dem Augenblick aber, wo die Angliederung an das Reich vollzogen war, verlor die Sudetendeutsche Partei ihre noch in gewissem Maße unabhängige Stellung von der NSDAP, und diese konnte aus ihrer ganzen Ideologie her keine selbständige Führungsgruppe neben sich oder auch innerhalb ihres Rahmens zulassen. Heinz Rutha wurde kurz nach der Angliederung unter dem Verdacht der Homosexualität verhaftet und benutzte die ihm in die Zelle gereichte Pistole zum Selbstmord. Wie wichtig die NSDAP diesen, in seiner letzten Auswirkung gescheiterten Versuch nahm, geht auch daraus hervor, daß 1939 in der Reichspresseschule auf einem Lehrgang die Frage nach Heinz Rutha eingehend besprochen wurde.(80)

Allgemein kann über die Jugendbewegung des Auslandsdeutschtums und ihre wechselseitige Verbindung zum Reich folgendes gesagt werden:

1.) Sie trägt vor allem im Südosten schon in den Anfängen einen politischen Charakter, der durch den Selbstbehauptungskampf des deutschen Volkstums bedingt ist.

2.) Die politische Haltung führt zu einer konkreteren Form der Auffassung aller politischen Begriffe wie Reich, Volk, Staat usw., die nicht in der vielfach romantischen Schau der reichsdeutschen Jugendbewegung gesehen werden.

3.) Die "Not der Brüder im Ausland" läßt auch in der reichsdeutschen Jugendbewegung ein starkes Zusammengehörigkeitsgefühl wachsen und führt sie zu politischem und kulturellem Einsatz in der Volkstumsarbeit.

4.) Der großdeutsche Gedanke ist ursprünglich mit der ganzen Situation des Auslandsdeutschtums nach 1918 verbunden.

5.) Dadurch, daß die NSDAP den großdeutschen Gedanken in der konsequentesten Form vertritt, gewinnt sie die Mitarbeit der Jugendbewegung im Ausland in hohem Maße.

6.) Die Jugendbewegung im Sudetenland und Österreich entwickelt kein eigenes Staatsbewußtsein, sondern ihr staatlicher Wille ist immer auf das Reich gerichtet, sie betrachtet sich daher als Teil der deutschen Jugendbewegung.

7.) Die betont preußisch-soldatische Haltung der reichsdeutschen Jugendbewegung nach dem Kriege setzte sich auch im Südosten durch und verbindet sich mit dem völkischen Denken des Südost-Deutschtums. Diese Verbindung wirkt auf die Reichsdeutschen zurück, d.h. die Jugendbewegung findet eine Synthese von Preußen und Österreich und denkt somit großdeutsch.

8.) Die Rassenfrage, insbesondere des Antisemitismus, ist im Südosten scharf ausgeprägt und versucht von hieraus auch Eingang in die reichsdeutsche Jugendbewegung zu finden, die sie aber nur in geringem Maße versteht und aufnimmt.(81)

9.) Die NSDAP wird insbesondere nach der Machtübernahme nicht als Partei, sondern als gesamtdeutsche Bewegung verstanden.

10.) Die NSDAP benutzt die österreichischen und sudetendeutschen Kreise der Jugendbewegung zur Durchsetzung ihrer Pläne, zerstört aber nach Erreichung ihrer Ziele die Selbständigkeit der Jugendbewegung mit allen Mitteln, da sie ihrem Wesen gemäß keine unabhängigen politischen Kräfte neben sich dulden kann.

DER EINFLUSS DES OSTENS

Während der Nationalsozialismus, durch völkisches Denken und die Rassenideologie völlig bestimmt, sich selbst auf die Kultur- und Denkinhalte des eigenen Volkstums beschränkte, läßt sich in der Jugendbewegung bei aller Hochschätzung des eigenen Volkes doch eine weitgehende Aufnahmebereitschaft für fremdes Kulturgut feststellen. Diese Aufgeschlossenheit für alles Fremde, das sich auch besonders in der Aufnahme fremden Liedgutes abzeichnete, war eine Folge der Suche nach unverbrauchten, noch nicht von einer überspitzten Zivilisation degenerierten Kulturinhalten sowie der geistigen Weite, die diese Jugend auf den großen Auslandsfahrten erwarb. Da diese "fremdvölkischen" Einflüsse nicht ohne Wirkung auf die politische Haltung der Jugendbewegung geblieben sind, müssen sie hier kurz gestreift werden.

Der grundlegende Unterschied zwischen Nationalsozialismus und Jugendbewegung in der Beziehung zu fremdem Volkstum ist darin zu sehen, daß der Nationalsozialismus von politischen Gesichtspunkten ausgehend die Zweckmäßigkeit von Bündnis oder Feindschaft erwägt(82), während die Jugendbewegung aus emotionalen Gründen das Wesensverwandte ergreift und in sich aufnimmt. Die Abwendung von der westlichen Zivilisation, die durch den großen Krieg sich selbst bis in ihre Grundfesten erschüttert und als fraglich erwiesen hatte, hieß die Jugendbewegung den Blick nach Osten richten, eine Wendung, die zunächst zu dem deutschen Volkstum im Osten zielte, sich in Ostkolonisation, Ostlandfahrt und im Zeichen des Balkenkreuzes der Ordensritter manifestierte, die aber darüber hinaus sich vor allem Rußland mit seiner Weite und "unverbrauchtem Volkstum" zuwandte und die uralte Weisheit Asiens als neue und erregende Botschaft aufnahm.(83)

In erster Linie aber war es das Russentum, das einen starken und nachhaltigen Einfluß ausübte, der sich seit der freideutschen Zeit bis in die letzten Ausläufer der Jugendbewegung hin feststellen läßt.(84) Schon von den freideutschen Tagungen in Jena und Hofgeismar schreibt E. Busse-Wilson(85), daß für die Lebensstimmung der Freideutschen "das nicht ausgesprochene geheime Wohlgefallen, mit dem man den Berichten lauschte, die Nötzel von dem ethischen Radikalismus der russischen intellektuellen Jugend und ihrer beispiellosen Hingabefähigkeit an die soziale Not des Volkes gab," aufschlußreich sei, und daß man "im betonten Gegensatz zu den nationalen Jugendbewegungen in den Westländern – eine Jugendbewegung in Frankreich ist schon ein Widerspruch wie ein gotischer Dom in Amerika –" gerade diese russischen revolutionären Studenten als "irgendwie wesensverwandt" empfand.(86) Die Erklärung für diese geschichtlich interessante Tatsache kann wohl darin gesucht werden, daß es in den westlichen Ländern nie zu einem tieferen Generationskonflikt gekommen ist, daß dort die Jugend ihre politischen Vorbilder und eine fortschreitende Entwicklung wie auch eine starke und lebenskräftige Tradition in der gestaltenden Generation finden konnte und so ihr Erbe ohne Konflikt übernahm.

War es hier das revolutionäre Pathos, die unbedingte Hingabe, die die Jugend anzog, so kam des weiteren die Wirkung, die der große Russe Dostojewski auf die Jugendbewegung ausübte, hinzu. In Dostojewski fand sie die noch unverbrauchte Kraft eines geistig jungen Volkes, eine leidenschaftliche Bruder-und Menschenliebe, die in Teilen der Freideutschen Jugend großen Widerhall fand und sie zu religiösem Kommunismus und in die Reihen des kämpfenden Proletariats trieb.(87) Jedoch handelte es sich hier mit Ausnahme der "Entschiedenen Jugend" nicht um ganze Gruppen, sondern zumeist um einzelne Menschen der Jugendbewegung, die diesen Schritt vollzogen.(88)

Eine weitere Hinwendung zum Osten wurde durch den Film "Panzerkreuzer Potemkin"(89) und besonders durch das Auftreten des Donkosakenchores unter seinem Dirigenten Serge Jaroff bewirkt. In den Liederbüchern der bündischen Jugend, die seit 1929 im Günther-Wolff-Verlag in Plauen erschienen, wird der Donkosakenchor zum Vorbild des neuen Singens erhoben. Kosakenlieder, russische Volkslieder nehmen einen großen Teil des Raumes ein.(90) Balalaika und Bomra als russische Instrumente treten neben die altgewohnte Klampfe. Serge Jaroff schreibt Chorsätze für die deutsche Jugend. Die grenzenlose Weite russischer Steppen, das freie Leben der Reitervölker der Kosaken, das Pathos der Freiheit und Unabhängigkeit des Stammes übten eine ungeheuer starke Anziehungskraft aus. Edwin Erich Dwingers Buch "Zwischen Weiß und Rot", welches das "große Erlebnis" Rußland schilderte, sowie seine weiteren Werke über die Zeit in Rußland sollten "von recht vielen gelesen" werden.(91) Auszüge daraus erschienen in den Zeitschriften der Jugendbünde. An die Stelle des Indianerspiels tritt weitgehend die Kosakenromantik. Dazu finden sich Fahrtenberichte aus Rußland sowie Auszüge aus Darstellungen des Lebens der "Roten Pioniere" und "Komsomolzen" in der Sowjetrepublik.(92) Wenn auch diese Rußlandschwärmerei keineswegs mit einem Einverständnis zum sowjetischen System gleichzusetzen war, so erleichterte sie doch in vieler Hinsicht die Aufnahme von Beziehungen zu kommunistischen Gruppen, und die stärkere Hinwendung von bündischen Menschen zu national-bolschewistischen Kreisen ist wohl mit aus dieser Sympathie für das Russentum, wie sie in vielen Bünden vorhanden war, zu erklären. Als Pfingsten 1933 das Munsterlager des Großdeutschen Bundes von SA und Polizei aufgelöst wurde, sangen Jungen bei der Abfahrt das bolschewistische Lied "Hej laß doch fahren, was früher einmal war."(93) Die Versuche Koebels, die deutsche Jungenschaft vom 1.11. in Berlin zu einem engeren Kontakt mit kommunistischen Jugendgruppen zu bringen, scheiterten allerdings schon im Jahre 1932.(94) Es war eben nicht die politische Konzeption des Kommunismus, die anziehend wirkte, sondern die revolutionäre und soziale Haltung und das Russische als solches. Nur so konnte sich die seltsame Mischung des "weißen" und "roten" Liedgutes erhalten.

So drangen einerseits kommunistisches Liedgut und später auch die Lieder der internationalen Brigaden in bündische Kreise, da das Verbot der Bünde wie der kommunistischen Organisationen eine gemeinsame Ebene schuf. Andererseits wurde der Konkosakenchor als Symbol des Kampfes gegen eine totalitäre Staatsmacht angesehen.(95) Da durch das Auftreten dieses Chores bis 1939 in den größeren Städten immer wieder die Reste der bündischen Jugend zusammengeführt wurden, und es wiederholt zu bündischen Kundgebungen kam, die gegen die HJ und den nationalsozialistischen Staat gerichtet waren, sah sich die Gestapo zu sorgfältiger Überwachung der Konzertsäle veranlaßt und verbot dem Chor eine Reihe von russischen Liedern zu singen, die besonders in der bündischen Jugend verbreitet waren.(96)

Die Hinwendung zum Osten blieb aber nicht allein auf Rußland beschränkt. Die Charakterschulung, die die dj. 1.11. (deutsche Jungenschaft vom 1.11.1929) unter der Führung Eberhard Koebels in Angriff nahm, richtete sich nach ostasiatischen Vorbildern aus und drang durch den großen Einfluß dieses Bundes auch in die anderen Bünde ein. Klabunds Übersetzungen chinesischer Gedichte werden in den Zeitschriften nachgedruckt, japanische Tuschmalerei wiedergegeben.(97) Koebel verkündete, daß "dj. 1.11.-Haltung" dem germanischen Glaubenstums unbeteiligt gegenüberstünde, die konkrete Form, in der sich die Haltung der Jungenschaft bewege, seien die Bergschulen des Zenismus.(98) In der "Heldenfibel," einem der weitverbreiteten Bücher in der bündischen Jugend, wurde der japanische Samurai als Vorbild eines neuen Heroismus gepriesen.(99)

Diese Orientierung nach außerdeutschen und außereuropäischen Vorbildern geschah zum Teil rein gefühlsmäßig, da die Jugend hier Wesensverwandtes zu sehen glaubte, zum anderen Teil wurde sie dadurch, daß der Nationalsozialismus die deutschen Heroen einseitig für sich in Anspruch nahm, genötigt, sich anderen starken Vorbildern zuzuwenden, um die eigene Position behaupten zu können. Die Wendung nach Osten und ins Ausland überhaupt, die in steigendem Maße auch in den Zeitschriften beobachtet werden kann, ist so als die Folge eines Veränderungsprozesses anzusehen, dem sich die Jugendbewegung in Deutschland selbst ausgesetzt sah. Schon die Betonung des Primates der Aussenpolitik in der Frage der Auslandsdeutschen ergab sich daraus, daß die entscheidenden Positionen der Innenpolitik von den Parteien fest besetzt und daher den Bünden kaum zugänglich waren. Nun nahm der Nationalsozialismus auch alle Deutschen für sich in Anspruch. Die Jugendbewegung fühlte sich ausgeschlossen von der Gestaltung des neuen Reiches, das auch sie erstrebt hatte, sah sich heimatlos geworden, zum Untergang bestimmt und empfand so gefühlsmäßig die Heimatlosigkeit der "weißen" Russen als gleiches Schicksal. Da sie aber gewohnt war, heroisch zu denken, war sie genötigt, ihren Heroismus aus der völkischen Gebundenheit zu lösen, ihn als absolut hinzustellen und unabhängig von den deutschen Vorgängen zu formen, nach den Vorbildern, die sie im Ausland als wesensverwandt empfand.(100) So vollzog sich auf dieser Stufe der Jugendbewegung ein weitgehender Bruch mit den völkischen Daseinsformen, da alles, was mit diesen zusammenhing, zur Alltagsware geworden war und andere davon Besitz ergriffen hatten.

Für den nationalsozialistischen Staatsaufbau aber mußte hierin ein Unsicherheitsfaktor gesehen werden, der mit allen Mitteln zu beseitigen war, da die "fremdvölkischen" Einflüsse sich nicht kontrollieren ließen und die für den totalen Staat notwendige Erfassung der gesamten Jugend hinderten.

V. Beziehungen zum Nationalsozialismus

KRITISCHE AUSEINANDERSETZUNG DER JUGENDBEWEGUNG MIT DEM NATIO-
NALSOZIALISMUS

Während nun die eigentlichen Jugendgruppen der bündischen Jugend im Gefühl der Selbständigkeit und Unabhängigkeit von allem Zeitgeschehen ihr eigenes Leben führten, spielte sich die geistige Auseinandersetzung mit dem Nationalsozialismus im Raume der Jungmannschaft und Führerkreise der Bünde ab.(1)
Der Ruf "Hinein in die Politik, in die Parteien und in die Parlamente!" war so
ernst genommen worden, daß sich viele Stimmen aus dem bündischen Lager
erhoben, die eine eigene politische Aktion forderten, welche nicht auf dem Weg
der Parteien, sondern von der Eigenart der Bündischen her erfolgen sollte. Es ist
aber ein gutes Zeugnis für den Ernst und die ethische Haltung der bündischen
Jugend, daß man sich nicht Hals über Kopf in den politischen Tageskampf
stürzte, sondern um die Entscheidung rang. So verwirrt und durcheinander, wie
sie Howard Becker in dem 6. Kapitel von "German Youth, bond or free"
schildert, war eben die Jugendbewegung doch nicht. Sie wußte um ihre
"Andersartigkeit", die eine solche der "seelischen Ausrichtung und der geistigen
Haltung" war, aber sie glaubte, daß noch ein Entscheidendes fehlte: "Die dazu-
gehörige neue Menschlichkeit."(2) Sie mißtraute noch der jungen Generation,
oder vielmehr denen, die sich als solche offiziell in Positur setzten." Denn diese
ist dem Typus nach, auch wenn sie in ihrem Wollen noch so revolutionär ist,
nichts anderes als ein 'Reformbürgertum', das auf Jugend frisierte Gesicht der
wilhelmischen Aera. Jugendführer sehen wieder aus wie angesehene Oberpost-
räte oder Ministerialratsanwärter, die auf Karriere warten. Auf jene Romantiker,
Steppenwölfe und sonstige problematische Naturen, die es immer noch nicht begriffen haben, daß sie sich jetzt einordnen müssen in die Front der jungen Generation, die jetzt in den Kampf eintrete um die Macht im Staat, blickten sie mitleidig herab ... Sie meinten, wir hielten die Zeit noch nicht für reif - die wäre
schon reif! - aber wir halten eben den Menschen noch nicht für reif. Wir kennen
sie alle von den Nationalsozialisten bis zum Jungdeutschen Orden, von der Freischar Schill bis zu den Republikanischen Pfadfindern, wir kennen ihre Theorien
und Programme, aber wir glauben nicht an die Substanz derer, die dahinter stehen, oder wie das einer von uns mal ausdrückte: 'Die Gesichter sind nicht gezeichnet, und den Fahnen fehlt der schicksalskräftige Auftrag.' Darum wären für
die Jugendbünde heute ganz andere Entscheidungen notwendig, die unerläßlich
vor der politischen Tat stehen müßten."(3) Man bezweifelte vor allen Dingen, daß
"in ihnen wirklich die geistige Haltung des kapitalistischen Bürgertums überwunden" war.(4) Denn hier in dem Vorstoß gegen den kapitalistischen Bürgergeist
lag der Ansatzpunkt des politischen Denkens der Jugendbewegung. Das zeigen
vor allem die schon erwähnten politischen Auseinandersetzungen der Freideut-

schen Jugend in den ersten Jahren nach dem Krieg.

Aber die NSDAP war nun einmal die stärkste Erscheinung unter den rechtsgerichteten Parteien. Sie hatte Parolen ausgegeben, die vielen Menschen der Jugendbewegung verwandt erscheinen konnten. Die Auseinandersetzung mußte kommen, und sie begann schon in einem sehr frühen Stadium.(5) Sie läßt sich gut in den Zeitschriften der Bünde verfolgen. Hier schreibt 1923/24 Normann Körber: "Die stärkste Kraft im Lager der Rechtsgerichteten ist die Partei der Nationalsozialisten, in deren politischer Vorstellungswelt sich ein vielfach sehr ernsthaftes, ja fanatisches Verlangen nach völkischer Erneuerung und 'Reinigung' mit einigen ganz kompakten politischen Vordergrundzielen verbindet. Das Programm des Nationalsozialismus ist zwar durchaus nicht klar und eindeutig, am allerwenigsten sozialistisch; aber es birgt vielleicht gerade darin seine Hauptstärke, daß auf das Programm weniger Wert als auf eine energische 'Propaganda der völkischen Tat' gelegt wird. Was ihm seine Stoßkraft bis in die Reihen des Proletariats hinein gibt, ist der sehr einfache Weg, den es weist, um aus der verzweifelten Lage herauszukommen: Die Aufrichtung einer nationalen Diktatur, der Kampf gegen die Juden und 'ihre Partei', die Sozialdemokratie und gegen den äußeren Feind im Land – und ein für süddeutsche Ohren mehr oder weniger laut vernehmbares 'Los von Berlin' als politisches Zentrum des Reiches. Dem letzteren widerspricht nicht sein Eintreten für die großdeutsche Volksgemeinschaft, und man wird nicht fehlgehen, in dieser lebendigsten seiner Parolen die stärkste Kraft des Nationalsozialismus zu erblicken.

Nach dem 'Wie' in unserer heutigen Lage fragt man vergebens. Geheimnisvolle Andeutungen eines Zusammengehens mit dem italienischen Faschismus tragen den Stempel politischer Donquichoterien auf der Stirn. Das ist überhaupt das gemeinsame Kennzeichen aller jener Umsturzbestrebungen von rechts: daß sie für jeden, der sich noch politischen Instinkt und Überblick über die Gesamtlage bewahrt hat, auffallende Züge zum politischen Abenteurertum mit sich tragen, das mit den Fähigkeiten militärischer und halbmilitärischer Freischarenführer glaubt Weltgeschichte zu machen und das deutsche Volk retten zu können. Gemeinsam ist ferner allen jenen Gruppen eine sehr unvollkommene, oft geradezu naive Vorstellung von den Gesetzlichkeiten heutiger Wirtschaft und den seelischen, geistigen und ökonomischen Verhältnissen der arbeitenden Massen. Eine grundsätzliche Änderung der Wirtschaft wird im Ernst gar nicht gewollt, weil der Zusammenhang zwischen den Zwangsläufigkeiten autonomer kapitalistischer Wirtschaft und der Auflösung aller menschlichen und völkischen Bindungen nicht klar durchschaut wird, auch die eigene Interessiertheit an dieser Wirtschaft von heute, insbesondere der hinter diesen Gruppen stehenden Kapitalistenkreise zu groß ist."(6) Wenn man zu diesen Sätzen noch die vorherstehenden nimmt, die die eigene Bereitschaft und glühende Begeisterung zur Tat für Deutschland ausdrücken sowie später einige Bemerkungen, die den Abscheu vor dem gegenseitigen "Die Köpfe bis zur Erschöpfung einschlagen" hervorstoßen, so haben wir bereits in dieser frühen Stellungnahme die ganze Zustimmung und Kritik der Bündischen gegenüber dem Nationalsozialismus auch in ihren späteren Äußerungen vorgezeichnet. Zustimmung, wenn es um die völkischen Belange, um Deutschland geht, Skepsis in der Judenfrage, das tiefe Mißtrauen vor den Hintermännern des Kapitals und vor dem angeblichen Sozialismus, die Kritik, daß es im Grunde doch beim bürgerlichen Menschen bliebe und den Abscheu vor dem brutalen Kampf der Strasse. Die Auseinandersetzung mit dem Nationalsozialismus führte die bündische

Jugend allerdings nicht zu einer Parteinahme für den Weimarer Staat. Sie vermißte hier die feste Führung, den wirklichen Willen zu einer überparteilichen Zusammenarbeit, sie fühlte die wachsende Entfremdung zwischen Staat und Volk. "Zehn Monate Regierung auf schwankendem Grund! Welche Erfüllung der Severingschen Prophezeiung einer großen Koalition auf mindestens vier Jahre. Solche provisorischen Regierungen werben nicht für den heutigen Staat. Das Volk vermißt die Führung; die Sicherheit eines bestimmten Kurses auf weite Sicht. Man ist enttäuscht und müde geworden. Witze und bitterer Spott über Kuhhandel und parlamentarische Schwatzbude sind sehr billig. Die meist sehr langweilige, von Abgeordneten schlecht und interesselos besuchte Parlamentssitzung unterstützt dieses immer fortschreitende Entfremden zwischen parlamentarischem Staat und Volk."(7) Aber trotzdem, es besteht die Einsicht, daß die Männer des Weimarer Staates mehr verteidigen als das augenblickliche System, es ist "die soziale Republik, der deutsche Staat in seinen Entwicklungsmöglichkeiten überhaupt." Es war die Schuld der herrschenden Parteien, wenn sie eine Jugend, die solche Einsicht besaß, nicht zu gewinnen vermochten. Eine Chance, die die deutsche Zukunft in völlig andere Bahnen zu lenken vermocht hätte, ist hier verpaßt worden.

Denn keineswegs war diese Jugend gesonnen, einer nationalsozialistischen Diktatur zu dieser Zeit zu folgen. "Die Diktatur, die unter Umständen für das Proletariat in Frage käme, müßte ganz anders aussehen und käme nie von rechts ..." "Bloße Resignation am heutigen System, vitaler Trieb zur Aktion, eine diktatorische Formation mit Militärmusik und Marschübungen berechtigen nicht zum Umsturz und zur offenbaren Gewaltherrschaft. Gerade für die Diktatur gilt die Frage: Diktatur - und was dann? Schlimm genug, wenn sie nicht weiterleiten kann zur festen anerkannten Herrschaftsform, wo wieder Gesetz statt Gewalt herrscht."(8) Gewalt und Terror, die Entartung des Parteikampfes zum privaten Bürgerkrieg, das waren Methoden, die den Bündischen vom SA-Mann abgrundtief unterschieden. Hier erhob sich ein Vorwurf, den man gegen "rechts" wie "links" erhob. "Es ist ein ungesunder und geradezu verhängnisvoller Zustand, wenn selbst politische 'Führer', alte Leute, die einen hohen Grad von Verantwortung tragen, sich nicht scheuen, das Gesetz der Heiligkeit des Lebens anzutasten und im politischen Gegner nur den faschistischen oder marxistischen 'Untermenschen', das 'Gesindel', den 'Verbrecher' zu sehen. Dieser Verrohung des politischen Kampfes, der in Wahrheit mit Politik nichts mehr zu tun hat, ist besonders die Jungmannschaft unseres Volkes ausgesetzt, die noch wegen der ungenügenden geistigen Hemmungen in viel leichterem Maße zur Überschreitung der ethischen Grenze zu bewegen ist. Es wird auf den wehrlosen jungen Menschen durch Rede, Presse, Massendemonstrationen, Anstachelung des persönlichen Ehrgeizes und Appellierung an den Abenteuer- und Erlebnishunger solange planmäßig eingewirkt, bis er - gut trainiert und vorgeschult - ein unschuldiges Opfer den Antreibern zur Beute fällt, indem er für 'seine Idee'den 'Heldentod' stirbt. Doch nicht genug damit. Nicht einmal vor den Toten scheut man zurück, sondern mißbraucht die Leiche eines Ermordeten, um in aufgebauschten Reklame-Todesanzeigen von der Größe eines Warenhausinserates, verkrampften Leichenaufzügen und Hetz-Gedenkreden mit dem Opfer weiterhin Parteipropaganda zu betreiben. Es gibt keine Scheu vor dem Tode mehr, eine wahnwitzige Wut treibt die Verblendeten bis zur Leichenschändung zu Reklamezwecken."(9)

Diese Sätze sind hart und klar. Das Verhalten der NSDAP ging gegen den "guten Geschmack" des bündischen Menschen. Es konnten sich diese "viehischen Schlächtereien" in keiner Weise irgendwie mit bündischer Erziehung und Lebenshaltung vereinbaren lassen. "Der Bund", die Zeitschrift der Freischar Junger Nation, sieht die Ursache dieser Erscheinungen in einer Vermassung des Gefolgschaftsverhältnisses. "Heute steckt der fanatische Kadaver-Gehorsam Tankstellen in Brand und wirft Bomben, und der Befehl des Führers hetzt Volksgenossen blind aufeinander. Wir sehen also eine deutliche Vermassung des Gefolgschaftsverhältnisses. Auch sind wir diesem Zuge nicht ganz entronnen – es ist so leicht und bequem anzutreten, wenn es befohlen wird, zu schlafen, wenn nichts befohlen ist, sich hinter dem Gefolgschaftsverhältnis zu verschanzen, wenn schärfste Auseinandersetzungen geboten wären; mitzulaufen, statt selbst zu denken. Die Unselbständigkeit unserer Älterenschicht erreicht oft einen erschütternden Grad. Man verläßt sich auf einen, der es machen soll ..."(10) Diese Worte aber enthalten noch einen deutlichen Hinweis auf diejenigen Bündischen, die zur NSDAP übertraten. Es waren diejenigen, die das Zutrauen zu sich selbst verloren hatten, die müde geworden waren, keine Lösung mehr wußten und so, im Grunde unproduktiv geworden, nicht mehr zur Jugendbewegung zählten, deren Idealismus nur noch zu einer Funktionärsstellung ausgenutzt werden konnte. Einen größeren Raum nimmt die Auseinandersetzung mit der NSDAP in der Zeitschrift des Jungnationalen Bundes "Jungnationale Stimmen" ein. Es ist wichtig, hier noch einmal zu bemerken, daß ja aus der Älterenschicht dieses Bundes heraus der Versuch der Volkskonservativen Vereinigung mitunternommen worden war, und man nachher das Scheitern der eigenen politischen Versuche erlebte. So unterscheiden sich die Stellungnahmen gegenüber dem Nationalsozialismus je nachdem, ob sie vor oder nach dem Zusammenbruch des eigenen politischen Versuches geschrieben sind, und je näher man sich auf das Jahr 1933 zubewegte, umso schwächer sah man die eigene Position werden. Im April 1931 legte Rudolf Craemer die ernsthafte Frage nach der Stellung zum Nationalsozialismus vor. "Ich frage nun uns alle, die wir vielfach seit 1918 in gefährlichen und verzweifelten Jahren als Jugend für die Nation gekämpft und Zeugnis gegeben haben, ob wir heute im nationalsozialistischen Vormarsch die Erfüllung unseres Willens sehen, oder ob wir vermeinen, unseren Platz an einer anderen Stelle der Front zu haben: kann dieses Bild unserer Generation uns genugtun? Keineswegs ... Wir wollen die Nation nicht für uns pachten. Mißtrauisch macht uns der Versuch, durch die 'Junge Generation' in dem Augenblick, wo sie um Lebensentscheidungen streitet, einen Durchschnitt zu ziehen, Widersprüche stillschweigend in gemeinsame einer allgemeinen Situation einzufangen."(11) In der Dezembernummer des gleichen Jahrgangs zwar sieht er schon für den Teil der Jugendbewegung, die an der Tagespolitik teilnehmen will, keinen anderen Ausweg, als: "sie muß dem Nationalsozialismus Gefolgschaft leisten," hält aber den eigenen Weg für ebenso notwendig und sieht die Aufgabe der Bündischen im eigentlichen Sinne in einer konkreten Form des Bundes als gegeben an.(12)

Die Furcht, den Einfluß auf die "zeitläufige Politik" zu verlieren und die Hoffnung, eine Massenbewegung wie die NSDAP durch einen geistigen Einschlag läutern zu können, läßt ihm den Weg in die NSDAP als gangbar erscheinen. Seiner Meinung nach hat die Jugendbewegung die Aufgabe, nach dem Siege bei Hitler dafür zu sorgen, daß keine Parteimaschinerie entsteht.

Aus dem hier Gesagten ergibt sich der Eindruck, daß die Schwäche der eigenen Position in den jungnationalen Kreisen so stark bewußt geworden war, daß man sich hier keine Chance mehr zurechnete und aus einer politischen Ausweglosigkeit heraus vor der realen Entwicklung kapitulierte, ohne sich eigentlich selbst auch innerlich dem Nationalsozialismus zu verschreiben.

In der Deutschen Freischar, bei der die politische Vielschichtigkeit ihrer Älterenkreise bereits erwähnt wurde, gab es aber genügend Kräfte, die den Nationalsozialismus kritischer betrachteten und an eine eigene politische Frontstellung dachten. Zweifellos enthielt dieser Bund, wie schon früher gesagt, auch die stärkeren Momente der Jugendbewegung. Der Freischärler war eben der Typ des Bündischen par excellence. Die Führerzeitschrift zeichnet sich durch ein hohes geistiges Niveau, durch Objektivität, wissenschaftliche Behandlung der Probleme in solchem Maße aus, daß man kaum glaubt, eine Jugendzeitschrift in Händen zu haben. Hier ließ man sich nicht überrumpeln. Im Jahr 1931 gab die Deutsche Freischar ein Heft heraus, in welchem der Nationalsozialismus eingehend besprochen wurde. Der erste Teil dieses Heftes wirft die Frage der Entstehung des Nationalsozialismus auf. Er wird absolut ernst genommen, aber man weiß doch klar zu unterscheiden und sieht hier einen Entscheidungskampf von höchster Wichtigkeit sich anbahnen. Die Stellungnahme geht von eigener Warte aus. Es wird nicht die Frage aufgeworfen, sollen wir, oder sollen wir nicht, sondern die Forderung gestellt: "Wichtig und für alle Glieder des Bundes unerläßlich ist also die Kenntnis des Nationalsozialismus, seiner Gedanken, seiner Entwicklung, seiner Ziele und führenden Männer, die gegenüber der sozialistischen Gesellschaft die nationalsozialistische wollen. Erstere bedeutet Sozialisierung - staatliche Produktion - Verteilung - und Konsumregelung, Nationalsozialistische Wirtschaftsordnung will Korporation, - Verbände von Unternehmen und Arbeitnehmern - Freies Wirtschaftsspiel - in dem der Staat jedoch die Verteilung vornimmt und regelt."(13) Über das Wesen des Nationalsozialismus ist man sich klar. "Dieser will faschistische Form; man lasse sich nicht täuschen durch den veränderten nationalsozialistischen Ruf: Hinein in den Staat. Das Ziel der Eroberung des Staates durch die Parteidiktatur einer Elite bleibt das Gleiche, nur die Taktik ändert sich."(14)

Die allgemeinpolitische Schulung der Freischar will ja das Einzelurteil des jungen Menschen wecken, keine endgültigen Entscheidungen geben. "Kritische Gedanken in diesen Blättern bedeuten daher nicht die Kundgebung von Ideenpäpsten über die Richtigkeit oder Unrichtigkeit von Ideologien, sondern wir fragen der realistischen Haltung des Bundes entsprechend nach der Wirkung, welche die betreffenden politischen Kräfte für Deutschland haben, oder haben können."(15) Schwere Bedenken gegenüber dem geistigen Gehalt der NSDAP werden hier vorgebracht, "die Partei droht zu einer riesigen Kampfgruppe anzuschwellen, ohne daß die geistige Entwicklung und Klärung Schritt hält." "Noch bedrohlicher wird der Mangel an geistig und kulturell führenden Köpfen in der Kulturpolitik bemerkbar."(16) Die Krise des Nationalsozialismus wird darin erblickt, "daß er keine spontane Bewegung mehr ist und sein kann, ohne doch schon die tatsächliche Macht erreicht zu haben."(17) Man glaubte, daß es noch nicht zu einem Selbstverständnis in den eigenen Reihen der Partei gekommen sei. "Der Nationalsozialismus sieht sich vor die Aufgabe gestellt, in der Mitte seines Laufes sich selbst zu verstehen, besonders erschwert wird diese Aufgabe dadurch, daß sie sehr schnell und gründlich gelöst werden muß, daß den nationalsozialistischen Intellektuellen nicht wie den russischen Intellektuellen der

Vorkriegszeit die Ruhe der Schweizer Verbannung noch wie den Faschisten die Sicherheit und die Hilfsquellen bajonettumgebener Ministerialbüros gewährt sind. Die Unzulänglichkeit, mit der diese Aufgabe heute innerhalb des Nationalsozialismus gelöst wird, wirkt beklemmend; man kann nur darüber erschüttert sein, in welchem Mißverhältnis der geistige Inhalt und die intellektuellen Hilfsmittel zu der Glaubenskraft der Bewegung stehen."(18) Die Freischar bemerkt, daß sie hier nicht den landläufigen Stellungnahmen folge, sondern aus praktischer, geistiger und politischer Kenntnis heraus kritisiere. "Während der Glaube an das dritte Reich unstreitig eine geistige Tatsache ist, die echte Glaubenskräfte in Hunderttausenden von Menschen erregt hat, stehen die sachlichen Begründungen und Folgerungen der Bewegung in groteskem Mißverhältnis zu der Qualität dieser Kraft. Ein Riese im Konfirmandenanzug, das ist der Eindruck jedes Unbefangenen, wenn er die eigentliche Bewegung mit ihrer geistigen Begründung und Einkleidung vergleicht ...."(19)

Es wird weiterhin das Überwiegen rassentheoretischer Erörterungen in der inneren Diskussion und ein vollständiges Fehlen nationalökonomischer und soziologischer Erkenntnisse und Folgerungen festgestellt. Zwar wurden die Arbeiten der jüngeren intellektuellen Kräfte des Nationalsozialismus, ihre praktischen Vorschläge zur Verwaltungs-, Versicherungs- und Reichsreform sowie die Volks- und Staatsideen als neuartig und positiv anerkannt, doch empfand man es als unheimlich, daß die geistigen, soziologischen und wirtschaftlichen Tatsachen, die nach eigener Meinung die Grundlage des Nationalsozialismus bildeten, von den Außenstehenden klarer beurteilt und vertreten würden.(20) Der Nationalsozialismus wurde hier als "die erste und bisher einzig wirklich demokratische Bewegung des deutschen Volkes" gesehen, die der Ansatzpunkt für die Nationalisierung und in erster Linie "Sozialisierung" der bisher nicht in den sozialistischen und radikal-fortschrittlichen Parteien der Vorkriegszeit erfaßten Masse des Bürger- und Kleinbürgertums sei.(21) Aber der "elementare Drang zur Sozialisierung, der sich vor allem gegen die Herrschaft der Wirtschaftsführer, Fachmänner, Beamten und Militärs, die für das frühere Deutschland typisch gewesen sei, richte, echte Demokratie und Gemeinverantwortung verlange und ein autoritäres Führertum voraussetze", würde nur von wenigen innerhalb der NSDAP verstanden. Hier lag nach Meinung dieses Aufsatzes das erste verhängnisvolle Mißverständnis des Nationalsozialismus, das seinen Grund vor allem in der ersten Entwicklungsgeschichte bis 1923 und den daraus entstehenden Tendenzen gehabt habe.

Der Begriff des Sozialistischen in der NSDAP habe seinen Ursprung in der völkischen Bewegung der alten Habsburger Monarchie genommen, sei von dort aus in den Kreis, der sich 1919 um Hitler bildete, gedrungen, also in dem österreichischen Sinne, der das Sozialistische dem Marxistischen entgegensetzte, gebraucht worden, und er bezeichne nicht so sehr das Streben nach einer neuen Gesellschafts- und Wirtschaftsordnung. Nichtsdestoweniger sei aber das Bekenntnis zum Sozialismus echt gewesen und habe mit einem ungeheuer sicheren Instinkt das Zentralproblem Deutschlands, das in einer Durchdringung von Nationalismus und Sozialismus gipfelte, getroffen. In Bayern aber habe sich die NSDAP mit den Mächten der Beharrung verbunden, und es sei auch nach dem verunglückten Putsch 1923 nicht zu einer klaren Trennung von den Mächten der Reaktion gekommen, vielmehr "der Bewegung eine Neigung zu Kompromissen, zum 'Retten' von Fragmenten und zum Verzicht auf das Ganze, ein Schwanken zwischen geistiger Radikalität und Bejahung der bisherigen bürgerlichen Lebens- und Denkformen" verblieben.(22) Der Nationalsozialismus aber sei keine Bewegung der Wiederherstellung. Wenn er sich nur damit begnügen würde, eine funktionierende Wirtschaft, eine Armee und eine ausgezeichnet arbeitende Bürokratie aufzubauen, so müsse er am Mißverständnis seiner eigenen Aufgabe zugrundegehen.

Auch das Ausscheiden der Otto-Strasser-Gruppe, der zwar taktisch falsches Vorgehen vorgeworfen, deren Konzeptionen über allgemeine Politik und sozialistische Wirtschaftsordnung unter dem nationalen Gedanken aber als sehr tief und richtig bezeichnet wurden, wird als eine zwangsläufige Abkehr vom Problem des Sozialismus angesehen, während Hitlers Vorgehen, welches die sozialistisch orientierten norddeutschen Gaue der NSDAP durch geschicktes Manövrieren wieder zur Aufgabe ihres auf dem Parteitag zu Hannover geschlossenen Bündnisses brachte, einen besseren politischen Instinkt bewiesen habe.(23) Die Unterschätzung der Persönlichkeit Hitlers wurde abgelehnt. Keinesfalls aber hielt man es für möglich, daß die NSDAP nun noch die vor allem von Norddeutschland gestellte Frage nach dem Sozialismus unbeantwortet ließe. In Norddeutschland waren es ja insbesondere die Massen der Industriearbeiter und unselbständigen Angestellten, die etwas anderes verlangten, als die Sicherung der bürgerlichen Gesellschaft und Ordnung.

Der Irrtum des Nationalsozialismus in der Frage der Wirtschaft wurde vor allem darin gesehen, daß er glaube, es im allgemeinen mit einem gut funktionierenden System zu tun zu haben, das nur an einigen Stellen der Berichtigung bedürfe. Die Ansicht der Freischar aber ging dahin, daß das bisherige Wirtschaftssystem überholt sei, daß sich ein ungeheurer Wandel ankündige, der durch planmäßiges Eingreifen gemeistert werden könnte. Daher wurde die Stellung der NSDAP zu den sogenannten Wirtschaftsführern, "den Herren aus Rheinland und Westfalen", die mit einem "mystischen Respekt" immer wieder als Sachverständige herangezogen wurden, angegriffen.(24) Die Freischar sah allgemein die Wirtschaft als Angelegenheit der Nation an, sie lehnte es ab, daß Vertreter von Interessengruppen als maßgebliche Sachverständige herangezogen würden. Die Wirtschaftsvorstellungen des Nationalsozialismus wurden "als romantisch und ideologisch gefärbt" kritisiert. Der Blick ruhe nur wie "hypnotisiert auf den Banken", sehe z.B. nicht "die Bedrückung der verarbeitenden Industrien durch die rohstoffbesitzenden und rohstoffverbreitenden Industrien." Er lasse die große Gruppe der eigentlichen Wirtschaftsherrscher, "die Monopolbesitzer" außerhalb der Betrachtung. Als Beispiel für die Heilmethode der NSDAP in der Wirtschaft, die nur eine "Einzelheit isolieren" und dadurch das Ganze retten wolle, wird die Lehre des nationalsozialistischen Theoretikers Gottfried Feder über die Zinsknechtschaft angeführt, deren Brechung sich ja der Punkt 11 des Parteiprogramms der NSDAP zum Ziele gesetzt hatte.(25) Diese Theorie wird dahingehend kritisiert, daß zwar die Banken Kapital zweifellos an die volkswirtschaftlich falschen Stellen geleitet und die Mittel der nationalen Volkswirtschaft dazu benutzt hätten, sich zu bereichern und unkontrollierbar Machtpositionen auszubauen, aber die Brechung der Zinsknechtschaft müßte bei Erfassung des Prozesses der Kapitalbildung ansetzen, da die Banken schließlich ihr Kapital auch nicht aus der Luft griffen. "Die eigentliche Zinsgestaltung sei nur das letzte Glied eines ganzen wirtschaftlichen Systems", das eben in seinem ganzen Umfang geändert werden müsse. Wenn der Nationalsozialismus sich selber richtig erkennen und die Konsequenzen dieser Erkenntnis ziehen würde, so müsse er begreifen, daß er seinen Sozialismus nicht auf dem Interesse einer einzelnen Klasse aufbauen könne, sondern ihn "aus der Ganzheit heraus begründen" müsse. Diese Aufgabe wurde als sehr schwer, plötzlich gestellt und kurzbefristet bezeichnet. Hier kommt eine Ansicht zum Durchbruch, die darauf hinweist, daß die Machtübernahme durch Hitler eigentlich für die Bünde unerwartet kam. K.O. Paetel in seinem Aufsatz "Deutsche Jugend" schreibt, daß man "um die Jahreswende 1932/33 mit einem Zerfall der NSDAP" und einer "neuen Welle" gerechnet habe, "die Zeit und Chance eines eigenen Einsatzes - eventuell als eine Art 'echter nationaler Sozialismus' geben würde."(26) Wahrscheinlich glaubte man damals an die Möglichkeit, die Schleicher'ische Idee eines Bündnisses von Reichswehr und Gewerkschaften mit Hilfe der Bünde und weiterer Kreise der konservativ-revolutionären Gruppen verwirklichen zu können und damit die NSDAP auszuschalten. Daß dieser Gedanke eines eigenen Ansatzes der Bündischen zur Staatsbildung mit Hilfe dieser Kreise wohl nicht ganz abwegig ist, kann auch aus dem Schlußsatz der kritischen Auseinandersetzung mit dem Nationalsozialismus in oben erwähntem Heft der Deutschen Freischar entnommen werden. Wenn nämlich der Nationalsozialismus es versäumen würde, den Grund der eigenen Bewegung zu erfassen, so würde "das Bündnis von Nationalismus und Sozialismus an ganz anderen Stellen und unter ganz anderen Namen hervorbrechen und sich verwirklichen."(27) Eine solche Verwirklichung hätte aber nur von den obengenannten politischen Verbindungen in gemeinsamen Einsatz mit der bündischen Jugend und ihren Jungmannschaften durchgesetzt werden können. Denn dort hatte man die Bedeutung der Durchdringung von Nationalismus und Sozialismus weitgehend erkannt.

Mangelnder Tatsachensinn und romantische Auffassung der Wirtschaft wurde dem Nationalsozialismus auch in seinen außenpolitischen Projekten vorgeworfen. Die Hoffnung auf ein englisch-deutsch-italienisches Bündnis wird als Utopie betrachtet, ebenso die Hoffnung auf eine Revisionsbereitschaft in den USA, die in ihrer Wirtschaftskrise genug mit sich selbst beschäftigt seien. Die anstelle streitender Sieger getretenen, auf sich selbst bezogenen Mächte, die stillschweigend übereingekommen wären, Deutschland in nichts nachzugeben, hätten eine Situation heraufbeschworen, die man sehr richtig als neue Einkreisung bezeichnen könnte. Deutschland sei lediglich Objekt der Weltgeschichte und würde durch das einseitig für die Sieger wirkende kapitalistische System ausgesogen und geschwächt. In dieser Situation könne man aber nicht mehr von Expansion und Angriff sprechen, nicht in einem "Vorkriegsnationalismus von Bündniserwartungen und Konstellationen" verharren, sondern es handele sich um "Befreiung und Verteidigung", und dazu sei eine andere Konzeption als die der NSDAP notwendig. Als größte Illusion wird der Gedanke einer anti-russischen Wendung der deutschen Außenpolitik nach der mit Italiens und Englands Hilfe erhofften Befreiung von französischem Druck bezeichnet. Dieser Gedanke verrate den "Mangel an Erkenntnis seiner eigenen Bedeutung, die wir dem Nationalsozialismus vorwerfen." "Wir gehören", so wird weiter ausgeführt, "keineswegs zu den Rußlandschwärmern, aber wir genieren uns gar nicht auszusprechen, daß wir das russische Volk trotz GPU und aller inneren Streitigkeiten für das augenblicklich freieste Volk halten. Ein Angriff gegen diese mit ungeheurer Intensität sich selbst gestaltende Gesellschaft ist ebenso verhängnisvoll und muß ebenso auf den Angreifer zurückschlagen, wie die Angriffe der Fürstenkoalition auf das Frankreich der großen Revolution."(28) Diese Stellung zu Rußland weicht allerdings stark von Hitlers Drohungen in "Mein Kampf" ab und führte wohl mit zu den Anklagen, die die Gestapo wegen Kulturbolschewismus und Kommunistenfreundlichkeit gegen die bündische Jugend erhob.(29) Die Frontstellung gegen Rußland wurde hier als falsch angesehen, Deutschland müsse dann das kapitalistische System der Westmächte widerspruchslos anerkennen, es würde nur noch "dem Sklaven gleichen, der dazu hilft, den entlaufenen Mitsklaven wiedereinzufangen, und der dafür eine kleine Aufbesserung seiner täglichen Lebensmittelration erhält."(30) Es ist zumindest interessant, um wieviel richtiger die Freischar damals die aussenpolitische Situation beurteilt hat, als die uns so verhängnisvoll gewordenen Politiker der NSDAP.

In der Zeitschrift "Die Freideutsche Position" stellte H.J. Schoeps die Frage, "ob sich denn wirklich in der nationalsozialistischen Bewegung echte mythische Kräfte offenbaren, die hinter dem Bekenntnis 'Deutschland' stehen", oder ob sich "hier vielmehr nur der durchaus verständliche Gegenstoß eines eingeengten Volkes gegen die Bedrohung seines Lebensraumes" zum Ausdruck brächte.(31) Er gibt zu, daß tiefere Schichten als der Hungertrieb hier aufbegehren, aber er fragt, ob das Objekt der Triebrichtung nur ein vorgestelltes oder ein wirkliches sei. "Der bloße Appell des sich Bekennens zu Deutschland und seine propagandistisch-marktschreierische Vertretung (nebst Verherrlichung des eigenen Körperbaues in Form von Rassetheorien)" mache "den Zugang zu dem, was echter Mythos ist, zu leicht." Schoeps vermißt hier die für das geschichtliche Bewußtsein wirklich bedeutende Entscheidung, die das Opfer verlange. Meistens entspräche, "das Eintreten in Reih und Glied und die bedingungslose Unterordnung unter die Gebote eines Führers" nur "einer bestimmten seelischen Struktur, die sich in diesem Mythos nur für ihre Biologie entsprechenden Ausdruck" verschaffe. Er fürchtet, daß hier das Bekenntnis "Deutschland" nur bei feierlichen Anlässen Geltung hat. Er vermißt die Konsequenzen in der Lebensgestaltung des Alltags, denn gerade hier müsse der "Preis für ein solches Bekenntnis, wenn es für Deutschland gültig sein soll", bezahlt werden. An der Realisierung im Alltag, an der Qualität also und nicht am politischen Erfolg wird hier der Nationalsozialismus gemessen. "Wenn nicht jeder SA-Mann oder wenigstens jeder ihrer verantwortlichen Führer in seinem personalen Dasein im qualitativen Sinne ein Deutscher geworden ist – und was das heißt, kann vielleicht am Schicksal Nietzsches abgelesen werden, abgesehen von der 'blonden Bestie' – wird die nationalistische Bewegung für die geistige Behauptung Deutschlands vor andringenden Kollektivgewalten (Amerikanismus und Bolschewismus) im Grunde nichts zu bedeuten haben." Diese Einstellung zeigt die ganze Skepsis, die die Freideutschen notwendigerweise dem Nationalsozialismus gegenüber haben mußten, das Mißtrauen gegen alle schönen Vordergrundparolen, das diesen für geistige Probleme so aufgeschlossenen Menschentyp zu einer tieferen Beobachtung der NSDAP drängte und das wache Verantwortungsbewußtsein, das hier für das nationale Schicksal der Deutschen empfunden wurde.

Die in der "Bündischen Reichsschaft" zur politischen Tat drängenden Kräfte der Bündischen(32), deren Neugestaltungswille ebenso wie der der Deutschen Freischar die "ganze alte Lebenswelt in Frage gestellt sah" und auf die Reformation des "ganzen deutschen Lebens" hinzielte, sprachen dem Nationalsozialismus wie auch den übrigen Parteien die Fähigkeit ab, "an die Stelle der herrschenden Lebensmißordnung die deutsche Lebensordnung zu setzen." "Anfälligkeit für ausländische Vorbilder", "offenkundiger Mangel an technischen Fähigkeiten für den Aufbau der Organisation, die das verwickelte Wirtschafts-, Gesellschafts- und Staatsleben kunstgerecht ordne und regele", "die rein politische Kräftegruppierung ohne Fundament einer religiösen Bewegung" mache sie unfähig zum Aufbau eines neuen Deutschen Reiches. Hier wird auch wieder der Vorwurf einer römisch-faschistischen Ausrichtung erhoben.(33) Die Parteibürokratie, die den Zentralismus der Partei begründet habe, und die politische Propaganda werden vom Standpunkt der Bewegung als "artfremd" und zu der "Vorstellungswelt gerade des jungen Deutschland in Widerspruch" stehend angesehen. Der Nationalsozialismus selbst sei als Bewegung durch die "Organisierung" zur Partei zu Schaden gekommen. Heftigst wird der Einfluß der Partei auf den nationalsozialistischen Studentenbund angegriffen und ein "bündisches Eigenleben im Dienste des Reichsgedankens" gegenüber dem bürokratischen Zentralismus der Partei vertreten. Die Bündische Reichsschaft hielt gegenüber der NSDAP nicht den Weg in die Partei, sondern den "vom Männerbund zum Reich" für richtig.(34) Sie wollte die bündischen Menschen sammeln, die nicht bloß vom Reich redeten und "Revolution" riefen, sondern mit dem praktischen Einsatz als "das letzte Aufgebot" beginnen.

All diese kritischen Auseinandersetzungen der bündischen Jugend mit dem Nationalsozialismus sind nun nicht als einheitliche Stellungnahme gegen die NSDAP zu werten, aber sie zeigen doch, daß man sich im Lager der Jugendbewegung nicht ohne weiteres mit dem Nationalsozialismus identifizierte, daß tiefere Wesensunterschiede bewußt waren, die nach der Machtübernahme dann letztlich einen Teil der Bündischen zur heftigsten Oppositionsstellung gegen den Staat Adolf Hitlers veranlaßten.(35) Die Identifizierung von Hitler und Deutschland wurde abgelehnt und die NSDAP als die Deutschland zum Untergang führende Parteiclique bezeichnet. "Hitler ist nicht Deutschland, geschweige denn Großdeutschland ...," er "wird den zweiten Weltkrieg gegen Deutschland in einem Ausmaße verursachen, daß gegen ihn der erste noch gar nichts war. Er wird durch seine Außenpolitik eine Konstellation der Welt, eine Einkreisung gegen das 'Dritte Reich' erreichen, von der zu befürchten ist, daß sie allerdings das Ende Deutschlands bedeutet. Wir wissen nicht, ob nach einer Niederlage nicht ein zweites Versailles kommt. Wir wissen nur eines, daß der Nationalsozialismus es anscheinend darauf angelegt hat, die Zerspaltung und Aufteilung Deutschlands heraufzubeschwören."(36) Hier endete die Kritik, die weitere Konsequenz konnte nur die geheime und offene Rebellion gegen das nationalsozialistische System bedeuten, deren Ausmaße und Auswirkungen gesondert zu behandeln sind, die aber von der hier zitierten politischen Ansicht ausging.

DAS VERHÄLTNIS DER BÜNDE ZUR NSDAP

Über das konkrete Verhalten der Verbände der bündischen Jugend zur NSDAP vor 1933 ein generelles Urteil abzugeben, ist fast völlig unmöglich. Es muß notwendigerweise eine Fehlerquelle immer berücksichtigt werden, die schon durch die Struktur der Bünde gegeben ist. Zum ersten war der größte Teil der den Bünden angehörenden Jugendlichen noch nicht im wahlfähigen Alter, so daß nur die "Jungmannschaft" oder "Mannschaft" eines Bundes gewertet werden kann, die an einer parteipolitischen Arbeit interessiert war. Zweitens war vor allem die Bindung der Jüngeren an die älteren Führer so stark, daß persönliche Motive bei einem eventuellen Übertritt die größte Rolle spielten, und drittens war in den meisten Bünden, besonders aber bei der Deutschen Freischar und den Freideutschen die Meinungsfreiheit des Einzelnen in so hohem Maße gewährleistet, daß die verschiedensten politischen Richtungen innerhalb eines Bundes anzutreffen waren. So führte der Weg zur NSDAP zumeist nicht über den Bund, sondern wurde aufgrund einer eigenen politischen Meinungsbildung gewählt oder abgelehnt. Außerdem verschieben sich auch noch die Stellungnahmen einzelner Bünde in ihrem Verhältnis zur NSDAP je nach den wechselnden Bundesführungen und Strömungen innerhalb der Bünde wie auch der NSDAP. Jedoch hat sich bis 1933 kein einziger Bund, mochte er auch noch so sehr die Ziele der NSDAP als seine eigenen hinstellen, dazu entschließen können, seine Unabhängigkeit aufzugeben und sich der Hitlerjugend zu unterstellen.

Von dem Nürnberger Reichsparteitag 1929 berichtet "Der Zwiespruch" eine bemerkenswerte Entwicklung auf dem Gebiet der Jugendarbeit der NSDAP, wenn sie auch nicht gerade die offizielle Parteijugend betreffe.(37) Zu diesem Reichsparteitag waren eine Reihe der sich zum Nationalsozialismus bekennenden Führer der Jugendbewegung erschienen, "darunter die Bundesführer der Adler und Falken, der Artamanen, der Freischar Schill und der Geusen." Zunächst wird von seit längerer Zeit in Gang befindlichen Verhandlungen geschrieben, die den Zweck gehabt hätten, die aus der Jugendbewegung herkommenden Gruppen der Hitlerjugend zu unterstellen, die aber wegen "der Verschiedenheit der menschlichen Haltung" nicht zum Ziele geführt hätten. Weiter, daß sich eine Reihe der vertretenen Jugendbewegungsgruppen wie die Geusen, Nibelungen, der Gau Brandenburg des Jungnationalen Bundes und einige kleinere Kreise zu einem neuen Bund "Die Eidgenossen, Bund der Jungen Nation" zusammenschlossen. An Hitler wird das Angebot bedingungsloser Unterstellung gemacht und der Wunsch ausgesprochen, neben der Hitlerjugend als nationalsozialistische Jugendorganisation anerkannt zu werden. Hitler und Gregor Strasser lehnten aus Gründen der inneren Geschlossenheit der NSDAP diesen Wunsch ab. Bundesführer des neuen Bundes, der die nationalsozialistischen bündischen Menschen sammeln wollte – als Zeichen hierfür kann auch der damals allgemein überraschende Übertritt des Gaues Brandenburg des Jungnationalen Bundes gewertet werden –, wurde der frühere Bundesführer der Geusen Fritz Eckhardt aus Düsseldorf, ein ehemaliger Wandervogel. Der Zwiespruch begrüßte diese Sammlungsbewegung, da er von ihr Klarheit darüber erhoffte, inwieweit die bündische Jugend bereits "nationalsozialistisch zersetzt" sei. Die Adler und Falken sowie die Freischar Schill blieben diesem Zusammenschluß fern. Der Bundesführer der Adler und Falken, Alfred Pudelko gab eine öffentliche Erklärung heraus, daß er entgegen anderer Meldung kein Bekenntnis zur NSDAP abgelegt hätte: "Ich halte einen Anschluß an eine Partei überhaupt für unmöglich und weiß, daß mein Bund geschlossen hinter dieser Forderung steht."(38) Ein späterer Zusammenschluß aber wird in seiner Erklärung als vielleicht einmal notwendig bezeichnet. Die Freischar Schill schlug sich später unter Werner Lass auf die Seite der Nationalbolschewisten, ebenso die Eidgenossen.(39)

Der Bund Deutsche Falkenschaft stellte sich auf seinem Bundestag 1932 in Nördlingen positiv zur NSDAP, hinderte seine Älteren auch nicht der NSDAP beizutreten, sah aber seinen eigenen Platz nicht innerhalb der Partei.(40) Zahlenmäßig war die Stärke dieser Bünde gering. Nach dem Handbuch der deutschen

Jugendverbände von 1931 betrug sie nicht einmal ein Zehntel der zur bündischen Jugend gehörenden Mitglieder. Alle gehörten sie zum Kreis der jungnationalen Bünde, die eine "klare Zielsetzung ohne parteimäßige Bindung" besassen und deren politisches Ziel das Dritte Reich war, das aus einer Erneuerung von Staat und Jugend geboren werden sollte.(41) Außer den oben erwähnten Bünden werden als sympathisierend mit der nationalsozialistischen Bewegung die "Nordungen, Junggermanischer Orden," der "Wandervogel, Deutsches Jungvolk", "Bund der Tatjugend", und der "Bund Eckehard e.V." bezeichnet.

K.O. Paetel nennt die Adler und Falken in ihren etwas weltfremden Art idealnationalsozialistisch, die Deutsche Falkenschaft desgleichen, nur politikferner.(42) Von den übrigen Bünden der jungnationalen Gruppe berichtet er, daß die "Freischar junger Nation" (Jungnationaler Bund und ehemaliger DNJ-Großdeutscher Jugendbund) besonders im mittleren Führerkorps Nationalsozialisten gehabt habe, der Großteil der oberen Führer sei "jungkonservativ" (etwa den Volkskonservativen nahestehend) gewesen.(43) Nur einige ehemalige Führer des JNB seien später extreme HJ-Führer geworden, während eine Reihe ehemaliger Offiziere aus dem alten DNJ bis zuletzt wohl Hugenbergianer gewesen seien. Der Jungnationale Bund, Deutsche Jungenschaft unter Hans Ebeling, der selbst nach 1933 aus Deutschland emigrieren mußte, sowie der Jungpreußische Bund unter Jupp Hoven neigten dem Nationalbolschewismus zu und waren anti-nationalsozialistisch. In die gleiche Richtung tendierte auch das Graue Korps unter Fred Schmid in Verbindung mit dem Gegner-Kreis unter Harro Schulze-Boysen.

Nach Paetel war der Deutsche Pfadfinderbund im wesentlichen deutschnational, wurde aber in steigendem Maße von Nationalsozialisten beunruhigt. Abspaltungen hätten besonders in Westdeutschland teils scharf gegen Hitler gestanden, andererseits aber auch eine besonders chauvinistische Einstellung besessen. Der Rest der Ringpfadfinder sei politisch uninteressiert nur dem "Jugendland" zugewandt gewesen. Von den Wandervogelbünden waren der Deutsche Wandervogel scharf völkisch, das Treuvolk und andere kleinere Wandervögelbünde sentimental-völkisch. Der Nerother Wandervogelbund, der völlig in seiner eigenen Welt lebte, nach größter Freiheit des Einzelnen verlangte, kann in gar kein Verhältnis zur NSDAP gebracht werden, da er völlig unpolitisch war.(44) Der "Kronacher Bund der alten Wandervögel" sei fast eindeutig "demokratisch" im Sinne der Weimarer Republik gewesen. Hierzu bemerkt Werner Kindt, der die Ausführungen Paetels in ihren wesentlichen Punkten bestätigt und ergänzt, daß insbesondere die größeren Bünde einen instinktsicheren Abstand zur NSDAP eingehalten hätten, daß der Kronacher Bund, da er fast ausnahmslos nur die unpolitischen Menschen der alten Wandervogelbünde umfaßte, weder als "demokratisch" noch als "national" oder "völkisch" angesprochen werden könne, obwohl alle drei Elemente gefühlsmäßig in seinen tragenden Schichten lebendig gewesen seien. In der ersten Linie seien es der ungeformte Nachwuchs der Bünde oder die am Rande der bündischen Erziehung stehenden Außenseiter gewesen, die in die Hitlerjugend oder die SS eingetreten wären.(45)

Die Deutsche Freischar, die sich um die politische Bildungsarbeit konsequent und erfolgreich bemühte, stand in dieser Schulung der Weimarer Republik im allgemeinen positiv gegenüber.(46) Sie war als einer der ganz wenigen Bünde stark genug, eine parteifreie Meinung zu haben. Führende Leute dieses Bundes gehörten der SPD und der Staatspartei an (Den Aufruf zur Gründung der deutschen Staatspartei unterzeichneten sechs Angehörige der Deutschen Freischar, auf den Leuchtenburgkreis unter Fritz Borinski wurde schon hingewiesen). Zu den Nationalrevolutionären bestanden Verbindungen über den "Tat-Kreis" (H. Zehrer). Kommunisten und Nationalsozialisten waren in verschwindender Minderzahl im Bunde.(47) Ihnen wurden kaum Schwierigkeiten bereitet. In der Bundesführung hielten sich die volksnationalen (Bündnis Jungdeutscher Orden und Deutsche Staatspartei) und volkskonservativen Führer (Treviranus-Gruppe) mit der sozialistisch eingestellten Führerschaft ungefähr die Waage, so daß die politischen Spannungen innerhalb des Bundes zu einem gesunden Miteinander und Gedankenaustausch führten, da die menschlichen Beziehungen die politischen Gegensätze überwanden.

Zwei interessante Probeabstimmungen, die 1928 und am 5. IX. 1930 die Bündische Gesellschaft Berlin(48) an stark besuchten Ausspracheabenden veranstaltete und die einen aufschlußreichen Blick auf die politische Einstellung der bündischen Jugend ermöglichen, seien hier wiedergegeben. Es erhielten – die Vergleichszahlen für 1928 in Klammern – die:

Sozialdemokratie	33 v.H.	(53 v.H.)
Nationalsozialisten	4 v.H.	(20 v.H.)
Deutschnationale Volkspartei	2 v.H.	(3 v.H.)
Konservative Volkspartei	18 v.H.	
Altsozialisten	---	(5 v.H.)
Völkisch-nationaler Block	---	(5 v.H.)
Deutsche Volkspartei	4 v.H.	(5 v.H.)
Demokratische Partei	---	(3 v.H.)
Deutsche Staatspartei	30 v.H.	---
Kommunistische Partei	4 v.H.	---
Nichtwähler	5 v.H.	(5 v.H.)

Das Erstaunlichste an diesem Resultat ist wohl der Rückgang der für die NSDAP angegebenen Stimmen, umsomehr bemerkenswert, da "Der Zwiespruch" 1929 die "NSDAP als die einzige Partei"(49) bezeichnet hatte, die Kandidaten der Jugendbewegung an aussichtsreicher Stelle aufstelle. Es weist auf den Ausgang der Auseinandersetzung der Bünde - von denen manche "bereits große Teile an politische Parteien, besonders die NSDAP abgegeben" hatten - mit der parteipolitischen nationalen Bewegung hin, deren Ergebnis Prof. Petersen 1933(50) aufgrund der von Werner Kindt zusammengestellten Übersichten dahingehend zusammenfaßt, daß sie einwandfrei in der Mehrheit der Bünde "zu einer schärferen Erfassung des eigenen Gehalts, der eigenen Form und der eigenen Aufgabe neben den Parteien" geführt habe. Das bedeute "also die Entscheidung für den – Bund." Hinzu kam, daß durch den großen Einfluß der nach 1929 entstandenen deutschen Jungenschaft 1.11., die durch die sogenannte "rotgraue Aktion" unter ihrem Führer Eberhard Koebel (tusk) die eigentlichen Jungenschaften mobilisiert hatte, die autonome Stellung der Gruppen so stark zum Durchbruch gekommen, das Selbstbewußtsein der Jungen in so hohem Maße gesteigert war, daß der eigene Bereich des Jungenlebens weitgehend dem politischen Tagesgeschehen entzogen wurde. Der propagierte "Jungenstaat", der die Autonomie der Jugend gegenüber allen staatlichen Gewalten forderte, konnte sich nicht einer Parteileitung unterstellen. So mußte auch der größte Teil von dj.1.11. und der rotgrauen Aktion auseinanderfallen, als Koebel 1932 in die kommunistische Partei eintrat. Koebel-tusk selbst erklärte am 21. III. 1933, Nationalsozialisten erhielten vierzehn Tage Bedenkzeit und würden dann aus dem Bund ausgeschlossen.(51) Die neue Richtung, die die dj.1.11. in die Jugendbewegungsarbeit gebracht hatte, ist, da geschichtliche Überblicke über die Zeit von 1929 – 33 überhaupt nicht vorhanden sind, bisher in ihren Auswirkungen, die bis weit in die konfessionellen Jugendbünde zu verfolgen sind und eine große Rolle in der illegalen Zeit gespielt haben, noch nicht recht gesehen worden. Sie soll daher hier noch besonders behandelt werden.

Wenn Howard Becker die Stellung der bündischen Jugend so kennzeichnet, "daß eher resignierte Passivität als rückhaltloses Zusammengehen die allgemeine Geisteshaltung der bündischen Jugend" gewesen sei und es als Tatsache hinstellt, "daß sie in den Nazihafen einlief," – er betont zwar ausdrücklich, "daß ein gutes Viertel ... keine Nazizüge aufwies, oder wo es dazu kam, sie mit ziemlicher Schnelligkeit und Gründlichkeit wieder abwarf. Das heißt, es gab einige tausend Pazifisten, mystische Demokraten, Anhänger der 'Gegenseitigen Hilfe', Verfechter der Versöhnungstheorie und selbst solche, die die Weimarer Republik angriffslustig unterstützten", – so scheint damit keineswegs die Situation richtig gekennzeichnet.(52) Bünde wie die Deutsche Freischar dachten nicht daran, sich passiv oder resigniert zu verhalten, sie versuchten immer wieder eine eigene Position herauszustellen und wußten sehr wohl, daß es wirkungslos war, "den Jungen etwa den Verkehr mit der Hitlerjugend oder den Roten Falken zu verbieten, wenn man ihnen nicht angeben konnte, in einer Sprache, die ihnen verständlich war, warum man das tat."(53) Vielmehr ist wohl das Urteil von Luise Fick richtig, die die Geschichte der Jugendbewegung vom nationalsozialistischen Standpunkt aus schreibt – sie bezeichnet die Bündischen als "staatssuchende Jugend" – und sagt: "Es ist eigenartig zu beobachten, wie 1933 gegen den Willen der Bünde der 'staatssuchenden Jugend' durchgeführt werden mußte, was in ihr seit 1918 notwendig angelegt war .... Ablösung und Überwindung der Welt, gegen die die Jugendbewegung einst aufgestanden war, kam für die meisten über Nacht heran. Nur von einem kleinen Teil war sie bewußt erkämpft worden, und auch diese wenigen hatten sich nicht rückhaltlos eingeordnet." (54) Um dieses Urteil weiter zu rechtfertigen, wird es nötig sein, einige nationalsozialistische Stimmen über das Verhältnis der Bündischen zum Nationalsozialismus heranzuziehen.

DAS NATIONALSOZIALISTISCHE URTEIL ÜBER DIE BÜNDISCHE JUGEND

Der Totalitätsanspruch, den die Hitlerjugend auf dem Sektor der Jugenderfassung und -erziehung stellte, der sich nach der Machtübernahme zu einem Totalitätsanspruch des neuen Staates gegenüber der Jugend erweiterte, schloß im allgemeinen eine objektive Beurteilung von ihrer Seite über Leistung und Entwicklung der bündischen Jugend aus.(55) Aus diesem Anspruch heraus mußte die Hitlerjugend konsequent die Existenzberechtigung der Bünde verneinen. Ihr erschien die Entwicklung der bündischen Jugend folgerichtig als eine Abirrung von dem Weg der Jugendbewegung, ja als Verirrung und Entartung. Während noch Teile der bündischen Jugend glaubten, sie hätten ein Recht darauf mitzubauen am "Neuen Reich" und sich selbst als Teil oder vielmehr Elite der aufbrechenden völkischen Erneuerung ansahen, verneinte Baldur von Schirach konsequent diesen Anspruch und wies das körperschaftliche Bekenntnis des Großdeutschen Bundes zu dem Führer Adolf Hitler "als eine beispiellose Frechheit zurück."(56)

Zwar bestritt es von Schirach, daß er "selbst oder einige seiner Mitarbeiter eine persönliche Antipathie gegen diese Form der Jugendbewegung gehabt" hätten,(57) aber in all seinen Maßnahmen gegen die bündische Jugend tritt diese Antipathie so stark hervor, daß sie weitgehend das Urteil bestimmte, das ihn zur Auflösung der bündischen Jugend führte.

Es soll hier ganz abgesehen werden von den üblichen Beschimpfungen, die er gegen die Bünde richtete, in denen er ihnen die sachliche und moralische Qualität abspricht, mit der Jugend zu arbeiten, wo er die Eigenart vieler prominenter bündischer Führer nur darin erblicken will, daß sie sich angeblich grundsätzlich nie die Haare schneiden ließen, sondern versucht werden, seine sachlicheren Argumente herauszusuchen, obgleich die üblen Karrikaturen einen Nachhall fanden in der Beschreibung der bündischen Jugend in den Dienstvorschriften des Streifendienstes der Hitlerjugend.(58) Daß es aber Baldur von Schirach war, dessen Urteil über die bündische Jugend zum maßgebenden im Dritten Reich wurde, kann wohl nicht angezweifelt werden. Durch seine Stellung und das in der Hitlerjugend herrschende absolute Führerprinzip mußten sich seine Anschauungen als die amtlichen und daher allein gültigen durchsetzen.

Zudem darf ein gewisses psychologisches Moment bei Baldur von Schirach in der ganzen Art und Weise seiner Beurteilung der bündischen Jugend nicht ausser acht gelassen werden. Die bündische Jugend hatte seit jeher mit einem gewissen Hochmut auf die "Massenorganisation" der Hitlerjugend herabgesehen. Dadurch war wohl bei von Schirach zweifellos ein Ressentiment geweckt worden, das sich überall Bahn brach, und er suchte sich nach der Machtübernahme für seine Minderwertigkeitsgefühle zu rächen.(59) Typisch ist hierfür sein Vorgehen gegen den Großdeutschen Bund, welches er in seinem Buch "Hitlerjugend Idee und Gestalt" selbst beschreibt, und das die Züge einer Rache und des Ressentiments gegen die "Hochmütigen" deutlich aufweist.

In seiner Beurteilung der "Gegner von gestern" geht Baldur von Schirach davon aus, daß nicht er die Schuld an dem Zusammenbruch der bündischen Jugend trage, sondern daß die Bünde an ihrer eigenen Schwäche zugrunde gegangen seien. Die Zeit habe etwas anderes verlangt als "die Romantik der höheren Schüler am Lagerfeuer" und das Todesurteil sei von der "Wirklichkeit, vom realen Leben verkündet" worden, da die intellektuellen Debatten der Siebzehnjährigen nicht in einer Tat geändet seien.(60) Diese These von Schirachs wird eigentlich durch ihn selbst widerlegt. Nur einige Seiten vorher in demselben Buch schrieb er: "Die erste Handlung, die ich vornahm, war die Auflösung des Großdeutschen Bundes. Da mir alle deutschen Jugendverbände unterstellt waren und ich damit das Recht erhalten hatte, über ihre Führung zu entscheiden, zögerte ich keinen Augenblick, diesen Schritt zu tun, der für die HJ die Beseitigung eines unerträglichen Zustandes war."(61)

Hier wird das Recht zur Auflösung der bündischen Jugend aus der Machtstellung des autoritären Staates hergeleitet und der Grund ist also in Wirklichkeit nicht in einem Zusammenbruch der bündischen Existenz zu suchen, sondern diese mußte zwangsläufig durch den Totalitätsanspruch der Hitlerjugend als "unerträglich" empfunden werden.

Dieser "unerträgliche Zustand" war für von Schirach vor allem durch die Stellung der bündischen Führer zur Hitlerjugend bedingt. Er wirft ihnen vor, daß sie die HJ nur als eine Parteijugend gewertet hätten, um Verwirrung zu stiften. Infolge dieser Einstellung aber sei die "politische Unzulänglichkeit" bewiesen. Die

Diskussion der bündischen Jugend darüber, "ob Adolf Hitler der geeignete Führer des deutschen Volkes sei", nennt er "ekelhaft"(62). Für ihn repräsentieren die bündischen Führer als "kleine Clique größenwahnsinniger Romantiker innerhalb der Jugend, den ewigen Geist der Verneinung."(63)

Dem alten Wandervogel der Vorkriegszeit gegenüber versucht sein Urteil schon gerechter zu werden. Hier war ja auch nicht mehr die unmittelbare Nähe einer auseinandersetzenden Konkurrenz gegeben, und die geschichtliche Leistung des Wandervogels als Schöpfer der Jugendbewegung nicht mehr zu übersehen. Er nennt ihn immerhin einen "geschichtlichen Bestandteil der deutschen Jugendbewegung" und anerkennt die Menschen, die ihn trugen.(64) Den Bünden der Nachkriegszeit aber bestreitet er das Recht, sich auf die Jugendbewegung von einst zu berufen, da sie nur die Schwächen, nicht aber ihre Tugenden in Besitz genommen hätten.(65) Der bündischen Jugend wirft er vor, daß sie an der Lehre des großen Krieges vorübergegangen sei, es vergessen habe, daß die Zeit der ungebundenen Jugendbewegung durch das Sterben von zwei Millionen eine Zäsur erfahren habe, die ihrem Treiben die Pflicht zur Gebundenheit und männlichen Zucht auferlege.(66) Die von der Hitlerjugend geforderte Synthese von Jugend und Wehrbewegung, die Verbindung des Soldatentums mit der politischen Idee und damit die zielbewußte Ausrichtung auf die Nation war für die Repräsentanten des Nationalsozialismus der einzige Grund für die Daseinsberechtigung eines Jugendbundes.(67) Da die Bünde sich bemühten, parteipolitische Einflüsse von ihren Gruppen fernzuhalten, der Nationalsozialismus sich selbst aber als Weltanschauung betrachtete, mußte er den Bünden vorwerfen, daß sie nicht zwischen Weltanschauung und Parteipolitik zu unterscheiden vermochten, wenn sie einen Einfluß der NSDAP ablehnten.(68) In der weltanschauungslosen Erziehung der Bünde sah er den Hang zur Romantik, zu Weltfremdheit und unpolitischen Ideologien verborgen, die nach seiner Meinung zur Verschleuderung "deutscher Energien" und Systemfreundlichkeit (Weimarer Republik) geführt haben.

Anerkannt wird allerdings die Jüngsten-Erziehung der Bünde - sie wurde als geradezu großartig bezeichnet -, an ihr seien alle Stöße abgeprallt, die die bündische Jugend erschüttert hätten, und als ein Mittel zur Vernichtung wird, empfohlen, den Jungen und Jüngsten rein menschlich dieselbe Erziehung zu bieten wie die bündische Jugend und ihr somit den Nachwuchs zu entziehen. Jedoch kamen diese Einsichten mehr von der Seite derjenigen, die aus dem Bünden zur HJ übergetreten waren und über eine genauere Kenntnis der Struktur und des Eigenlebens der Bünde verfügten.(69)

Ein scharfer Gegensatz mußte zwischen den Bünden und der Hitlerjugend auch dadurch entstehen, daß die Bünde versuchten, ihre jungen Mannschaften nach einem gewissen Ausleseprinzip zu sammeln, während die HJ es anstrebte, Massenorganisation zu werden. Zweifellos mußte die dauernde Betonung dieses Ausleseprinzips bei Außenstehenden den Eindruck von Überheblichkeit und Hochmut hervorrufen. Baldur von Schirach spricht in diesem Zusammenhang von der "Auslese höherer Schüler", einem kleinen Club von "revolutionären Jugendlichen", der geglaubt habe, die Elite der Nation zu sein.(70) Er bestreitet der bündischen Mannschaft das Recht, sich besser zu dünken, - wobei hier noch die Frage offenbleibt, ob sie es wirklich getan hat - und behauptet, daß die HJ, während man an den Lagerfeuern der Bünde schöne Lieder gesungen habe, den Jungarbeiter der Fabrik aufgerufen und ihm das Erlebnis der Fahrt geschenkt habe. Wenn die bündische Jugend sich jetzt verkannt fühle, so müsse sie zugeben, daß sie im Falle ihres Erfolges die Hitlerjugend genau so behandelt hätte. Von Schirach geht hier so weit, daß er der "verbohrten Sekte von bündischen Führern" die sachliche und moralische Fähigkeit, mit der Jugend zu arbeiten, abspricht und es folgerichtig ablehnt, sie weiter zu verwenden.

Während in einer Reihe von Arbeiten und Aufsätzen derer, die aus der Jugendbewegung zur NSDAP stießen oder zumindest der Jugendbewegung nahestanden, versucht wurde, die Hitlerjugend in einen historischen Zusammenhang mit der Jugendbewegung zu bringen(71), sie als Vollendung und Erfüllung der Jugendbewegung zu verstehen, lehnte die offizielle Stellungnahme diese Auffassung ab und stellte fest, daß die Bünde der Nachkriegszeit zur Wandervogelbewegung von einst ebensowenig innere Beziehungen besessen hätten wie zum Nationalsozialismus.(72) Die erste Auffassung wies den Bünden die Funktion der Elitebildung, die erzieherische Vorformung der führenden Schicht des neuen Staates zu. Sie verneinte, daß von dort her ein neues Wertsystem aufgebaut worden sei, dessen Durchsetzung in der Volksgemeinschaft und Vollendung zur endgültigen Gestalt die Hitlerjugend übernommen habe.(73) Die Kritik dieser Meinung an der Jugendbewegung wendet sich zwar auch fast ausschließlich gegen die bündische Aera der Jugendbewegung, versucht aber dennoch das Positive ihres Schaffens für den neuen Staat hervorzuheben.(74) Positiv gesehen wurden hier der Aufbau der neuen eigenen Gemeinschaftsordnung sowie alle Bestrebungen, die auf das Volkliche hinzielten. Negiert wurden die Klassenfremdheit, Stadtfremdheit, rein kulturelle Einstellung, der Persönlichkeitskult, Ferne von der politischen Wirklichkeit, pazifistisch-machtfeindliche Haltung, liberale Freiheit, Übersteigerung der Selbstverantwortung und die "isolierte Jugendinsel". Die Bejahung der völkischen Bestrebungen innerhalb der Jugendbewegung führte sogar soweit, daß von dieser Seite aus die historisch-geistige Entwicklungslinie des Nationalsozialismus aus der Jugendbewegung hergeleitet wurde, um ihm das Zufällige eines geglückten Umsturzes zu nehmen und ihn als "die Endentwicklung eines dreißigjährigen Kampfes" zu verstehen, dessen Entscheidung nicht mehr aus dem Mangel an geistigen Grundlagen umgestürzt werden könne.(75)

Die zweite Auffassung, hier von Baldur von Schirach, Georg Usadel, Max Nitzsche vertreten, sah in der Entwicklung der bündischen Jugend und der Hitlerjugend zwei völlig getrennt verlaufende Wege. Der Bund als Zentrum des Lebens, losgelöst von allen tagespolitischen Erscheinungen und volkspolitischen Entwicklungen, wurde von ihnen als außerhalb der völkischen Lebensordnung stehend empfunden.(76) Diese Isolierung und gewollte Selbständigkeit widersprach der nationalsozialistischen Anschauung vom totalen Volksstaat, in dessen Ganzen alles aufzugehen und sich einzuordnen verpflichtet sein mußte. Sie sahen in dem Bund ein rein geistiges Konzentrationsprinzip, das sich von der organisch-biologischen Seite des Volkes gelöst hatte und nur von "männerbündischen Kräften – politischer Eros –" gestützt wurde. Für sie war der bündische Weg der Weg der Entartung und politischen Unfruchtbarkeit, der vor allem in seinem letzten Stadium der autonomen Jungenbünde als Gegenpol und unvereinbar mit dem Nationalsozialismus erkannt wurde.

Nicht nur das Ressentiment, das Konkurrenzgefühl, Meinungsverschiedenheiten über das Ausleseprinzip, sondern letztlich die Erkenntnis, daß die Selbständigkeit des bündischen Lebenszentrums, der Bund, nicht im nationalsozialistischen Volksstaat aufgehen konnte, führte zur Verurteilung der Bünde. "Eine verantwortungsvolle Staatsführung" sah sich hier veranlaßt, "zum Schutze von Volk und Staat einzugreifen und die Bünde ihrer Auflösung zuzuführen."(77)

VI. National und sozial

NATIONALES DENKEN DER BÜNDISCHEN JUGEND UND NATIONALISMUS DER NSDAP

Das, was hier und auch wohl im allgemeineren Sprachgebrauch als Jugendbewegung bezeichnet wird, ist in seinen Ursprüngen und seiner Daseinsentwicklung so tief in der deutschen Existenz verwurzelt, hängt so sehr mit der Geschichte der Deutschen in den letzten fünfzig Jahren zusammen, daß man es mit voller Berechtigung ein nationales Phänomen nennen kann. Es ist daher auch selbstverständlich, wenn alle Fragen, die unsere nationale Existenz betreffen, sie zutiefst erregen, ja daß zuweilen der nationale Selbstbehauptungswille in ihr zum Nationalismus überzuschlagen droht, oder sie antithetisch die deutsche Sendung in einem völligen Aufgehen im Internationalismus erblickt. Die Wendung von einzelnen Persönlichkeiten der Jugendbewegung zu rechtsradikalen oder auch pazifistischen und kommunistischen Organisationen und Parteien hat es aber nicht vermocht, diese Jugend aus der tieferen Verwurzelung zu lösen und sie den lauten Tagesparolen zuzuführen.

Wenn das nationale Denken der Jugendbewegung nicht der patriotischen Phrase anheimfiel, sondern bei den tieferen und echten Werten verharrte, so lag es vor allem daran, daß dieses Denken erlebnismäßig bedingt war, in den meisten Fällen ein tiefes Gefühl blieb, daß es von dem Idealismus einer Jugend getragen wurde, die Hingabe und Opferbereitschaft für ihr Volk als Selbstverständlichkeit ansah und nicht erst einer nationalistischen Ideologie bedurfte, um geweckt zu werden. So führte dieses Denken nicht zu einer Verengung des nationalen und politischen Horizontes, sondern bot Raum für die Achtung und Hochschätzung auch der anderen Nationen. Die Sauberkeit dieses Denkens aber konnte dadurch erhalten werden, daß die Bünde es sorgfältig vermieden, parteipolitische Gesichtspunkte und Verzerrungen aufzunehmen und keinesfalls behaupteten, das Nationalbewußtsein für sich allein gepachtet zu haben. Es war die einfache und schlichte Liebe zu Heimat und Volk, die meist keine großen Worte kannte, sondern natürlich gewachsen war, wie es der Wandervogel in all seiner Ursprünglichkeit mit sich brachte. Gefährdet war die Ursprünglichkeit allerdings dauernd durch die Erwachsenenwelt, die schon dem Wandervogel irgendwelche Zwecke unterschieben wollte, um ihn vor der Öffentlichkeit zu rechtfertigen, oder als Parteien die Jugend für ihre Bestrebungen zu gewinnen trachteten.

Von Karl Fischer, dem Begründer des Wandervogels, sagt Blüher, daß es so ungefähr der Glaube an das Germanische gewesen sei, wohin er hinauswollte, daß es nationale Pläne waren, die ihn leiteten und sein Wandervogel wohl "ein neuer und origineller Ausdruck des nationalen Denkens" sein sollte.(1) Jedoch habe er nie ein rechtes Wort dafür finden können. Sein Verhältnis zu den fremden Völkern sei überaus maßvoll und durchdacht gewesen, und er würde sich niemals in fanatische Hetzreden eingelassen haben. "Deswegen habe er es nicht genug zu loben gewußt, wenn junge Studenten, statt sich in Jena und Marburg vollzutrinken und vom Vaterland zu schwärmen, lieber in Wien und Prag oder sonst einem bedrohten Ort etwas fürs Germanentum taten."(2) So gingen auch die ersten Ansätze der Volkstumsarbeit auf die schlichte und ernste Liebe Karl Fischers zu seiner Heimat und seinem Volk zurück, und ebenso berichtet es Blüher von Hans Breuer, der später noch entschieden gedankenklarer mit dem völkischen Gedanken gerungen habe.(3)

Wenn der Wandervogel das Volkslied wiederentdeckte, alte Sagen und Märchen erzählte, Volkstum und Heimat auf seinen Fahrten bei den Bauern versteckter Dörfer und einsamer Gehöfte wiederfand und lieben lernte, so geschah das zunächst nicht aus einer festen Absicht nationalen Willens heraus, sondern diese Werte fügten sich wie von selbst in seine Romantik, entsprachen der Einfachheit und Natürlichkeit seines Wollens. Die Abneigung gegen allen bürgerlichen Hurrapatriotismus, die auch dem Meißnerfest als Gegensatz zu den staatlichen Feiern ihren Charakter gab, berechtigte Fr. W. Förster dazu, in der Jugendbewegung das Erwachen des wirklichen Deutschen entgegen dem preußischen Machtstreben zu sehen.(4)

So hieß es in dem ersten Aufruf zum Meißnerfest: "Vaterländische Gesinnungstage werden 1913 in großer Zahl gefeiert, aber noch fehlt das Fest der Jugend, die, der Gegenwart zugewandt, im Gelöbnis der Tat wahre Vaterlandsliebe bekunden will .... Vor allen Dingen hassen wir den unfruchtbaren Patriotismus, der nur in Worten und Gefühlen schwelgt, der sich – oft auf Kosten der historischen Wahrheit – rückwärts begeistert und nicht denkt, sich neue Ziele zu stecken."(5) In ebenso starken Worten wandte sich die Freideutsche Jugend auch in dem zweiten Aufruf ab "von jenem billigen Patriotismus, der sich die Heldentaten der Väter in großen Worten aneignet, ohne sich zu eigenen Taten verpflichtet zu fühlen, dem vaterländische Gesinnung sich erschöpft in der Zustimmung zu bestimmten politischen Formeln, in der Bekundung des Willens zu äußerer Machergreifung und in der Zerreißung der Nation durch politische Streitigkeiten."(6) Auch die Reden, die auf diesem Fest der Jugend gehalten wurden, zeigten diese gleiche Grundtendenz. Eine starke Liebe zu Heimat und Vaterland, die Ablehnung der lauten Phrasen nationaler Feiertage der Wilhelminischen Aera, die Stellung des nationalen Gedankens jenseits der Parteipolitik, das Zurückgehen auf die volklichen Werte, einen verhaltenen Stolz und die Bereitschaft zu wirklichem Opfer.(7)

Selbst der Weltkrieg, der die nationalen Leidenschaften bis zur Siedehitze entfachte, vermochte diese ernste und tiefe Gesinnung nicht auf die Dauer zu erschüttern. Gewiß, der Wandervogel drängte zu den Fahnen, er starb als junger Kriegsfreiwilliger an den Fronten im Westen und Osten, er wurde durch seinen Opfertod bei Langemarck zum Mythos für die nachfolgende bündische Jugend, aber "Die Kriegsbriefe der gefallenen Studenten", Walter Flex "Wanderer zwischen beiden Welten", seine Gedichte "Im Feld zwischen Tag und Nacht", sie sind alle weit entfernt von nationaler Phrase und nationalistischer Leidenschaft. (8) Der verhängnisvolle Ausgang des Krieges, die schweren Folgen des Versailler Vertrages, das ganze Chaos der Nachkriegsjahre, das Wissen um die Bedrohtheit der nationalen Existenz Deutschlands spiegelt sich auch in den Diskus–

sionen der Jugendbewegung nach 1918 wider. Die mehr intellektualistisch veranlagten Freideutschen neigten eher dazu, in parteipolitischen Begriffen zu denken. Hinzu kam die Trennung in zwei Richtungen, deren eine durch das Erlebnis des Krieges mit heftigem Widerwillen gegen alles nationalistische Wesen erfüllt war, während die andere, stärker völkisch eingestellt, "vielfach noch Anklänge an die alte deutschnationale Stimmung, klirrende Kriegsromantik, hochtrabende deutsche Rechthaberei, schwarz-weiß-rote Loyalität, Abneigung gegen nationale Selbstkritik zeigte." "In der jüngeren Bewegung aber, soweit sie durch die Wandervogelschule hindurchgegangen ist, findet man etwas gänzlich Neues: Hier ist das Wort völkisch keine Phrase .... Nein, hier ist eine wirkliche Liebe zur deutschen Heimat und zum unverbildeten deutschen Volk wiedererwacht; die Wiedererweckung der alten Volkslieder, Volksgebräuche und andere heimische Traditionen haben eine neue Ahnung von jenem wahren deutschen Wesen erweckt, das in der tiefsten Seele dieser Jugend gegen den ganzen neudeutschen Kitsch protestiert .... Ihre Art von Volksgesinnung und ihre Liebe zum eigenen Volk ist daher dem sogenannten nationalen Empfinden, das vor allem der flatternden Fahne, der lärmenden Machtentfaltung, der Wucht des eigenen kollektiven Auftretens in der Welt, dem unbedingten Mitgehen mit der offiziellen Parole galt, von Grund aus entgegengesetzt."(9)

Zweifellos wäre es möglich, hier auf eine Reihe von hypernationalistischen Aussagen und Reden besonders aus den Kreisen der Jungdeutschen hinzuweisen, die genau das Gegenteil des oben Gesagten ergeben könnten. Es ist jedoch hiergegen einzuwenden, daß diese Einstellung nicht Allgemeingut der Jugendbewegung wurde und selbst bei den Jungdeutschen das Nationale das Nationalistische überwog, die extremen Kräfte zumeist in die radikalen Parteien abwanderten, während die gemäßigteren der völkischen Richtung in den jungnationalen Bünden weiterwirkten. Die Bewußtseinslage der Freideutschen war durch die nach dem Krieg einsetzenden Diskussionen so sehr geschärft, daß sie den überspannten Forderungen völkischer Kreise eine klare Absage erteilen konnten, in der das Nationale als selbstverständlich, das Nationalistische aber als verwerflich empfunden wurde. So schrieben sie in ihrer Zeitschrift: "Wahrhaft nationale Gesinnung ist eine Selbstverständlichkeit, über die kein Wort zu verlieren ist. Sie hat jedoch nicht das Geringste mit jener scheinbar nationalen Gesinnung zu tun, die in Wahrheit nationalistisch ist. Das ist jene Gesinnung, die nicht das Nationale durchdringt, sondern in ihm steckenbleibt; deren Träger blind sind gegenüber dem Menschlichen und nicht als Deutsche, Russen oder Franzosen Menschen werden, sondern Deutschtiere, Russentiere oder Franzosentiere bleiben; eine Gesinnung, der das Volk nicht als eine Aufgabe der Selbstzucht sondern als Recht der Züchtigung und Unterdrückung anderer Völker erscheint. Und schließlich müßten unsere Völkischen einmal feststellen, ob es ihnen um 'deutsch' als Naturerzeugnis oder im kulturellen Sinn zu tun ist, und sie müßten das Verhältnis zwischen Natur und Kultur genau untersuchen. Damit wird allerdings ihre ganze Problematik in Frage gestellt."(10) Die gleiche Auffassung spricht aus einem Entwurf zu einer Verfassung der Jungenschaft in der Deutschen Freischar, die als Punkt 2 fordert: "Fernhaltung von allen Äußerungen der innerdeutschen politischen Zerrissenheit: der Jungenschaftler ist national, aber gerade deswegen Feind der nationalistischen Phrase."(11)

Aus dem Verlangen heraus, das Nationale tiefer zu erfassen, von der Phrase des Alltags hinwegzukommen, das Wesen des Deutschen und seinen nationalen

Charakter besser zu ergründen, versuchten die Neupfadfinder in dem Kreis, der sich um die Zeitschrift "Der Weiße Ritter" scharte, zum Mythos des Deutschen hinzudringen. Das wahrhaft Deutsche suchten sie bei den Dichtern und Weisen. Hölderlin, Kleist waren ihre Leitsterne. Vergangenheit und Gegenwart der Deutschen schienen ihnen schicksalhaft verknüpft. Die Jetztzeit galt ihnen als Schicksalswende des deutschen Volkes, das aus dem Geist und dem Blut wiedergeboren werden könne. Sie sahen die Jugend als berufen an, die große Erneuerung zu vollziehen und verkündeten ihre Sendung in feierlich gehobener Sprache. Freilich verwirrte ihre Romantik die politischen Begriffe. Der Feind des Volkes wurde zum Bösen schlechthin, gegen das der Ritter der Tafelrunde zum Kampf aufgeboten wurde, dem er alle Kräfte bis zum Opfertode zu weihen hatte. Dem ewigen, heiligen Reich des Deutschen, als dem Herzstück Europas, wandte sich ihre ganze Sehnsucht zu. Sie lebten in einer heldischen Welt, deren Verklärung in einem seltsamen Kontrast zur politischen Wirklichkeit stand.(12)

Bedenklich aber konnte die Verwertung dieser Begriffswelt in ihrer romantischen und mythischen Form erst werden, als der Nationalsozialismus sie im Politischen anwandte. Dann wurde nämlich der politische Feind zum Untermenschen, der Geist zur Parteidogmatik, das Blut wieder zu einem biologischen Stoff und blieb nicht mehr ein geheimnisvoller Lebenszusammenhang, der sich nicht weiter deuten ließ, der Ritter zum politischen Soldaten und die Sendung des Deutschen in Europa lag in der Aufrichtung einer Hegemonialstellung über die anderen Völker. Aber daß die romantische Überbewertung des Nationalen im Kreise des Weißen Ritter nicht ins Nationalistische umschlug, ist der sicherste Beweis dafür, daß zwar gleiche Worte gebraucht wurden, ihnen aber eine völlig verschiedene Deutung zugrunde lag.

Denn die Folge dieser nationalen Überbewertung war nicht eine Verachtung anderer Völker, sondern sie hielten es für "Torenart, daß sie ihr eigenes Volk nur ehren können, solange sie das fremde verachten dürfen."(13) Hier war die Einsicht vorhanden, daß "kein Mensch so begnadet ist, daß er aus sich selbst seinen Reichtum schöpfte. Und die Bande, die unter den Völkern Europas geknüpft sind, sind so mannigfaltig, daß nur Kleinbürger des Geistes dauernd über sie hinwegzusehen vermögen." Zudem fehlte es auch keineswegs an heftigster Selbstkritik und das wirkliche Ringen um das, was Deutschland heißt, wurde mit rücksichtsloser Härte vollzogen. So schrieb Richard Alewyn im "Weißen Ritter": "Darum ist es nötig, im Namen des Ewig- und Künftig-Deutschen die bequeme Legende vom Empirisch- und Gewesenen-Deutschen zu zerstören: Es ist nicht wahr, sondern eine eitle Phrase, daß das deutsche Volk das 'innerlichste', 'frömmste', 'tapferste', 'tüchtigste', 'treueste' usw. kurz beste Volk der Erde sei, wenn es wahr wäre, dann müßte es nach seiner Gegenwart wirklich minderwertig und wahrhaft verloren sein. Es ist vielmehr wahr, daß es von allen Völkern Europas, – Rußland gehört zu Asien –, von je das häßlichste und treuloseste war, daß die Gegenwart kein ehrloseres, niedrigeres kennt, ein berechtigter Gegenstand allgemeiner Verachtung." Diese Kritik spricht sich weiter dagegen aus, die "Geschichtsfälschung", Germanien sei die Wiege aller Kultur, beizubehalten.(14) Sie sieht das Zerstörende, das alles Bedrohende der deutschen Entwicklung. Sie fordert das Opfer der Illusion, aber sie sagt auch, "wer sein Volk nicht liebt, obwohl es das elendeste, häßlichste, verachtetste ist unter den Völkern der Erde, der sage nie, daß er es geliebt habe." Weiterhin sprach sich hier ein starkes Krisenbewußtsein aus, die Erkenntnis, vor nationalen Entscheidungen ungeheurer

Tragweite zu stehen, deren Ende und Ziel noch nicht abzusehen sei. Die Jugendbewegung selbst aber wurde im Sinne Nietzsches als ein Versprechen empfunden, als vorwärtsdringende Spitze eines ganzen Volkes, das aus der Spannung "zwischen beispiellosem Heroismus und niedrigster Erbärmlichkeit" einen neuen Weg finden sollte, denn "die eigentliche, die deutsche Frage sei, ob es ein neues Europa unter dem Herzen trage, das ihm antworten werde." Aus der ganzen Art der Darstellung in diesem Aufsatz wird ersichtlich, daß die Jugendbewegung noch keinesfalls fähig war – und es in einer endgültigen Form auch nie geworden ist –, ihre nationale Aufgabe in klare politische Begriffe zu fassen. Auch hier war der Verfasser sich darüber klar, daß er "sich an der dunkelsten Stelle befinde", daß alles intuitives Wissen sei. Das nationale Empfinden wurde nie zu einem politischen Programm, sondern war eine immanente Lebensform, die tief in der deutschen Geschichte wurzelte.(15)

Es darf hier keinesfalls übersehen werden, daß das Nationalempfinden der Jugendbewegung sich nur auf das Volk richtete, nicht aber den Staat betraf. Die Weimarer Republik erschien der bündischen Jugend im allgemeinen als Übergangsstadium, und sie stand ihr zum Teil loyal, zum anderen oppositionell gegenüber. Die Welle des gesteigerten Nationalbewußtseins, die über Deutschland dahinlief, erweckte den Eindruck, als sei jetzt erst die Zeit gekommen, in der Deutschland wirklich zur Nation werde.(16) Glaube und Sendungsbewußtsein der Jugendbewegung und weiter Teile des deutschen Volkes warteten irgendwie auf eine Entscheidung. Diese wurde auf der kulturell- und romantisch-idealen Seite von der Jugendbewegung, machtpolitisch aber durch den Nationalsozialismus heraufgeführt, dem es nach der Machtergreifung sehr schnell gelang, die konkurrierende Kraft der bündischen Jugend zu überwinden. Der Glaube der Linksparteien an die Wirksamkeit internationaler Verbindungen erwies sich als trügerisch, denn auch der Zweite Weltkrieg war im Bewußtsein der Völker nicht zunächst ein Kampf der Ideologien, sondern führte nationale Machtpolitik zu ihrem letzten Kulminationspunkt und zur Vernichtung der Selbständigkeit zahlreicher Nationalstaaten Europas. Die wahllose Bündnispolitik der einzelnen Staaten, die ohne große Rücksicht auf die innerpolitischen Verhältnisse durchgeführt wurde, das Umschwenken der Sowjets in Rußland während des Krieges auf eine nationalrussische Linie, widerlegen wohl die These, daß es sich nur um einen rein ideologischen Krieg gehandelt habe.

Wenn in Deutschland alle nationalen Erwartungen der bündischen Jugend vom Volk und nicht vom Staat ausgingen, so lag die Ursache darin, daß der Weimarer Staat einerseits keine genügende Bindungskraft zu entfalten vermochte, andererseits aber, daß in ihrem nationalen Bewußtsein auch die Deutschen außerhalb der Staatsgrenzen einbegriffen waren, und diese Volksteile oft die Feindschaft des Gastgeberstaates erfahren hatten.(17) Die Anzeichen für eine deutsche Erneuerung erblickte sie 1. in der wachsenden Annäherung der auslandsdeutschen Volksgruppen an die Reichsdeutschen, zu der die Jugend durch ihre Volkstumsarbeit nicht das wenigste beigetragen hatte, 2. in der allgemeinen Aufhebung der Klassengegensätze, die zwangsläufig durch die Verarmung des bürgerlichen Mittelstandes in Inflation und Wirtschaftskrise eintrat. Diese Verarmung wurde schon dadurch stark in ihren Gesichtskreis gerückt, weil die Jugendlichen der Bünde zumeist aus dem bürgerlichen Mittelstand kamen und am eigenen Leib die wachsende Not ihres Standes kennenlernten. (Es sei hier noch einmal daran erinnert, daß diese Bewußtseinslage natürlich nicht von den Jüngeren, sondern den Führer-, Mannschafts- und Jungmannschaftskreisen der Bünde geformt wurde, die ihrerseits auf die Jungenschaft formend übergriffen).

Der Unterschied des nationalen Willens der bündischen Jugend zu allen nationalistischen Bestrebungen aber bestand hier darin, daß es ihr in erster Linie um den "geistigen Lebenskern der Nation" ging, daß sie nicht machtpolitisch dachte. Sie stellte den Bund in den Dienst der Nation und über die Parteien, Weltanschauungen und Interessengruppierungen, in deren verschiedenartigen Möglichkeiten ihr eine Bestätigung erlaubt schien, solange sie nicht Selbstzweck wurden. In diesem Sinne zielte sie auf das Aufgehen des Bundes in der Nation und nicht so sehr auf die Beherrschung der Nation durch den Bund.

Durchgängig ist überall die Ablehnung der "altpatriotischen Richtungen" festzustellen; so wenn sie es ablehnt, sich ein "System politischer Schulung" aufzwingen zu lassen, nach dem "kein Junge Laubsägearbeiten machen darf, ohne an den Tod fürs Vaterland zu denken", und weiter "wir wollen mehr; wir wollen uns auf das Leben für das Vaterland vorbereiten", oder "man wird uns trotz unserer großen Arbeit für das Deutsche Volkstum vorwerfen, daß wir nicht 'national' seien, weil wir das Wort 'national' nicht oft genug verwenden, kurz, weil wir einfach national sind und aufgrund dessen handeln, und man diese Ursprünglichkeit und Unbefangenheit nicht versteht .... Man wird uns Pazifisten schelten, weil wir vollkommen ... natürliche Begegnungen mit fremden Völkern haben, ohne die ein Wirken nach außen nicht möglich ist."(18) In der gleichen Weise sprach Ernst Buske für seinen Bund, wenn er sagte: "Ist für die nationale Haltung allein die Phrase maßgebend, so sind andere allerdings nationaler als wir. Wägt man aber die wirklichen nationalen Leistungen, so gibt es keinen Bund, der der Grenz- und Auslandsarbeit der Freischar etwas Gleichartiges an die Seite setzen könnte."(19) Zweifellos waren andere Bünde nationalistischer als die Deutsche Freischar(20), aber der Kern der bündischen Mannschaft vermied es doch, sich in irgendeine Hysterie der nationalen Gefühle hineintreiben zu lassen.(21) Bei den nach 1929 stärker Einfluß gewinnenden autonomen Jungenbünden, so der dj.1.11., den Nerothern, der Südlegion und anderen zeigten sich deutliche Ansätze, aus Ekel vor der nationalen Phrase, die immer mehr das Bild der öffentlichen Meinung beherrschte, sich auf ganz andere Gebiete zurückzuziehen.

Vergleicht man nun das nationale Denken der bündischen Jugend mit dem, was Hitler selbst über den Nationalismus sagt, so ergeben sich beim ersten Anblick überraschende Übereinstimmungen. So könnten ganze Abschnitte in seinem Buch "Mein Kampf" ebensogut in einer Zeitschrift der Jugendbewegung gestanden haben. Auch hier die Forderungen: "Wer sein Volk liebt, beweist es einzig durch die Opfer, die er für dieses zu bringen bereit ist", "innige Vermählung von Nationalismus und sozialem Gerechtigkeitssinn", Erfassung des ganzen Volkes, Ablehnung des "Hurraschreiens" usw. Jedoch wird der Unterschied sofort ersichtlich, wenn Hitler weiter schreibt: "Die Angst unserer Zeit vor Chauvinismus ist das Zeichen ihrer Impotenz... Denn die größten Umwälzungen auf dieser Erde wären nicht denkbar gewesen, wenn ihre Triebkraft statt fanatischer, ja hysterischer Leidenschaften nur die bürgerliche Tugend der Ruhe und Ordnung gewesen wären .... Sicher aber geht diese Welt einer großen Umwälzung entgegen. Und es kann nur die eine Frage sein, ob sie zum Heil der arischen Menschheit oder dem Nutzen des ewigen Juden ausschlägt." Oder wenn er es als die Aufgabe des völkischen Staates hinstellt, "Rassesinn und Rassegefühl instinktiv und verstandesmäßig" in die "Herzen der Jugend hineinzubrennen."(22)

Die Zurückführung des Volkes auf die Rasse, die Umdeutung des Nationalgefühls in ein Rassegefühl(23) und damit auf rein biologische, wenn auch wissenschaftlich unbeweisbare Grundlagen, ist ein Vorgang, der den Nationalsozialismus ernstlich von dem Nationalgefühl der Bünde scheidet.(24) Denn jener suchte dadurch das Gefühl eines Herrenvolkes zu wecken, um mit dessen siegreichen Schwert die Welt in den Dienst einer "höheren Kultur" zu nehmen.(25) Ihn verlangte es nach einem Herdeninstinkt, der, in der Einheit des Blutes begründet, das Volk zusammenschweißen sollte. Aber diese Gedanken, die dazu führten, die anderen Völker als minderwertige Rassen unterzubewerten und die nationalistische Gefühlswelle in sich selbst übersteigerten, waren grundverschieden von dem Nationalgefühl des bündischen Menschen, ebenso aber auch die Übersetzung dieses Gefühls in eine machtpolitische Absicht einer Partei, die ihre politische Meinung zum absoluten und allein gültigen Nationalbewußtsein erklärte und die nationalen Gegensätze in der Gegenüberstellung Arier – Jude simplifizierte.

Hier standen sich zwei Welten gegenüber, deren eine die nationale Erneuerung von innen her, von dem Einzelnen, auf der Grundlage der ideellen und kulturellen Werte der Nation vollziehen wollte, während die andere durch Organisation von außen, durch brutale Durchsetzung der Egoismen einer angeblichen Herrenrasse auf biologischer Grundlage und Züchtung, die Herrschaft über andere Völker aufzurichten begann. Eine genauere Abhandlung über die Deutung der Begriffe "Volk, Staat, Reich, Rasse" in der Vorstellungswelt beider Richtungen soll im weiteren Verlauf dieser Arbeit versuchen, die Unterschiede noch weiter zu verdeutlichen.

INTERNATIONALISMUS

Ein weiterer Gegensatz zum Nationalsozialismus wird sichtbar, wenn man das nationale Denken der bündischen Jugend in seinem Verhältnis zur Menschheitsidee und anderen Nationen untersucht. Während Hitler sich das Verhältnis zu anderen Völkern nur nach den Möglichkeiten militärischer Bündnisse zur Erreichung eines machtpolitischen Zieles vorstellen kann, die Welt in Arier und Juden aufteilt und nur von internationalen pazifistischen Feiglingen spricht(26), zeigt die Jugendbewegung hier ein ganz anderes Gesicht. Es kann zwar nicht gerade von einer internationalen Haltung der Bünde gesprochen werden, aber starke Strömungen internationalen Charakters und zur Menschheitsidee hin sind bei Wahrung der Eigenständigkeit des Volkstums doch unverkennbar.(27) Selbst wenn die jungnationalen Bünde in dieser Hinsicht einen engeren Horizont zeigten, die Lebendigkeit und Offenheit der bündischen Jugend hielt es nicht nur in dem Raum des Nationalen aus. Es gab zuviele Faktoren, die sie zu einer Begegnung mit den anderen Völkern brachten.

Die Auslandsfahrten der bündischen Jugend, selbst wenn sie in der Mehrzahl der Fälle als Fahrten zu den deutschen Volksgruppen gedacht waren, brachten ganz von selbst die Berührung mit fremdem Volkstum, anderen Sitten und Gebräuchen mit sich und führten zum besseren Verständnis fremder Art.(28) Die natürliche Beweglichkeit der Jugend verlor bei der Begegnung mit ausländischen

Jugendgruppen sehr schnell nationale Ressentiments, ja sie fand auf diesen internationalen Lagern die begeisterte Anerkennung der fremden Jugend. In jedem Sommer waren es tausende deutscher Jungen, die so mit ihren Gruppen ins Ausland fuhren. (Das Bundesamt der deutschen Freischar gab allein für den Sommer 1929 2000 Mitglieder an, die an solchen Fahrten teilgenommen hatten).(29) Es ist bezeichnend, daß nach der Machtübernahme diese Fahrten fast schlagartig aufhörten und stattdessen nur eine Anzahl Propagandagruppen der Hitlerjugend mit Hilfe staatlicher Gelder einigen Ländern offizielle Besuche abstatteten.

Wenn es auch zwischen den Bünden zur Erörterung kam, ob diese oder jene freundschaftliche Handlung gegenüber ausländischer Jugend nicht etwa von "nationaler Unzuverlässigkeit und Würdelosigkeit" bestimmt gewesen sei (so anläßlich der Teilnahme von Freischärlern, Wandervögeln und Pfadfindern im internationalen Pfadfinderlager in Barcelona 1929)(30) – der Wille zu einer gegenseitigen verständnisvollen Kameradschaft war hier wirklich vorhanden. In diesen Begegnungen lebte "das Gefühl: hier und drüben steht volksbewußte Jugend, hier und drüben stehen Gegensätze in sich befeindet und befreundet zugleich; das Wissen: zwischen uns liegt nichts als die Grenze unseres Hasses und eures. Der Glaube, wir können zu euch jungen englischen Menschen in eine lebendige Verbindung treten, die uns beide einander näher bringt und zum Verständnis der anderen Volksart verhilft; all dies war in uns lebendig, vom jüngsten Wölfling bis zum ältesten Führer. Ganz besonders aber bei jenem ernsten Abschiedsgruß, als die sich sonst so locker individuell habenden Engländer in der Nacht nach dem Lagerfeuer schweigend eine straffe Reihe bildeten, um die deutsche Fahne zu grüßen. Wenn je in einer Berührung zweier Nationen Haltung war, dann an jenem Abend."(31)

Nicht zu vergessen sind hier auch die Fahrten der "Märkischen Spielgemeinde" unter Georg Goetsch(32), die Gegenbesuche Rolf Gardiners und des "Travelling Morice" sowie die Fahrt einer bündischen Jungmannschaft (zusammengestellt aus allen größeren Bünden) nach England, die zu einer offenen Aussprache englischer und deutscher Jugend führte.(33) Alle diese Versuche zeigen, daß zwar diese Jugend national bestimmt war, aber weit über die Grenzen ihres Landes hinaus lebte und das fremde Wesen gern in sich aufnahm.

In zunehmendem Maße zeigten zudem die Zeitschriften der Bünde eine Aufnahme fremdvölkischen Kulturgutes(34), die den Bünden nicht unbeträchtliche Vorwürfe von nationalistischer Seite eintrugen. Fremde Sagen und Mythen werden da erzählt, Geschichten von Indianern, Negern, Persern, Russen usw., Berichte über die Jugend anderer Länder, die Kosakenromantik verdrängt immer mehr das Landsknechtsbild –, japanische Malereien, indianische Zeichnungen nehmen einen immer größeren Raum ein.(35) Besonders beteiligt sind an dieser Entwicklung die Zeitschriften, die unter dem Einfluß der aufkommenden Jungenschaftsbewegung stehen, so "Das Lagerfeuer", "Der Eisbrecher", "Jungenland", "Speerwacht", "der große wagen."(35) Vor allem aber wird fremdes Liedgut aufgenommen, welches in den jüngeren Gruppen das alte Volkslied und die Landsknechtslieder verdrängt. Anstelle der alten Militärzeltbahnen tritt das Lappenzelt, "die Kohte". Die Auslandsfahrt wird immer mehr zu einem abenteuerlichen Zug in die Ferne und dient nicht mehr dem Besuch deutscher Volksgruppen.(36) Es breitet sich hier ein Hang zum Kosmopolitismus aus, der zunächst wohl eine Folge der Erweiterung des Blickfeldes war, den diese Jugend gewonnen hatte, in seiner weiteren Bedeutung aber eine Reaktion auf die Übersteigerung des Nationalbegriffs war, der in der Öffentlichkeit, wie auch in Teilen der Jugendbewegung zur Tagesmode geworden war.

Dieser Zug zum Kosmopolitismus darf allerdings nicht gleichgesetzt werden mit den Bestrebungen der Kommunistischen Internationale oder Verbrüderungsideen der Menschheit, denn es handelte sich hier um einen Vorgang, der keinesfalls die Nation aufgeben wollte, sondern um eine Erkenntnis, die, aus der praktischen Erfahrung gewonnen, die Vielfalt und Eigenart der Völker als eine fast berauschende Steigerung der eigenen Lebensmöglichkeiten betrachtete. Gerade der Sinn für das Volkstum, den die Arbeit in den vergangenen Jahren geschärft hatte, war nun offen für die Werte der anderen Völker, erkannte ihnen gleichen Wert und gleiche Existenzberechtigung zu. Denen aber, die an der Begeisterung für fremdes Volkstum Anstoß nahmen, wurde geantwortet, daß es nur Schwäche der eigenen Position verrate, wenn die Aufnahme fremden Kulturgutes als Mangel an Nationalgefühl ausgelegt werde.(37) Eine ähnliche Reaktion gegen die Überbetonung des Nationalen hatte es schon in der freideutschen Jugend, besonders in der Zeit nach dem ersten Weltkrieg gegeben. Hier war allerdings ein ausgesprochener Wille zur Völkerversöhnung und zur Menschheitsidee vorhanden. Die Berichte der Tagungen in Jena, Marburg und Hofgeismar zeigen, wie stark dort Nationalismus und Menschheitsidee aufeinanderprallten.(38) So forderte die Freideutsche Jugend: "Ein Europa differenziert in den Aufgaben seiner Völker aber in gegenseitigem Respekt vor jeder Lebensnotwendigkeit, dies Europa, in dem jeder dem anderen seinen Platz gönnt und sich mit dem seinigen bescheidet, dies Europa gegenseitigen Vertrauens und entsprechender Taten, das ersehnen wir, das steht uns zwar nicht vor, aber über unserem Lande".(39)

Zahlreiche Vertreter der Bünde nahmen auch an den internationalen Treffen, die zur Erhaltung des Friedens dienen sollten oder einen Weltbund der Jugend aufrichten wollten, teil.(40) So Wandervögel, Kronacher, Freideutsche Jugend am 6e Congres democratique international pour la paix im August 1926 in Bierville, am Weltjugendkongreß 1927 auf der Freusburg und 1928 in Ommen. Hier sahen sich die deutschen Vertreter in eine Mittelstellung, zwischen westliche und östliche Ideen gestellt und fanden sich auf einer Linie mit den unterdrückten Kolonialvölkern und den Massen des internationalen revolutionären Proletariats, ohne sich jedoch auf kommunistische Agitationsversuche einzulassen oder die besondere deutsche Position aufzugeben.(41)

Die Frage einer horizontalen Gliederung der Jugend wurde weiterhin laufend offengehalten durch die starken Bindungen der deutschen Pfadfinderbünde zu den internationalen Pfadfindern. Es ist hier daran zu erinnern, daß ja auch die Deutsche Freischar ein Bund der Wandervögel und Pfadfinder war, wie überhaupt in den meisten Pfadfinderbünden vor 1933 bündisches Wesen und Pfadfinderausbildung eine starke Verbindung eingegangen waren. Begonnen hatte diese Entwicklung im stärkeren Maße seit dem Deutschen Pfadfindertag 1919 in Schloß Prunn.(42) Der Einbruch der Jugendbewegung in die deutsche Pfadfinderei verursachte in den internationalen Beziehungen einige Schwierigkeiten, da hierdurch ein spezifisch deutsches Merkmal zutagetrat, das sich von dem Ziel des englischen Scoutismus, "gute Staatsbürger" zu erziehen, wesentlich unterschied. Eine weitere Schwierigkeit ergab sich durch die Angehörigkeit auslandsdeutscher Pfadfindergruppen zu deutschen Bünden, die nun infolge des Versailler Vertrages eine andere Staatsangehörigkeit besaßen und von den Reichsdeutschen nicht aufgegeben sein wollten. Da die Deutschen sich nicht mit den Tatsachen des Versailler Vertrages abfinden konnten, sah das Internationale Büro in London hier eine ernstliche Schwierigkeit für die Aufnahme, die noch dadurch verstärkt wurde, daß die Deutschen sich nicht auf eine gemeinsame Vertretung der Bünde einigen konnten. Trotz dieser im einzelnen recht unerfreulichen Streitfragen, die hier nicht erörtert werden können(43), nahmen Angehörige deutscher Bünde an fast allen internationalen Treffen der Pfadfinder teil und wurden dort herzlich aufgenommen.(44) Notwendigerweise aber wurden die Pfadfinder darauf hingedrängt, eine Synthese zwischen Nationalbewußtsein und internationaler Verbrüderung zu suchen. In Kibbo Kift, dem Buch der Waldverwandtschaft, wird die Lösung darin gesehen, daß die Nationen von der Organisation des Staates zum Organismus des Volkes kommen und daß von dort "auch die Menschheit zum Organismus der Völker" fortschreite. In der lebendigen "Stammeserziehung", als Gegensatz zur "Erziehungsorganisation", sahen sie die Möglichkeit, Gemeinschaft zu werden, "die Pfade zu Volk und Reich und die Grundlage zu einer edlen Menschheit."

Dieses Bewußtsein der Menschheit als eines Organismus der Völker ist zwar nicht als durchgängig für die bündische Jugend anzusehen, daher auch nicht von einer internationalen Ausrichtung zu sprechen, doch stand sie auf einer Stufe, die die nationale Bestimmtheit nicht für unvereinbar hielt mit der Hochschätzung anderer Nationen. Die Liebe zum eigenen Volkstum lehrte sie, auch das andere Volk als ebenbürtigen Wert anzuerkennen.

JUGENDBEWEGUNG UND SOZIALE FRAGE – DER SOZIALISMUS DER NSDAP

"Nationalist sein heißt für uns nicht nur die Nation als Lebenseinheit, als Richtpunkt unserer Wege in Geist und Tat anzuerkennen, sondern es heißt auch, aus der Tatsache der Nation weitgehende Folgerungen für die Ordnung und Sicherheit ihrer wirtschaftlichen Grundlage und der Erhaltung ihrer Menschen herzuleiten. So sind Nationalismus und Sozialismus an sich zwei politische Begriffe und Strömungen, die in verschiedenen sozialen Gruppen zu verschiedenen Zeiten entstanden sind und oft in Gegensatz traten, für uns identisch, sind nur verschiedenartige Ausdrücke für das eine, worauf es ankommt: die Lebensnotwendigkeiten und die Zukunft der Nation".(45)

Zieht man zu dieser Aussage noch eine weitere hinzu, die besagt, daß Gesinnung und Art der Jugendbewegung nicht in Worten zu sagen sei und jeden Versuch dazu als irreligiös, individualistisch und im besten Falle als in "lächerlichen bürgerlichen Formulierungen endend" bezeichnet, die es als eine der falschen Voraussetzungen der idealistisch-materialistischen Weltbetrachtung ansieht, daß Entscheidungen auf Grund programmatischer Erklärungen oder Stimmenmehrheit getroffen werden, sondern die wichtigen Entscheidungen dadurch als gegeben ansieht, daß ein Bund geschlossen wurde, so ergeben sich hieraus die Grundgedanken eines "bündischen Sozialismus", dessen Voraussetzung, Entstehung und Konsequenz als inhärente Bestandteile bündischer Lebensauffassung und politischer Stellung anzusehen sind.(46) Die soziale Frage, deren Lösung eines der drängendsten Zeitprobleme war und auch heute noch ist, wurde hier von der eigenartigen Neuschöpfung sozialer Zuordnung, die im Bund verwirklicht war, aus betrachtet. Dieser wollte sich ja als zentrale Lebensmacht nicht in einen

Kreis unfruchtbaren Sektierertums zurückziehen, sondern in die weiteren Sphären gesellschaftlicher Zuordnungen übergreifen. War der Wandervogel trotz seines revolutionären Pathos noch sicher in die bürgerliche Gesellschaftsordnung eingebettet, so hatte sich in der freideutschen Jugend doch ein endgültiger Bruch mit den bürgerlichen Daseinsformen vollzogen, der aber in den intellektualistischen Debatten der jugendbewegten Klassenkampf- und völkischen Theoretiker in den Revolutionsjahren noch nicht zu einem Raum eigener Stellung erweitert werden konnte. Vielmehr drang auch hier der Umwelteinfluß in Gestalt der verschiedensten politischen Ideologien mit einem solchen Absolutheitsanspruch in die innere Sphäre der jungen Generation, daß diese ihre geistige Integrität und Autonomie nicht zu bewahren vermochte. Zwar wirkte die freideutsche Haltung in allen Äußerungen weiter, aber der Bund der freideutschen Jugend erwies sich nicht als Ordnungsmacht, die einer neuen gesellschaftlichen Formung fähig gewesen wäre. Er zerfiel in individualistische Einzelbestrebungen und kleine politisch-ideologisch ausgerichtete Gruppierungen. Die Absage an die bürgerliche Gesellschaftsordnung aber war für die gesamte Jugendbewegung endgültig vollzogen.

Als sich aber nach 1923 die Bünde stärker konsolidierten, bildete sich in ihnen auch ein neues Bundesbewußtsein heraus, das sich als eigene soziale Ordnung jenseits von Klassen- und Standesbewußtsein begriff. Der Begriff der bündischen Gemeinschaft enthielt sowohl die Absage an die alte liberalistisch-kapitalistische Gesellschaftsordnung des Bürgertums wie auch an das Klassenbewußtsein des Proletariats. Er setzte an die Stelle eines überspitzten Individualismus und nackten Egoismus des Ichs das "Wir" der bündischen Gemeinschaft, die im Gegensatz zum kollektivistischen Massendenken das Individuum nicht aufhebt, sondern in der Zueinanderordnung der Einzelnen eine Bereicherung und Erhöhung des Individuums erstrebt.(47)

Die Notwendigkeit einer eigenen Stellung der bündischen Jugend als Gegensatz zur bisherigen Gesellschaftsordnung ergab sich 1.) aus der Erkenntnis, daß sowohl durch die wirtschaftliche wie geistige Krise des Bürgertums wie auch durch den "Angriff der Jugendbewegung als einer Erscheinung bürgerlicher Jugend"(48) gegen ihren eigenen gesellschaftlichen Ursprung die Einheit desselben völlig zerstört sei, 2.) weil es einer Klasse alleine, d.h. dem organisierten Proletariat nicht möglich sei, eine neue soziale Ordnung herzustellen, insbesondere auch das besitzlose Bürgertum auf die Stufe des Proletariats herabgedrückt sei und rein zahlenmäßig mit der gleichen Berechtigung eine Neuordnung der Verhältnisse fordere.

Dieser Erkenntnis war die praktische Formung eigener Gemeinschaften vorangegangen. Sie erfolgte nicht auf Grund irgendwelcher Ideologien oder programmatischer Forderungen, sondern einfach aus einem Gesellungsprinzip jugendlicher Menschen heraus, die in der Gemeinschaft ein neues soziales Erlebnis durch die Wiederbelebung echter menschlicher Beziehungen herstellten und in der Absage an die bestehenden Gesellschaftsmächte zusammenfanden. Als größte Form dieses neuen gesellschaftlichen Organismus schufen sie sich den Bund. In seiner Vielgestaltigkeit und lebendigen Regenerationsfähigkeit legte er Zeugnis ab, für die "Formkraft jugendlicher Gesellschaft". Da die Gemeinschaft nur die Zueinanderordnung auf Grund menschlicher Qualitäten kennt, überwand sie die sozialen Unterschiede in einem ideal-kommunistischen Gruppenleben.(49) Hier waren die gleichen Lebensbedingungen für jeden Einzelnen vorhanden (ge-

meinsame Fahrten- und Gruppenkasse, gemeinsame Nahrung, Kleidung usw.),
und die Unterschiede nur durch die charakterlichen und geistigen Fähigkeiten
gegeben. Es gelang allerdings der Jugendbewegung nicht, diese sozialen Orga-
nismen aus ihrer Sphäre heraus zu Lebensgemeinschaften zu entwickeln. Dieser
Schritt "in die volle Verbindlichkeit der politischen und sozialen Wirklichkeit" blieb
ihr versagt. Hermann Mau sieht dieses Versagen verursacht durch die "ausgeprägte Zweischichtigkeit", die die Jugendbewegung in eine Jüngeren- und Älterenschicht teilte.(50) Der ursprüngliche Impuls der Bewegung sei in der Älterenschicht gebrochen, die "in der stillschweigenden Resignation vor den Hemm-
nissen, die sich der lebendigen Fortbildung der bündischen Gemeinschaften zur
vollen sozialen Reife der Lebensgemeinschaften" entgegenstellten, ihre Aufgabe
darin suchten, "von der ihr eigenen sozialen Erfahrung der Gemeinschaft her an
der Überwindung der Zersetzungserscheinungen des sozialen Lebens ihrer Zeit
mitzuhelfen." Das dem der Gemeinschaft entgegengesetzte Prinzip der Organisation, dessen sie sich zur Durchsetzung ihrer Ansprüche hätte bedienen müssen
sowie die Notwendigkeit, "ihren Standort zu definieren und zur politischen
Formel zu konkretisieren", wäre ein Schritt aus ihr selbst heraus gewesen, da ihr
die wichtigste Voraussetzung: "das geistige Prinzip, das einem politischen Willen
hätte Ziel und Gestalt geben können" gefehlt habe.

Ob diese der Jugendbewegung inhärente "innere Wachstumsstörung" der
letztlich entscheidende Grund gewesen ist, der ihr die Möglichkeit genommen
hat, ihre sozialen Intentionen geschichtsbildend wirksam werden zu lassen, kann
wohl nicht entschieden werden. Die Machtergreifung durch den Nationalsozialismus schloß jede weitere Möglichkeit der Fortentwicklung der Bünde aus. Die
Überwindung und Lösung der sozialen Frage aus dem Prinzip der Gemeinschaft
hätte einen größeren Zeitraum benötigt als den, der der Jugendbewegung ge-
gönnt war. Da diese Lösung von der Änderung des Menschen selbst, nicht von
der Veränderung der Produktionsweisen, Gesellschaftsschichten und Regierungs-
formen abhing, hätte ihr nur eine zeitlose Gültigkeit zur Verwirklichung verhelfen
können. Sie hätte gleichsam selbst Religion sein müssen, und das ist sie trotz
starken religiösen Gefühls, das wohl in vielen ihrer Menschen vorhanden war, nie
gewesen.

Der einzig vergleichbare Vorgang, die Entwicklung der Intelligenzschicht russischer Jugend vor und nach der Revolution von 1917, beweist, daß grundsätzlich
die Möglichkeit einer völligen Herauslösung bürgerlicher Jugend aus ihrer Gesellschaftsschicht zu einer neuen geschichtsbildenden Wirkung gegeben ist. Die
russische Intelligenzler-Jugend, die von Beginn an ein politisches und soziales
Ziel verfolgte, ursprünglich sozialrevolutionär war, aber zeigte eine größere Radikalität und verband sie mit einem wirklich starken sozial-religiösen Sendungsbewußtsein, das sie in viel stärkerem Maße, als es der deutschen Jugendbewegung gegeben war, auch zur Tat im politischen und sozialen Raum der Erwachsenenwelt drängte.(51) Denn schon vor der Revolution führte sie eine Schwenkung
von der sozialrevolutionären Linie zum Marxismus durch, und die Beschreibung,
die Klaus Mehnert 1932 von seinen Erlebnissen unter der russischen studentischen Jugend gibt, vermittelt den Eindruck, daß sich diese Schicht als Träger einer neuen Gesellschaftsordnung fühlte und im kommunistischen System formprägend gewirkt hat.(52) Die vielfach bei der deutschen Jugendbewegung zu ver-
zeichnende Wachstumsstörung ist hier nicht aufgetreten. Der für Rußland zur
sozial-religiösen Heilslehre gewordene Kommunismus gab ihren Intentionen die

zeitlose Gültigkeit und anscheinend bot das bolschewistische System die geeignete Möglichkeit und den Raum zu ihrer Verwirklichung. Die hier schon vor der Revolution von Karl Nötzel festgestellte terroristische Haltung, die dem slawischen Menschen schon durch das zaristische System eher verständlich und begreiflich war als dem Deutschen, trug wohl mit dazu bei, daß dort die totalitäre Staatsform des Bolschewismus nicht so zerstörend auf diese Kräfte wirkte wie der Nationalsozialismus auf die deutsche Jugendbewegung.

Bei der Betrachtung des Verhältnisses der bündischen Jugend zur sozialen Frage ergeben sich keine einheitlichen Formeln und Vorstellungen, wie diese konkret zu lösen sei, aber es lassen sich durchgängige Bestimmtheiten über das Grundsätzliche sozialer Neuordnung bei ihr feststellen, die alle das Erlebnis bündischer Gemeinschaft zur Voraussetzung haben. Zunächst hatte ihre Protesthaltung gegen die bürgerliche Gesellschaft die Aufgabe aller Standesvorurteile bewirkt und so den Weg freigemacht für das soziale Verständnis der Lage des Proletariats. Daß bürgerliche Jugend sich in den Revolutionsjahren mit der Waffe in der Hand, wie es einzelne Gruppierungen der Freideutschen taten, für die Klassenkampfideologie einsetzte, zeigte, wie weit sie in ihrer Vorurteilslosigkeit und Abneigung gegen ihre eigene Gesellschaftsschicht gehen konnte. Es erwies sich aber, daß die formende und werbende Kraft der Jugendbewegung nicht stark genug war, um den jungen Arbeiter für sich zu gewinnen. Den Weg zum Proletariat, dem sich die sozialrevolutionäre russische Jugend eng verband und damit eine andere Entwicklung als in Deutschland heraufführte, vermochte die deutsche Jugendbewegung auf die Dauer nicht zu gehen. Ihre zunächst auf das allgemeine menschlich Verbindende hinzielenden Bestrebungen vermochten nicht mit den leicht fassbaren Formeln der politischen Agitation zu konkurrieren.(53)

So konnten sich auch die gemeinwirtschaftlichen Versuche der Jugendbewegung in ihrer Gesamtheit nicht durchsetzen. Trotz des beispiellosen Idealismus der meisten Führer dieser Eigenbetriebe, die ihre gesicherten Lebensverhältnisse aufgaben, vermochten sie sich in der Strukturfeindlichkeit des sie umgebenden kapitalistischen Wirtschaftssystems nicht zu halten.(54) Es kann hier nicht im einzelnen auf diese zahlreichen gemeinwirtschaftlichen Unternehmungen der Jugendbewegung eingegangen werden. Gemeinsam ist ihnen allen das Wirtschaftsrevolutionäre der Jugendbewegung, das den Kapitalismus als den Feind einer "neuen unbürgerlichen, brüderlichen und beseelten Menschlichkeit" ansah und gegen die bestehende Wirtschaftsordnung gerichtet war. Auch die Siedlungsbewegungen der Jugend gingen alle irgendwie von dem gemeinwirtschaftlichen Gesichtspunkt aus(55), wandten sich aber in immer stärkerem Maße kulturellen und nationalpolitischen Aufgaben zu; so die zahlreichen Landerziehungsheime, Volkshochschulen, gymnastische Ausbildungsstätten, Freizeitlager, die von weltanschaulichen oder religiösen Vorstellungen her begründeten Siedlungen oder solche lebensreformerischer Art; ferner die Versuche verschiedenster Bünde, entlang der Ostgrenze wieder deutsche Menschen aller Stände einzubürgern, so die Ostsiedlungen der Artamanen und das Boberhaus der Deutschen Freischar, die bei dieser Arbeit von dem Gedanken einer rein kulturellen Wiedereroberung des deutschen Ostens ausging.(56)

Es fehlte auch nicht an Versuchen der Jugendbewegung, mit dem Unternehmertum in ein fruchtbares Gespräch zu kommen.(57) Jedoch konnte hier keine Vertrauensbasis geschaffen werden. Das sozial-ethische Denken der Jugendbewegung ließ sich einfach nicht mit der rational-kapitalistischen Auffassung der

Wirtschaft vereinbaren. Sie erblickte im Kapitalismus ein Hindernis für die Verwirklichung der Volksgemeinschaft. Die Heiligkeit des Privateigentums galt ihr wenig oder nichts. So formulierte die Deutsche Freischar als Ergebnis ihrer Haltung gegenüber den Erschütterungen des Bürgertums: "Wir sind Sozialisten. Es ist für uns unmöglich, das Privateigentum sozusagen als metaphysische Einrichtung unbedingt zu bejahen und zu verteidigen. Schon unserer bündischen Haltung würde das widersprechen, wievielmehr den Einsichten, die wir eben gewonnen haben", und weiter, "in uns gibt es keine Widerstände gegen neue Organisationsformen der Wirtschaft, Widerstände, die etwa aus einem irgendwo versteckten Glauben an die Heiligkeit des Eigentums kommen. Wir sind zu den radikalsten Konsequenzen bereit, falls sie sachlich begründet sind".(58)

Durchgängig aber wurde die soziale Frage in der bündischen Jugend mit der nationalen verknüpft. "Ohne Volkwerdung" schien ihr "die Einordnung der sich verabsolutierenden Wirtschaft in das Ganze des Lebens nicht möglich".(59) Die Lösung der sozialen Frage erschien ihr eine nationalpolitische Aufgabe, das Werden der Volksgemeinschaft nicht ohne eine Neuordnung der wirtschaftlichen Verhältnisse denkbar.(60) Hier drängten sich das bündische Gemeinschaftserlebnis wie auch das Volkserlebnis der Jugendbewegung als absolute Werte in die konkrete Erörterung der politischen Probleme. Sie gaben dem "bündischen Sozialismus" seine grundsätzliche Stellung jenseits der Parteien, verhinderten aber gleichzeitig das Zustandekommen eines einheitlichen sozialpolitischen Programms. Der soziale Einsatz der bündischen Mannschaft konnte so in den verschiedensten Parteien, Wohlfahrtseinrichtungen, Gildenarbeit usw. erfolgen.(61) Er vermochte sich aber seine lebendige Kraft dadurch zu bewahren, daß er sich nicht in Programmen erschöpfte, sondern als Grundlage jederzeit auf die erlebte Gemeinschaft des Bundes zurückging. Freilich blieb der Jugendbewegung hierdurch die Wirkung nach außen versagt. Sie gelangte nicht zu einer durchgreifenden Erneuerung des gesamten Gesellschaftsgefüges. Was ihr aber gelang, das war die Erneuerung echter menschlicher Beziehung in einer Zeit, die alles von einer Organisation von oben her erwartete. Nicht die Leistungen auf einzelnen Sozialgebieten, sondern die Verwirklichung der Idee der Gemeinschaft in ihren eigenen Einheiten unterscheidet sie von den sozialen (Bestrebungen der politischen und weltanschaulichen Mächte.

Wenn es Hitler in der Zeit vor 1933 nicht gelang, die Vorrangstellung der marxistischen Parteien in der deutschen Arbeiterschaft zu brechen (bei den Reichstagswahlen vom 5. März 1933, die unter nationalsozialistischer Kontrolle standen, konnten die marxistischen Parteien immer noch 13 Millionen Stimmen auf sich vereinigen), so lag das wohl in erster Linie daran, daß die NSDAP zwar den Begriff "sozialistisch" in ihrem Namen führte, daß aber ihr 25-Punkte-Programm dem sozialistisch geschulten Arbeiter keinerlei Aussicht für eine neue Gesellschafts- und Wirtschaftsordnung im sozialistischen Sinne bot. Da der Nationalsozialismus den Klassenkampf und den Klassengedanken ablehnte, sah Hitler auch in den bestehenden Gewerkschaften nicht eine Vertretung der Arbeiter zum Schutze ihrer wirtschaftlichen Belange, sondern ein Instrument des Judentums und Marxismus zur Zerstörung der nationalen Wirtschaft.(62) Stattdessen forderte er eine Berufsvertretung der Arbeitnehmer und Arbeitgeber, die sich den Interessen der nationalen Wirtschaft unterordnen und als "Beauftragte und Sachwalter der gesamten Volksgemeinschaft" tätig sein sollte.(63) Er selbst verzichtete auf den Aufbau eigener Gewerkschaften und verwirklichte seinen Plan erst nach der Machtergreifung in der Deutschen Arbeitsfront. Das Proletariat aber sah in den Gewerkschaften die notwendige Organisation zur Verteidigung seiner materiellen Existenz. Eine Partei, die die bestehenden Gewerkschaften ablehnte, wollte es nicht als eine Partei der Arbeiter ansehen.

Um so mehr konnte der durch die wirtschaftlich und geistig-politische Krise schwer getroffene Mittelstand, das besitzlos gewordene Bürgertum, die "sozialistische" Einstellung der NSDAP bejahen.(64) Das gesamte soziale Programm, so unklar es auch formuliert war, lief ja nicht darauf hinaus, die bestehende Gesellschaftsordnung zu stürzen, sondern die Schäden zu beseitigen. Der Nationalsozialismus sah nicht, daß das bisherige Sozialgefüge bis in die letzten Grundfesten erschüttert und darum nicht mehr auf die Dauer zu halten war. Er gebrauchte das revolutionäre Pathos, wollte aber nur die Reform. Der verschuldete Kleinhandel, das notleidende Bauerntum, der erwerbslose Angestellte, sie alle hofften, durch den nationalen Sozialismus vor dem Absinken ins Proletariat bewahrt zu bleiben. Ferner konnte auch den besitzenden Schichten dieser Sozialismus annehmbar erscheinen, da er ihnen nichts zu nehmen drohte, sondern sie vor der anwachsenden Macht des Kommunismus bewahrte. Oberste Begriffe, denen sich alle Sozialmaßnahmen des nationalsozialistischen Staates unterordnen sollten, waren Volksgemeinschaft und Rasse. Ihnen wurde auch die Wirtschaft untergeordnet, die als "eine der vielen Funktionen des völkischen Lebens nur nach Zweckmäßigkeitsgesichtspunkten organisiert und geführt" wurde.(65) Aufgabe der NSDAP und des durch sie geführten Staates war es, alle notwendigen Maßnahmen zur Erhaltung des Volkes und der Rasse durchzuführen. So wurde hier das soziale Problem ausschließlich von nationalpolitischen und rassischen Gesichtspunkten aus beurteilt und zu lösen versucht.

In der besonderen Ausprägung des nationalen Sozialismus der NSDAP, die den Begriff eines nationalen Sozialismus dem internationalen Marxismus gegenüberstellte, in dem Überwiegen der völkischen Idee, haben zweifellos Einflüsse aus der alten Donaumonarchie weitergewirkt, insbesondere da auch Hitler dort zuerst der internationalen Sozialdemokratie begegnete, die ihm hier von vornerein den Aufbau einer alles umfassenden völkischen Front zu vereiteln schien.(66) Es ist nicht möglich, hier diesen Beziehungen weiter nachzugehen. Es bleibt nur zu beachten, daß die gleichen Verhältnisse und die völkischen Strömungen im alten Österreich auch auf die Jugendbewegungsgruppen der Donaumonarchie einwirkten und somit auch nicht ohne Nachwirkung auf die ebenfalls von völkischen Gesichtspunkten aus geforderte Unterordnung des Sozialen unter das Nationale auf seiten der reichsdeutschen Jugendbewegung geblieben sind.(67)

Die Verwandtschaft und Parallelität sozialen Denkens der bündischen Jugend mit den Bestrebungen der NSDAP ist zunächst augenscheinlich. Zu erklären ist sie aus der gleichen Ausgangsstellung der bürgerlichen Krise sowie durch die auf beiden Seiten vorherrschenden unklaren Formulierungen. Sowohl unter dem Begriff der Volksgemeinschaft wie auch unter dem Versprechen "Arbeit und Brot" konnten die verschiedensten Vorstellungen subsummiert werden. Beide Bestrebungen zielten aber auf das Kernproblem der deutschen Situation, d.h. die gemeinsame Lösung der sozialen und nationalen Frage. Beide verneinten auch den Klassenkampf als einen die Volksgemeinschaft schädigenden Vorgang. Aber während der Nationalsozialismus versprach, die Mißstände zu beseitigen und somit den Einzelnen nicht nötigte, aus seiner bisher gewohnten sozialen Stellung herauszugehen, gab der "bündische Sozialismus" die bürgerliche Gesellschaft

preis, war im Grunde revolutionär und zielte auf das Ganze menschlicher Vorstellungen.(68) Dort aber gelang es ihm, von der Vordergründigkeit der sozialen
und politischen Programme zu einer neuen und echten menschlichen Beziehung
durchzustoßen. Das in der Gemeinschaft des Bundes geschärfte Verantwortungsbewußtsein des bündischen Menschen wurde nun durch die politischen Verhältnisse gezwungen, sich auf die Außenwelt zu übertragen, und er versuchte nun
in der Realität des Alltags seine Stellung zu ihr und sein Verhalten zu Volk und
Heimat zu bestimmen. So projizierte die bündische Jugend ihren erlebten Ge-
meinschaftsbegriff auf die Volksgemeinschaft, die zwar so einen utopischen
Charakter gewann, aber nicht mit der rassisch begründeten Volksgemeinschaft
der Nationalsozialisten gleichzusetzen ist. Die Folgen der Entscheidung für den
Bund waren für den bündischen Menschen in seiner ganzen Lebenshaltung bestimmend. Dieses Urerlebnis sozialer Zuordnung im Bund muß selbst bei gleich-
lautenden Formulierungen die Unterscheidung zwischen bündischem und nationalsozialistischem Denken deutlich werden lassen. Es ist die Unterscheidung einer revolutionären Bewegung, die von unten aufbricht, elementar ist, von der
reformerischen Organisation, die oberflächlich nach bestimmten Ideologien han-
delnd politisch die Massen bestimmt. Dennoch kann nicht die Tatsache übersehen werden, daß es schließlich der reformerischen Organisation durch ihre
größere Massenwirkung gelang, die Revolution zu verwirklichen.

DER ARBEITSDIENSTGEDANKE

Im März 1924 veröffentlichen die Bünde gemeinsam in "Der Zwiespruch" einen
Aufruf, der ein staatliches Arbeitsdienstpflichtgesetz für die deutsche Jugend
forderte.(69) Im folgenden Jahr setzte die Arbeitslagerbewegung der Bünde ein,
vor allem vorangetrieben durch die Schlesische Jungmannschaft unter ihren
Führern Ernst Buske, Hans Dehmel und Georg Götsch.(70) Gedacht waren diese
Arbeitslager als Erziehungslager bündischer Jungmannschaft, in denen eine Synthese der geistigen und kulturellen Arbeit der Jugendbewegung mit der harten
körperlichen Arbeit werktätiger Menschen vollzogen werden sollte. Dieses ausgleichende Nebeneinander von geistiger und körperlicher Arbeit, die Hinzu-
ziehung von Persönlichkeiten des geistigen und politischen Lebens zu den Diskussionen und Aussprachen, der lebendige Gestaltungswille der Lagermann-
schaft ließen diese Arbeitslager bald zu einem Kernstück bündischer Jungmann-
schaftserziehung werden.(71)
In den Jahren 1928 - 1930 versuchten die Bünde auch die junge Mannschaft
der anderen Stände hinzuzuziehen. Trotz des Mißtrauens der Parteifunktionäre
aller Gattungen gelang es, für drei Wochen über 100 Werktätige und Studenten
bei einem Arbeitslager im Boberhaus zu vereinigen.(72) Unter dem Eindruck dieses Lagers begab sich eine Mannschaft aus verschiedenen Bünden nach Bulgarien, um dort die Einrichtungen und Auswirkungen des ersten staatlich geführten
Arbeitsdienstes kennenzulernen. Dort gewannen sie die Überzeugung, daß der
Arbeitsdienst "nicht durch Notverordnung sondern aus dem Willen der deutschen
Jugend selbst wachsen müsse". Parallel mit der Arbeitslagerbewegung der Bünde, die sich zu einer Arbeitslagerbewegung der Arbeiter, Bauern, und Studenten
erweitert hatte, entwickelte sich der Arbeitsdienst der Wehrverbände, Parteien
und weltanschaulichen Richtungen. Der Druck der Wirtschaftskrise, die große

Zahl der jugendlichen Arbeitslosen, das Drängen der Wehrverbände bestimmten schließlich die Reichsregierung, im Sommer 1931 die finanzielle Grundlage zur Gründung eines freiwilligen Arbeitsdienstes zu geben. Die bündische Idee des geschlossenen Volkslagers setzte sich aber nur unter heftigen Kämpfen gegen das Eindringen der Verbandsinteressen, des staatlichen Bürokratismus, die Eingriffe der Kommune und Fürsorge durch.(73) Fast keine Berührung bestand mit dem nationalsozialistischen Lager Hammerstein.(74) Gerade aus diesem aber gingen die maßgeblichen Führer des späteren Reichsarbeitsdienstes hervor. Mit der Machtübernahme ging auch bald die Selbständigkeit des Arbeitsdienstes verloren. Unter dem Staatssekretär Konstantin Hierl, dem späteren Reichsarbeitsdienstführer, der zunächst für kurze Zeit auch Hans Dehmel zur Mitarbeit heranzog, wurde er der Kontrolle des nationalsozialistischen Staates unterworfen. Er entwickelte sich jetzt zu einem machtpolitischen Instrument des neuen Staates, das der einheitlichen weltanschaulichen Erziehung der jungen Generation dienen sollte.(75)

Hatte sich nun hier eine tiefgreifende Wendung vollzogen, oder war durch den Nationalsozialismus der Arbeitsdienstgedanke der Bünde seiner Vollendung und endgültigen Bestimmung zugeführt worden? Von außen gesehen schien das Ziel erreicht. Der neue "Volksstaat" hatte den Arbeitsdienstgedanken in sich aufgenommen, Adolf Hitler selbst hatte ihn als eine der Hauptstützen der künftigen Volksgemeinschaft erklärt.(76) In Wirklichkeit aber handelte es sich um einen Vorgang, der wie auf vielen anderen Gebieten – z.B. beim Landdienst – die Ideen der Jugendbewegung pervertierte.(77) Die NSDAP griff alles das, was ihrem machtpolitischen Streben diente, auf, benutzte es in ihrem Sinne und führte damit einen völligen Strukturwandel des Gewesenen durch. Nur allzubald zeigten die wachsende geistige Öde im Reichsarbeitsdienst als Folge der weltanschaulichen Einheitserziehung, die Überbetonung des militärischen Drills, die Herausstellung der Massen der Arbeitsdienstmänner auf den Reichsparteitagen u.a.m den Unterschied einer staatlichen Zwangseinrichtung gegenüber der lebendigen Selbstinitiative der bündischen Jugend.

Die Bünde hatten die Arbeitslager begonnen unter der verpflichtenden Idee des Dienstgedankens für Heimat und Volk.(78) Die Zusammenführung aller Stände, das Miteinanderarbeiten der Jugend aller Klassen sollte die "Volkwerdung" vorbereiten.(79) Eindeutig hatte die bündische Jugend "General, Feldwebel und Offizierstypen" als Führer des Arbeitsdienstes abgelehnt. Das menschlich große Beispiel Ernst Buskes, der einarmig die gleiche Arbeit verrichtete wie alle anderen und dennoch die Lagerführung geistig und kulturell fast vollkommen zu gestalten vermochte, stand ihr vor Augen. Die ausführlichen Tagebuchberichte, die die Deutsche Freischar über einige der wichtigsten Lager veröffentlichte, geben ein anschauliches Bild von der geistigen und kulturellen Vielseitigkeit aber auch von dem unerschütterlichen Arbeitswillen dieser Lager.(80)

Wie stark bündische Haltung und bündischer Formwille auf den Arbeitsdienst vor 1933 einwirkten, zeigen auch die "Führerblätter zur Gestaltung des deutschen Arbeitsdienstes", "Jugend im Dienst".(81) Die gesamte Erziehung geht hier von dem Gemeinschaftsgedanken der bündischen Jugend aus. Das Problem der Zukunft des Arbeitsdienstes wird als das "des Einbaues einer organisch gegliederten Selbstverwaltung der bündischen Kräfte, der Träger des Dienstes" bezeichnet. Die Gestaltung der Freiheit wird im Gegensatz zu den üblichen Verhältnissen im ehemaligen deutschen Heer und der später geübten Praxis im Reichsarbeitsdienst als ausschlaggebend für den Sinn und Erfolg des Arbeitsdienstes betrachtet.(82) Sie sollte im Stil und aufgrund gewonnener Erfahrung der bündischen Arbeitslager erfolgen. Das vorgeschlagene Liedgut, die Liederbücher stammten aus den Bünden.(83) Ebenso zeigt die Literatur, die empfohlen wird, in keiner Weise eine Beeinflussung von nationalsozialistischem Gedankengut. Diese erstrebte Vielseitigkeit, die besondere Betonung der geistigen Komponente, der Wille, junge Menschen aller Stände im Sinne des bündischen Gemeinschaftsgedankens beim verpflichtenden Dienst zum Volke hin zu erziehen, sie unterscheiden Arbeitsdienst bündischer Prägung von dem einheitlich weltanschaulich ausgerichteten Soldaten der Arbeit des Nationalsozialismus.(84)

VII. Volk, Reich, Staat, Rasse

DER VOLKSBEGRIFF DER JUGENDBEWEGUNG

Der Auszug der Jugendbewegung aus der bürgerlichen, staatlichen Gesellschaftsordnung gab ihr den Sinn für ursprünglichere menschliche Zuordnung zurück. Aus dem Erlebnis und dem Gefühl schuf sie die Gemeinschaft, und diese entdeckte das "Volk". Nicht politischer Wille noch völkische Weltanschauung, sondern Erlebnisinhalt führten dort hin. Das Menschen-, Natur- und Landschaftserlebnis ließen "eine rührend andächtige Liebe zur Heimat und eine stark gefühlte sittliche Verpflichtung gegen das "Volk" wachsen.(1) Alles das, was die Jugendbewegung aufgriff, war ihr stimmungsmäßig verwandt, das Volkslied, die Märchen und Sagen, das Bild des fahrenden Scholaren wie des Landsknechts, der einfache bäuerliche Mensch auf dem Lande. Alles das war ursprünglich, war organisch gewachsen. Sie empfand die gleiche Verwandtschaft, wenn sie auf ihren weiten Fahrten auf die verstreuten deutschen Volksgruppen im Ausland stieß, verflocht das Zugehörige mit dem ihr Eigenen, und aus dem Gefühl des erlebten Gemeinsamen übertrug sie ihr Gemeinschaftserlebnis auf das Volk. Diese Übertragung wirkte sich aus als Sendungsbewußtsein religiösen Charakters. In "dem einfachen So-Sein, wie wir geworden sind, erfüllt sich unsere Sendung: am Menschen, an der Gemeinschaft, am Volk als neue Liebe, neue Sittlichkeit, neuer Glaube, neues Denken". "Es soll nicht unsere Sendung sein, Volk zu werden, sondern es ist unsere Sendung nicht nur aus Zu-Fall, auch nicht nur aus Erkenntnis und Willen, sondern aus jenem Müssen heraus, das halb Geschenk, halb Schöpfung des Menschen Schicksal war seit Anbeginn".(2) Es war vor allem das Schrifttum der Neupfadfinder, welches diesen Sendungsgedanken prägte. Das Volk wurde hier zu einem mythisch-religiösen Wert. Es konnte nur in der Symbolik erfaßt und nicht begrifflich definiert werden. "Heimat" und "Vergangenheit" schreiben seinem Leben einen ganz bestimmten Gang vor. Der "Herzschlag" der Gemeinschaft wird vom "Strom" seines "Blutes" gespeist, dessen "Rauschen" ein "uraltes Lied" singt, und sein Boden "übt eine geheimnisvolle Herrschaft über sie aus".(3) Für die Jugendbewegung besaß weder die juristische Definition des Staatsvolkes noch eine durch politische Bedingungen bestimmte Erklärung des Volkes

Gültigkeit. Volk war ihr "nicht eine Summe von vielen Einzelnen, ein in politische Grenzen eingezwängter Haufen oder in staatliche Formen gefüllte Masse".(4) Ihre Erlebnissphäre ging über die politischen und staatlichen Grenzen hinweg. Mitbestimmend wirkte sich hier die Lage der deutschen Volksgruppen außerhalb der Reichsgrenzen, die die Feindschaft der staatlichen Mächte nicht selten erfahren hatten, ebenso aus wie die politische Zerrissenheit der Deutschen. Diese Verhältnisse, von der Jugendbewegung erlebnismäßig erfahren und schmerzhaft empfunden, hinderten von Anfang an die Hereinnahme staatlicher oder politischer Vorstellungen in ihren Volksbegriff. Sie erschienen als zu eng begrenzt, zu zufällig, um das auszudrücken, was diese Jugend darunter verstand oder vielmehr fühlte, erlebte, wenn sie "Volk" sagte.

Sie erfaßte das Volk als "Offenbarung elementarer Naturkräfte", als einen Strom des geschichtlichen Werdens, als wachsenden Baum, als "lebendigen Organismus und ein ursprüngliches Gewächs".(5) In der Auffassung, daß das Volk "schicksalhafter Träger einer ewigen Idee" sei, der Idee der Treue, die sich in seiner ganzen Geschichte verkörpere, wurde es zu einer metaphysischen Wesenheit erklärt, eine Definierung des Unfaßbaren als rationalistisch abgelehnt.(6) Diese schwärmerisch, begeisterte Übersteigerung des organischen Volksbegriffes, die besonders von den völkisch beeinflußten Kreisen der Bünde ausging, verband sich bei den Neupfadfindern mit George-Einflüssen und wurde dort in Verbindung mit der Reichs- und Bundesidee im Stil und Kult des Georgekreises weiter ausgeprägt.(7) Indem der Bund zur Keimzelle der zu erneuernden Volkheit erklärt wurde, kam es zu einer Identifizierung von Bund und Volk, sowie einer utopischen Übertragung der Idee der bündischen Gemeinschaft auf die ersehnte Volksgemeinschaft.(8) Der hier auftretende Begriff einer blutsmäßigen Einheit kann wohl nicht im rassebiologischen Sinne verstanden werden. Die Aufforderung "Bleibt eurem Blute treu!" ist keine zur Erhaltung der Rasereinheit. Unverkennbar hat auch hier der Einfluß Stefan Georges und seines Kreises gewirkt. Die in dem Heft dieser Zeitschrift kurz vorher gebrachte Zitierung eines George-Gedichtes, der ganze Sprachstil, läßt keine andere Deutung zu.(9) Der bewußte Geistesaristokratismus des Georgekreises sah im Blut eine durch den Geist gestaltete Schicht des Unterbewußten. Blutsmäßige Gemeinschaft aber konnte nur durch geistige Gemeinschaft entstehen, die das Unterbewußte bezwang.(10) Von hier aus gewann der Begriff des Volkes "den Charakter eines seelisch-geistigen Prinzips, das sich in kulturellen Formen ausdrückte". Die Bund-Volk-Korrelation bei den Neupfadfindern zeigte die Stärke des Einflusses des Georgekreises. Eine eindeutige Erklärung des Volksbegriffes ist hier wohl nicht möglich. Er erhält seine Doppelseitigkeit aus dem Georgeschen Denken und der völkisch-politischen Anschauung. Es kann nur soviel gesagt werden, daß je nach der stärkeren Beziehung zur politischen Realität der völkische Begriff, in den Zeiten der Abgeschlossenheit des Bundes nach außen die Deutung des Georgekreises überwiegt. So trat der George-Einfluß in den Bünden nach 1923 zurück, blieb aber latent und kam in den autonomen Jungenschaften nach 1930 erst wieder zu einer dominierenden Stellung.(11)

Im allgemeinen sah die bündische Jugend in der Übereinstimmung von Sprache, Sitte, dem Zusammenhang geschichtlichen Werdens und dem Blut, als seelenformender Kraft, die wesenhaften Grundlagen des Volkes.(12) Ihr Ziel war die Erneuerung des Volkstums durch den "wesentlichen Menschen", der in einer echten und erlebten Beziehung zu den Tiefen der Volksseele stehen sollte.(13)

Die werdende Nation erschien ihr bedingt durch ein Staatlichwerden des erneuerten Volkes. Nationalgefühl war für sie das erlebte und bewußt gewordene Gefühl der inneren Einheit und politischen Zusammengehörigkeit aller deutschen Volksgruppen.(14) Während des ersten Krieges und der Revolutionsjahre wandte sich ein Teil der Freideutschen, die sogenannten "Sozialisten" unter Kurella von der im Volkstum verwurzelten Richtung der Völkischen ab; sie sahen die Aufgabe der Jugendbewegung nicht mehr in der Erneuerung des Volkes, sondern in der Wiederherstellung einer Societas, als einer gemeinschaftlich aufgebauten Gesellschaft der Menschen.(15) Das gemeinsame Lebensgefühl drängte zwar die dadurch entstehenden Spannungen wieder zurück, aber die Folgen waren doch, daß im allgemeinen das Volk nicht zum Maß aller Dinge erklärt wurde.(16) So sah die Jugendbewegung im Volke nur einen besonderen Ausdruck der Menschheit. Sie erkannte die Gültigkeit und Verbindlichkeit der rechtlichen und sittlichen Normen für alle Menschen als sittliche Wesen an und huldigte nicht dem Gedanken einer Überordnung des eigenen Volkes über die anderen.(17) Die deutlichste Definition des Volksbegriffes in der Jugendbewegung gab wohl Ernst Buske. Seiner Definition kann Gültigkeit für den größten und maßgeblichen Teil der bündischen Jugend zugesprochen werden. Als Antwort auf die Frage "Was ist nun ein Volk?", lehnte er die Erklärung des Volkes als "Gemeinschaft aller Gleichblütigen", als "Raumgemeinschaft", "Sprachgemeinschaft" und "Staatsgemeinschaft" als äussere Gemeinsamkeit, die nicht das Wesen eines Volkes ausmachen könne, ab und betonte, daß das Wesen des Volkes nur in der Gemeinsamkeit innerer, d.h. geistiger Inhalte, bestehen könne. "Nur das, was die Menschen in eigentümlicher Weise geistig miteinander verbindet, d.h. die im Erkennen und Wissen, in der Weltanschauung, im religiösen, im künstlerischen und im moralischen Fühlen und Denken sich abspielenden geistigen Wechselwirkungen, kurz die gesamten Kulturbeziehungen, machen das Wesen der Volksgemeinschaft aus. Volk heißt somit Kulturgemeinschaft, und Rasse, Raum, Sprache und Staat sind lediglich als Bedingung des kulturellen Vergemeinschaftungsprozesses von Bedeutung".(18) Diese Definition des Volkes als Kulturgemeinschaft bestimmte die Deutsche Freischar in ihren Bemühungen "um den geistigen Lebenskern der Nation". Bei allem Verständnis für die politischen Notwendigkeiten sah sie das eigentlich Entscheidende für die Erneuerung des Volkes in der "stärksten Versenkung in die deutsche Kultur", in der "Verbindung mit den geschichtlichen Kräften unseres Volkes", in der "unaufhörlichen Bemühung um neue Formen der Gemeinschaft und Bindung", in der "Entscheidung zur Radikalität des Gefühls und Bewertung der Menschen nach ihrer Qualität."(19)

Von hier aus führte keine Brücke zum Volksbegriff des Nationalsozialismus. Hitler hatte die rein biologisch zu verstehende Rasse der Arier zum Träger aller Kultur und die rassischen Grundlagen, die biologische Übereinstimmung des Blutes als Grundlagen aller völkischen Daseinsformen erklärt.(20) Mit seinen Theorien gelangte er zu dem Begriff eines "Herrenvolkes", zu dessen Erhaltung und Durchsetzung in der Weltgeschichte jedes Mittel recht sei.(21) Ein weiteres Vergleichen des nationalsozialistischen Volksbegriffes mit dem der Jugendbewegung erübrigt sich hier, denn auch die Deutungen des Volksbegriffes aus dem Bereich der Konservativen Revolution wurden von dem Nationalsozialismus letztlich alle zugunsten der Hitlerschen Vorstellung verworfen. Die Unterschiede sind in den Grundvoraussetzungen schon so klar, daß nur von einer Wortgleichheit gesprochen werden kann, wenn Jugendbewegung und NSDAP von den Begriffen Volk und Volksgemeinschaft reden. Ihre Inhalte sind grundverschieden.

DER REICHSGEDANKE

Der Vorkriegswandervogel und die Freideutsche Jugend haben den Begriff des Reiches selten und nur zur Bezeichnung des Deutschen Reiches als festgefügter staatlicher Form angewandt. Erst die Jugendbewegung der Nachkriegszeit gab diesem Begriff ihre eigene und besondere Prägung, ja es kennzeichnet geradezu den Unterschied der bündischen Jugend zu den beiden vorhergehenden Formen dieser Bewegung, daß sie sich unter eine Reichsidee stellt und ihre Arbeit als "Dienst für das Reich" bezeichnet.

Die Zerstörung der Donaumonarchie, die Abtretung zahlreicher Gebiete und Auflösungserscheinungen des Deutschen Reiches hatten jetzt den Raum freigemacht für einen neuen Ordnungsbegriff, mußten ihn gleichermaßen fordern wie die geistige Not, die politische Zerrissenheit und der augenscheinliche Verfall der gesellschaftlichen Verhältnisse. In der Idee eines neuen Reiches vereinigte die bündische Jugend nun alles das, was ihr als höchstes Ziel und letzte Aufgabe ihres Seins erschien. Ihr wurde das Reich zum Inbegriff der neuen Ordnung aller Lebensgebiete. Die Vielfalt der Möglichkeiten einer Sinndeutung dieses einen Begriffes "Reich" läßt eine klare Definierung bei der Untersuchung bündischen Schrifttums oft nicht zu. Allgemein dient er immer zur Bezeichnung einer höchsten Ordnung. Angewandt wird er im religiös-innerlichen Sinne, als Reich der Jugend, als Kulturgemeinschaft, im Geiste des Georgekreises, als Reich des neuen Volkes wie auch der neuen Menschheit, im politischen Sinne als Großdeutsches Reich, als übervölkische staatliche Ordnung und in der Fortsetzung des Mitteleuropagedankens von Friedrich Naumann. Als geschichtliches Bild stand ihr das Heilige Römische Reich Deutscher Nation des Mittelalters vor Augen. Das Reich war der bündischen Jugend zum Mythos geworden.(22) Im letzten Sinne blieb es ihr ein nie zu verwirklichendes Ideal, eine Idee sowohl im religiös-geistigen wie im politischen Sinne. Sie lehnte den naiven Fortschrittsglauben des letzten Jahrhunderts ab, bekannte sich aber trotz ihrer skeptischen Haltung zu einem trotzigen "Dennoch", und sie zeigt hier eine starke Verwandtschaft zu der geistigen Haltung der Konservativen Revolution.(23) So schrieb Werner Hahn: "Auch wir wissen, was das neue Reich sein müßte, das Reich, das keine Kompromisse und keine Halbheiten dulden kann. Wir wissen es besser, denn wir wissen: Wenn man von diesem Reiche redet, so redet man vom Reiche Gottes. Man redet davon, mag man das nun wissen oder nicht. Und das Reich Gottes ist zwar durchaus Wirklichkeit und Realität, aber es ist 'nicht von dieser Welt'. Es ist darum auch nicht durch uns in irgendeinem Zeitpunkt zu verwirklichen".(24)

"Die Wiedergeburt des Reichsgedankens aus dem Geist der Jugend" beginnt in den Jahren 1920/21. Es sind Martin Voelkel und der Führerkreis der Neupfadfinder, die ihn als Idee über ihren Bund stellen. Ihnen ist das "Heilige Reich" ein Mythos, geboren auf den Trümmern des römischen Weltreiches, hervorgegangen aus der Verbindung zwischen Germanentum und Christentum.(25) Dieses Reich gilt ihnen als alterslos und ewig. Wenn die Menschen es nicht mehr zu kennen glauben, bricht jedesmal die Jugend wieder auf zu einem Kreuzzug zur Erlösung der Welt. Als Symbol dieser Erneuerung gilt der "Weiße Ritter". Die Mannschaft des Bundes aber erklärt sich in seinem Sinne zu Rittern des Reiches.(26)

In diese Renaissance des mittelalterlichen Reichsgedankens, der auch hier in seinem Doppelsinn als Imperium und Sacerdotium zusammengefaßt wird, mischen sich nun völkische Anschauungen, die das Reich als ewige Idee und Sendung des deutschen Volkes deuten.(27) Sie gehen aus von einem Krisenbewußt-sein, einem gewissermaßen eschatologischen Denken, das von der politischen und geistigen Notlage der Wirklichkeit her genährt wird.(28) Aber die ganze Sinndeu-tung verbleibt im mythischen Bereich, wendet sich nicht über den Bund hinaus, dessen "Ritter den Geist des Reiches in sich aufgenommen" haben.(29) Trotz der starken Betonung des Volkstums in allen diesen Schriften wird deutlich erklärt: "Es geht nicht um das Dasein einer Menschenrasse, sondern um das Reich".(30) So ergibt sich hier noch kein politischer Begriff des Reichsgedankens. Er bleibt in die Romantik bündischen Denkens verwoben, ergreift seit dem Grenzfeuer auf dem Fichtelgebirge 1923 die anderen Bünde und wird Gemeingut der bündischen Jugend.(31)

So steht etwa das Werden der "Jungmannschaft Königsbühl"(32) völlig unter dem Einfluß des Reichsgedankens der Neupfadfinder. Er wird hier allerdings noch stärker nach der religiös-innerlichen Weite durchgeformt, oft im Sinne des Wortes "Das Reich Gottes ist in euch" gebraucht.(33) Der protestantische Einfluß dringt durch. "Reich" ist hier Ausdruck der inneren Gemeinschaft, es wird sichtbar, wenn der Bund geschlossen wird. Eine Art Mystik des Reichsbegriffs entsteht. Das religiös-innerliche Reich, das Reich der Jungen, das Reich der Deutschen, alles ist Teil der Reichsidee und doch wieder das Ganze.(34) Es gibt nur grad-mäßige Unterschiede des Teilhabens.

Die George-Einwirkung auf den Reichsgedanken der Jungmannschaft Königs-bühl ist unverkennbar.(35) Sie liegt vor allem in der Hinwendung zu einem geisti-gen Reich, das in einer selbstgeschaffenen und eigenen Sphäre steht, weder dem politischen Geschehen unterworfen ist, noch den Völkern und Rassen, dessen Le-ben sich in "Herrschaft" und "Dienst" gliedert. Eine noch stärkere Hinwendung zu Georges Reichsidee als sie hier und bei den Neupfadfindern festzustellen ist, vollzieht in der bündischen Jugend Georg Sebastian Faber in der Schrift "Leo-nardo".(36) Ein Vergleich ergibt fast eine völlige Identität.

Wenn auch Normann Körber noch 1927 vom Reich sagt, es sei "weder das lu-therische Reich Gottes noch ein politisch gemeintes neues deutsches Reich, ob-wohl von beiden ein Ton mitschwingt, sondern in erster Linie das Sinnbild einer neuen in neuer Haltung vereinten, Gott und 'den Göttern' gehorsamen neuen Generation – für deren Lebenswille der Bund Symbol und Ausdruck im Kleinen ist", so gelangt die bündische Jugend im Zusammenhang mit ihrer stärkeren Hin-wendung zur Realität doch zu einem politisch gefaßten Reichsgedanken.(37) Eine einheitliche politische Reichsidee für alle Bünde gibt es zwar nicht, gemein-sam ist ihnen allen nur die Vorstellung, daß die politische Lösung allein nicht ge-nüge, sondern das Reich die Neuordnung aller Lebensverhältnisse umfasse.(38)

Die betont konservative Haltung des Großdeutschen Jugendbundes (DNJ e.V.) unter der Führung des Vizeadmirals von Trotha wendet sich einer großdeutschen Lösung zu. Das "Reich deutscher Nation" soll aus einer Synthese zwischen Preußentum und Österreich erwachsen. Gegenüber der Ansicht, daß die Staats-idee Preußens das künftige Reich formen müsse, die ebenfalls in diesem Bunde vertreten war, wird doch stärker betont, daß der Weg zum Reich nicht über Preußen, sondern über Deutschland gehe.(39) "Deutschland als die Zusammen-fassung aller deutschen Landschaften" sei der Ausgangspunkt. Richtungswei-send für die Reichsidee sind hier völkische Gesichtspunkte.(40) Der Weg zu einer politischen Verwirklichung des Reiches, die ernsthaft angestrebt wird, führt nicht über ein Eingreifen in die Tagespolitik der Parteien, sondern über den

Bund, der sich das Reich als Ziel gesetzt hat und das "Vorleben im Dienst der Nation" fordert.(41)

Die Jungnationalen gehen in ihrer Reichsvorstellung über das nationalstaatliche Denken hinaus. Wirtschaftliche und raumpolitische Gründe sind nach ihrer Meinung mitbestimmend für die Neugründung des Reiches, dem "der große mitteleuropäische Raum zwischen Riga, Odessa und Bukarest, östlich und südlich unserer Grenzen ... zunächst wirtschaftlich und damit letzten Endes auch politisch zufallen muß".(42) Die Reichsidee wird hier als eine Aufgabe angesehen, die das deutsche Volk für Europa übernehmen soll, machtpolitische Gesichtspunkte werden hineingenommen. Die Verbindungen der Jungnationalen zu den Kreisen der Konservativen Revolution haben dazu beigetragen, den Reichsgedanken als einen solchen der übervölkischen Ordnung in der Jugendbewegung weiter zu verbreiten.(43) Unterstützt wird der Gedanke eines übervölkischen Reiches durch die auslandsdeutschen Gruppen in Österreich und im Sudetenland. Die geschichtliche Sendung, die das mittelalterliche Reich und sein Nachfolger, die Donaumonarchie als Ordnungsmacht im Südostraum einst erfüllt haben, ist ihnen noch lebendige Tradition.(44) Das "Dritte Reich", die neue Heimat aller Deutschen soll die gleiche Rolle in Mitteleuropa übernehmen. In der Zeitschrift "Volk und Reich" (von der Mittelstelle für Jugendgrenzlandarbeit herausgegeben) wird der Mitteleuropagedanke den mit der Volkstumarbeit vertrauten Jungmannschaften der Bünde von namhaften Persönlichkeiten in seinen historischen Voraussetzungen, politischen und geopolitischen Notwendigkeiten deutlich gemacht.(45) Nicht der Wille, andere Völker zu beherrschen oder auszurotten, führt so die bündische Jugend zu der Idee eines übervölkischen Reiches, sondern ein geschichtliches Sendungsbewußtsein, das zum Dienst für das Reich verpflichtet. In diesem Zusammenhang erscheint in der Deutschen Freischar ein Vorschlag, Europa in zwei Imperien um Ostsee und Mittelmeer zu gliedern.(46) Polen möge "im Osten ritterlich und christlich" die Grenzwacht übernehmen. "Der Dienst an der neuen Reichsidee" soll "über die Sorge um Sicherung" und "Selbstbehauptung" gestellt werden. Echt bündisch ist die Wendung der imperialen Idee ins Religiöse. "Die großen Völker" sollen "alle tiefen Kräfte der Besinnung und Demut aufbieten". "Selbsterziehung der führenden Kräfte", das Suchen "der eigenen Mitte" und die Hingabe an eine große Aufgabe sind auch hier wie immer der Weg, der die Haltung der bündischen Jugend zur Reichsidee kennzeichnet. Der bündische Mensch ist der Überzeugung, daß das Reich nicht politisch "gemacht" werden kann. Er fühlt nur eine schicksalhafte Aufgabe, die ihn zum "Dienst" verpflichtet. Er glaubt, daß nur das Reich oder das Chaos zur Entscheidung stehe, daß der Bund, der der Reichsidee diene, um dieser Hingabe willen zur künftigen Führerstellung berufen sei.

Zweifellos haben viele Menschen, die durch die Schule der Bünde hindurchgegangen waren, am 30. Januar 1933 geglaubt, die Stunde des Reiches sei nun da.(47) Aber sie glaubten in typischer Verkennung der politischen Wirklichkeit, es sei ihr eigenes Reich, das nun komme, nicht der Staat der NSDAP. Sie hofften noch, sich im Vertrauen auf ihre Sendung durchsetzen zu können. So bewahrten auch die Bünde bis zur Zwangsauflösung durch den neuen Staat ihre eigene Position. Gewiß berührten sich über Möller van den Bruck und völkische Kreise politische Gedankengänge der Jugendbewegung über ein neues Großdeutsches Reich mit den Ideologien der NSDAP.(48) Diese Berührungspunkte, bedingt durch die allgemeine Zeitsituation, können aber nicht darüber hinwegsehen lassen, daß der bündische Reichsgedanke dem Dritten Reich der NSDAP in seinen Voraussetzungen und Auswirkungen völlig entgegengesetzt war. Die noch ausstehende Forschung über die Geschichte der nationalsozialistischen Zeit läßt allerdings hier einen Vergleich der Gedankengänge und damit eine genauere Ermittlung der Verwandtschaftsbeziehungen nicht zu.(49) Hitler selbst hat den Begriff Reich in eigener Bedeutung weder in seinem Buch "Mein Kampf" noch im Parteiprogramm der NSDAP angewandt. Das Dritte Reich der Nationalsozialisten sollte der nach dem Parteiprogramm der NSDAP aufgebaute totale Staat werden. Zu seiner Aufrichtung bediente Hitler sich einer Partei und ihrer Kampfverbände. Reine politische Zweckmäßigkeitserwägungen kennzeichneten ihre Taktik.(50) Sein imperialer Gedanke vertritt den Imperialismus alten Stils, der nur ein herrschendes Volk oder Rasse und unterworfene Sklavenvölker minderwertiger Rasse kennt. Das Dritte Reich war so ein mit allen politischen und militärischen Mitteln auszubauender Machtstaat, es war ein "Reich von dieser Welt". Für den bündischen Menschen aber trug das Reich metaphysischen Charakter, es sollte eine neue Ordnung unter den Menschen und Völkern aufrichten, zueinanderordnen, aber nicht unterwerfen.

BÜNDISCHER UND NATIONALSOZIALISTISCHER STAAT

Die bündische Staatsauffassung nimmt ihren Ausgangspunkt von den Strukturelementen des eigenen Bundes. Wenn auch von einer bündischen Staatsidee in einer ausgeprägten und für alle Bünde verpflichtenden Form nicht gesprochen werden kann, so ergeben sich doch aus der eigenen Lebensgesetzlichkeit des Bundes gemeinsame Vorstellungen, die das Staatsbild des bündischen Menschen bestimmen. Der Bund selber trägt ja in sich das Prinzip einer eigenen Staatlichkeit, die autonom verbindliche Normen aufstellt und sich eine Sphäre außerhalb der sie umgebenden staatlichen Ordnungen zuweist.(51) Die besondere Ausprägung des "Herrschafts-Dienstverhältnisses", die Beseitigung der Geldwirtschaft durch den Gruppen-Kommunismus, die Gesellschaftsbildung durch die "freie Wahlschicksalsgruppe", die Amalgamierung völkischer und sozialistischer Gedanken, die sittliche Autonomie des Bundes als überpersönliche Macht zeigen eine vorherrschende Tendenz zur Abgeschlossenheit. Sie unterscheiden die bündische Jugend vom internationalen Pfadfindertum und den Jugendpflegeverbänden, die immer darauf hinzielen, brauchbare Staatsbürger nach dem jeweils geltenden Staatsideal heranzubilden. Die Bünde dagegen erziehen auf ein zukünftiges Staatsbild hin, das letztlich nichts anderes enthält als die Erweiterung, Übersetzung und Projektion des Bundes auf die äußere Welt.(52) Es entwickelt sich aus der Kritik und der Opposition gegenüber den bestehenden staatlichen Mächten.

Die ausgeprägteste Form einer Eigenstaatlichkeit zeigen die nach 1929 entstehenden autonomen Jungenschaftsbünde. Der hier propagierte Jungenstaat löst den jungen Menschen aus allen bisherigen Bindungen und stellt ihn unter eine autonome Ordensidee, die den Orden zur einzigen lebenswerten Seinsform erklärt.(53) Es mag hier die Frage offen bleiben, ob in dem Verhältnis des autonomen Jungenschaftsbundes zum bestehenden Staat nicht ein anarchistisches Element der Jugendbewegung durchdringt. Die Betonung der rein persönlichen Bindung an einen charismatischen Führer und die Ablehnung jedes sachlichen Zweckgedankens, wie ihn die "Trucht" forderte, weist zumindest darauf hin, daß man geneigt war, jede Ordnung außerhalb des Bundes abzulehnen.(54) Die begeisterte Aufnahme der "Dreigroschenoper" von Bert Brecht und Weill zeigt die gleiche Tendenz. In der eigentlich bündischen Periode von 1923 bis 1930 ist diese Richtung allerdings nicht festzustellen.

Dort ist das Bewußtsein vorhanden, "daß der Vorstoß zur Staatlichkeit der Jugend" mit dem Einsatz der letzten Kräfte vollzogen werden muß.(55) Er wird als identisch mit dem Willen zum neuen Reich angesehen. Der Bund muß die kleinste Zelle des zukünftigen Staates bilden. Seine Prinzipien sollen zur Allgemeingültigkeit erhoben werden. Die "Eroberung des Staates"(56) kann sich aber nicht in revolutionsähnlichen Vorgängen, nicht "mit einem schneidigen Marsch auf Berlin" vollziehen, sondern ergibt sich als Folge einer planmäßigen Durchdringung aller öffentlichen Positionen mit bündischen Menschen. Aus einer persönlichen Bindung von Mensch zu Mensch soll ein organischer Gemeinschaftsbau entstehen, der die Gestaltung des Staates und seine Führung übernehmen kann.(57) Es wird hier bewußt eine politische Elitebildung eingeleitet, die den Einzelnen "bis zur Meisterschaft in der Beherrschung politischen, wissenschaftlichen, gesellschaftlichen und staatlichen Lebens" weiterbilden will.(58) Die Bünde zielen mit ihrer Pädagogik auf die Überwindung der staatlichen Automatik. Ein sinnvoller Organismus soll die Apparatur der Parteien und Bürokratie ersetzen.

Für die Erreichung dieses Zieles wird die Autonomie der pädagogischen Gruppen gefordert, die der Staat lediglich zu unterstützen hat.(59) In der freien "Wahl- und Schicksalsgruppe" soll der junge Mensch seine isolierte Stellung in einer organisch gewachsenen Gemeinschaft der Menschen, wie sie ja im Bundesgefüge verwirklicht ist, aufgeben. Das Prinzip der Freiwilligkeit wird also auch für die staatspolitische Erziehung zum Grundsatz erhoben. Ja, die Deutsche Freischar sieht geradezu hier die Lebensfrage "für den freien Volks- (d.h.u.a. klassenlosen) Staat, (vorausgesetzt, daß man eine solche Volksordnung noch Staat nennen will), daß die Rangordnung und Zueinanderordnung der Menschen von frühester Jugend an geleitet und erprobt wird." "Der Sinn für den wahren Wert des anderen, die Fähigkeit, sich richtig und reibungslos ein- und gegebenenfalls unterzuordnen, der Mut zur Führung und Verantwortung", das seien "Tugenden, die am Baum der Menschlichkeit nicht von selber wachsen." Es sei ein Irrtum, diese Zueinanderordnung der Menschen erst im Erwachsenen-Alter regeln zu wollen, das künftige Reich ruhe nicht allein auf Parteidisziplin und Manneszucht.(60)

Gegenüber dem Staatsbegriff der Deutschen Freischar, die im allgemeinen den Staat als Herrschaftsorganisation und Gesellschaftsordnung eines Volkes in rein sachlicher Art begreift(61), neigen die Jungnationalen mehr zur Hegelschen Staatsidee und sehen im Staat die Verkörperung der höchsten sittlichen Idee. "Der Staat gilt als Prinzip der Ordnung aus sittlich schöpferischem Willen"(62). Auch die lutherische Auffassung des Staates als Wille Gottes und "göttliche Schöpfungsordnung" wird vertreten.(63) Eine genaue Begrenzung dieser Gedankengänge auf einzelne Bünde ist nicht möglich. Überwiegend ist aber doch wohl die Ansicht, daß der Staat ein geistiges und sittliches Ordnungsprinzip des Volkes verkörpern solle.(64) Über die zu erstrebende Staatsform ist keine einheitliche Ansicht vorhanden. Die Frage, ob Monarchie oder Republik, wird kaum aufgeworfen, eine Diktatur höchstens als zeitweilige Lösung anerkannt. Normann Körber hält die republikanische Staatsform mit Präsidentschaftsspitze für wesensgemäß, allenfalls noch eine Wahlmonarchie.(65) Die Neupfadfinder fordern eine "monarchische Spitze", jedoch kommt es nirgendwo zu einer eingehenden

Erörterung dieser Frage.(66)

Gleichzeitig mit der Ablehnung einer liberalistischen Staatsauffassung wendet sich die bündische Jugend gegen den Parlamentarismus. Er gehört nach ihrer Meinung einer vergangenen Epoche an. Seine offenkundige Unfähigkeit, die Gegenwartsprobleme zu meistern, habe ihm das Mißtrauen des ganzen Volkes zugezogen.(67) In Anbetracht der gegenwärtigen soziologischen Struktur des deutschen Volkes könne nicht mehr von einer Interessengleichheit gesprochen werden. Vielmehr seien die Parteien zu Interessenvertretern der verschiedensten Gesellschaftsschichten geworden.(68) Ein Majoritätsbeschluß müsse notwendig die anderen Interessen vergewaltigen. Somit könne die parlamentarische Fiktion, "die Mehrheit hat Recht", nicht aufrechterhalten werden. Nur dann könne von der Idee der Volkssouveränität als sittlicher Idee gesprochen werden, "wenn das Volk selbst als eine sittliche, wertgebundene, in der Zeit fortlebende Persönlichkeit angeschaut" werde.(69) Sie sei unsittlich, wenn sie sich nur auf die materiellen Bedürfnisse der gegenwärtig lebenden Schicht oder gar nur auf ihre stimmfähigen Individuen bezöge. Es müsse weiterhin notwendig eine rationale Verantwortung des Repräsentanten vor seinem Wählervolk hinzukommen, um eine wirksame Kontrolle durch die öffentliche Meinung zu gewährleisten. Es ist typisch für das klassenlose Denken des bündischen Menschen, daß er versucht, den Staat aus der materiellen Interessenverflechtung mit einzelnen Gesellschaftsgruppen zu lösen, daß seine staatlichen Vorstellungen immer von einem Volksganzen ausgehen. Er räumt mit der Vorstellung, daß die Abgeordneten des Volkes die Repräsentanten der Regierten gegenüber einer Staatsmacht seien, auf und sieht in ihnen, wie es der wirklichen Idee der Volkssouveränität entspricht, die Verkörperung der Staatsmacht selbst.(70) An die Stelle des Parteifunktionärs soll ein neuer Führertyp treten, der, den Interessen unabhängig gegenüberstehend, die Führung der Nation übernehmen soll.

Es ist hier genau zu beachten, daß nicht der "Führer" "oder ein autoritäres Regime gesucht, sondern die Frage nach einer echten Demokratie und ihrer politischen Führungsschicht aufgeworfen wird.(71) Die gesamte politische Arbeit in den Jungmannschaftskreisen wird von dem Gedanken geleitet, dem Volk und dem Staat eine politische, charakterliche und geistige Eliteschicht zu erziehen. Der Weg zur "Machtergreifung" im Staat führt für die Bünde über das Sichdurchsetzen dieser Elite im öffentlichen Leben.

Daß die Bünde unbefangen an eine "Herrschaftsausübung" durch eine von ihnen geformte Elite denken können, hat zur Voraussetzung, daß sie sich selbst mit dem Volk identifizieren und nicht als Partei oder Klasse ansehen. Nach ihrer Staatsauffassung müssen Staat und Volk wieder eins werden, ist der Staat nicht ein abstraktes Wesen, sondern Ausdruck der lebendigen Volksgemeinschaft.(72) Es geht der bündischen Jugend nicht darum, irgendeinen Staatsmechanismus aufzubauen, sondern sie sucht immer wieder nach einer Form, in der das Volk seinen staatlichen Willen prägen kann. Bis zur letzten Klarheit ist sie hier nie gelangt. Einige Vorstellungen knüpfen an den mittelalterlichen Ständestaat an(73), andere verwerfen wieder den ständischen Gedanken, da er in der modernen Zeit zum Klassendenken führe.(74) Selbstverwaltung der Städte und Gemeinden in Verfolgung der Gedanken des Freiherrn vom Stein soll die schaffenden Kräfte in den Staat eingliedern und ihn verlebendigen.(75) Persönlichkeitswahlrecht und das Hervorgehen der Führer aus kleinsten Wahlzellen (in Anlehnung an das Jungdeutsche Manifest)(76) sollen die politische Führung und das Volk wieder in einen Lebenszusammenhang bringen.(77) Der die Staatsmacht verkörpernden politischen Führerschaft – es wird eine Wahl von unten herauf angestrebt – muß eine "offen aber nicht nach Mehrheit abstimmende Interessenvertretung" gegenüberstehen. Hiermit wird vor allem eine Trennung des wirtschaftlichen und politischen Einflusses angestrebt.(78)

Die Bedeutung der Wirtschaft im Staatsleben findet ganz besondere Beachtung. Die dem Rentabilitätsdenken feindlich gegenüberstehende Jugendbewegung betrachtet die Emanzipation und Verselbständigung der modernen Wirtschaft voller Argwohn. Eine kapitalistische Ordnung, in der die finanziellen und ökonomischen Kräfte den Staat beherrschen, wird konsequent abgelehnt. Dem Staat, der nach Ansicht der Bündischen das Wohl des Volksganzen vertritt, hat sich ihrer Meinung nach auch die Wirtschaft einzugliedern und unterzuordnen.(79) So wird hier ganz allgemein die Verstaatlichung der Wirtschaft gefordert. Das Verlangen wendet sich hierbei nicht so sehr einer Sozialisierung, sondern mehr einer korporativen Struktur zu, die Unternehmertum und Arbeiter in einen sinnvollen Organismus einordnen sollen.(80)

Die Hilfsigkeit des deutschen Staatsapparates gegenüber den Wirtschaftsmächten und Parteiinteressen gab dann weiter den Anstoß dazu, auch das Machtproblem des Staates zu erörtern. Die bündische Jugend erkennt die Macht dem Staate um seiner sittlichen Idee und praktischen Aufgabe willen als wesensnotwendig zu. Die Macht aber soll sich "aus nationaler Disziplin und Achtung der Nation vor sich selbst und in der Welt" herleiten.(81) Die auf äußere Gewaltmittel gestützte Macht wird klar abgelehnt. Macht rechtfertigt sich für sie nur durch die Bereitschaft zur Hingabe und zum Opfer.(82) So ist der Machtgedanke autoritärer Staaten dem bündischen Staatsdenken fremd. Die politischen Differenzen durch die Macht, etwa eine Militarisierung des Staates zu entscheiden, das scheint ihr durch das damit verbundene ungeheuerliche Maß persönlicher Geistesbeschränkung als ein Bruch mit der geschichtlichen Vergangenheit der Nation und daher indiskutabel.(83)

Noch 1939 erscheint in der Zeitschrift "Kameradschaft", die maßgeblich von der bündischen Opposition mitgestaltet wurde, ein Entwurf zu einer künftigen deutschen Verfassung, die in ihren Punkten alle wesentlichen Grundzüge der hier angedeuteten bündischen Staatsauffassung aufweist.(84) So in Punkt 1 und 6 die Betonung des Volksstaates, in den Punkten 8, 10, 13 die Dreiteilung in politische, wirtschaftliche und kulturelle Vertretung, Gesetzgebung und Exekutive. Unterordnung der Wirtschaft und Industrie in einer nationalen Planwirtschaft zum Wohle des ganzen Volkes (Punkte 20, 21, 25, 26, 29) und Enteignung und Verteilung des Großgrundbesitzes zu Gunsten von Siedlungsbünden (Punkt 24). Jede imperialistische Zielsetzung wird abgelehnt (Punkt 3). In weiteren Beiträgen, die sich über die Gestalt des zukünftigen deutschen Staates äußern, wird auch wieder das Führer- Gefolgschaftsverhältnis der bündischen Jugend auf die politische Volksvertretung übertragen. Die deutsche Demokratie wird "bündisch" sein, so heißt es hier, "gegliedert in von unten gewählter und kontrollierter Führung und in freier Gefolgschaft".(85) Es ist also nicht ein restaurativer Zug zur Weimarer Republik hin, der hier die bündische Opposition bestimmt, sondern durch die kommende "Revolution der Deutschen" soll eine völlige Neuordnung der gesellschaftlichen und staatlichen Verhältnisse erreicht werden.(86)

Warum aber lehnt die bündische Opposition den Staat des Nationalsozialismus nun ab? Entsprach nicht eigentlich seine formale Gestalt den unbestimmten Vorstellungen eines bündischen Staates? Das Parteisystem war abgeschafft, die Unterordnung der Wirtschaft unter die staatlichen Belange vollzogen, Arbeitertum und Unternehmer in der Kooperative der Deutschen Arbeitsfront zusammengefaßt, das Führerprinzip in der Staatsleitung durchgesetzt und Großdeutschland zur Wirklichkeit geworden. Was Adolf Hitler in seinem Buch "Mein Kampf" über die beste Staatsverfassung gesagt hat, steht in gar keinem Gegensatz zu den hier herausgestellten Grundzügen bündischer Staatsauffassung.(87) Dennoch lassen sich so tiefgehende Unterscheidungen feststellen, daß selbst die fast wörtliche Gleichheit staatspolitischer Gedankengänge aufgehoben wird durch die Verschiedenheit der ideellen Basis, der Methode zur Verwirklichung des Zieles sowie durch das Verhalten der nationalsozialistischen Staatsmacht. Die Schwierigkeit dieses Vergleiches ergibt sich daraus, daß der bündische Staat niemals verwirklicht, nie in seinen Grundzügen bis zum Ende durchdacht worden ist, während der Staat der NSDAP bereits der Geschichte angehört. Die Tatsache einer bündischen Opposition – mag sie bisher auch wenig beachtet noch gewürdigt worden sein, ihrem Umfang und ihrer Dauer nach kann sie wohl als eine sehr starke und hartnäckige Widerstandsgruppe gegen das 3. Reich bezeichnet werden – beweist jedoch, daß hier ein Gegensatz zum Staate Adolf Hitlers bewußt erlebt wurde.

Sah die Jugendbewegung im Staat das geistig-sittliche Ordnungsprinzip eines Volkes(88), so definierte Hitler: "Der Staat ist ein Mittel zum Zweck. Sein Zweck liegt in der Erhaltung und Förderung einer Gemeinschaft physisch und seelisch gleichartiger Lebewesen. Diese Erhaltung selbst umfaßt erstlich den rassenmäßigen Bestand und gestattet dadurch die freie Entwicklung aller in dieser Rasse schlummernden Kräfte".(89) Somit erhielt die Staatsidee der NSDAP einen rein biologischen Unterbau, der die Voraussetzung jeder kulturellen und politischen Entwicklung bilden sollte. Das Nürnberger Gesetz des Reichstages vom 15.9. 1935 zum Schutze des deutschen Blutes und der deutschen Ehre gab dann diesem rassenbiologischen Unterbau auch die gesetzliche Verankerung im 3. Reich. Die Zurückweisung eines geistigen Staatsprinzips zu Gunsten eines biologischen läßt den fundamentalen Unterschied zum bündischen Denken klar heraustreten. Die Relativierung aller Wertsetzungen in dem einen Zweck, die Rasse zu erhalten, zieht sich wie ein roter Faden durch alle Maßnahmen des nationalsozialistischen Staates hindurch. Das Ethos der Jugendbewegung kann aber einfach hiermit nicht in Übereinstimmung gebracht werden, sondern behält auch dort, wo sich die bündische Jugend einem Staatsbild zuwendet, seine Gültigkeit.

Die 2. wichtige Unterscheidung bündischen und nationalsozialistischen Staatsdenkens liegt in der Methode, wie der "Weg zur Macht" beschritten wird. Die Ausgangsstellung des Bündischen war ein Bund persönlich zueinander gehörender Menschen. Diese folgen nicht einem einheitlich festgelegten politischen Programm, das den zukünftigen Staat bereits eindeutig umreißt, sondern einer pädagogischen Aufgabe, die den jungen Menschen in freigewählter Bindung auf einen staatspolitischen Einsatz vorbereitet.(90) Der Nationalsozialismus geht von einer Massenpartei aus, deren zukünftiges Staatsbild durch 25 Thesen eines Programms bereits feststeht.(91) Seine Durchsetzung ist nur eine Machtfrage. Die Stärke dieser Partei sollte "keineswegs in einer möglichst großen und selbständigen Geistigkeit der einzelnen Mitglieder" liegen, sondern "im disziplinierten Gehorsam, mit dem ihre Mitglieder der geistigen Führung Gefolgschaft leisten".(93) So wird die freie Entscheidung des Einzelnen hier aufgehoben und durch die autoritär von der Parteileitung festgelegte Programmatik ersetzt. Die NSDAP verfolgte die Methode, einen Staat zu organisieren, die zur Vergewaltigung jedes lebendigen Lebens führen mußte. Die Bünde verfolgten den inneren Weg, sie dachten an einen Organismus, nicht an Organisation. In dem Augenblick, als die NSDAP die Macht im Staate errungen hatte, zeigte ihr Verhalten als Staatsmacht nur allzu deutlich, daß hier nicht der von den Bünden erstrebte Staat des deutschen Volkes entstanden war. Durch das vom Reichstag am 21.3.1933 gebilligte Ermächtigungsgesetz wurde praktisch jede Kontrolle gegenüber der Staatsführung beseitigt und die Diktatur als Dauerzustand verwirklicht. Die Unterordnung der ganzen Nation unter den Willen eines Mannes bedeutete das Ende der Volkssouveränität. Die äußere Machtentfaltung des Staates auf allen Lebensgebieten, seine imperialistische Zielsetzung in der Außenpolitik, die konsequente Verfolgung und Ausrottung jeder Opposition bewiesen, daß der nationalsozialistische Staat nicht dem Volke dienen, sondern es beherrschen wollte. Der Staat wurde hier nur nach dem ausgesprochensten Machtgedanken geformt. Er sollte eine Waffe im Lebenskampf, "die souveräne Verkörperung des Selbsterhaltungstriebes eines Volkstums auf der Erde" sein.(93) Aber selbst das Volk war diesem Staatsgedanken noch Objekt. Aus ihm heraus konnte erst die Minorität einer Herrenrasse, die sich durch eine "Majorität des Willens und der Entschlußkraft" auszeichnete, zu Herren über die träge Masse hinauswachsen.(95) Weder ein sittlich, geistiges noch rechtliches Prinzip vertrat dieser Staatsgedanke, sondern sein höchstes Ziel lag in der Erhaltung einer rein biologisch zu verstehenden Rasse. Der Satz Adolf Hitlers "das deutsche Reich soll als Staat alle Deutschen umschließen mit der Aufgabe, aus diesem Volke die wertvollsten Bestände an rassischen Urelementen nicht nur zu sammeln und zu erhalten, sondern langsam und sicher zur beherrschenden Stellung emporzuführen" enthüllt im letzten Sinne den fundamentalen Gegensatz, der das 3. Reich Adolf Hitlers von der Vorstellung eines bündischen Staates trennt.(95)

JUGENDBEWEGUNG UND RASSENFRAGE

Es ist in dieser Arbeit bereits an mehreren Stellen darauf hingewiesen worden, welch große und ausschlaggebende Rolle die Rassentheorie in der gesamten Ideologie und dem praktischen Verhalten der NSDAP gespielt hat. Es ist weiterhin die These aufgestellt worden, daß sich aus diesem rassebiologischen Unterbau der nationalsozialistischen Gedankenwelt mit der wichtigste Strukturunterschied gegenüber der Jugendbewegung ergibt. Es soll damit aber nicht behauptet werden, daß die Jugendbewegung die Rassenfrage überhaupt nicht gekannt habe. Auch hier hat diese zweifellos eine gewisse Bedeutung erlangt. Es bleibt also die Frage, ob die Rassentheorie originär mit dem Entstehen und Leben der Jugendbewegung verbunden ist, oder ob es sich um einen Einbruch einer hier im Grunde fremden Ideologie in ihren Lebensbereich handelt und weiterhin, welche Bedeutung sie eigentlich erlangt hat. Zunächst kann hier nur festgestellt werden: Die Gründung des Wandervogels, der Aufbruch der Jugendbewegung kann in gar keinen Zusammenhang mit der Rassenfrage gebracht werden. Von Karl Fischer berichtet Blüher, daß er mit Juden verkehrte und das fremde Wesen anerkannte und würdigte, daß er aber verlangt habe, daß die Juden "sich zu einer semiti-

schen Kultur verständen wie er zur germanischen, dann wolle er sie achten".(96)
Diese Haltung Fischers ist wohl auch dem größeren Teil des Wandervogels zu-
eigen gewesen. Eine Assimilation der Juden wurde abgelehnt, man sah sie als
Volk neben dem eigenen Volk, von einem minderen oder höheren Wert war zunächst nicht die Rede.

Der Antisemitismus drang über die völkischen Kreise in den Wandervogel ein.
F.W. Fulda war sein eifrigster und fanatischer Vertreter. H. Ahrens erkennt ihm
das "Verdienst" zu, "die Entscheidung in der Judenfrage als wesentlichen Teil der
völkischen Grundhaltung der Wandervogel-Bewegung gefordert zu haben"(97) Es
waren zunächst die österreichischen und sudetendeutschen Wandervögel, die
keine Juden aufnahmen. So ist für die Entwicklungsgeschichte des Antisemitismus
in Deutschland bedeutungsvoll, daß es sich hier, wie auch bei Adolf Hitler, um
Nachwirkungen der alldeutschen Schönerer-Bewegung in Österreich handelt,
daß die Judenfrage also zunächst aus dem Streit der Nationalitäten in der alten
Donau-Monarchie als besonderes Problem herausgewachsen ist. 1913 wurde der
"Arier-Paragraph"(98), der es untersagte, Juden in den Bund aufzunehmen,
zum Hausgesetz im österreichischen Wandervogel erklärt. Das Verhalten der
Reichsdeutschen ist dort unverständlich. "Wieso die da draußen im Reich nicht
so viel Charakterstärke aufgebracht haben, um den Arierstandpunkt, die Grund-
forderung unserer Bewegung, allgemein und fest durchzuführen, das ist uns Gott
sei Dank ganz unbegreiflich", so schrieb damals ein Wandervogel.(99) Aber auch
im Reich nahm jetzt die Diskussion darüber, ob Juden aufzunehmen seien oder
nicht, äußerst scharfe Formen an. Die Überbetonung des Germanentums, der
Wunsch nur ja unverfälscht und echt deutsch zu sein, Forderung nach Reiner-
haltung des Blutes, verworrene Gedanken von deutscher Treue, Reinheit und
Sitte sind das Agens der völkischen Wandervögel. Dem Juden wird Ehr- und
Schamlosigkeit, skrupelloses Geschäftsgebaren und Heuchelei vorgeworfen. Er
wird genau so wie zur Zeit des Nationalsozialismus zum Bösen schlechthin erklärt. Eine Flut von Aufsätzen in der "Wandervogel-Führerzeitung", von Bro-
schüren und Flugschriften forderte die Ausschließung aus dem Bund.(100) Die dort
vorgetragene Tendenz ist allerdings nicht ganz einheitlich. Sie variiert von dem
Wunsch einer reinlichen Scheidung zwischen Juden und Deutschen, da eben
der Wandervogel eine deutsche Angelegenheit sei, ohne aber den Wert der Juden als Volk herabzusetzen, bis zur gröbsten Beschimpfung, wie sie später in
nationalsozialistischer Zeit im "Stürmer" üblich war.

Demgegenüber gab es aber ebenso zahlreiche Stimmen, die den Rassenhaß als
eines Wandervogels unwürdig ablehnten. Eine Gegenpartei gegen den Kreis um
Fulda schuf sich in der "Pachantei, Meinungsaustausch freier Wandervögel" ein
eigenes Organ.(101) Art und Weise des Vorgehens Fuldas wurden abgelehnt, die
angebliche Wissenschaftlichkeit der Rassenkunde kritisiert und die Forderung
erhoben, Jude oder Nichtjude nur nach dem inneren Wert zu beurteilen und danach die Aufnahme zu entscheiden. In einem Vortrag nahm Prof. P. Natorp gegen das Eindringen des Antisemitismus in den Wandervogel Stellung.(102) Er
stellte fest, daß der Kern des Wandervogels den Rassenhaß ebenso ablehne, wie
den Haß der Klassen, Parteien und Konfessionen gegeneinander.

Auf dem Bundestag in Frankfurt a.d. Oder sah sich die Bundesleitung des
Wandervogels e.V. (Einigungsbund) zu einer Stellungnahme in der Judenfrage
veranlaßt. Schon im November 1913 war sie von den Erörterungen der Judenfrage in der Wandervogel-Führerzeitung abgerückt und hatte die Herausgeber in

diesem Falle Fulda – als für ihren Inhalt verantwortlich erklärt, zudem sei diese Zeitschrift kein amtliches Organ des Bundes. Der Beschluß der Bundesleitung ging von den Satzungen des Bundes aus, die konfessionelle und politische Neutralität verlangten. Daher wollte sie "unter keinen Umständen dulden, daß von Gauen oder Ortsgruppen allgemeine Beschlüsse gefaßt werden, die dahin laufen, daß Juden grundsätzlich nicht aufgenommen werden".(103) Sie erklärte auch alles zu tun, "um zu verhindern, daß im Wandervogel die Religion und Rasse der Juden beschimpft werden". Andererseits dachte die Bundesleitung nicht daran, "die persönliche Freiheit der Wandervögel einzuschränken...". Im weiteren wurde es der Gruppe überlassen einen Juden abzuweisen, falls sich bei besonders ausgeprägten "Rasseeigentümlichkeiten eine Unverträglichkeit mit der deutschen Art des Wandervogels" ergäbe. Mit diesem Beschluß wurde die Freiheit der Gruppe als Erziehungsgemeinschaft gewahrt, die Rassenideologie wurde nicht zu einem Dogma der Jugendbewegung erhoben. Letztlich wurde für die Aufnahme der menschliche Wert des einzelnen entscheidend.(104) Allerdings betonte die Bundesleitung, daß das Wesen des Wandervogels in der deutschen Vergangenheit wurzele und daher der Versuch der jüdischen Verbände und Presse, die Aufnahme solcher Juden zu erzwingen, die für diese Vergangenheit kein Verständnis hätten, entschieden abzulehnen sei.

Eine ganz klare Ablehnung des Antisemitismus ist beim Jungwandervogel festzustellen. Dort ging man auf dem Bundestag 1914 über einen Antrag, die Judenfrage zu erörtern, einfach zur Tagesordnung über, da für den Jungwandervogel lediglich der rein persönliche Wert entscheide, ob jemand in den Bund aufgenommen werde oder nicht. Der Altwandervogel lehnte es ab, den Ortsgruppen Vorschriften über die Aufnahme von Mitgliedern zu machen und gab damit ebenfalls sein Desinteresse an der Judenfrage bekannt.(105) Noch während des Weltkrieges erschien eine Schrift, die sich gegen die "neue Richtung" Fuldas wandte. (106) Viele alte Wandervögel hätten um dessentwillen den Bund als kritische Geister verlassen. Die kindlichen Ansichten über Rassenfragen im Wandervogel, die diesen mit dem Fluch der Lächerlichkeit – blond-blauer Verblödung und germanischen Pfahlbauerntums – behaftet hätten, wurden zurückgewiesen. Ein übergroßer Einfluß der Juden in der Presse, Wirtschaft und Geistesleben wird zwar auch hier als schädlich für das Deutschtum bezeichnet, aber es wird jede Unehrlichkeit, Gehässigkeit und Ungerechtigkeit in einer Auseinandersetzung verworfen. Der Grundkern des antisemitischen Gedankenganges, "der Jude sei durch rassische Veranlagung moralisch minderwertig und undeutsch", wird nicht als zu Recht bestehend bewertet.

Etwa gleichzeitig zu dem Erscheinen dieser Schrift bildete sich im Wandervogel aus älteren Mitgliedern der Greifenbund.(107) Er wollte die ganze deutsche Jugend unter dem Banner des antisemitisch-deutsch-völkischen Gedankens sammeln, kam aber nicht über eine Zahl von 100 Mitgliedern hinaus. Seine Tendenz blieb nicht ohne Einwirkung auf die Jungdeutschen und über diese auf die jungnationalen Bünde.(108)

Inwieweit der Antisemitismus auch zahlenmäßig die Jugendbewegung ergriff, ist schwer festzustellen. H. Ahrens und Luise Fick führten Belege über eine Erhebung an, nach denen im Jahre 1914 in 92 % der Wandervogelgruppen keine Juden gewesen seien und daß bei 84 % darüber ein Beschluß vorhanden gewesen sei. Allerdings weichen diese Angaben darüber auseinander, welche Bünde einbezogen worden sind und weiterhin sind sie nicht als eine vom Bundesamt herausgegebene, also amtliche Statistik bezeichnet, sondern finden sich auf einem antisemitistischen Flugblatt.(109) Howard Bcker nimmt an, daß ein volles Drittel der Jugendbewegung sich offen gegen alles gewandt habe, was sie für jüdischen Rationalismus, Internationalismus, Geldgier, Machtstreben und den Mangel an "echtem deutschen Wesen" gehalten habe.(110) H. Ahrens vertritt weiterhin die Meinung, daß der Entschluß der Bundesleitung des Wandervogels e.V. den "Arier-Paragraphen" nicht einzuführen, lediglich auf taktische Gründe und Rücksichten gegenüber der öffentlichen Meinung zurückzuführen sei. Zweifellos hätte die Bundesleitung bei weiteren Angriffen der Presse auch eine "reinliche Scheidung" in der Öffentlichkeit vollzogen, wenn der Ausbruch des Weltkrieges diese Frage nicht hätte gegenstandslos werden lassen. Die Willenskundgebung der Führerschaft wäre eindeutig auf einen Ausschluß der Juden gerichtet gewesen. Zum Beweis dieser nur taktischen Haltung wird Georg Müller zitiert, der 1934 schrieb: "Ein Ausschluß jüdischer Elemente wäre in der kaiserlichen Zeit als Mangel staatstreuer Gesinnung, als Störung der nationalen Einigkeit hingestellt worden. Es hätte den Wandervogel Verfolgungen ausgesetzt....."(111) Ob hiermit aber die Grundeinstellung des Wandervogels zur Judenfrage gekennzeichnet werden kann, ist mehr als zweifelhaft. Die Klärung der Rassenfrage im Wandervogel muß von anderen Gesichtspunkten ausgehen. Nach Blüher ist die Überbetonung des Deutschen und Nationalistischen eine Folge des Eindringens der Erwachsenenwelt in die Jugendbewegung gewesen.(112) Sie brachte auch die Rassenfrage in den Wandervogel hinein, als eine Überspitzung des Volkstumsgedankens. Hierdurch wurde die Frage der Aufnahme eines Juden zur Rassenfrage gestempelt, obgleich sie von anderen Voraussetzungen abhing.

Der oben zitierte Wandervogel Georg Müller schreibt in dem gleichen Aufsatz von einem "bärenhaft gebauten, gutmütigen Wandervogeljuden, der bei alt und jung beliebt gewesen sei"(113), die Bundesleitungen von Wandervogelbünden überliessen es den einzelnen Gruppen, ob ein Jude aufzunehmen sei oder nicht, Gründe für die Nichtaufnahme werden in besonderen Eigentümlichkeiten des Aufzunehmenden gesehen, die ihn unfähig machen, das Wesen des Wandervogels zu verstehen.(113) In all diesem ist der Grund für den Ausschluß von einer Aufnahme zu sehen, der sich insoweit gegen jeden richtete, "der nicht in die Gruppe paßte". Es ist die besondere seelisch-geistige und physische Struktur einer Jugendbewegungsgruppe, die verhindert, daß eben jeder aufgenommen wird. Es kann nicht genug betont werden, daß es sich ja hier nicht um eine Betreuung der jungen Menschen durch eine Art Jugendpflege handelt. Die Selektion des einzelnen erfolgt durch das sogenannte "Keilen" und setzt eine persönliche Sympathie beider Seiten ebenso voraus wie die Fähigkeit zu einem romantischen Gemeinschaftserlebnis. Nun neigte aber zweifellos ein größerer Prozentsatz der jungen jüdischen Menschen zu geistiger und körperlicher Frühreife, als der Durchschnitt deutscher Jungen. Die stärkere intellektualistische Begabung und der Hang zur rationalistischen Denkweise nähme ihm dann einfach die Unvoreingenommenheit, die für jeden nötig sei, der "einmal ganz dazu gehören soll". Hinzu kommt dann die rein physische Konstitution, die es einzelnen jungen Juden oft einfach unmöglich mache, das "Leben in den Wäldern" zu ertragen. Hieraus läßt sich leicht ableiten, daß eben ein größerer Prozentsatz Juden als Deutsche zurückgewiesen wurde. Juden, die ihrer ganzen Mentalität nach zur Gruppe "paßten", hatten wohl kaum Schwierigkeiten, wurden als zugehörig empfunden.(114)

So waren auch mit die besten und führenden Köpfe der Schülerzeitschrift "Anfang" Juden, "denn es waren offenbar zwei verschiedene Menschenarten, die jede auf ihre Weise der Welt der Alten den Kampf ansagten. Die einen, die in die Freiheit der Wälder rannten, um den Druck von Schule und Haus abzustreifen, die anderen, die am Platze blieben, und hier mit den durch Ressentiment geschärften Bewachung der Beobachtung und Erkenntnis, den Kampf mit dem gemeinsamen Feind aufnehmen. Die einen die Glücklichen, aber Flüchtigen, die anderen die Rebellen. Jene blieben wohl unversehrt und waren harmonischer als die Kämpfenden, die tausend Wunden davontrugen. Denn niemals kann der Rebell schon die Verwirklichung des schönen und vollkommenen Menschen sein".(115)

Ein weiterer Grund für die Ablehnung von Juden dürfte in der antikapitalistischen Einstellung der Jugendbewegung zu suchen sein. Die damals verbreitete Ansicht, daß der Jude der Typ des Händlers und Bankiers sei, dürfte insofern dazu beigetragen haben, alles Jüdische mit dem als feindlich Angesehenen zu identifizieren und als fremd und nichtzugehörig zu betrachten.

Letzten Endes dürfte aber für die Gesamtbeurteilung dieses Fragenkomplexes entscheidend sein, daß in der bündischen Zeit die antisemitisch-germanischen Schwarmgeister immer mehr in die äußeren Bezirke abgedrängt wurden. Zwar bezeichnet auch Martin Voelkel die Juden als Todfeinde der deutschen Kultur (116), aber die allgemeine Haltung im "Weißen Ritter" zielt auf eine geistig vornehme Auseinandersetzung mit der Judenfrage, ja es wird sogar irgendwie eine mystische Verwandtschaft zwischen Deutschen und Juden hergestellt. So wenn es heißt: "Du o jüdisches Volk bist wie das deutsche Volk ein Volk aus Mondaltern, das durch Jahrtausende nie in die Sonne geblickt hat du bist und es wird landloses Volk der Völker euere Art ist verwandt und euer Schicksal eine Wiederholung wohlan denn und suchet gemeinsam die Sonne der Hyperboräer wo kein Weg noch Steg ist und weder zu Lande noch zu Wasser....."(117) In den Beiträgen der Führer-Zeitschrift der Deutschen Freischar wird die Judenfrage überhaupt nicht mehr aufgegriffen. Die "Rassenkunde" - "deren Forschungsergebnisse nämlich von vornherein feststehen sollen" - wird für unwissenschaftlich gehalten.(118) So konnte sich der Deutsch-Jüdische Wanderbund als völlig zugehörig zur bündischen Jugend betrachten.(119) Ja er sieht seinen Einfühlungsprozeß in den deutschen Kulturkreis als neue Aufgabe, die ihm gleich den Deutschen gestellt ist, die das Versäumte nachzuholen haben.(120)

Mochten auch einige extrem rechts stehende Bünde noch den Arierparagraphen beibehalten haben, die Hinneigung zum Fremden, zu anderen Völkern, die sich in der Aufnahme "fremdvölkischer" Sagen, Gedichte, Lieder usw. äußerte, ließ bei den wirklich bedeutenden Bünden keinen Platz mehr für die Rassenfrage. Der Nerother Bund hatte keine Bedenken, Juden zu Rittern zu schlagen.(121) In den besten Jugendzeitschriften, die nach 1929 unter dem starken Einfluß der Jungenschaftsrichtung erschienen, in "Das Lagerfeuer", "Der Eisbrecher", "der große wagen", läßt sich überhaupt kein antisemitisches Wort feststellen. Ja es ist eigentlich im Gegensatz zur Ansicht Howard Beckers so, daß der Antisemitismus in der Jugendbewegung, je mehr sie sich dem Jahre 1933 nähert (soweit es sich nicht um betont nationalistische Bünde handelte, die aber wegen ihrer festgelegten parteipolitischen Haltung nicht mehr zur bündischen Jugend im eigentlichen Sinne zu rechnen sind), verschwindet.

In der Zeit nach 1933 nahmen die illegalen Gruppen der Jugendbewegung offen Partei für das verfolgte Judentum.(122) Die Zeitschrift "Kameradschaft" schrieb zu den Judenpogromen: "Wer kann das ertragen, ohne daß sein Gewissen Schaden leidet. Was hier an Gewissenszerstörung geschieht am Deutschen selbst, ist furchtbar und kann sich noch furchtbarer auswirken. Niemand, der sein Volk liebt, kann dies ansehen, ohne Schmerz zu empfinden.... Es geschieht furchtbares Unrecht am jüdischen Volk, aber größere Zerstörung geschieht am deutschen Volk selbst".(123)

So bleibt als letztes Resultat der Rassenfrage in der Jugendbewegung die Abwehrstellung gegen die "antisemitistischen Schreihälse" (wie Nietzsche sie genannt hatte), eine Haltung, die den Antisemitismus als dem Wesen der Jugendbewegung und des Deutschtums feindlich und entgegengesetzt empfand.

VIII. Die Jungenschaftsbewegung 1929 - 1933

DIE AUTONOME JUNGENSCHAFT

Am 1. November 1929 wurde vom Führer des Gaues Schwaben II der Deutschen Freischar ein Geheimbund gegründet, der sich dj. 1.11. (deutsche Jungenschaft vom 1.11.) nannte. Der Führer dieses Geheimbundes war Eberhard Koebel, genannt "tusk". Hiermit setzte eine Entwicklung in der deutschen Jugendbewegung ein, die nicht ohne Berechtigung als eine neue Welle der Jugendbewegung bezeichnet worden ist. Sie durchbrach die drohende Erstarrung der bündischen Fronten dieser Jahre, bedrohte alle Bünde in ihrer bisherigen Existenz, veränderte völlig das Schrifttum der Bünde und brach selbst in die sorgsam umhegten Bezirke der konfessionellen Verbände ein. Auch die Hitler-Jugend konnte sich den Auswirkungen der dj. 1.11. nicht ganz entziehen. Die blaue Kluft (Jungenschaftsbluse) wurde von Jungen aller Bünde getragen. Verbote der Bundesführung halfen wenig. Heftigste ablehnende Kritik wie auch größte Bewunderung wurden der dj. 1.11. entgegengebracht. Kein Führer der Jugendbewegung ist wohl so umstritten worden wie die Person Eberhard Koebels. Nur die ausgleichende Kraft einer Persönlichkeit, wie Ernst Buske es war, vermochte das Temperament Koebels in der Deutschen Freischar zu halten und ihm hier bestimmte Aufgaben wie die Schriftleitung der "Briefe an die Jungenschaft" zuzuweisen. Nach dem Tode Ernst Buskes begann ein offener Kampf. Koebel mußte die Schriftleitung abgeben und schied mit seinem Gau aus der Deutschen Freischar aus.(1)

Koebel selbst wurde in diesem Kampf von Seiten seiner Gegner und Kritiker Untreue, unfaires Verhalten, Unterminierung der Bünde, politische Ahnungslosigkeit und "Betriebmacherei" vorgeworfen. U.a. schreibt der Schriftleiter der Führerblätter Deutscher Pfadfinder "Der Pfad zum Reich" Eberhard Menzel über Koebel-tusk im Jahre 1932 folgendes:

"Derjenige, der ihn verstehen will, muß in seinem Temperamentsrhythmus mit-schwingen können, denn darin liegt die Stärke und zugleich die Schwäche tusks. Dies hebt ihn himmelhoch über andere bündische Führer hinaus und läßt ihn neue Gedankengänge finden, was die eigentlich doch irgendwie auf ein totes Gleis geratene bündische Jugend wieder auf den Hauptschienenstrang des flu-tenden Lebens zurückgeführt hat.Diese eine Beziehung ist der innere Schwung, ein Hinwegsetzen über alle Formen, eine künstlerische Produktivität ohne den Taten tötenden Aesthetizismus der älteren Führergeneration mancher Bünde. Mit einem Wort gesagt: Der Betrieb. Man meint, es müßte alles in der dj. 1.11. im Laufschritt zum Ziele gehen, es liegt etwas ungeheuer Aufrührerisches und Siegesgewisses in dem Gebaren von tusks Gefolgschaft....

Gefühlsmäßig ist auch das Singen: Nicht der abwägende Rhythmus der Sol-datenlieder oder das Still-Einfache der Volkslieder, sondern die Melancholie der nordischen Völker oder die wildaufpeitschende Kraft der Kosakengesänge ist die Vorliebe tusks. Er liebt immer weite Fläche, Raum, er denkt in großen Zah-lenkolonnen.(2) Er ist ein Mann der Weite, nicht der Tiefe! Bei tusk kommt die große Fähigkeit der Erfassung des eigentlich Unfaßbaren zum Durchbruch. Daher die große Werbekraft, die schlagenden, oft einer ernsthaften Prüfung gar nicht standhaltenden Parolen, die eigenartige Symbolik, der eigene künstlerische Charakter der dj. 1.11. – Veröffentlichungen, der instinktmäßige Sinn für Formen.
. . . .

Jetzt aber kommt das erste große und entscheidende Aber. tusk ist weder so genialisch einseitig, daß man ihm das Fehlen oder zumindesten das Vorhanden-sein einer seiner künstlerischen Fähigkeiten parallelen Verstandeskraft voll ent-schuldigen könnte. Noch – und dies wirkt eigentlich noch störender – weiß er um seine Grenzen. Alles, wo Gefühlswerte mitschwingen, ist herrlich groß; über-all, wo die Logik führend beteiligt sein muß, scheint etwas verkrüppelt zu sein......"

Zu dem Werk Koebels schreibt Menzel, dessen Kritik sich vor allem auf die eingangs des vorigen Abschnittes angeführten Punkte erstreckte:
"Dabei fällt zunächst die geradezu überraschende Siegesgewißheit auf, die auf den kleinsten Jungen übergeht. Eine Kampfgemeinschaft mit tiefer Gläubigkeit und Streitbarkeit wie ein mittelalterlicher Orden. Etwas Mönchisches steckt nicht nur in den tiefliegenden Augen des Führers, sondern auch in dem Asketentum der Älteren und Jungen. Mit feinem Instinkt werden besondere Gemeinschaftsfor-men gepflegt, der ganze Bund ist trotz mancher dagegensprechender Merkmale eine aristokratische Gemeinschaft, die sonderbarerweise nicht nach außen hin in der sonst gewohnten Form kenntlich wird, sondern in der inneren Gläubigkeit und dem starken Gemeinschaftsgefühl begründet ist. Ein ungeheurer Lebensrhythmus durchpulst das Ganze und läßt die verschiedentlich zu Tage tretenden Ungereimt-heiten völlig unwesentlich erscheinen.(3) Gewiß ist es leicht in der Opposition zusammenzustehen, aber damit ist die Erlebnisintensität nicht restlos erklärt. Wäre es lediglich die Oppositionseinstellung gewesen, so hätte tusk es nie wa-gen können, seine Gemeinschaft im DPB dem evtl. doch drohenden Auseinan-derfall preiszugeben.(4) Die dj.1.11. bestand aber die Probe, ja nicht nur dies, man rechnet noch heute in der Bundesleitung des DPB mit weiterem Abfall von Gruppen zu tusk. Die autonome Jungenschaft ist, wenn auch ab und zu ihre Trommel etwas zu stark geschlagen wird (die Bundesstärke von 1.800 wird viel-fach als zu hoch angesehen) eine Größe, die, richtig eingesetzt, im Kampf um

die zukünftige Gestalt der bündischen Jugend von großer Bedeutung sein wird. Wenn auch die gegenseitigen Überlistungsversuche der Bünde, denen tusk einst angehört hat (DF und DPB) mißlungen sind, so sind diese beiden Bünde doch weiterhin bedroht.....

Dem Ursprung nach ist dieser Bund eine Oppositionsgemeinschaft, denn sowohl der Führer als auch der allergrößte Teil seiner Gefolgschaft stammen aus anderen Bünden. Opposition und Autonomie ist das Gesetz dieser Gemeinschaft... Die dj. 1.11. nennt sich nicht sehr geschickt im Untertitel Autonome Jungenschaft, autonom von dem alten Traditionsgut der Jugendbewegung und autonom von den politisch-geistigen Bestrebungen der erwachsenen Generation... Denn darin liegt ihre Bedeutung für die Bünde: aufrührend zu wirken, alles Statisch-Jugendbewegte wieder in Frage zu stellen. Und dies ist tusk gelungen. Der Jugendbewegung selbst fühlt er sich nicht verpflichtet. Er ließ in 'Der Pfad zum Reich' 1931 Heft 1 erklären, daß er mit ihr nichts zu tun habe. Er ist eigentlich auch kein Bund innerhalb der Jugendbewegung, sondern eine Bewegung für sich."(5)

Sah Eberhard Menzel hier als Kritiker der autonomen Jungenschaft und der Person E. Koebels in weiterer Beschreibung der dj. 1.11. gerade einen wesentlichen Mangel der Bewegung darin, daß tusk mit seiner Gefolgschaft der Politik ausweiche und alles, was aus der Erwachsenenwelt an die Jungen dringen könne, sorgfältig vermeide, so ergibt sich nach der Darstellung E. Koebels vom 15. 10.51 ein wesentlich anderes Bild. Die Gegenüberstellung beider Darstellungen ist deshalb interessant, weil sich aus der späten Selbstdarstellung von Koebel ganz andere Perspektiven ergeben, als aus der Schilderung von Eberhard Menzel, die in der unmittelbaren Gegenwart der Geschehnisse erfolgte. Allerdings muß zu der Darstellung Koebels vorausgeschickt werden, daß er heute in der Ostzone tätig ist und daher seine und der Jungenschaft Entwicklung in einer ganz bestimmten Richtung interpretieren will, die als ideologische Festlegung von 1951 angesehen werden muß. Koebel selbst schreibt:

"Im Jahre 1928 machte sich eine erhöhte Einflußnahme der bürgerlichen-politischen Institutionen auf die bündische Jugend geltend. Diese Einflußnahme zerfiel in drei Hauptströme:

a) Nationalistische Kriegsvorbereitung;
b) bürgerlich-republikanische, scheinbar fortschrittliche Umgarnung, z.B. durch SPD-Ministerium;
c) Versuche englischer Agenten, die deutsche Pfadfinderbewegung dem Londoner JB (Internat. Büro) der Boy-Scouts anzuschließen.

Die genannten Versuche stießen auf Widerstand, und zwar besonders in solchen Gruppen, die auf dem Boden des Freideutschen Manifestes von 1913 standen, d.h. die Forderung der Autonomie der Jugendbewegung vertraten. Diese Gruppen nahmen untereinander Fühlung auf und schlossen sich am 1.11.29 auf Initiative und unter Leitung des Schreibers dieser Zeilen zu einem straffen Verband zusammen, ohne jedoch aus ihren Bünden auszutreten. Die Ideologie des neuen – dj. 1.11. genannten – Zusammenschlusses war natürlicherweise eine Erneuerung der Forderungen des Freideutschen Manifestes, die radikale Absage an alle 'Weltanschauungen' (gemeint waren die der Jugend von Schule und Elternhaus her zumindest oberflächlich bekannten bürgerlichen Ideologien), das Mißtrauen gegen die alten Parteien und Grundsätze sowie die Werbeversuche der damals unter britischer Leitung stehenden Boy Scouts. Durch diese Erneuerung der Autonomie-Forderung vom Hohen Meißner machte dj. 1.11. den ersten Schritt zum Übertritt ins antifaschistische Lager, nämlich den klassischen Schritt der Neutralitäts-Erklärung.

Der zweite Schritt folgte im Herbst 1931. Zu dieser Zeit erkannte der Führerrat von dj. 1.11. die sogenannte 'Reichshorte', daß die seit 1930 bestehende de-facto-Diktatur Hindenburgs durch den 1931 eingetretenen Zusammenbruch der Danat-Bank und ihm folgende Verschärfung der Wirtschaftskrise ihrer Aufhebung nicht etwa näher gebracht wurde, sondern ganz im Gegenteil ihrer verfassungsmäßigen Legalisierung zusteuerte. Eine solche Legalisierung wurde von der dj. 1.11.-Leitung als gleichbedeutend mit dem Beginn der nationalsozialistischen Terrorherrschaft betrachtet. Angesichts dieser Sachlage beschloß die dj. 1.11.-Leitung, der antifaschistischen Massenbewegung, die unter der Führung der KPD stand, beizutreten.

Nunmehr zeigte sich als Folge der im Vergleich zur Großstadt langsameren Zuspitzung der Wirtschaftskrise auf dem Lande, daß eine Anzahl Mitglieder diesen Schritt nicht mitmachte. Abgesehen davon, daß die dj. 1.11.-Gruppen in Österreich, dem Saargebiet und Ostpreußen der nationalsozialistischen Hetze gegen den fortschrittlichen Entschluß der dj. 1.11.-Leitung erlagen, wehrten eine Anzahl von Provinzgruppen die faschistische Propaganda zwar ab, waren aber zum Übertritt ins antifaschistische Lager noch nicht reif. Für sie wurde der 'unpolitische' Bund Deutsche Jungenschaft e.V. weiter in Gang gehalten....."(6).

Diese Darstellung Koebels, wenn sie in Einzelheiten, so etwa dem Beschluß der "Reichshorte", der KPD (und den roten Pfadfindern) beizutreten, nicht widerlegt werden kann, deutet aber doch wohl die Entwicklungsgeschichte der dj. 1.11. allzu einseitig im Sinne seiner heutigen politischen Einstellung, als daß sie als objektives, unbefangenes Zeugnis gewertet werden könnte. Sie versucht zu gewaltsam, Entstehung und die Richtung der dj. 1.11. als die Konsequenz eines durchdachten politischen Handelns hinzustellen, während wir wohl nicht zu Unrecht behaupten, daß die politische Entwicklung keineswegs von vornherein vorgezeichnet war und auch ursprünglich kaum etwas mit der Entscheidung der dj. 1.11. gemeinsam hatte. Der Auseinanderfall der dj. 1.11., nachdem der Beschluß, der KPD (Rote Pfadfinder, Arbeitersportverein "Fichte") beizutreten, erfolgt ist, zeigte sehr deutlich, daß der größte Teil der Mitglieder nicht gewillt war, diesen Schritt mitzumachen und Koebel gibt ja in seiner Darstellung selbst zu, daß für diese der unpolitische Bund Deutsche Jungenschaft e.V. gegründet werden mußte.(7) Eine politische Grundkonzeption hat wohl keineswegs zu dj. 1.11. geführt, sondern es handelte sich im wesentlichen um einen emotionalen Vorgang, der die jüngeren Schichten der Jungenschaften gegen die etwas starr gewordene Bundesbürokratie in Bewegung brachte. Die "Geschichte einer jungen Bewegung", die tusk in seiner Zeitschrift "Der Eisbrecher" veröffentlichte, zeigte dieses sehr deutlich.(8) Ebenso vermittelt die Schilderung einer Begegnung mit norwegischen Kommunisten im "Fahrtbericht 29" keineswegs den Eindruck, daß tusk damals mit seiner Gefolgschaft irgendwelchen politischen Ideologien folgte.(9) Für die Beschreibung der dj. 1.11. muß vielmehr die Schilderung Eberhard Menzels als die gültige angesehen werden, die trotz aller Kritik in ihrer Objektivität der Erscheinung von dj. 1.11. gerecht wird.

Auch die einzige Darstellung von nationalsozialistischer Seite, die über diese Vorgänge berichtet, nimmt die kommunistischen Tendenzen Koebels eigentlich als unwesentlich an. Ja sie sieht den eigentlichen Grund für das Scheitern der Pläne Koebels in seiner unpolitischen Einstellung.(10) Zwar zog sich dieser zunächst wieder von der politischen Ebene zurück, um sich seinem eigentlichen Gedanken, dem Aufbau eines autonomen Jungenstaates zu widmen, aber die politische Entwicklung des Jahres 1933 trieb ihn endgültig an die Seite der KPD, da er wohl in ihr den stärksten Bundesgenossen gegen den Nationalsozialismus zu finden glaubte. Seine Versuche vor allem die Berliner dj. 1.11.-Gruppen in nähere Verbindung zu kommunistischen Jugendgruppen zu bringen, gelangen ihm aber nur in sehr begrenztem Maße.

Im Grunde verlaufen Koebels Versuche, die Älteren in den Bünden ab März 1932 mit der Zeitschrift "Pläne" politisch zu beeinflussen, völlig am Rande der von ihm eigentlich inspirierten Jungenschaftsbewegung und sind daher nur eine Episode seiner eigentlichen Arbeit.(11) Auf dem Gebiet der Jungenführung und in der Konzeption der geistigen Haltung der Jungenschaft lag seine eigentliche Stärke, und dort dürfen die Auswirkungen seines Schaffens keineswegs unterschätzt werden. Nachhaltig war seine Wirkung als Schriftleiter verschiedener Zeitschriften und ebenso auch als Verfasser der beiden Schriften "Der gespannte Bogen" und "Die Heldenfibel".(12) Versucht man ihn und die dj. 1.11. politisch einzustufen, so weisen seine Gedanken über den Krieg, die in der Heldenfibel von ihm geäußert werden, seine Anlehnung an Nietzsche in "Der gespannte Bogen" zunächst in die Nähe der Kreise, die Armin Mohler unter dem Begriff der Konservativen Revolution zusammengefaßt hat, obgleich seine eigenen Wege in der späteren Zeit zum Kommunismus führen.(13)

DIE "ROTGRAUE AKTION"

Die Sondererscheinung der dj. 1.11. in der bündischen Jugend war vor allem dadurch bedingt, daß hier eine Querverbindung aufgebaut wurde, die sich durch viele Bünde hindurch erstreckte und sie gleichsam alle durchsetzend in neue Bewegung brachte. So wurden der Gau Österreich und der Gau "Hacketau" (Westfalen) der Deutschen Freischar von der Bewegung ergriffen. In den Pfadfinderbünden, den Kolonialjugendbünden, dem katholischen Jugendbund "Quickborn", überall erfaßte der Gedanke einer großen einigen Deutschen Jungenschaft die Jungen. Es handelte sich hier um eine ganz bewußte Durchdringung aller Bünde, die von Koebel und seiner dj. 1.11. unter dem Namen "Rotgraue Aktion" vorangetrieben wurde. Das Ziel dieses Aktionsplanes war die "Mobilisierung aller Jungen zur endgültigen Schaffung der Deutschen Jungenschaft". In Berlin wurde die erste "rotgraue garnison" gegründet. "Pünktlich am 1.11. wurde sie eingeweiht. Acht große Zimmer mit vielen Nebengelassen gehören dazu. Im Mittelpunkt steht das sogenannte Berliner Zimmer, ein sehr großer Raum mit einer warmen roten Tapete und goldenem Muster. Die Reichsfahne von dj. 1.11. hängt an der Wand. Gegenüber das große Bild von Oskar Just, Der Fahnenträger von dj. 1.11. Auf Bänken und Schränken liegen Musikinstrumente, Ziehharmonikas, Banjos, Klampfen, Schießgeräte. Im Schrank sind Spiele und alle Jungenbücher. Am schönsten ist der Raum bei Kerzenschein. Der große, graue Vorhand ist zugezogen, die weißen Seidengehänge der Reichsfahne bewegen sich in der aufsteibenden Wärme. Die Buben singen und stampfen, der Hund Sascha bellt. Das ist die Garnison! Keine Jugendherberge, kein Jugendheim mit Hausordnung und 10-Uhr-Ladenschluß," so lautet ein begeisterter Bericht jener Tage über die Hochburg der dj. 1.11. in Berlin.(14) Hier schien den Jugendlichen ein Anfang des autonomen Jungenstaates geschaffen, wie sie ihn erträumten. Die Organisation dieses von der Erwachsenenwelt autonomen und losgelösten "Jungenstaates" schildert Koebel in seiner Schrift "Der gespannte Bogen":

"Die Bünde werden aufgelöst und bilden gemeinsam einen riesigen Verein. Alle Führer werden unter dem deutschen Reichszeichen öffentlich vereidigt, niemals mehr außerhalb dieses Vereins Jungen zu führen. Der Verein Deutsche Jungenschaft wird demokratisch regiert mit dem Entschluß, von Zeit zu Zeit eine Nationalversammlung einzuberufen, die versuchen wird, einen Führer zu ernennen. Die Gaue der bisherigen Bünde bleiben vorerst unverändert, werden aber zu Reichskreisen ('Jarltümern') vereinigt. Ihre Führung bleibt bis zur ersten Nationalversammlung offen".(15) Im weiteren werden die organisatorischen Fragen, Kanzleien, Tracht, Finanzen, Kulturarbeit, Heimbeschaffung usw. erörtert. Das Ganze gleicht einer Vorwegnahme der späteren Staatsjugend mit dem einen grundlegenden Unterschied, daß der Jungenstaat ein autonomer Staat der Jugend im Staatsgebäude sein sollte, von der Jugend getragen, sich selbst verantwortlich und ohne parteipolitische und weltanschauliche Bindungen, während die spätere Staatsjugend im Gegensatz hierzu eine parteipolitische, von der Staatsführung selbst gesteuerte Einrichtung wurde, in der der Grundsatz, "Jugend soll durch Jugend geführt werden", eben nur zum Schein und dadurch aufrecht erhalten wurde, daß man verhältnismäßig junge Führer zu Befehlsempfängern der politischen Staatsführung einsetzte.

Zwar sträubten sich die Bundesführungen der alten Bünde gegen die "Rotgraue Aktion", aber der unbeschreibliche Elan der Aktion brachte sie alle in Verwirrung und Bewegung. Ganze Gaue bekannten sich zur einigen Deutschen Jungenschaft, trugen bald die blaue Kluft der dj. 1.11. und ihre rotgrauen Fahnen mit Falken und Wellenlinien neben ihren alten Bundesfahnen. Quickbornjungenschaft, Christdeutsche Jungenschaft, Ordensjugend, Deutscher Pfadfinderbund, Deutsche Freischar werden in diesem Zusammenhang genannt.(16) Eine Aufbruchstimmung ohnegleichen ging durch die Reihen der jungen Menschen der Bünde. Tusk und seine dj. 1.11 betonten immer wieder, daß sie bereit seien, ihren eigenen Bund jederzeit dem größeren Gedanken einer einigen Jungenschaft preiszugeben. Die dj. 1.11. selbst trat nach der Auseinandersetzung mit der Deutschen Freischar dem Deutschen Pfadfinderbund bei.(17) Die Zeitschrift tusks, "Das Lagerfeuer" wurde zur Bundeszeitschrift, die ebenfalls auch die Reichspfadfinder übernahmen. Die Kraft der Jungenschaft aber drohte den Pfadfinderbund zu sprengen. Tusk und seine Gefolgschaft schieden wieder aus. Vorausgegangen war 1930 ein enges Bündnis mti dem "Grauen Korps" unter der Führung von Fred Schmid (Sebastian Faber).(18) In Österreich bildete sich das öjk (Österreichisches Jungenkorps). In Berlin und anderen Städten wurden "Weiße Things" abgehalten, auf denen die Anhänger der "Rotgrauen Aktion" versuchten, ganze Gruppen für den Gedanken einer autonomen Jungenschaft zu werben. Letztlich scheiterte die Rotgraue Aktion an der immer mehr zum Kommunismus drängenden politischen Einstellung Eberhard Koebels. Eine Aufnahme von dj. 1.11. in anderen Bünden war nicht mehr zu erreichen. Dort fürchtete man die Unterminierung des eigenen Bundes. Die dj. 1.11. spaltete sich schließlich in die "Roten", die Jungentrucht und die Deutsche Jungenschaft e.V..

Trotzdem konnte man bis 1933 eine laufende Verschiebung des Einflusses und auch der Mitgliederzahlen zu Gunsten der Jungenschaftsbünde feststellen.(19) Eine Reihe solcher Bünde wurden neu gegründet, so die oben erwähnte Jungentrucht, das Wikinger Jungenkorps, Österreichisches Jungenkorps, Südlegion, u.a..

Besonders stark war auch der Einfluß auf Jungengruppen katholischer Verbände. Zunächst war es dort der Süd-West-Gau des Quickborn, der sich als im "großen Aufbruch der großen Deutschen Jungenschaft" stehend ansah. Ein katholischer Bund sollte seine Berechtigung innerhalb der großen Bewegung aus den ganz eigenen Quellen des "Katholischen", "der Kraft, der Freude und des Glaubens" herleiten.(20) Weiter bildete sich unter dem Einfluß der Rotgrauen Aktion die "Deutschmeisterjungenschaft" und später nach 1933 noch "der graue orden", sogar Gruppen des katholischen Schülerbundes "Neudeutschland" wurden von diesem Strom erfaßt.

Auch nach der Zersplitterung von dj. 1.11. lebte der Gedanke der großen, einigen Jungenschaft weiter. Die Deutsche Jungentrucht unter Dr. Karl Müller und die Deutsche Jungenschaft e.V. unter Jochen Hene schlossen sich am 3./4. Dez. 1932 zur "Jungenfront" zusammen. Einladungen zu einem größeren Bündnis ergingen an die Südlegion, Wasserpfadfinder, Österreichisches Jungenkorps, Freischar Schill sowie an mehrere Gaue der Deutschen Freischar.(21) Die politische Entwicklung nach dem 30. Januar 1933 setzte diesen Bestrebungen ein Ende. Was sich dann in der Formierung der Staatsjugend durch die Hitlerjugend vollzog, hatte nichts mehr mit dem Aufbruch des Jungenschaftsgedankens zu tun, obgleich ein großer Teil des Elans wohl im Jungvolk der Hitlerjugend aufgegangen ist und "verkehrt" wurde. Nicht zuletzt täuschte das Tragen der dunkelblauen Tracht der dj. 1.11. im Jungvolk zunächst den Eindruck vor, daß hier das Ziel der Jungenschaft erreicht sei. Die Reichsjugendführung hatte genug Mühe, den Einfluß der dj. 1.11. wieder auszuschalten.(22)

Als besonderes Zeichen des wachsenden Einflusses der autonomen Bünde ist die seit 1929 zu bemerkende Neugestaltung der Jungenzeitschriften zu werten. Eberhard Koebel, selbst von Beruf Graphiker, brachte ein ganz neues und strenges Stilempfinden in das Schrifttum der Jugendbewegung. Eine völlige Wandlung zur sorgfältigen graphischen und künstlerischen Ausgestaltung setzte ein. Nach dem Ausscheiden aus der Schriftleitung der "Briefe an die Deutsche Jungenschaft" ermöglichte es der Verleger Hürlimann mit dem Atlantis-Verlag Eberhard Koebel, die wohl anerkannt beste deutsche Jungenzeitschrift "Das Lagerfeuer" herauszugeben. In besonderem Maße war es dann später der Verleger Günther Wolff in Plauen i.V., der sich für das neue Schrifttum einsetzte. In seinem Verlag erschienen "Der Eisbrecher" und "der große wagen", Zeitschriften, die an sorgfältiger und künstlerischer Ausgestaltung kaum zu übertreffen waren. In der Zeitschrift "der große wagen" wurde auch die Kleinschrift eingeführt, da sie das Schriftbild nicht zerreiße und Gestaltungsmöglichkeiten gäbe, die wesensgemäßer seien. "Am liebsten gössen wir uns eigene schrifttypen, die noch deutlicher zeigten, welche prägung der schrift die uns gemäße ist", schrieb damals teut (Dr. Karl Müller).(23) Durch Wiedergabe der Handschrift suchte Koebel in seiner Zeitschrift "Tyrker", eine persönlichere Verbindung zum Leser zu erlangen.(24) Gutes Kunstdruckpapier, sorgfältige Schriftsetzung, die Verwendung von Fotografien und Zeichnungen machten jedes Heft zu einem Kunstwerk eigener Art. Sprache und Stil Stefan Georges zeigten hier noch einmal in der Jugendbewegung eine nachhaltige Wirkung. Dieses Streben nach Ausdruck, neuer Form und strenger

Stilgestaltung, das von der dj. 1.11. ausgehend auf die ganze bündische Jugend übergriff, vermochte bis weit in die politischen und konfessionellen Jugendorganisationen zu wirken.(25) Selbst im 'Dritten Reich' wurde zugegeben, daß von Koebel und der Jungenschaftsbewegung durch "die Anwendung des Mehrfarbendruckes und vor allem durch den Einsatz des Photos und der Photomontage" ... "Ansätze zu neuen lebendigen, zeitgemäßen, der jugendlichen Eigenart entsprechenden Formen geschaffen" worden seien, die ihren Wert auch noch zu dieser Zeit beweisen würden. Es wurde sogar auf die Jungvolkzeitschrift "Der Pimpf" hingewiesen, deren entsprechende künstlerische Fotomontagen ebenso wie die Aufmachung der evangelischen Jugendzeitschrift "Jungenwacht" auf die ursprünglichen Anregungen der Jungenschaft zurückgingen.(26)

Der bedeutendste Graphiker der Zeitschriften der dj. 1.11.-Richtung war Fritz Stelzer. Seine Art der Gestaltung, die sich auch in verschiedenen Liederbüchern wie "Lieder der Eisbrechermannschaft" usw. sehr vorteilhaft zur Geltung brachte, wirkte formprägend und stilistisch weiter. Nach dem Verbot der dj. 1.11. beteiligte er sich als Graphiker an der Arbeit für katholische Jugendschriften, die nun ebenfalls von der neuen Form Gebrauch machten. So wurde die katholische Monatszeitschrift der Jugend "Die Wacht" selbst unter der nationalsozialistischen Herrschaft bis zu ihrem Verbot ein geistig und künstlerisch hochwertiges Dokument des neuen Gestaltungswillens. Der starke Impuls der Jugendbewegung wirkte auch hier wie schon so oft in der Vergangenheit schöpferisch zeugend in den anderen Verbänden der deutschen Jugend weiter.

Für Koebel und die Jungenschaftsbünde ergab sich durch die Zeitschriften, die Bezieher aus allen Bünden und Organisationen gewannen, ein überaus großer Wirkungskreis, der weit über den Rahmen des eigenen Bundes hinausging. Das Elitebewußtsein der Jungenschaften wurde hierdurch wesentlich gestärkt und ein Gefühl der Unabhängigkeit wachgerufen, das sich selbst als den Mittelpunkt allen Geschehens ansah, aber die entscheidenden Vorgänge im politischen Raum weitgehend nicht überblickte. Andererseits aber festigte der Gedanke der autonomen Jungenschaft den Widerstandswillen gegen jede staatliche Bevormundung, und der Stolz auf die eigene Leistung beugte sich nur widerwillig dem Totalitätsanspruch der Hitlerjugend.

DIE GEISTIGE HALTUNG DER JUNGENSCHAFTSBEWEGUNG

Die künstlerische Gestaltungskraft und die starke Vitalität allein hätten es der dj. 1.11. und ihr verwandten Bünden aber nicht ermöglicht, einen so großen, überaus starken Einfluß auszuüben, wenn nicht auch ideologische Gedankengänge eine neue und erregende Wirkung hätten erzielen können. Der Gedanke eines "Hochbundes" aller Bünde, einer großen deutschen Jungenschaft, war zwar schon nach dem ersten Weltkrieg durch die Neupfadfinder propagiert worden und blieb immer in der bündischen Jugend lebendig, neu aber war die Loslösung dieses Gedankens von allen volklichen Bindungen, die in der Forderung nach völliger Autonomie der Jungenschaft gipfelte. An die Stelle aller bisherigen Bindungen an Volk, Heimat und Reich trat hier der Ordensbegriff. Im Orden, als der autonomen, selbstgewählten Gemeinschaft, die sich von allem Überkommenen frei gemacht hat, soll der junge Mensch die Grundlage seines Seins finden.

"Was ich bin, verdanke ich dem Orden. Nichts in der Welt ist so lebens- und sterbenswert wie er. Wir sind zerflossen in ihm. Wir könnten (auch wenn wir wollten) unser Ich gar nicht mehr sammeln, packen und damit wegreisen. Wir sind eins geworden mit einem heißen Geist. Alle, alle sind Eier. Wo die Glut des Ordens hintrifft, können Vögel werden, fessellos fliegen und wieder ausbrüten", schreibt Koebel in seiner "Heldenfibel".(27)

Eine anarchische Kraft und Richtung der Jugendbewegung wird hier offenbar, die zerstörend nach außen hin wirkt, weil sie keine Bindungen an organische und gesellschaftliche Gefüge der Umwelt mehr kennt. Aufbauend drang sie nur im eigensten Bereich durch, dem als Orden, Bund oder autonomer Jungenschaft Absolutheitscharakter zugesprochen wird. Der Bund ist "die Eignung der Gläubigen an die Welt, an die Erde, an die Hintergründe, die Kräfte des Schicksals. ... Alle, die im Bund leben, geben ihr Leben für ihn. In ihm erfüllt sich das Wort: niemand kann größere Liebe haben, denn daß er sein Leben gebe für seine Freunde .... Die große Frucht des Bundes ist das Werk, seine höchste Erfüllung die Gestaltung des Staates".(28) Im letzten Sinne soll aber die anarchische, dämonische Kraft, die den Gläubigen an diese Welt bewegt, hier nicht das Chaos, sondern eine neue Ordnung, einen neuen Staat schaffen, dessen Bild von Stefan George entlehnt ist. Diejenigen, die ihn formen sollen, sind die "Selbsterringenden", die Koebel den ewig "Wiederholenden" gegenüberstellt. Ihre Helden sind "bald jubelnde, bald weinende Kinder Gottes, die die Welt durchrasen, als jagte sie ein Schwarm von Gespenstern. Man sagt 'Dämonen' aber es ist ihr Blut und ihre Seele".(29) Die Nietzsche-Idee des Übermenschen erscheint hier in jugendbewegter Gestalt und sprengt die alten Ordnungen. "Das Ziel ist nicht eine Weltanschauung, eine Ordnung, nach der man zur Welt Stellung nimmt, sondern die Fähigkeit, in jedem Augenblick die Welt anzuschauen, bereit, die Urteile, die man in vorhergehenden Augenblicken gefällt hat, unter dem Einfluß der neuen Beobachtungen zu widerrufen".(30) So wird hier die Jungenschaft zur jugendlich-geistigen Revolution in Permanenz erklärt und die alte Lehre, daß alles Sein fließt, nichts statisch und feststehend ist, in ihrer ungeheuren Dynamik als die Lehre der Jugend verkündet.(31)

Nicht zu Unrecht weist Armin Mohler in seinem Buch "Die konservative Revolution" bei der Erörterung der bündischen Gruppen darauf hin, daß die innerhalb der Gesellschaftslehre durch Hermann Schmalenbach vollzogene Einschiebung des Begriffs des "Bundes" in die von Tönnies aufgestellte Zweiheit von "Gemeinschaft" und "Gesellschaft" auf den Anstoß der Jugendbewegung zurückgehe. Die Kraft, die den Orden, Bund oder Jungenschaft treibt, ist die Kraft des Männerbundes(32); nicht nur zufällig gibt es in den autonomen Bünden keine Mädchengruppen. Ohne irgendwie der Frau feindlich gegenüberzustehen (sie wird in der Heldenfibel ganz klar als die andere Komponente des männlichen Lebens gezeichnet), wird der Bund und Orden, wie auch die Schaffung des Staates eindeutig der rein männlichen Sphäre zugewiesen. Sie ist das Reich der bewußt Schaffenden, der Selbsterringenden, in ihr sollen sich die Eliten formieren, die eine neue Herrschaft und die neue Ordnung erringen. Die Entwicklung der politischen Bewegungen in jener Zeit weist, wie Armin Mohler ebenfalls zeigt, auf die zunehmende Bedeutung von männlichen Kampfbünden und Eliten, in der Beherrschung der politischen Parteien und des Staatslebens hin.(33) Die Strukturverwandtschaft der Jugendbewegung mit den Eliten und Bünden der "Konservativen Revolution", die oft als ordensähnliche Gebilde auftraten - diese Erscheinungen bleiben nicht auf den deutschen Raum beschränkt, sondern wir finden sie auch in Ordensgebilden der russischen Jugend des 19. Jahrhunderts wie in Westeuropa –, zeigt, daß wir es hier nicht mit einem Einzelphänomen, sondern mit einem aus den damaligen Zeitverhältnissen herauswachsenden soziologischen Umschichtungsprozeß zu tun haben, welcher die Schwerkraft der Entscheidungen von den politischen Parteien zu ordensähnlichen Männerbünden verschiebt, und der als noch nicht abgeschlossen angesehen werden kann. In der Radikalität jugendlichen Denkens mußte er an erster Stelle mit besonderer Eruptionskraft hervortreten.

Die Loslösung der Jungenschaft von den völkischen und volklichen Tendenzen der bündischen Jugend hatte auch die Demaskierung des modernen Krieges zur Folge. Er wurde nicht mehr als ein Kampf der Völker angesehen, sondern Koebel schildert die Entstehung des modernen Krieges als eine wohlüberlegte und vorbereitete Handlung der Regierungen und Generale.(34) Propaganda und bewußte Provozierung leiten ihn ein. Die Volksempörung wird durch hintergründige Machenschaften geweckt. Das Pathos des nationalen Kampfes, das einst den Kriegswandervogel und auch einen großen Teil der bündischen Jugend erregt hatte, ist der dj. 1.11. unbekannt. Dort will man den Krieg sehen, wie er wirklich ist. Sowohl die Anklagen E. Maria Remarques wie auch die Schilderung Ernst Jüngers, deren letzter Zweck hier als eine "Peitsche der Drückeberger" gesehen wird, werden abgelehnt, da sie keine Lehrbücher des Heroismus seien. Statt dessen wird Ludwig Renn hervorgehoben, der keine Seite des Krieges geliebt oder gehaßt habe.(35) Das sei die große Soldatengesinnung. Wenn der Krieg auch selbst als sinnlos empfunden wird, so ist der Sinn des Geschehens auf den Einzelnen verlagert, der in dem grauenvollen Geschehen verwandelt wieder Mensch werden und die Maske verlieren soll. Es wird die Lehre eines absoluten Heroismus aufgestellt, der seine Vorbilder vornehmlich dem ostasiatischen Raum entnimmt.

Alles Schwächende, Sentimentale soll der einzelne Mensch, der in die Schule dieses Heroismus geht, von sich fernhalten. Der Krieg ist die große Gelegenheit zur letzten Selbstüberwindung. Diese ist das Thema, das die ganze Heldenfibel durchzieht. Mit Vorliebe nennt sich die Jungenschaft eine Schule des Charakters. Eine unerbittliche ethische Konsequenz wird gefordert, die keine Zwecke und Rücksichten auf Gefühle mehr kennt. Opferung für die Heimat, die Familie, Pflicht zur Rache und Gefolgschaftstreue sind nur noch Gelegenheiten, geben dem eigenen Einsatz keinen Sinn mehr. Entscheidend ist nur das "Ich werde", die immer erneute Bezwingung jedes egoistischen Triebes und die Beherrschung jeder Begierde.

Die Lösung von allen nationalen und völkischen Tendenzen, die durch die autonomen Jungenschaftsbünde, insbesondere die dj. 1.11. vollzogen wurde, mußte in einer Zeit der nationalen Erregtheit, wie sie gerade um die 3oer Jahre in Deutschland herrschte, als besonders neu und vielen befremdlich erscheinen. Erklärlich ist dieser Auszug der Jugend aus ihren Zeitproblemen zunächst dadurch, daß die nationale Phrase bei allen politischen Parteien so sehr zur Gewohnheit geworden war, und so ein Gefühl des Übersättigtseins bei jungen Menschen den Drang zu anderen Daseinsformen weckte. Einen weiteren politischen Grund gibt Koebel in einem Brief vom Jahre 1947 an, in welchem er zur "Heldenfibel" Stellung nimmt. "Eine Kriegshaltung mitten im Frieden zu pflegen wird der deutschen Jugend weit und breit als Fehler vorgeworfen. In der dj. 1.11. erschienen Schwertsymbole erst, als durch Hitlers internen Sieg der Krieg zur unausweichlichen Tatsache geworden war. Um weniger Weitsichtige aufzurütteln und die Jugend zum wahren Heldentum zu erziehen, so die Voraussetzungen für einen Aufstand der jungen Generation gegen die Nazis, die Vergeuder und Verderber unseres Vaterlandes zu schaffen – für diesen Zweck wurde auch die Heldenfibel geschrieben. Sie gehört in eine andere Epoche".(36) Eine weitere Äußerung Koebels: "dj. 1.11.-Haltung steht dem germanischen Glaubenstum unbeteiligt gegenüber", die konkrete Form, in der sich die Haltung der Jungenschaft bewege, seien die Bergschulen des Zenismus, des asiatischen Zenglaubens, weist in die gleiche Richtung.(37)

Auch von nationalsozialistischer Seite ist diese Lösung als "Bruch mit den völkischen Daseinsformen" heftig angegriffen und als Sich-Entziehen gegenüber den nationalen Forderungen hingestellt worden.(38) Die Auswirkungen der dj. 1.11.-Ideologie in den illegalen Gruppen nach 1933 aber trugen mit dazu bei, daß diese sich nicht von dem nationalen Pathos und Erfolg des Nationalsozialismus überrumpeln ließen.

Der Auszug aus dem eigenen Volksbereich führte nun zur Übernahme fremdvölkischer Vorbilder, deren Einflüssen im Liedgut und der ganzen Jungenschaftsliteratur weiter Raum gewährt wurde. Auf diese Einflüsse aus dem Osten ist schon an anderer Stelle dieser Arbeit hingewiesen worden.(39) Jedoch sind es nicht nur der Kampf und die idealistische Aufopferung des Lebens – in der Max Nitzsche eine Tendenz zur pervertierten Todesromantik und ein selbstzerstörendes Heldentum, das in keiner befehlenden nationalen Aufgabe mehr stehe, sehen will – die hier gesucht werden.(40) Vielmehr ist es neben den an anderer Stelle angegebenen Gründen ein Zurückgehen auf das natürliche und einfache Leben von Naturvölkern, die noch nicht von der Zivilisation unfähig zur Neuschöpfung von Kulturwerten gemacht wurden. "Ist's ein Wunder, daß der Kosak Künstlerhände hat und der Gymnasiast ausdruckslose? Radio, Kino, Fotobuch und Grammophon entheben dich nicht der Aufgabe, selbst Lieder zu lernen und den Pinsel zu führen" lehrt Koebel in "Der gespannte Bogen".(41) Letzten Endes erwächst aber auch aus der Anschauung des Lebens anderer Völker, die noch eine wirkliche Verbundenheit zu ihrer Heimaterde kennen, in der Jungenschaft eine neue Liebe zur eigenen Heimat, wendet sich der Auszug aus dem eigenen Bereich, der durch den pathetischen Nationalismus der Parteien verschlossen scheint, hier doch wieder zurück. Dem Vorwurf des Mangels an nationaler Gesinnung gegenüber wendet Koebel ein, daß man ihn nicht durch Taten zu entkräften brauche.(42) Nationale Taten würden von den Nationalisten selten erkannt. So eröffnet sich den von großen Fahrten und geistigen Eroberungen heimkehrenden jungen Menschen der Jugendbewegung die Heimat in einem neuen und unverbrauchten Sinne, der an die Liebe des bäuerlichen Menschen zu seiner Scholle erinnert. Er hat nichts zu tun mit dem hysterischen Nationalismus jener Tage. So heißt es im Vorwort zum Liederheft der Eisbrechermannschaft: "Wenn alte Bäuche von national sprechen, denken sie an etwas ganz anderes als wir. Wenn sie gar vom deutschen Lied reden, erinnern sie sich an Bier. Die Vorhut der Jugendbewegung wird die fast gestorbenen, von schmutzigen Händen abgegriffenen Münzen Heimat, Nationalismus, 'Liebe zu Deutschland' zu neuem Leben und Klang erwecken. Nie darf die Jugendbewegung dulden, daß die flammende Liebe zu unserer Erde stirbt wie eine Mode. Unsere Kräfte schöpfen wir aus der Nordseebrandung, dem märkischen Kiefernrauschen und dem Bergbach. . ."(43)

Aufbruchstimmung, Drang nach neuen Erkenntnissen, der Gedanke "Vorhut zu sein", bestimmen diese letzte Erscheinung der Jugendbewegung vor 1933. Neben ekstatischen jugendlichen Temperamentsausbrüchen, schnellem Wechsel der Anschauungen, äußerlichem Betrieb, die die große Dynamik dieser Epoche bestimmen, stehen aber ebenso stark eine innere Disziplin, ein Drang nach Verinnerlichung und Selbstbeherrschung und eine Kunst des Schweigens, die, in der Schule des Zenismus erworben, dem Außenstehenden den Zugang zu dieser Erscheinung jugendlichen Lebens sehr erschwert. Bevor der Schatten des totalitären Staates über sie fiel, entfaltete hier die deutsche Jugendbewegung noch einmal ihren Formenreichtum in einer Lebensintensität, deren geistige Kraft, innerer Schwung und Begabungsreichtum einer besseren Zukunft würdig gewesen wären.

IX. Usurpation der Begriffs- und Formenwelt der Jugendbewegung durch die NSDAP

BEGRIFFSÜBERNAHME UND IHRE VERKEHRUNG

Der nach dem ersten Weltkrieg immer deutlicher zu beobachtende Vorgang der Übernahme der Gedanken- und Formenwelt der Jugendbewegung durch die Jugendpflegeverbände der Konfessionen und Jugendorganisationen der politischen Parteien – ein Vorgang, auf den auch Leopold Dingräve in seiner Schrift "Wo steht die junge Generation" im Jahre 1931 hinweist – hatte zur Folge, daß die äußere Abgrenzung der Jugendbewegung in zunehmendem Maße verwischt wurde und sie, gewissermaßen zur Tagesmode geworden, dazu diente, irgendwelchen Organisationen ein jugendgemäßeres Gesicht zu geben.(1) So wurde zwar eine Auflockerung und neue Initiative aller Jugendorganisationen erreicht, aber da dort auch nicht die geringste Ahnung von dem lebendigen Inhalt dieser Begriffe und Formen und der inneren Entwicklung, die zu ihnen geführt hatte, vorhanden war, mußte notwendigerweise vieles zum reinen Organisationsschema werden und so seinen ursprünglichen Sinn verlieren. Auf den Vorgang dieser Sinnverkehrung des Gedanken- und Formengutes der Jugendbewegung muß immer wieder aufmerksam gemacht werden, wenn die Erscheinungen der Jugendverbände vor 1933 wie auch der Hitlerjugend nach 1933 beurteilt werden sollen. Den konsequentesten Weg einer solchen Verkehrung hat zweifellos die NSDAP und mit ihr die Hitlerjugend eingeschlagen.(2) Sie, die ausschließlich als Staatsjugend des nationalsozialistischen Staates alle Machtmittel in den Händen hatte, proklamierte sich zur "Hitlerjugend-Bewegung" oder "Nationalsozialistischen Jugendbewegung" und erhob einen Totalitätsanspruch für den gesamten Sektor des Jugendlebens.(3)
Enthielt nun schon die Anwendung des Begriffes Jugendbewegung auf eine parteipolitische Jugendorganisation eine völlige Sinnverkehrung, so wurde diese noch durch den Totalitätsanspruch zum Dogma gesteigert und damit die eigentliche Jugendbewegung negiert. Die Autonomie-Erklärung der Jugend vom Hohen Meißner wurde von Schirach in dem Schlagwort "Jugend muß von Jugend

geführt werden" weiter verkündet.(4) In Wirklichkeit war die so laut betonte "Selbstführung" der Jugend nur eine Auftragsführung, die zwar von altersmäßig jungen Menschen ausgeübt wurde, aber ihren Befehl von einer politischen Partei erhielt.(5) Das beste Zeugnis, wie sehr das persönliche Charisma des Führers der Jugendbewegung in ein Amtscharisma verwandelt wurde, gibt Baldur von Schirach selbst, als er die ihm auf Grund seiner von staatlicher Seite erfolgten Ernennung zum "Jugendführer des deutschen Reiches" unterstellten Jugendverbände auflöste.(6) Er selbst hat die Ermächtigung zu diesem Schritt aus seiner Ernennung hergeleitet. Ebenso wurde der Führer-Gefolgschaftsgedanke in sein Gegenteil verkehrt, da die Legitimation und Autorität des Hitlerjugendführers durch "Befehl von oben" erfolgte, die Gefolgschaft ihn nicht trug, sondern ihm durch amtlichen Auftrag unterstellt war.

Der "Dienstgedanke" der bündischen Jugend, einst von dem unbedingten Prinzip der Freiwilligkeit getragen, wurde zur Dienstpflicht in der Staatsjugend, im Landjahr- und Arbeitsdienst verwandelt. Der Begriff der Gemeinschaft, der von der Jugendbewegung in einer neuen und gültigen Form entwickelt worden war, wurde vom Nationalsozialismus ohne Bedenken auf seine organisierten und bürokratisch erfaßten Verbände angewandt. Jene organische Zuordnung in der freien Wahl- und Schicksalsgruppe, die die Voraussetzung bündischer Gemeinschaft gewesen war, kannte er nicht und konnte sie auch nicht wollen, da ihm die totale Erfassung aller Menschen durch die Staatsgewalt als Ziel vorschwebte. Diese totale Erfassung der Massen durch die NSDAP und ihren Staat wurde dann mit dem Begriff der Volksgemeinschaft verbrämt, und die Machtübernahme als Sieg der Jugend und jungen Idee über das Alte verkündet. Howard Becker führt an anderer Stelle den Nachweis, daß selbst der Gedanke der Lebensreform zum Antisemitismus in Beziehung gesetzt wurde, indem Nikotin- und Alkoholgenuß als Mittel des jüdischen Kapitals zur Zerstörung der kriegerischen Eigenschaften der arischen, nordischen Rasse hingestellt wurden.(7) Hatte die Jugendbewegung "Volk" und "Reich" in einem ihr eigenen Sinne zu hohen Leitbildern erhoben, so subsumierte die nationalsozialistische Weltanschauung nun unter diese Begriffe parteipolitisch gefärbte Konstruktionen, die mit einem Absolutheitsanspruch vorgetragen wurden. Adolf Hitler selbst hatte verkündet, daß das Wort "völkisch" ohne das Wirken der nationalsozialistischen Bewegung von anderen Verbanden und Gruppchen, die es jetzt für sich in Anspruch nähmen, nicht einmal ausgesprochen worden wäre.(8) Zuletzt wurde durch die Identifizierung des wahrhaft Deutschen mit dem Nationalsozialistischen alles Suchen und Streben der Jugend, das Wesen des Deutschen und damit sich selbst zu erfassen, in die Bahnen einer Parteidogmatik hineingezwängt. Die oft so unklaren Definierungen der Begriffswelt der Jugendbewegung haben ohne Zweifel diesen Prozeß erleichtert, und mancher junge Mensch der Jugendbewegung war so nicht in der Lage zu erkennen, daß der Verwendung gleicher Begriffe ein anderer Sinn unterschoben war, und sie damit einer Verkehrung zugeführt wurden. Freideutsche Kreise haben sich 1948 ernsthaft damit beschäftigt, ob der Jugendbewegung in diesem Zusammenhang eine historische Verantwortung für die reale Wirksamkeit ihrer einmal nach außen gewandten Gedankenwelt zuerkannt werden müsse und eine solche objektiver Art bejaht, da jedermann für prägnante Formulierungen von großer Schlagkraft oder für Leitbilder von hohem massensuggestivem Gehalt die Verantwortung trage.(9)

ÜBERNAHME VON FORMEN UND SYMBOLIK

Die Benutzung und Verkehrung der Gedankenwelt der Jugendbewegung konnte der Hitlerjugend um so eher gelingen, als sie die äußeren Formen und den Lebensstil der bündischen Jugend imitierte und dann für ihre Zwecke abwandelte.
Fahrt und Lager wurden als Einrichtungen jugendgemäßen Lebens beibehalten,
verloren aber viel von ihrem ursprünglichen Reiz, da die Einheiten der Hitlerjugend und des Jungvolks auf dem rein organisatorischen Weg zusammengefaßt
wurden, nicht organisch gewachsen waren. Der Heimabend wurde beibehalten,
aber nun ganz in den Dienst der nationalsozialistischen Ideologie gestellt. Ein
reichseinheitlich festgelegtes weltanschauliches Schulungsprogramm sollte den
Erfolg sichern. Der gesamte Aufbau wurde systematisch durchorganisiert. Ein-
heits- und Dienstgradbezeichnung wie "Jungenschaft, Stamm, Fähnlein, Gefolg-
schaftsführer, Gefolgschaft" usw. gingen ebenfalls von bündischen Benennun-
gen aus. Die dunkelblaue Jungenschaftsbluse war von Eberhard Koebel und sei-
er dj. 1.11. geschaffen worden. Das Jungvolk übernahm sie 1933 und führte
später lediglich einige Abänderungen durch. Schwarze Fahnen und Lands-
knechtstrommeln waren lange Zeit vorher schon in den Bünden üblich. Lagerfeuer, Sonnenwendfeier, Runenzeichen, alles das wurde benutzt, um eine der
Jugendbewegung gleichende Form herzustellen.(10)
So war in den ersten Jahren nach 1933 durch die "Gleichschaltung" der bündischen Gruppen besonders das Jungvolk von der stärkeren Formkraft der Jugendbewegung geprägt. Der Gefahr, daß die bündische Jugend sich innerhalb des
Jungvolks durchsetzte, begegnete die Reichsjugendführung durch Ausschaltung
der bündischen "Elemente", die besonders in den Jahren 1934 bis 1936 sehr
krasse Formen annahm.(11) So wurde auch in diesen Jahren der Verlag Günther
Wolff liquidiert und sein gesamtes Schrifttum eingezogen. In dem Liederbuch der
Hitlerjugend "Uns geht die Sonne nicht unter" lassen sich die alten Volks- und
Landsknechtslieder der Bünde leicht auffinden. Dieses Liedgut war von Menschen der Jugendbewegung neu entdeckt und wiederbelebt worden. Manches
neugeschaffene Lied der bündischen Jugend erschien dort mit der Bezeichnung
"Verfasser unbekannt". Volkstanz, Laienspiel, Sprechchor wurden in das
kulturpolitische Programm der Reichsjugendführung hineingenommen. Landdienst,
Arbeitsdienst und Volkstumsarbeit erhielten eine nationalsozialistische Sinngebung. Auch der Mythos von Langemarck wurde jetzt zur Ideologie der NSDAP in
engste Beziehung gesetzt und der Geist von Langemarck mit der Haltung der
Hitlerjugend identifiziert.(12) Inwieweit allerdings von einer absichtlichen Übernahme gesprochen werden kann, läßt sich nicht genau sagen. Der Formen- und
Symbolreichtum der Jugendbewegung bot sich in so großer Fülle an, daß einfach
nicht daran vorbei gegangen werden konnte. Jedoch erstickte die Organisation
den lebendigen Geist, der diese Formen geschaffen hatte. Die Spontaneität des
Schaffens ging in der staatlich gelenkten Jugendarbeit verloren. Militärische
Zucht und vorgeschriebene weltanschauliche Erziehung formten den Typ des
jungen politischen Soldaten. Im Jahre 1939 erinnerten nur noch einige Äußerlichkeiten an die Zeit der Jugendbewegung vor 1933.

HITLERJUGEND, EINE LEGITIME FORTSETZUNG UND "AUFHEBUNG" DER JUGENDBEWEGUNG?

Die Usurpation des Begriffes Jugendbewegung, die die Jugendorganisation der NSDAP vornahm und gleichzeitig mit einem Totalitätsanspruch verband, läßt nun danach fragen, welche historische und ideengeschichtliche Beziehung sich die Hitlerjugend zur eigentlichen Jugendbewegung zugewiesen hat. Es ist hier schon darauf hingewiesen worden, daß die bündische Entwicklung von maßgeblichen Sprechern der Hitlerjugend als Abweichung von dem eigentlichen Anliegen der Jugendbewegung angesehen wurde und somit einer heftigen negativen Kritik ausgesetzt war.(13) Eine Parallelentwicklung oder gar Gleichberechtigung zuzugestehen, ließ sich schon mit dem Totalitätsanspruch der neuen Staatsjugend nicht vereinbaren. So mußte ein zeitlich früherer Anknüpfungspunkt gefunden werden, aus dem sie die Legitimation auf den Anspruch, die eigentliche Jugendbewegung zu verkörpern, herleiten konnte.

Die Voraussetzung hierfür schien der Wandervogel der Vorkriegs- und Nachkriegszeit zu bieten. G. Usadel betont, daß bei einer Darstellung der Geschichte der nationalsozialistischen Jugend nicht an der Wandervogelbewegung vorübergegangen werden könne, wenn man die Entwicklung geschichtlich und gerecht betrachten wolle.(14) Ebenso erklärt Baldur von Schirach, daß die Jugendbewegung jener Tage ebenso richtig gewesen sei wie die Hitlerjugend zu ihrer Zeit. Gedanken und Lebensform der Jugendbewegung hätten u.a. die Voraussetzungen geschaffen, auf denen die HJ aufbaue.(15) Als solche nannte er "die Idee der Selbstführung der Jugend, die Kampfansage gegen die Auffassungen der bürgerlichen Gesellschaft" und "den Willen zum Volkstum, zur Heimat, zur Kameradschaft". Eine historische Verbindung des Wandervogels zur Hitlerjugend sieht auch H. Ahrens.(16) Er vertritt die Ansicht, daß die alte "Jugendbewegung" in der neuen Jugend in Hegelschem Sinne aufgehoben sei, obgleich er eine grundsätzliche Verschiedenheit durch die andere Aufgabenstellung als gegeben ansieht. In der Geschichte der Jugendbewegung von Will Vesper und ebenfalls bei Luise Fick wird die Freideutsche und Bündische Jugend in diese Entwicklungsreihe mit einbezogen.(17) Jedoch fand eine solche Konstruktion nicht die Billigung der offiziellen Stellen, wenngleich sie noch ungehindert vorgetragen werden konnte. So waren es insbesondere in den Aufsatzreihen des Vesperschen Buches Menschen der Jugendbewegung, die versuchten, sich selbst eine Vorläuferrolle zuzuweisen, um die Berechtigung zu einer Mitarbeit am neuen Staat zu erhalten und ein Aufgehen der Jugendbewegung in der Hitlerjugend zu rechtfertigen. Daß solche Konstruktionen nur durch eine Sinnverkehrung des eigentlichen Anliegens der Jugendbewegung möglich wurden, ist hier schon dargelegt worden. Die Hitlerjugend selbst besaß genügend Instinkt dafür, daß eine Legitimation solcher Art ihren Totalitätsanspruch zerstören mußte und die Übernahme des Bündischen eine ständige Bedrohung in ihren eigenen Reihen verursacht hätte. Max Nitzsche sieht hier sehr richtig, daß die Entwicklung der Jugendbewegung in den 30er Jahren zu autonomen Gemeinschaften drängte und damit zwangsläufig zu einem immer schärferen Gegensatz zur Staatsjugend gelangen mußte.(18) So wies die HJ selber den Anspruch einzelner Jugendbewegter auf eine Teilhaberschaft am Kampf um den neuen Staat zurück, und Willi Ruder erklärte sogar, daß "weder Wandervogel noch die bündische Jugend Grundlage der Hitlerjugend" seien.(19)

Für den nationalsozialistischen Anspruch, Erbe und alleiniger Vollender der Jugendbewegung zu sein, ergab sich nach Ausschaltung der Freideutschen und Bündischen in einem bedingten Anerkennen des Wandervogels doch noch ein weiterer Ansatzpunkt für die unmittelbare Herleitung seiner Legitimation.(20) Dem Vorkriegswandervogel wird dabei eine Vorläuferrolle zugewiesen, deren Aufgabe es gewesen sei, die Jugend der bürgerlichen Welt zu entreißen, gegen den "volksfremden Liberalismus" und ein "ausgehöhltes Prunkgebäude" anzurennen, doch habe er noch in vielem die Zeichen der alten Zeit an sich getragen.(21) Vor allem habe ihm der "geschlossene festgeformte Wille" gefehlt und es sei ihm nicht gelungen, seine revolutionäre Einstellung mit den politischen Forderungen des Arbeiterstandes zu einer gemeinsamen Front gegen Liberalismus und Marxismus zu verbinden. Der Wandervogel sei eben nicht bis zur bewußten Klarheit über die Dinge des staatlichen und völkischen Lebens gedrungen, wie sie der Nationalsozialismus jetzt besitze.(22) Es habe ein unklares Gefühl vorgeherrscht, aber trotzdem sei "auch hier sich der Mensch in seinem dunklen Drange" des wahrhaftigen Tuns bewußt gewesen.

Den Höhepunkt des Wandervogellebens sieht daher die Hitlerjugend im Weltkrieg. Langemarck und der "Wanderer zwischen beiden Welten" von Walter Flex werden genannt.(23) In der Wandlung des Wandervogels zum Frontsoldaten entsteht nach ihrer Meinung der "ewige deutsche Mensch in seiner neuen Gestalt". (24) Erst die gewaltsame Umformung des Wandervogeltypus zum Soldaten schafft so für die HJ die Möglichkeit, eine Beziehung zur Jugendbewegung herzustellen. Die Front ist für sie die verkörperte Gemeinschaft des kämpfenden Volkes. Nur dadurch, daß die Jugendbewegung in sie eingeht, wird sie nach nationalsozialistischer Meinung der aus der Front des Weltkrieges wachsenden Bewegung, die der Gefreite Adolf Hitler als neuer Führer des Volkes anführt, teilhaftig. So schreibt von Schirach: "Von der Jugendbewegung von einst übernahm die HJ die eine oder andere Form, aus der Front des Weltkrieges gewann sie durch Adolf Hitler ihren Inhalt. Auch ihre Organisation hat ihre Voraussetzung im großen Krieg, ihre Haltung ist soldatisch, wie es die Haltung derjenigen war, die aus der Jugendbewegung kamen und im grauen Rock in Flandern starben. W i e d i e J u g e n d d e s h o h e n M e i ß n e r d i e F r o n t a l s d a s G r ö ß e r e e m p f a n d , s o a u c h w i r".(25)

Das Fronterlebnis wird hier zum Generalnenner für Jugendbewegung und Hitlerjugend. Es ist die Voraussetzung für die Gleichung und Identifizierung beider Größen. Der Geist der Frontsoldaten, "der Wille Adolf Hitlers ist ewige Jugend", der Kampf des Nationalsozialismus wird daher zum Kampf der Jugend gegen das Alte, das Pathos der Jugendbewegung in eine politische Sphäre übertragen, die als die eigentliche Ebene gilt, auf der sich Jugend als Haltung im nationalsozialistischen Sinne durchsetzen soll.(26) Es kommt hier noch hinzu, daß sich die Hitlerjugend als Jugend des ganzen Volkes fühlt und gegenüber der bündischen Jugend als "Auslese höherer Schüler" sich gegen deren bürgerlichen Charakter wendet, während sie auch den Jungarbeiter der Fabrik aufgerufen, somit also auch die Gesamtfront des Volkes aus dem Weltkrieg wiederhergestellt hätte.(27)

So basiert der Begriff Hitlerjugend-Bewegung oder nationalsozialistische Jugendbewegung nach eigener Aussage nicht auf dem, was der Wandervogel, die Freideutschen und die bündische Jugend geschaffen haben und was sie als Jugendbewegung charakterisiert, sondern auf der nationalsozialistischen Interpretation des Fronterlebnisses. Die eigentliche Jugendbewegung wird nur noch durch dieses Medium erreicht und, wie oben gesagt, der Wandervogel dann als Vorläufer der nationalsozialistischen Jugendbewegung gesehen, die aus der Frontkameradschaft erst wirklich und in neuem Sinne durch Adolf Hitler selbst hervorgehe. Diese Anschauung findet sich nicht nur bei Baldur von Schirach, sondern ebenso bei den anderen hier zitierten HJ-Führern. Für sie ist "viel mehr als der Wandervogel der deutsche Frontsoldat der Ausgangspunkt dieser Jugend, die heute in seinem Geist unter der Fahne marschiert, die jener einfache Frontsoldat, der heute der Führer des Volkes ist, uns aus dieser Zeit in die Hand gegeben hat".(28) Aus dieser Ansicht über den eigenen Ursprung erwächst in Verbindung mit dem nationalsozialistischen Parteidogma der apodiktische Anspruch und die Legitimation der Hitlerjugend, als Jugendbewegung zu gelten. Die anderen sind ihrer Meinung nach "an den Lehren des großen Krieges vorübergegangen" und haben darum nicht mehr "das Recht sich auf die Jugendbewegung von einst zu berufen."(29) Daß das Fronterlebnis auch auf die bündische Jugend, wenn auch nicht im Sinne Hitlers gewirkt hat, daran wird einfach vorbeigegangen, denn die einzig mögliche Entwicklung ist hier eben in der Hitlerjugend gegeben. Der Usurpation des Begriffes "Jugendbewegung", wenngleich sie nur durch die aufgezeigte Art und Weise möglich war, folgte als politische Konsequenz die Auflösung der Bünde zu Gunsten der "Jugendbewegung des neuen Staates". Die "Kämpfende Front" konnte keine Deserteure und Einzelgänger dulden. Deren Eigentum aber wurde den neuen Zwecken dienstbar gemacht.(30)

BÜNDISCHE UND NATIONALSOZIALISTISCHE ERZIEHUNG – AUSRICHTUNG UND FORMUNG

Das äußere Bild der Erziehungsgemeinschaften der bündischen Jugend wie der Hitlerjugend zeigt zunächst übereinstimmende Züge, die den außenstehenden Betrachter und besonders Ausländer wenig Unterschiedliches erkennen lassen. Bedingt war dieser Zustand durch die Usurpation der Formenwelt der Jugendbewegung von Seiten der HJ wie auch den Gebrauch gleicher Begriffe, deren verschiedene Bedeutung hier bereits erörtert wurde. Besonders stark traten diese verwandten Züge beim Deutschen Jungvolk in der Hitlerjugend auf, wo vornehmlich in den ersten Jahren nach der Machtübernahme viele bündische Führer mitarbeiten und so stärker auf das Erscheinungsbild einwirken mußten. Demgegenüber zeigen Bilder der eigentlichen Hitlerjugend in den Jahren der "Kampfzeit" doch einen anderen Typ junger Menschen, der sich schon durch Kleidung und äußere Haltung deutlich vom Bündischen unterscheidet.(31)
Diesen äußeren Übereinstimmungen im Erscheinungsbild, hier wie auf vielen anderen Gebieten eine Folge der Beschaffenheit der ideologischen Welt des Nationalsozialismus, der selbst unoriginell und mit wenig Schöpferkraft begabt, alles aufnimmt, was ihm für seine Zwecke dienlich erscheint, stellen sich aber sehr klare Unterschiede der Zielsetzung der pädagogischen Aufgabe entgegen. Die eindeutige Vorrangstellung biologischer Werte in den Erziehungsgrundsätzen des Nationalsozialismus trennt diese scharf von der bündischen Ansicht, die sich in der Erziehungsfrage in erster Linie der Charakterschulung zuwendet. So ergibt

sich für die nationalsozialistische Erziehung eine stereotype und mechanische Art des Vorgehens, die jeden Einzelnen dem gleichen parteipolitisch festgelegten Endzweck unterwerfen will und so nach einem für alle bestimmten Schema ausrichtet. Sie ist gefühlsleer, kalt und sachlich und kollektivistisch bestimmt.

Die Bünde, die sich eigentlich als gegenüber allen Gewalten unabhängige "pädagogische Provinz" betrachten, wollen alles andere als eine Einheitserziehung.(32) Für sie ist Erziehung die "Erweckung der menschlichen Individualität", "Mitschöpfung am Mitmenschen", deren Grundlage "das innerste Gefühl für das Geheimnis, den Sinn und den unersetzlichen Eigenwert des anderen Mensch ist".(33) "Eine Erziehung, die eine Schablone, an alle die gleiche, anlegt", nennt sie "Massendressur". Der junge Mensch soll hier in seine eigene Form hineinwachsen, es gibt keine Vergewaltigung der charakterlichen und geistigen Anlagen, sondern "jeder hat die Aufgabe, dem anderen zur Auswirkung und Entfaltung des Eigensten und Köstlichsten zu helfen, das in ihm beschlossen liegt".(34) Bündische Erziehung ist so ihrem Wesen nach autonom. Sie erhält ihren Auftrag nicht von außenstehenden Mächten, sondern handelt aus einem tief gefühlten Verantwortungsbewußtsein heraus. Selbsterziehung und Selbstbeherrschung werden als der wesentlichste Teil genannt.(35) Ihr unabdingbares Prinzip ist Freiheit, die zum Dienst am Ganzen verpflichtet. Alles erzieherische Handeln ist der bündischen Jugend vom Eros durchwaltet, es ist niemals unpersönlich, nicht dienstlich, der Erzieher ist Führer und nicht Vorgesetzter. Die Stellung des Einzelnen im Bund ist dennoch nicht isoliert, denn bei aller Betonung des Wertes der eigenen Persönlichkeit wird keinesfalls einem hemmungslosen Individualismus das Wort geredet. In der Gemeinschaftserziehung wird der polare Gegensatz Einzelner-Masse dadurch gelöst, daß die Gemeinschaft von den Einzelnen und der Kraft ihrer Hingabe getragen wird, ohne sie nicht ist. Die Erziehung ist hier auf der Wechselwirkung Einzelner-Gemeinschaft aufgebaut. Da sie nicht Selbstzweck und Selbstgenuß sein will, wählt sie sich selbst ihre Aufgabe. Sie kann nicht zulassen, daß diese von außen herangetragen oder bestimmt wird, wenn sie sich selbst nicht aufgeben will. So entsteht etwa der Wille zur Erneuerung des Volkes, des Reiches, des Staates erst in der Gemeinschaft als planender, die sich dieses Ziel setzt; diese Zielsetzung erst schafft die Gemeinschaft. Diese beruht eigentlich im letzten auf irrationalen Faktoren. "Das als gemeinsam Empfundene liegt vielmehr ganz im Inaktiven, in der Gleichsamkeit und Stärke des Instinkts, die je nach dem Grade der mehr oder weniger entwickelten Geistigkeit und Sensibilität des Einzelnen entweder geradezu als ein gemeinsames Daimonion, ein gemeinsames Schicksalsgefühl, als Schicksalsverbundenheit und Blutsbrüderschaft empfunden oder als eine nicht weiter diskutierbare Tatsache hingenommen wird". (36) Daher ist die Jugendbewegung" auf ihren eigenen Kreislauf angewiesen. Unternimmt sie es, wie später der völkische Flügel es tat, diese Beschränkung auf die selbstplanende Gemeinschaft aufzuheben, so beginnt sie nicht nur etwas Aussichtsloses, sondern sie widerspricht auch dem Wesen der in den Bünden konkretisierten Planung".(37) So findet sich überall dort, wo bündische Jugend sich über die Erziehungsfrage ausspricht, nie der Wille, geistig-politisch auszurichten, die Selbständigkeit und Freiheit der Erziehung wird gegenüber allen anderen Mächten eifersüchtig gewahrt. Die Stammeserziehung, die durch die Schriften Franz Ludwigs Habbels immer mehr zur herrschenden Form der Gemeinschaftserziehung in der bündischen Jugend wurde, will immer nur Formung der ursprünglichen Anlagen.(38) Aus ihrer natürlichen Entfaltung führt hier der

Weg der Jugend, nachdem sie zur geistigen Auswanderung aus den herrschenden Gesellschaftsverhältnissen gezwungen war, von selbst zu einem neu wachsenden Volk zurück.(39) So orientiert sich die "Charakterschule" der Bünde zunächst an ethischen Werten. Sie sind die Grundlage für alle weiteren Folgerungen und Zielsetzungen. Unverkennbar sind hier auch die Einwirkungen des Philosophen und Pädagogen Paul Natorp, der sich besonders in der freideutschen Zeit sehr stark für die Belange der Jugendbewegung eingesetzt hatte, als Freund der pädagogischen Erneuerungsbewegung der Bünde galt und verschiedentlich zitiert wird.(40)

Luise Fick ist nun der Meinung, daß die Jugendbewegung, "indem sie alles dem Verantwortungsgefühl des Einzelnen überließ, den Menschen zuviel Freiheit gegeben, ihnen zuviel zugetraut hat".(41) Ob allerdings dadurch, wie sie sagt, das deutsche Ansehen im Ausland schwer geschädigt wurde, ist sehr zweifelhaft, wenn immerhin auch Auswüchse nicht bestritten werden können. Aber gerade in der Freiheit der eigenen Entscheidung und Selbstverantwortung tritt der Unterschied zu den Grundsätzen nationalsozialistischer Erziehung krass heraus. Dort ist Erziehung eine Aufgabe des nach einer dogmatisch festgelegten Weltanschauung aufgebauten völkischen Staates und fordert eine Ausrichtung des jungen Menschen nach einem bestimmten Schema. Adolf Hitlers bekanntes Wort von der Hitlerjugend, daß sie "zäh wie Leder, flink wie die Windhunde und hart wie Kruppstahl" sein müsse, zeigt, wie sehr dort rein biologisch-körperliche Vorzüge die ethischen Wertsetzungen in der Pädagogik verdrängten. So sollte der völkische Staat "seine gesamte Erziehungsarbeit in erster Linie nicht auf das Einpumpen bloßen Wissens" einstellen, "sondern auf das Heranzüchten kerngesunder Körper". Erst in zweiter Linie werden die geistigen Fähigkeiten berücksichtigt, an deren Spitze die Förderung der "Willens- und Entschlußkraft" stehen sollen.(42) Aus der "körperlichen Kraft und Gewandtheit" soll hier der junge Mensch Selbstvertrauen, unbedingte Überlegenheit und "den Glauben an die Unbesiegbarkeit seines ganzen Volkstums wiedergewinnen."(43)

Die grundsätzliche Stellungnahme, die Adolf Hitler in seinen Erörterungen über das ganze Erziehungswesen, insbesondere über den Geschichtsunterricht, die charakterliche Erziehung, die "Weckung des Nationalstolzes", die "Anerziehung von Rassesinn", die staatliche "Auslese der Tüchtigsten" gibt, zeigt so deutlich den Willen zur Unterordnung aller Erziehungsgebiete zu einer bestimmten, d.h. nationalsozialistischen Ausrichtung des ganzen jungen Menschen, so daß kein Raum für selbständige Entwicklung des Einzelnen und sein persönliches Innenleben gewahrt bleibt, auch überhaupt nicht angestrebt wird.(44)

THEMATIK DER ZEITSCHRIFTEN UND DES LIEDGUTES

Die praktischen Folgen des Willens zu einer einheitlichen geistig-politischen Ausrichtung lassen sich nach 1933 nun auch auf dem Gebiet des Jugendschrifttums verfolgen. Es verschwanden nach und nach nicht nur die zahlreichen Jugendzeitschriften der Bünde, sondern es läßt sich aus den dann von der Reichsjugendführung einheitlich herausgegebenen Zeitschriften feststellen, daß sowohl Inhalt wie Form ganz bestimmten politischen Zwecken dienstbar gemacht wurden. Es vollzog sich hier ein Wandel, dem sich auch die zunächst noch erscheinenden bündischen Schriften nicht entziehen konnten, obgleich ihnen auf die Dauer alle Konzessionen an den neuen Staat auch nicht zu helfen vermochten. Ein treffendes Beispiel dieser Wandlung gibt die frühere Zeitschrift der "jungen-trucht", "der große wagen", die sich durch ihre sorgfältige Ausgestaltung aus-zeichnete. Der erste Jahrgang, der bis März 1933 reicht, zeigt noch keinerlei Folgen einer nationalsozialistischen Beeinflussung. Im Heft 2 der zweiten Folge findet sich als Runenzeichen auf der ersten Seite allein das Hakenkreuz. Mit Heft 4 beginnt nach erfolgter Entlassung der Gruppen der "trucht" in die Hitler-jugend ein völlig neuer Stil, und als äußeres Zeichen verschwindet die Klein-schrift. Ab Heft 5 werden Beiträge von H. Fr. Blunck und Hans Naumann ge-bracht, Bücher wie "SA erobert Berlin" von Bade, "SA räumt auf" von H. Loh-mann u.a. dieser Art werden neben dem "Wanderer zwischen beiden Welten" von Walter Flex empfohlen. Der Gefolgschaftsgedanke Georges wird auf die Partei-organisation übertragen und weiter mit einem germanischen Gefolgschaftsge-danken verbunden. Das Pathos der Jugendbewegung bleibt zum großen Teil be-stehen, wird aber nun auf Hitler und die NSDAP angewandt. So heißt es, daß in Hitler der Geist des Neuen, der in der Jugendbewegung heraufgedämmert sei, zum Sturm des ganzen Volkes wurde. Überschwängliche Gedichte an den Führer wurden hineingebracht.(45) Die Umwandlung endigt schließlich mit einer Fest-stellung, daß Bilder und Fotos aus der bündischen Zeit nicht mehr dienen könn-ten und statt dessen ein Bild von Egger-Lienz zum Abdruck gebracht wird (Helden 1915) mit dem Hinweis, daß es nicht mehr weit entfernt sei von dem, was jetzt bewege.(46) Auch andere bündische Zeitschriften, wie der "Eisbrecher", der sonst in etwa seine eigene Linie beibehielt, versuchten durch Hereinnahme von SA- und SS-Liedern sich in etwa der "neuen Zeit" anzupassen.(47) Aber sie mußten alle letzten Endes ihr Erscheinen einstellen.

Vergleicht man nun etwa den Jahrgang 1931 der Zeitschrift "Das Lagerfeuer" mit den nationalsozialistischen Jugendblättern "Der Pimpf" von 1938, so lassen sich in der Thematik folgende Übereinstimmungen und Unterschiede aufweisen. Themen, die das Jungenleben schildern, überwiegen auf beiden Seiten, nur daß in "Der Pimpf" es immer Jungvolkjungen sind, die in ihrem Tun und Lassen ge-schildert werden, während "Das Lagerfeuer" das Thema Jungenleben ganz all-gemein behandelt und nirgendwo darauf hinweist, daß nun eine Tat besonders "bündisch" gewesen sei. Es fehlt auf der bündischen Seite eine Tendenz, die auf der anderen ganz deutlich das gesamte Jungenleben im "Dienst" des Jungvolks darstellen will.

Auffallend ist sofort die stärkere Beachtung des tagespolitischen Geschehens in "Der Pimpf". Die Großtaten des dritten Reiches werden natürlich hervorgehoben. Der vorliegende Jahrgang steht im Zeichen des Anschlusses der Ostmark und der Sudetenländer. Die Erfolge der nationalsozialistischen Politik werden groß herausgestellt. Die Jugend nimmt innerlich Anteil daran, und es wird bei ihr das Bewußtsein geweckt, daß sie einmal diese politische Linie fortsetzen und Träger dieser bestimmten Staatsform werden soll.(48) Demgegenüber etwa bringt "Das Lagerfeuer" in Heft 3 (1931) zum 10. Jahrestag der Oberschlesischen Ab-stimmung eine humoristische mundartliche Erzählung über die Abstimmtage, die von jeder Heroisierung des Volkstumskampfes weit entfernt ist. Daß allerdings auch hier der Wille zu einer großdeutschen Lösung klar ausgesprochen wurde, zeigt der Artikel "Ein bißchen Politik", der sich mit dem Plan einer deutsch-österreichischen Zollunion befaßt.(49) Aber hier werden die politischen Dinge ohne Haß, Überheblichkeit und ohneTendenz vorgetragen. So heißt es, nachdem zunächst in jungenhafter Sprache erklärt wird,was Zoll ist und warum nun die Vereinigung eines größeren Wirtschaftsgebietes Vorteile bringen kann: "Kann man allen Staaten ihre Privatunternehmungen verbieten? Nein! Nur unbewaffneten. Traurig aber wahr! Wenn ich Staatsmann wäre, würde ich versuchen, Verständnis zu wecken und aufzuklären in der ganzen Welt. Und zu betonen, daß Deutschlands Wirtschaft durch diesen größeren Zollbezirk nur gedeihe, daß es dadurch länger Reparationen zahlen könne und nicht so rasch bolschewistisch oder national-sozialistisch werde und dann Europa beunruhige wie jeder andere revolutionäre Staat. Und wenn dann die Frazosen weiter sagen, der Friedensvertrag von Versailles sei noch zu mild, dann würde ich die Zollunion doch schließen und sagen: Messieurs! Kommen sie selbst und erlassen sie selbst Zölle in Passau und Bregenz, wenn sie wollen! Das hätte dann mit Nationalismus nichts zu tun. Denn ich setze mich über die Forderungen unverschämter Volksgenossen genau hinweg. Der Fortschritt kann nicht verboten werden, höchstens verzögert. Großdeutschland kann höchstens hingehalten werden, aber es kommt, der Korridor bleibt nicht ewig, Danzig wird wieder deutsch. Nichts haben wir zu fürchten als krumme Lebenswege!"(50) – Die realpolitischen Möglichkeiten dieses jungenhaften Vorschlages und seine Einsicht in die wirklichen politischen Verhältnisse sollen hier nicht erörtert werden. Wichtig und charakteristisch ist aber die Art und Weise des Denkens und die Stellung zu den politischen Problemen überhaupt. Es gibt hier keine Bezogenheit auf einen bestimmten Staatsbegriff, nicht den dauernden Hinweis auf die "Großtaten" einer Staatsführung, noch die Anlehnung an irgendeine parteipolitische Größe.

Eine durchgängige Orientierung auf den nationalsozialistischen Staat aber bringt fast jede Erzählung in der Hitlerjugend-Zeitschrift. So wird von den grossen Bauten der Vergangenheit auf die des Dritten Reiches hingewiesen.(51) Der "Todeskampf der Sioux" gibt ein Beispiel für den "heldenhaften Kampf eines Volkes, das trotz schärfsten Widerstandes nicht stark und einig genug war". Es sind natürlich deutsche Riesenflugzeuge, wenn über Technik gesprochen wird. (52) Über die Jugend anderer Länder wird nicht berichtet. Ebenfalls treten Naturbeobachtungen, Tiergeschichten gegenüber den Zeitschriften der Jugendbewegung stark in den Hintergrund, während sie z.B. in "Das Lagerfeuer" in fast jeder Nummer gebracht werden. Auffallend ist auch das Fehlen von Gedichten und namhaften Autoren.

Noch deutlicher und klarer tritt der Wille zur geistig-politischen Ausrichtung im Sinne der NSDAP in den Zeitschriften "Die Jungenschaft" und "Die Kameradschaft", Blätter für Heimabendgestaltung in der Hitlerjugend, hervor. Sie zeigen ganz deutlich, daß hier eine Umschaltung der Jugendbewegung zur parteipolitischen Jugendorganisation vollzogen ist. Abgesehen davon, daß es in der bündischen Jugend keine Zeitschriften gab, die sich hier etwa vergleichsweise heranziehen ließen, denn die Heimabendgestaltung war dort frei und dem Können der einzelnen Gruppenführer überlassen, zeigt sich hier in der allgemeingeistigen Haltung ein so großer Unterschied, daß von einer geistigen Fortsetzung der Jugendbewegung überhaupt nicht gesprochen werden kann.

Eine Problemstellung, die ringende Auseinandersetzung mit der Umwelt und den geistigen und politischen Fragen der Zeit, wie sie in den Führer- und Älterenzeitschriften der Bünde durchgängig anzutreffen ist, findet überhaupt nicht mehr statt.(53) An ihrer Stelle steht nun die politische Schulung und Organisation der Staatsjugend, die doktrinär und apodiktisch von der obersten Führung durchgeführt wird. Der Blick des jungen Menschen wird im Gegensatz zu den Zeitschriften der Jugendbewegung wie "Der Eisbrecher", "Das Lagerfeuer", "Briefe an die Deutsche Jungenschaft", "der große wagen", "Jungenland" usw. bewußt auf das eigene Volksleben beschränkt. Das Ausland wird nur soweit in den Gesichtskreis einbezogen, wie es für das Deutschtum im Ausland, die Rückgliederung der verlorenen Gebiete und die politische Auseinandersetzung mit "dem Bolschewismus und dem Judentum" in Frage kommt. Die Themenstellung vollzieht sich gemäß dem Vierjahresschulungsplan der Hitlerjugend, der für jedes Jahr ein besonderes Gebiet vorschreibt.(54) So ordnet dieser Plan für das erste Jahr das Grundthema "Der Kampf und das Reich", für das zweite "Das Volk und sein Bluterbe" und "Das Volk und sein Lebensraum" und im dritten und vierten Jahr die Themen "Das Werden der Bewegung" und "Das Aufbauwerk des Führers" an. Von 70 vorliegenden Heften "Die Jungenschaft" und "Die Kameradschaft" Ausgabe A und B können die Themen wie folgt zusammengestellt werden. Sie beweisen eindeutig den Vorrang der politischen Schulung vor jeder anderen Erziehungsaufgabe.

Deutsche Vorzeit, Heldensagen	9 Hefte
Deutsche Feldherrn u. Politiker	4
Kampf um die Grenzen u. Kriege der deutschen Geschichte	10
Deutsche Künstler und Denker des Mittelalters	2
Natur	1
Sport, Gesundheit	2
Handwerk	1
Arbeit und Sozialismus	10
Kolonien	2
Weltkrieg	4
Freikorps, "Heim ins Reich" usw.	10
Rasse	2
NSDAP, HJ, Hitler	13

Die Art und Weise der Schlagwort-Überschriften, wie "Brandstifter Jude" oder "Tillmann Riemenschneider kämpft für Freiheit und Recht" zeigen das gewohnte Pathos der NSDAP. Der gleiche Ton herrscht bei den zeitpolitischen Erörterungen vor. Der enge Horizont der Parteimeinung wird nirgendwo durchbrochen. Von eigenem Schaffen, von einer lebendigen und selbständigen Gestaltung der Jugendbewegungszeitschriften ist nichts mehr übrig geblieben.

Was das Liedgut angeht, so setzte die Hitlerjugend hier vor allem auf dem Gebiet des Volskliedes die Tradition der Jugendbewegung zunächst in den Musikscharen und auch im BDM (Bund Deutscher Mädel) fort. Die Soldaten- und Landsknechtslieder wurden zumeist beibehalten. Hinzu traten die Kampflieder der NSDAP und ihrer Gliederungen. Das neu entstehende Liedgut zeigt nichts mehr von der romantischen Stimmung bündischer Lieder, sondern steht zumeist in irgendeinem ideologischen Zusammenhang mit dem Nationalsozialismus.(55) So etwa: "Ein junges Volk steht auf, zum Sturm bereit. . .", "In unseren Fahnen lodert Gott, drum wir sie heilig nennen. . .", "Vorwärts, vorwärts schmettern die hellen Fanfaren. . .", "Böhmen bleibe treu" u.a. mehr. Völlig verschwindet das

Verlages, die schon mehrfach erwähnt wurden, einen bedeutsamen Raum einge-
nommen hatte. Weitgehend zurück treten die eigentlichen Fahrtenlieder. Alles
spezifisch jugendbewegte Liedgut weicht dem soldatischen und politischen. Eine
Art religiöser Nationalismus und Fanatismus macht sich breit. Er bestimmt den
Charakter der Lieder, die Hans Baumann für die Hitlerjugend schreibt. Hier wie
auf allen anderen Gebieten zeigen sich dieselben Symptome, die die Verengung,
Vereinheitlichung und Ausrichtung jugendlichen Lebens auf eine parteipolitisch
bestimmte Weltanschauung aufzeigen. Die schöpferische Kraft und Originalität
der Jugendbewegung ist mit einem Schlage verschwunden.

GRUPPE DER JUGENDBEWEGUNG UND HJ-FORMATION.

Es ist hier schon in dem Kapitel Ausrichtung und Formung darauf hingewiesen
worden, daß die bündische Gemeinschaft ihrem Wesen nach autonom war und
ihr Gesellungsprinzip auf einer freiwilligen Wahl- und Schicksalsgemeinschaft beruhte. Diese Freiwilligkeit der Zueinanderordnung und das Gefühl einer inneren
Schicksalsverbundenheit ist nun ein unabdingbares Kennzeichen jeder Jugendbewegungsgruppe. So ist es keinesfalls ein Zufall, daß der Begriff Freundschaft
eine so große Rolle in der bündischen Jugend spielt. Die persönliche Sympathie
hält die Gruppe zusammen. Sie ist bestimmend bei der Aufnahme neuer Mitglieder und das Fundament, auf dem die ganze weitere Selbsterziehungsarbeit und
Aufgabenstellung aufbauen kann. Es ist hier ein erotisches Spannungsfeld vorhanden, das durch die Stärke der einzelnen Freundschaften das Leben der
Gruppe aufrecht erhält.(56) Die Schilderungen des bündischen Gruppenlebens
wie etwa in "Kibbo Kift" und "Königsbühl", die Erzählungen "Die Leonenrotte",
"Wir keilen Bengt", Bücher wie "Die Heldenfibel", "Leonardo" (die Zahl dieser
Angaben ließe sich beliebig vermehren) verweisen klar auf dieses charakteristische Merkmal der tiefliegenden persönlichen Bindung.
   Es würde allerdings hier in diesem Zusammenhang zu weit führen, nun näher
auf die Theorien H. Blühers einzugehen, der, den männerbündischen Charakter
der Jugendbewegung betonend, das hier vorwaltende Gesellschaftsprinzip auf
eine reine Triebinversion zurückführen will.(57) Wenn auch Blüher zweifellos
vieles richtig gesehen hat, so kann doch die Zurückführung aller Verhältnisse auf
den Sexualtrieb allein nicht anerkannt werden. Oft ist auch der Erosbegriff Blühers mißverstanden worden. Ferner ist zu beachten, daß jede Erziehung auf der
Sublimierung der Triebkräfte beruht. Die scharfe Scheidung zwischen Sexus und
Eros, wie sie der hervorragende Psychologe und Pädagoge Eduard Spranger in
seinem bekannten Werk "Psychologie des Jugendalters" trifft, ist auch für die
Beurteilung der bündischen Gemeinschaften unerläßlich.(58) Der vor allem von
nationalsozialistischer Seite erhobene Vorwurf, daß die Homosexualität in den
Bünden bewußt propagiert worden sei und nach der Machtübernahme immer
neue Herde homosexueller Verfehlungen in jugendbündischen Kreisen hätten
aufgedeckt werden können, ist in seiner Bedeutung den gleichermaßen gegen
katholische Orden und andere politische Gegner erhobenen Anschuldigungen
gleichzusetzen.(59) Die bewußte Diskreditierung sollte die Öffentlichkeit von
dem Vorhandensein politischer Gegenströmungen ablenken und die moralische
Entrüstung über die Gegner des Systems hervorrufen.(60) Die Bekämpfung der
bündischen Jugend erfolgte aus politischen und nicht aus moralischen Gründen.

Die Jugendbewegung selbst hat sich gegen die Verunglimpfung als "Harmonie-klub" gewehrt und betont, daß echte und seltene Freundschaft den inneren Zusammenhang des Bundes vertiefe und zu leidenschaftlicherer Wirksamkeit befähige als die satzungsgemäße Dienstauffassung.(61) Diese Überzeugung von der Fruchtbarkeit der von der Jugendbewegung wiederentdeckten echten menschlichen Beziehung ist bestimmend für die seelische Struktur der Gruppengemeinschaft. Sie läßt erkennen, daß schöpferische Erziehung vom Eros, der Liebe zum anderen Menschen als Bruder, durchwaltet sein muß.(62) So ist die kleinste Stelle des Bundes, die Gruppe, eine organisch gehobenere Form der Lebensgemeinschaft. Sie wird nicht organisiert, sondern wächst aus der Kraft der sie tragenden jungen Menschen. Erst aus der Vielzahl der Gruppen bildet sich der Stamm und Gau als größerer Organismus, und darüber wölbt sich der von selbständigen Gauen und ihrer Arbeit getragene Bund.(63) Nicht der Befehl von oben her organisiert erst die Gruppe wie auch die größeren sozialen Formen, sondern Vielfältigkeit und Eigenständigkeit bleiben als Notwendigkeit gewahrt und gewollt. Eine klare Gliederung nach Altersklassen ist im allgemeinen nicht vorhanden. Jedoch weist die Aufteilung in Jungenschaft, Jungmannschaft und Kameraden des Bundes darauf hin, daß auf den verschiedenen Lebensstufen doch noch eine differenzierte Aufgabenstellung gesucht wird.

Zudem genügt dem bündischen Menschen auf einer dem Jungenalter entwachsenen Stufe nicht mehr allein der Freundschaftsbund, sondern er stellt sein Leben bewußt unter eine Dienstidee, der sich die Arbeit der Gruppe verpflichtet. Das Ringen um die Gestalt der Jungmannschafts- und Mannschaftsgruppe sowie ihre Aufgabe zeigt, wie schwierig es war, die bündische Lebensform im Erwachsenenalter fortzuführen.(64) Eigentlich ist die Lösung dieser Frage nie ganz gelungen. In dem Augenblick, wo sich das Interesse des jungen Menschen anderen Lebensgebieten zuwandte und sein innerster Impuls ihn nicht mehr zur Gruppe, d.h. den Freunden trieb, ging der innere Zusammenhang verloren. Die Gruppe löste sich auf, wenn sie nicht durch den Zustrom jüngerer Kräfte wieder belebt wurde. Das heißt mit anderen Worten, daß der Versuch zur Organisation immer mißglückte, daß bündisches Leben nur dort war, wo die Gruppe als lebensfähige Einzelzelle bestehen blieb.

Im Gegensatz zur Jugendbewegung ging nun die Hitlerjugend den Weg zur Organisation. Ihr innerer Zusammenhang beruhte nicht auf der persönlichen Bindung junger Menschen untereinander, sondern auf dem für alle Mitglieder verpflichtenden Bekenntnis zur nationalsozialistischen Ideologie. Sie erreichte ihren Höhepunkt in der Erhebung zur Staatsjugend, zu deren Mitgliedschaft jeder junge Deutsche gesetzlich verpflichtet war.(65) Die gesetzmäßige Verankerung der Position und Führungsaufgabe des Reichsjugendführers der NSDAP als Jugendführer des Deutschen Reiches zeigt ganz klar, daß von einer Selbständigkeit und Selbsterziehung der Jugend und somit von Jugendbewegung überhaupt nicht mehr gesprochen werden kann. Damit war die kleinste Zelle als eigentlicher Lebensträger zur faktischen Bedeutungslosigkeit verurteilt. Die Hitlerjugend-Formation ist von der bündischen Gruppe trotz vieler äußerer Übereinstimmungen durch eine völlig andere Struktur unterschieden. Sie wurde zusammengestellt auf Grund einer allgemeinen Erfassung aller Jugendlichen, die jahrgangsweise einem ähnlichen Rekrutierungsprinzip unterworfen waren, wie es auch Arbeitsdienst und Wehrmacht benutzten. Die Art der Erfassung der Jugendlichen verhinderte von vornherein die freie Wahl der Gemeinschaft, wie sie die bündische

Jugend ja grundsätzlich durchführte. Die Organisation beherrschte hier das ganze Leben. Eine persönliche Bindung der jungen Menschen untereinander, die Bruderschaft eines Bundes, die die tragende Kraft einer Gemeinschaft hätte bilden können, konnte hier kaum wachsen. Jeder Junggenosse durfte zu einer anderen Einheit versetzt werden. Die Überführung in die Hitlerjugend, wenn das Alter von 14 Jahren erreicht war, zwang den Einzelnen, sich wieder einer neuen Formation einzugliedern. Ein Ausweg war nur in Sondereinheiten möglich, da die Meldung dorthin freiwillig erfolgen konnte. Sonst war ein Ausweichen des Jugendlichen nur mit Zustimmung des gesetzlichen Vertreters, der die notwendigen Atteste seitens eines Arztes oder der Schule beibringen mußte, möglich. Durch die Gliederung in Stamm-Hitlerjugend und allgemeine Hitlerjugend wurde ein gewisses Eliteprinzip beibehalten, das die in parteipolitischem Sinne zuverlässigen Einheiten hervorhob. Sehr stark in Erscheinung getreten ist allerdings dieser Unterschied nicht.(66)

Auch das Leben der HJ-Einheit wurde weitestgehend durch die dienstlichen Anordnungen und Vorschriften von oben her organisiert. Der Eigeninitiative blieb wenig zu tun übrig. Das Leben der Jugend wurde hier nicht mehr in seiner Eigenständigkeit als eigene, ausgeprägte, besondere Lebensstufe empfunden, sondern war nur noch Vorbereitungsschule, eingegliedert schon in die Maschinerie des totalen Staates und seinen Zwecksetzungen unterworfen.

FÜHRERTUM UND GEFOLGSCHAFT

Die lebendige Ausgestaltung des Verhältnisses von Führer und Gefolgschaft gehört mit zu den wesentlichen Elementen bündischer Gruppenbildung. Die hier erwachsenden Probleme sind in der Literatur der Jugendbewegung viel besprochen, jedoch keinesfalls ganz einheitlich gelöst worden. Die wechselseitige Bedingtheit diese Verhältnisses war in den Bünden verschieden nuanciert. Immer jedoch handelte es sich um persönliches Führertum, nie um ein dienstliches Verhalten zu Untergebenen, vielmehr ist es zunächst ein pädagogisches, dann ein politisches Problem. Es würde hier zu weit führen, es in seiner ganzen psychologischen und pädagogischen Breite zu behandeln, sondern es soll nur durch charakteristische Merkmale abgegrenzt werden, wie sich die Führung junger Menschen in der Hitlerjugend von der Jugendbewegung unterscheidet.(67) Der amerikanische Soziologe Howard Becker führt nun für die Charakterisierung des Führers in der Jugendbewegung den Begriff des persönlichen Charisma ein und gelangt damit zu einer einleuchtenderen Erklärung als Blüher, dessen Behauptung, daß die Wandervogelführer insgesamt "männliche Helden des invertierten Typs" gewesen seien, er nur bedingt und in Einzelfällen gelten läßt.(68) Er leugnet damit keineswegs die Bedeutung des Eros in dem Verhältnis des Führers zu seiner Gruppe, aber er nimmt ihm die einseitige Betonung des Sexuellen, die Blüher doch mehr herausstellt. Das persönliche Charisma des Führers in der Jugendbewegung ist nun keinesfalls als eine Folge übernatürlicher Kräfte zu verstehen, sondern es wächst aus dem natürlichen Verlangen der Jugend nach einem "Helden", einem Idealtypus, der das ganze Leben "vorlebt", dem sie mit der ganzen Radikalität jugendlichen Wollens folgen kann. Es ist die Überzeugung und Übereinstimmung von Wort und Leben, die Konsequenz der Tat, die der Jugendliche zumeist in der Erwachsenenwelt nicht zu finden glaubt, da er die verschiedenartigen Bindungen der einzelnen Lebensstufen nicht kennt, die ihn nun zu dem gleichfalls jungen Führer der Gruppe hinzieht. So heißt es in dem Nachruf für einen der bedeutendsten Führer bündischer Jugend, Ernst Buske: "Er war keine Persönlichkeit, die sich abhob, sondern eine Kraft, die fürsorgend in uns einging. 'Euer Ernst' unterzeichnete er immer. Ich kenne keinen Mann, der größere Liebe hatte und sie mit mehr Zartheit verbarg. Er gestattete sich kaum einen persönlichen Gefühlsausbruch; all sein Innenleben setzte er nämlich in Taten um".(69) Dazu führt Werner Pohl aus: "Aus diesen wenigen Zeilen spricht viel von einem Eros. Dies ist das wahre Liebesleben bündischer Jugend von Mann zu Mann, von Junge zu Junge, wechselseitige Liebe des Mannes zum Jungen. All das Übervolle, das Stürmende und Drängende muß Tat werden. . . . . Nicht ein unterdrückter, quälender Eros, sondern adelnd begleitet er den Menschen frei auf seinem Weg in die Gemeinschaft."(70) Ernst Buske selbst stellte das Wort von Walter Flex, "Leutnantsdienst tun, heißt seinen Leuten vorleben", den Gau- und Jungenschaftsführern der Deutschen Freischar voran. Seine Anschauung hieß: "Führen, nicht beherrschen soll der Führer seine Gefolgschaft, und die Grundkräfte, die das Verhältnis zwischen Führer und Jungen schaffen, die zugleich den Bund zur Bruderschaft machen, sind innere Autorität und Freundschaft".(71)

Innere Autorität und Freundschaft sind hier also als die namentlichen Merkmale bündischen Führertums herausgestellt. Alles Gesetzmäßige, Gezwungene, Starre militärischer oder schulischer Vorgesetzter wird abgelehnt. "Grenzenlose Hingabe an die Gemeinschaft, der er dient, grenzenlose Hingabe mit ganzer Liebe, von Seiten der Geführten Glaube an den Führer, ein Glaube an das Größte, was die Welt beherrscht", wird hier gefordert.(72)

Aber dieser Glaube ist eine Hinwendung zur persönlichen Qualität. Er verschafft keine Lebensstellung. Jugendführer ist in der bündischen Jugend kein Beruf, sondern eine Berufung, die keine unabdingbare Treue verlangt, sondern in dem Augenblick zuendegeht, wenn die innere Berechtigung dazu entfällt. "Treue ist keine Altersversicherung für Führer", lautet ein Wort von E. Koebel. Die Diskrepanz der verschiedenen Auffassungen zur Stellung des Führers zu seiner Gefolgschaft zerbrach auch den Bestand des Großdeutschen Bundes, wie er 1930 von der Deutschen Freischar, dem Großdeutschen Jugendbund und dem Jungnationalen Bund geschlossen wurde.(73) Auf der Führertagung in Wernigerode wandte sich die alte Deutsche Freischar entschieden gegen die Stellung des Vizeadmirals von Trotha als Bundesführer, die die Großdeutschen in dem alten Sinne ihres Bundes verstanden wissen wollten. Die Verpflichtung zu unbedingtestem Gehorsam gegenüber seinem Willen, wie er dort gefordert wurde, konnte die Freischar als Kernbund der bündischen Jugend nie anerkennen.(74) "Denn der Admiral, gewohnt, 'mein' Jugendbund zu sagen, faßte den Zusammenschluß so auf, als ob ihm die Freischar von ihren interemistischen Führern zusätzlich übergeben worden wäre und dazu überantwortet, sie nun nach seinem Gewissen zu gestalten".(75) In der Stellung und Haltung des Admirals, der selbst nicht aus der Jugendbewegung hervorgegangen, sondern als dauerndes Oberhaupt eines ehemals national-konservativen und bürgerlichen Jugendbunds die Wandlung seines Bundes zu bündischen Formen überdauert hatte, sah die Freischar ein ihr fremdes Element, das ihrer Auffassung von Führertum in der bündischen Jugend entgegengesetzt war. Auch sie wollte lebendiges Führertum, aber ihre Führer seien bisher immer aus ihrer Generation, ihrer Mitte herausgewachsen. "Sie sprachen unsere Sprache und gingen unsere Wege mit uns, sie vereinigten gleichsam die lebendigen Kräfte des Bundes in sich".(76) Es ist bezeichnend, daß auch nicht eine Gruppe der Freischar beim Einigungsbund zurückblieb.(77) Die spätere Einigung der Bünde unter von Trotha erfolgte 1933 unter dem Druck der Verhältnisse. Sie bedeutete keinen Stellungswechsel in der Führerfrage.

Es ist also nicht der Ruf nach einem "starken Mann", wie er in der Politik von der Öffentlichkeit der 20er und 30er Jahre erhoben wurde, der die bündische Jugend zum Führerideal treibt, sondern der Ruf nach einem Vorbild des ganzen Menschen.(78) Nicht der Demagoge und große Volksführer, sondern der Führer der kleinsten Gemeinschaft, der Gruppe, spielt hier eine überragende Rolle. In der Gemeinschaft der kleinsten Zahl ist die persönliche Bindung die stärkste. Entweder schafft sich der Führer seine Gruppe selbst, oder er wird von ihr gewählt. Er bedarf keiner von außen stützenden Autorität, kann nicht eingesetzt oder abberufen werden, solange seine Gefolgschaft nicht will. Er führt durch seine persönliche Gabe, durch sein Charisma, durch sein einfaches So-Sein. Die Tat rechtfertigt seine Stellung. Es kommt hier ein gewisses irrationales Moment der Kunst hinzu, junge Menschen an sich zu binden. Er "soll immer etwas in sich tragen, von dem die anderen nicht wissen, was es ist. Er soll so sprechen, daß die Konsequenz seiner Worte erst einige Tage nach seiner Rede von seinen Leuten gemurmelt wird. Er soll nie singen und rasen, daß man nachher sagt, das war die letzte Reserve seiner Leidenschaft. Sondern er wird, so sehr er sich verausgabt, immer noch mehr in sich haben. Daß man nicht weiß wieviel, ist vielleicht das Romantische an den Führern. Nicht weil er sich gehemmt fühlt oder die Blamage des Temperamentlosen fürchtet, wird er leiser singen, als es ihn treibt, sondern weil er weiß, daß gewisse Dinge angedeutet, Weißglut entfachen können, während sie ausgedrückt kaum zu erwärmen vermögen". Mit diesen Worten umschreibt Koebel in "Der gespannte Bogen" die Rolle des Jungenschaftsführers.(79)

Zweifellos lag hier die Gefahr sehr nahe, daß die Gefolgschaft ihre Selbständigkeit verlor. Das Meister-Jünger-Verhältnis, wie es in Anlehnung an Stefan George geformt wurde, drohte zu einer dauernden Abhängigkeit auszuarten, wenn die Meisterschaft als eine Art letzter magischer Kraft und der Führer als "Oberpriester" bezeichnet wurde, an den die "Mania" aller gebunden sei.(80) Aber gegen erstarrende Führerschichten oder einzelne "Bundesdiktatoren" verzeichnet die Geschichte der Jugendbewegung immer wieder Aufstände der jüngeren und eigentlichen Gruppenführer. Der bedeutendste dieser Art war wohl das Entstehen der Deutschen Jungenschaft vom 1.11.1929 (dj.1.11.) in der Deutschen Freischar, die in fast allen Bünden die Jungenschaftsgruppen gegen festgefahrene Ordnungen in Bewegung brachte.(81) Es war in der Jugendbewegung eben ein lebendiges Regulativ in der Freiwilligkeit der Gefolgschaft vorhanden, die sich jedem Absolutheitsanspruch versagen konnte.

So leben in der Jugendbewegung Führer und Gruppe in wechselseitiger Bedingtheit. Ganz gleich, ob man die mehr monarchische Stellung Karl Fischers oder Robert Oelbermanns, die einer kraftvollen Präsidentschaft ähnliche Stellung Ernst Buskes, die Position eines Ordensmeisters, wie sie etwa E. Koebel und Fred Schmid innehatten, betrachtet, aus diesem gegenseitigen Bezug ist keiner zu lösen. "Der Meister ist nicht mehr als der Jünger, denn der Jünger wird Meister". "Mein Leben ist euer Leben, und euer Leben nur mein Leben, und unser Leben sollte werden aller Leben Vorbild", so umreißt noch eine Schrift des

"Grauen Ordens" in der illegalen Zeit jugendbewegtes Führertum und weist eindringlich daraufhin, daß dieses nur in dem Versuch, zum ganzen menschlichen Sein vorzudringen, bestehen könne.(82)

Im Vorbild des Führers, "der in der Jungenschaft durch Verwirklichung der Forderung von Führung und Gefolgschaft die Grundlage für eine organische Volksgliederung" habe, sah Ernst Buske die "innere Berechtigung" und damit auch eine politische Sendungsaufgabe der Jungenschaft und Jungmannschaft.(83)

Nun aber trat auf dem Jugendsektor die Parteijugend der NSDAP mit einem politisch durchschlagenden Sendungsbewußtsein und unter Betonung des gleichen Führerprinzips wie die Jugendbewegung zunächst in Konkurrenz mit der bündischen Jugend auf. Hier wurde in noch viel stärkerem Maße das Wort "Jugend soll von Jugend geführt werden" propagiert, um im Grunde die Tatsache einer völligen Verkehrung des Führer- und Gefolgschaftsgedankens der Jugendbewegung zu verhüllen. Diese Verkehrung des persönlichen Charisma in ein Amtscharisma, das allein von dem höchsten Führer Adolf Hitler abgeleitet werden konnte, hat Howard Becker bereits genügend herausgestellt, so daß hier nicht weiter darauf eingegangen zu werden braucht.(84) Die Umkehrung der Verantwortung, die sich allein nun zur obersten Führungsspitze, d.h. Adolf Hitler wandte, verwandelte jede Handlung in eine Auftragsführung, die von oben übertragen wurde. Die Stufenleiter dieses Prinzips wird der Hitlerjugend genau vorgeschrieben. "Der Pimpf gehorcht seinem Jungenführer, weil dieser vor ihm steht als der Vertreter Adolf Hitlers. Jeder Führer wird von dem Vertrauen seines vorgesetzten Führers getragen. Seine Spitze findet dieses Vertrauen in der Führung des Reichsjugendführers. Dieser hat wieder den Auftrag des Führers und wird von dessen Vertrauen getragen. Somit ist eine Linie, die den kleinsten Kameradschaftsführer bis zum Führer verbindet. Jeder handelt letzten Endes in seinem Auftrag. Das Wissen darum verpflichtet zu besonderer Hingabe und Treue."(85)

"Um Führer zu werden", war in der Hitlerjugend die Anerkennung und Bestätigung der Organisation einzuholen. Personalbogen mit Lebenslauf war erforderlich, dazu ein erstmaliger Antrag auf Ausstellung eines Führerausweises. Es gab "Anträge auf Beförderung", die genauso wie die "Reichsführerfragebogen" von einer besonderen Personalabteilung als vorgedruckte Formulare ausgegeben wurden. Dienstleistungszeugnisse, Nachweis des HJ-Leistungsabzeichens, Besuch der Führerschulen und Ahnennachweis waren beizufügen.(86) Eine fast vollkommene Organisationsmaschinerie ordnete hier die Hierarchie der Staatsjugend. Der HJ-Führer war Vorgesetzter mit dienstlichem Auftrag. Seine Stellung gegenüber dem jungen Menschen war ihm von oben her verliehen. Jugendführersein wurde hier zum Beruf. Die höheren Führerstellen waren mit Gehalt ausgestattet und somit ihre Inhaber wirtschaftlich von der Reichsjugendführung abhängig. So konnte die nach außen so betonte Selbstführung der Jugend nur eine Farce sein. Die Gefolgschaft war eine Masse, die den Richtlinien der obersten Führung zu folgen hatte, der alle Machtvollkommenheit gegeben war. Ihre Identifizierung mit dem allein Guten und dem Recht mußte jedes Abweichen von der Parteilinie als Ketzerei und damit als verwerflich hinstellen. So heißt es von Hitler: "Die anderen haben ihn einen Phantasten genannt, und er hat dieses Deutschland doch genommen, weil die Besten an ihn glaubten und diese allmählich die Guten und die noch nicht ganz Verirrten an ihn heranzogen. Alle, die früher seinen Ruf nicht hören wollten, hat er nicht bestraft, sondern ihnen nur gesagt, ich habe auch euch gezeigt, daß ich Recht hatte".(87)

Es ist nun kaum zu bestreiten, daß durch die Mythisierung des Führerideals in der Jugendbewegung, wie sie etwa Martin Voelkel vornimmt, die Mentalität von Jugendlichen auf eine Erscheinung wie Hitler vorbereitet worden ist. (88) Führerkult und Mythos vermochten allzugut die realen politischen Hintergründe zu verbergen. Ebensowenig kann aber auch übersehen werden, daß das Führer- und Gefolgschaftsbild der Jugendbewegung etwas grundsätzlich anderes war, und der Nationalsozialismus, indem er die Führung der deutschen Jugend übernahm, ihre Gefolgschaft in eine noch stärkere Abhängigkeit verwandelte, als sie je vor dem Aufbruch der Jugendbewegung gegenüber irgendeiner Autorität vorhanden war.

SOLDATENTUM UND MILITARISMUS

Die Hinwendung zum Soldatentum begann in der Jugendbewegung in größerem Maße vor allem nach dem ersten Weltkrieg. Es lag hier aber keineswegs eine Einzelerscheinung vor, sondern sowohl in der deutschen Öffentlichkeit wie in der wachsenden Menge der Kriegsliteratur zeigte sich dieser gleiche Zug. Die Wahl des Generalfeldmarschalls von Hindenburg zum Reichspräsidenten, Brünings Kabinett der Frontsoldaten, die immer stärker anschwellenden militärischen Verbände vom Reichsbanner bis zur SA waren deutliche Symptome dieser Erscheinung. Das durch den Versailler Vertrag ausgesprochene Verbot einer allgemeinen Wehrpflicht wurde als nationale Herabwürdigung empfunden. Die militärische Niederlage des "Großen Krieges", durch die Dolchstoßlegende verschleiert, vermochte nicht den Mythos der unbesiegten Front zu zerstören. Diese Niederlage erschien den meisten unverdient und sinnlos. Hatte der feldgraue Soldat nicht seine Pflicht bis zum letzten Blutstropfen erfüllt? Weder der Sieg noch eine von vielen erhoffte nationale Erneuerung waren als greifbares Ergebnis erreicht worden. Wollte man nicht hinter die als höchste Stufe des Heroentums gefeierten Taten der Soldaten ein "Umsonst" setzen, so schien man gezwungen zu sein, das Werk der Frontgeneration als unvollendet anzusehen. Hatte nicht schon ihr Eingreifen genügt, um das "Bürgertum vor der drohenden Bolschewisierung" zu bewahren? War nicht schon das kleine Hunderttausend-Mann-Heer der Reichswehr eine Garantie für die Aufrechterhaltung von Ruhe und Ordnung, und bewahrte es nicht die Republik vor einem allzuweiten Abgleiten in links- oder sogar auch rechtsradikale Strömungen und damit vor dem Bürgerkrieg? Es herrschte hier ein Zustand vor, daß ein in seiner politischen Existenz unsicher gewordenes Volk seine Hoffnungen, je mehr die Krisenlage zunahm, an das einstige Frontsoldatentum klammerte. So vermochte Hitler, "als der einfache Gefreite des Großen Krieges" und somit als der Exponent der Frontgeneration immer wieder herausgestellt, einen großen Teil der Erwartungen auf sich zu ziehen, und neben ihn traten, allerdings mit geringerem Erfolg aber mit gleichem Anspruch, das Erbe der Front fortzusetzen, eine Vielzahl von Parteigruppierungen und Wehrverbänden. Wie gefährlich und trügerisch diese von weiten Kreisen auf das Soldatische gesetzten Hoffnungen waren, zeigte sich erst nach der Machtübernahme, als der Nationalsozialismus den ganzen Mythos des Soldatentums für sich beanspruchte, und selbst die Reichswehr - obgleich auch in ihr Oppositionsgruppen vorhanden waren - keinen ernsthaften Widerstand gegen den neuen Diktator wagte, sondern sich in sein System einfügte. Die Aktion des 20. Juli erfolgte erst, als es zu spät war und auch die Chancen Hitlers schon offensichtlich verspielt waren. Mit der Reichswehr aber fiel auch für die Bünde eine Macht, von der sie Schutz und Sicherheit erhofft hatten.

Während aber der Hurra-Patriotismus des Bürgertums sich in Gedenkfeiern äußerte und die Wehrverbände und nationalistischen Gruppen und Parteien sich an Rachegedanken und militärischem Drill berauschten, fühlte sich die bündische Jugend sowohl von den "wildgewordenen Kleinbürgern in Windjacke" als auch den "Soliden im Gehrock" abgestoßen und suchte ihr eigenes Verhältnis zum Soldatentum, fühlte sich als der wirkliche Erbe der Front und "wissend um den Sinn des Sterbens dort draußen."(89) Hier wurde ein Bewußtsein geprägt, daß die "toten Jungen." von Langemarck in der jungen Generation unmittelbar weiterlebten und Forderung und Erbe ihres Sterbens die Tat der Jungenschaft werden" müsse.(90) Eine Art mystischer Verbundenheit mit den toten Soldaten wird hier heraufbeschworen, nicht als Revanchegedanke, sondern als Aufgabe, im eigenen Leben das der Toten fortzusetzen. So läßt man in einer Langemarckfeier den Sprechchor der toten Jungen sagen: "Wir starben für euch. Der Alten trauriges Weinen scheuchte uns Schatten unter die schwere Erde zurück. Wir aber wollen leben mit euch - durch euch. Wir wollen lachen und singen in euch. Wir müßten sonst noch einmal marschieren". Der Chor der Buben antwortet dann: "Graue Kameraden stehen mitten unter uns. Unser Lachen - ihr Lachen. Unser Leben - ihr Leben. Erbe ungeheurer Taten, Marschgenossen gleichem Ziele zu. Heute und immer. . . ."(91)

So sahen die Bünde nicht so sehr ihre Aufgabe in der Erhaltung und Wiedergewinnung der äußeren Wehrhaftigkeit, die sie der Reichswehr zuweisen, als in einer in der Haltung des Einzelnen begründeten inneren Wehrhaftigkeit.(92) Ihren äußeren Ausdruck findet diese Haltung in der strafferen Form der bündischen Jugend gegenüber dem Wandervogel der Vorkriegszeit (Kluft und Schulterriemen werden fast überall einheitlich eingeführt), im Liedgut, das sich immer mehr soldatischen Liedern zuwendet (Soldatenchöre der Eisbrechermannschaft), in den oft gebrauchten Symbolen von Schwert und Stahlhelm (Waffen und Fahnen hingen in jedem Heim), dann aber auch in dem freiwilligen Einsatz für nationale Aufgaben, wie sie etwa im freiwilligen Arbeitsdienst und den Volkstumsfahrten durchgeführt werden. Von der hier herrschenden Mentalität, die sich auch während der nationalsozialistischen Zeit erhielt, mag etwa folgende Schilderung zeugen: "Ein Junge sitzt im Heim und betrachtet nachdenklich den grauen Stahlhelm. Ich liebe die Klarheit, die formvolle Zucht dieses Helmes, die nüchterne Kälte des Stahls. So wie er möchte ich sein. Ist das Militarismus? - Er lacht kurz auf. Dann fährt er fort: Du, wenn ich jetzt diesen Helm aufsetzen würde, ich diesen Helm, - wir, und wenn wir in ihm zu marschieren begännen, das wäre Militarismus. Aber meine Freude an diesem Helm - sag ruhig Liebe, meine Liebe zu diesem Helm ist ja so unendlich mehr, diese Freude an der klaren Form des blanken Schwertes, an der Kälte einer schönen Waffe, an dem Schwung des Säbels, der Kraft eines Bogens. . ."(93)

Das Verbot der allgemeinen Wehrpflicht durch den Versailler Vertrag wird als ein Mittel "teuflischer Bosheit" hingestellt,(94) welches das Rückgrat des deutschen Volkes zu zerbrechen trachte, da die Wehrpflicht für die Erziehung des jungen Deutschen zu Körperertüchtigung und Gemeinschaftsgefühl von größter Bedeutung gewesen sei.(95) So sehen es die Bünde als ihre Aufgabe an, in ihren Gemeinschaften ein "Surrogat" zu schaffen. Die Verfassung der Jungenmannschaft der Deutschen Freischar fordert daher in Punkt 4 den "Dienst vor dem Feind" als eine Erziehung des Körpers zur unbedingten Wehrhaftigkeit.(96) Aber dies nicht als ein Soldatenspielen wie bei den Wehrverbänden sondern als Ausdruck innerer Bereitschaft. Die Bünde sind sich hier bewußt, daß im "Unterschied zum alten Volksheer", das über alle Machtmittel verfügte, der Bund ausschließlich aus "Freiwilligen" besteht, daß sie ihr neues Erziehungssystem als ein "Gesetz männlicher Haltung und freiwilliger Zucht" neu aus sich entwickelt haben.(97) So kommt es ihnen auf die "innere, hintergründige Wehrhaftigkeit" an, und es ist ihnen denkbar, "daß mit weiterer Differenzierung von Wille und Verhalten der Krieg als notwendiges Ausdrucksmittel dieser Wehrhaftigkeit - Zivilcourage - verschwindet".(98) So will man die äußere Wehrhaftigkeit der Jungmannschaft nur, "wo es sein muß, bis zur kriegsvorbereitenden" herausarbeiten.(99) Die bündische Jugend kennt daher nicht "den Zwang der unabänderlichen Pflicht und des Drills". Sie geht mehr von einem Notwehrgedanken aus, verneint den Hurrapatriotismus wie auch die nationalistische Agressionspolitik.(100)

So bringt sie auch kein Verständnis für die vormilitärische Ausbildung in der HJ auf. Sie verachtet die Vergewaltigung des Menschen im militärischen Drill. Der "bagger" schreibt nach 1933: "Gestern tat eine Jungvolkjungenschaft in der Triftstraße Dienst. Es wurde linksum und rechtsum gemacht. Ein paar dicke Spießer standen am Gassenrand und grinsten. Denn es klappte nicht immer, und der Jungenschaftsführer 15-jährig hatte eine Menge saftiger Schimpfwörter für die nachklappenden Jungen auf Lager. Und dann kam das Kommando: Im Laufschritt - marsch-marsch und dann: hinlegen --auf! hinlegen -- auf! hinlegen -- auf! . . . Und es gab keinen unter den Jungen, der sich nicht auf das Strassenpflaster warf. Die Spießer aber murmelten beifällig."(101)

Ganz anders ist dagegen die Haltung der Bünde gegenüber der Reichswehr. In ihr sieht man einen Bundesgenossen, der die äußere Wehrhaftigkeit hat und die innere Bereitschaft zu erreichen sich bemüht, die in den Bünden lebt.(102) Sehr stark hat hier auch wohl die Anschauung mitgespielt, daß die Reichswehr ein Elitekorps sei, und die Freiwilligkeit des Dienstes in ihr eine den Bünden verwandte Art des Soldatentums erkennen lasse.

Zweifellos ist in vielen Bünden die Verehrung des Soldatischen bis auf die Spitze getrieben worden. In der "Heldenfibel" von E. Koebel wird das Ja-sagen zum Krieg als die letzte Stufe des Heroismus gepriesen, aber dieser Krieg ist keine patriotische Angelegenheit mehr. Er ist ein Verhängnis, durch nüchterne Kalkulation der Regierenden und Berechnung der Generalstäbler entstanden. Er wird als tragisches Schicksal empfunden. "Mann der anderen Seite, höre mich, wisse, daß ich wunden Herzens Morgenwache stehe".(103) Der Kriegsgedanke richtet sich nicht gegen andere Völker, geht nicht an die Frage Recht oder Unrecht heran. Sein Sinn wird in der heroischen Selbstüberwindung des Einzelnen gesucht, und das Soldatentum ist der Ausdruck dieses Heroismus. Die Verwandtschaft zu Gedankengängen, wie sie Ernst Jünger in "Das abenteuerliche Herz" ausführt, ist hier unverkennbar.

Aber der bündische Mensch übergibt sich in seiner soldatischen Haltung nicht der willenlosen Unterordnung unter einen Befehl. Er wird nicht zur ausführenden Maschine, wie sie Zwang und Drill durch die Brechung des Einzelwillens erziehen wollen. Seine ritterliche Auffassung des Soldatentums bewahrt ihn davor, dem Militarismus zu verfallen.

X. Stellung der bündischen Jugend zur Machtübernahme

ERFÜLLUNG UND ABLEHNUNG

Als Adolf Hitler am 30. Januar 1933 sein Kanzleramt aus den Händen Hindenburgs entgegennahm, ahnten die wenigsten Bündischen, welche Entscheidung
damit für die Zukunft der deutschen Jugendbewegung gefallen war. Zwar kam
die Machtübernahme unerwartet, da man auch im bündischen Lager mit einem
Zerfall der NSDAP gerechnet und die Bedeutung der Wahlen in Lippe-Detmold
als Zeichen eines neuen Aufschwunges der Nationalsozialisten übersehen hatte,
aber das nationalsozialistische Fieber, das die weitesten Kreise des deutschen
Volkes ergriffen hatte, hemmte die klare Einsicht in die neuen Verhältnisse.(1) In
dem Bewußtsein, selbst seit Jahren für eine nationale Erneuerung gearbeitet zu
haben, der Überzeugung der eigenen Leistung und dem Gefühl, einer Elite
anzugehören, auf deren Dienste das neue Reich unmöglich verzichten könne,
glaubte sich die bündische Jugend gleichberechtigt neben die nationalen
Verbände stellen zu können. Diese Ansicht mußte noch verstärkt werden, da in
Hitlers Kabinett der nationalen Konzentration zunächst nur Frick und Göring als
ausgesprochene Nationalsozialisten angesehen werden konnten und die
Teilnahme der Deutschnationalen, des Stahlhelms sowie des rechten Zentrumflü-
gels durch von Papen eine Beteiligung aller "nationalen Kräfte" sicher zu stellen
schien.(2) Weiterhin durfte man annehmen, daß die Person Hindenburgs sowie
die Reichswehr einem Abgleiten ins extreme nationalsozialistische Fahrwasser
entgegenständen.
Waren so schon die politischen Verhältnisse geeignet, Verwirrung und Unklarheit zu stiften, so wurde diese Situation für die Bünde noch dadurch erschwert,
daß die Nationalsozialisten sich ja vielfach der gleichen Begriffe bedienten wie
die Jugendbewegung und sie als Schlagworte und Parolen ihrer eigenen Zielsetzungen verwandten. Die Verbindung des Nationalen und Sozialen mußte hier
besonders verheerend wirken, da gerade diese Verbindung charakteristisch für
das politische Denken der Jugendbewegung gewesen war. Keineswegs geringe
Teile der Jungmannschaften der bündischen Jugend (genaue Zahlen sind hier
wohl nicht zu ermitteln) reihten sich in die politischen Kampforganisationen der
NSDAP ein.(3) Der Wille, an einem "neuen Reich" mitzuarbeiten, kann wohl als
allgemein verbreitet angesehen werden. Irgendwie entzündete die Kanzlerschaft
Hitlers in den meisten eine neue Hoffnung auf die Zukunft. Ein fast unbegreifli-
cher Idealismus und eine hochgestaute Bereitschaft zur Tat boten sich dem Dritten Reich an. Das "Bekenntnis zu Adolf Hitler" und der NSDAP als einem "im
Grunde bündisch verfaßten Menschenkreis", zum "Aufbruch des neuen Deutschland unter einem Sohn des Volkes als Führer", war wie ein Fieber, das die meisten ergriff.(4) Endlich schien die Bewegung das ganze Volk ergriffen zu haben
und nur wenige vermochten sich diesem Strom zu entziehen. In einer Front mit
den braunen Kolonnen und den grauen der Reichswehr marschierten die Bünde
am Tag von Potsdam und am 1. Mai 1933 in Berlin und anderen Städten.(5) Der
Tag des "neuen Deutschland" schien jetzt angebrochen, die Zeit der Erfüllung
gekommen. Der Wille zur "nationalen Revolution" überwog viele Bedenken. Eine
Art Furcht, den Einsatz zu verpassen, ließ viele die Zurückhaltung vergessen.
Auch bestand auf der bündischen Seite keine politische Konzeption, die sich

auch nur annähernd dem Nationalsozialismus hätte entgegensetzen lassen.

Nur in wenigen und kleinen Kreisen vermochte man zunächst eine gegen den Nationalsozialismus gerichtete Konsequenz zu ziehen. So in der Führerschaft der dj.1.11. unter E. Koebel, die schon auf Beschluß der sogenannten "Reichshorte" im Herbst 1931 enge Beziehungen zur KPD unterhalten hatte.(6) Hier erklärte Koebel am 21. März 1933: "Nationalsozialisten erhalten 14 Tage Bedenkzeit und werden dann aus dem Bund ausgeschlossen".(7) Die Südlegion zog sofort nach der Machtübernahme die Folgerung aus den veränderten politischen Verhältnissen und löste sich auf, da ganz neue Wege gegangen werden müßten.(8) Aber ehe sich eine solche Erkenntnis allgemeiner durchsetzen konnte, mußten ganz andere Ereignisse eintreten.

DIE AUFLÖSUNG UND GLEICHSCHALTUNG DER BÜNDE

Die politischen Vorgänge nach den Reichstagswahlen vom 5.3.1933, die Reden Baldur von Schirachs, der immer nachdrücklicher auf die Einrichtung einer einheitlichen Staatsjugend durch die HJ hinwies, schreckten die Bundesführungen aus ihrer Ruhe auf.(9) Schon in den letzten Jahren vor der Machtübernahme hatten sich Kreise der bündischen Jugend eingehender mit dem Problem der Errichtung einer Staatsjugend auseinandergesetzt. Hier war der Plan aufgetaucht, vor einem drohenden Regierungswechsel und einer damit verbundenen drohenden Einrichtung einer Staatsjugend von oben her, sogleich einen Zusammenschluß der gesamten bündischen Jugend zu vollziehen, diese als Elitetruppe für die Staatsjugend einzusetzen, für sich selbst ein gewisses Maß von kultureller Autonomie zu sichern und damit einem Verbot der Pfadfinderbünde, wie es in Italien durchgeführt worden war, vorzubeugen. Bereits im März 1932 lag schon ein Abkommen der Deutschen Freischar, der Freischar Junger Nation und des Deutschen Pfadfinderbundes als den stärksten Verbänden der bündischen Jugend vor.(10) Ebenso war von der Seite der dj.1.11. der Zusammenschluß zu einer einigen deutschen Jungenschaft und deren Anerkennung als Staatsjugend vorgeschlagen worden.(11)

Nun schienen die Ereignisse einen Zusammenschluß der Bünde dringend zu erfordern, wenn man sich überhaupt noch gegen die Hitlerjugend halten wollte. Am 5. April 1933 besetzte der Obergebietsführer Nabersberg mit einer bewaffneten HJ-Abteilung die Geschäftsstelle des Reichsausschusses der Deutschen Jugendverbände in Berlin.(12) Hier fielen die gesamten statistischen Unterlagen sowie die Adressenlisten der Führer vieler Jugendverbände der Hitlerjugend in die Hände. Von Schirach schreibt selbst, daß er von hier aus die Notwendigkeit einer Auseinandersetzung mit dem Großdeutschen Bund erkannt habe.(13) Der Vorsitzende des Reichsausschusses, General Vogt, trat zur Hitlerjugend über, wurde in die Reichsjugendführung aufgenommen und erhielt das goldene Ehrenzeichen der HJ.

Noch immer begriff man die Situation in den Bünden nicht folgerichtig. In der Hoffnung von der Seite der Reichswehr geschützt zu werden, schlossen sich die Verbände zum größten Teil unter dem Vizeadmiral von Trotha zum Großdeutschen Bund zusammen.(14) Trotz allem wurde der Glaube aufrechterhalten, es gäbe eine Möglichkeit für die Bünde, sich im Rahmen des nationalsozialistischen Staates zu erhalten und für seine Belange einzusetzen. In einer Proklamation an seinen Bund betont von Trotha die"Sendung des Bundes in der nationalsozialistischen Bewegung des Volkes und die Bereitschaft, in Hingabe und Selbstüberwindung, in Pflicht, Treue und Opferbereitschaft an dem großen Aufbau mit aller Kraft teilzunehmen", allerdings auch den festen Vorsatz, den Bund aufrecht zu erhalten. Ergebenheitstelegramme an den Reichspräsidenten, den Reichskanzler und den Reichswehrminister verkündeten diesen Zusammenschluß und sein Bekenntnis zur neuen Staatsführung.(15)

Auch dieser Schritt vermochte die vom Nationalsozialismus angestrebte Entwicklung nicht aufzuhalten. Aus Unsicherheit und Unklarheit über die eigene Position glaubte der Großdeutsche Bund, sich noch immer auf die Seite des Nationalsozialismus und doch zugleich gegen Baldur von Schirach stellen zu können. So verkündete man einen Kampf nach drei Fronten: "Entscheidung fordern wir von euch. Wir wollen nur Menschen, die stark sind, die ganz zu uns stehen. Entscheidet euch, reinigt eure Gruppen. Wir kämpfen nach drei Fronten: Gegen die Leute um Schirach, die die faschistische Jugendorganisation statt des deutschen Jungenbundes wollen, gegen diejenigen, die sich nicht eindeutig zum Nationalsozialismus bekennen wollen oder gar bei uns unterkriechen wollen."(16) Diese Stellungnahme mußte sich aber auf jeden Versuch, eine geeignete Opposition der bündischen Jugend herauszubilden, negativ auswirken. Die Verkennung der Tatsache, daß Baldur von Schirach als Exponent der NSDAP und in höchstem Auftrag des Führers handelte, erweckte den Glauben, man könne sich gegen die Hitlerjugend durchsetzen und dennoch eine positive Haltung zum neuen Staat einnehmen.

Man übersah völlig, daß man es bei der NSDAP nicht mehr mit einer Partei, sondern der neuen Reichsregierung zu tun hatte und damit alle Machtmittel des Staates gegen sich herausforderte. Während die Bünde noch an Verhandlungen glaubten, hatte ihnen der totale Staat längst jeden Rechtsschutz entzogen, und Baldur von Schirach bereitete seine Aktionen vor.

Er beauftragte Karl Nabersberg mit seiner Vertretung im Reichsausschuß und fuhr selbst durch Deutschland, "um in vielen Kundgebungen gegen den Großdeutschen Bund Stellung zu nehmen". Für die Hitlerjugend gab es keinen Kompromiß einer kooperativen Eingliederung, sondern nur die bedingungslose Auflösung aller anderen Verbände. Zwischen den Angehörigen des Großdeutschen Bundes und der Hitlerjugend wachsen nun die Gegensätze. Es kam zu immer stärker werdenden, ja tätlichen Auseinandersetzungen.(17) Noch war die Stellung der HJ nicht stark genug, um von sich aus die Bünde zu zerbrechen. In einer Besprechung mit Hitler, der die Notwendigkeit einer staatlichen Unterstützung der HJ bejahte, erreichte von Schirach, daß für die Jugendführung im Dritten Reich eine völlig neue Stellung geschaffen wurde und kein Ministerium ihm in seine Angelegenheiten hereinreden konnte. Am 17. Juni 1933 wurde er durch Handschlag des Führers in der Reichskanzlei zum "Jugendführer des Dritten Reiches" ernannt. Die erforderlichen Urkunden wurden vom Reichsminister des Inneren als dem zuständigen Minister für Jugendfragen ausgestellt.(18) Durch diese Ernennung erhielt Baldur von Schirach die Verfügungsgewalt über die gesamte deutsche Jugend.(19) Er selbst konnte sich nun als berechtigt ansehen, an alle Verbände auf Grund des Führerprinzips seine Befehle zu geben und damit auch über ihr Bestehen zu verfügen. So war die autonome Stellung der Jugendbewegung in Deutschland offiziell beendet. Die Eingliederung und Auflösung konnte beginnen.

Die erste Amtshandlung Baldur von Schirachs war die gewaltsame Auflösung des Großdeutschen Bundes. Das Pfingstlager 1933 des Bundes, das von etwa 10 000 Jungen und Mädchen besucht war, wurde von HJ, Polizei und SA umstellt und aufgelöst. Auf den abtransportierenden Lastwagen sang man das bolschewistische Lied "Hei lass doch fahren, was früher einmal war". Am 17. Juni besetzte bewaffnete Hitlerjugend die Geschäftsstellen aller größeren Bünde und in den folgenden Tagen die Jugendheime im übrigen Reich. Das Eigentum der Bünde verfiel der Beschlagnahmung. Ebenso wurde die Geschäftsstelle des Reichsverbandes für Deutsche Jugendherbergen "erobert". Am 21.6.33 wurde im "Reichsjugendpressedienst" die Auflösung des Großdeutschen Bundes und des Reichsausschusses der deutschen Jugendverbände mit sofortiger Wirkung bekannt gegeben.(20) Im ganzen Reich erfolgten Verhaftungen und Haussuchungen. Das Tragen der blauen Jungenschaftsjacke wurde verboten.(21) Auch als der Bundesjungenschaftsführer Wilhelm Fabricius verhaftet wurde, sah man auf bündischer Seite immer noch nicht den furchtbaren Ernst der Lage, und viele glaubten weiterhin an die Möglichkeit einer Zusammenarbeit mit diesem Regime.

So, als sei man noch in der Weimar-Republik, wehrte sich von Trotha mit Protesttelegrammen an den Reichskanzler und den preussischen Ministerpräsidenten.(22) Die Führer beklagen sich weiter über das Verkennen ihrer Haltung und betonen die Treue zum Vaterland.(23) Verhandlungen, die von bündischer Seite mit Reichswehrstellen und Polizei geführt würden, lassen klar erkennen, daß auch von dort kein Schutz zu erwarten war. Man lehnte es ab, sich in diese Dinge zu mischen, und weder die Reichswehr noch die Polizei wollte irgendwelche Garantien für die Aufrechterhaltung bündischer Gruppen oder die Verantwortung für irgendeinen Widerstand übernehmen.(24)

Am 22. Juni errichtete Baldur von Schirach den Deutschen Jugendführerrat, in dem sechs verschiedene Gruppen von Jugendverbänden vertreten sein sollten. Doch dieser Rat trat niemals zusammen, und der Vertreter für die bündische Gruppe wurde nie ernannt. Das Weiterbestehen der noch nicht aufgelösten Bünde (die "marxistischen" Jugendorganisationen waren bereits längere Zeit verboten) wurde von einer Meldung an die Reichsjugendführung und deren Einwilligung abhängig gemacht. So konnten Bünde wie die Deutsche Jungentrucht noch einige Monate ihre Existenz aufrechterhalten.(25) Auch die Deutsche Jungenschaft e. V. vermied es peinlich, Vorwände zu einem Verbot zu schaffen, und ermöglichte es dadurch wenigstens für eine kurze Zeit proletarischen und jüdischen Gruppen, einen Unterschlupf zu finden.(26) Im weiteren Verlaufe des Jahres 1933 wurden neben den übrigen Jugendverbänden auch die restlichen Bünde aufgelöst oder gleichgeschaltet. Eine gewisse Ausnahme wurde zunächst auf Görings Initiative gegenüber der Reichsschaft Deutscher Pfadfinder gemacht. Man dachte, hier eine Verbindung zur internationalen Scoutbewegung durch E. Plewe und Arnold Littmann über den Major Martin vom Internationalen Büro der Pfadfinder herstellen zu können. Der Obergebietsführer Nabersberg fuhr sogar in der Uniform dieses Pfadfinderbundes nach London, um dort zu verhandeln. Dieser Versuch, der Hitlerjugend eine internationale Stütze zu geben, wurde aber nach nochmaligen Verhandlungen im Jahre 1937 abgelehnt. Ebenso vermochten aber auch die Emigrantenkreise aus der deutschen Jugendbewegung dort keine Unterstützung zu finden, da das Legalitätsprinzip der Pfadfinder die Anerkennung des Dritten Reiches von ihnen verlangte.(27) Ende des Jahres 1933 gab es ausser der katholischen Jugend keinen selbständigen Jugendverband deutscher Jugendlicher in Deutschland mehr.

DIE NEUE SITUATION.

Wenn auch in den letzten Wochen vor der Auflösung des Großdeutschen Bundes die Zeichen des Kommenden nicht zu übersehen waren, so traf diese Maßnahme die Bünde überraschend und in einer geistig und politisch wehrlosen Situation. Der innere Zwiespalt, in dem die meisten sich befanden, da sie einerseits glaubten, mit dem Nationalsozialismus die Erneuerung von Volk und Reich durchkämpfen zu müssen, auf der anderen Seite aber eine Reihe von Maßnahmen, die sich nun auch gegen sie selbst wandten, schärfstens ablehnen mußten, hemmte jede klare Entscheidung. Die Vorstellung, die man im bündischen Lager von einer nationalen Revolution hatte, ließ sich nun einfach nicht mit den Vorgängen, die sich in der breiten Öffentlichkeit abspielten, vereinbaren. Es schien undenkbar, daß die "hunderttausende wildgewordener bäcker-, fleischer- und klempnermeister, die im märz vor den parteibüros schlange standen .... diese sich überschlagenden kleinbürger und spießerseelen in sich die wahre nationalsozialistische revolution tragen" könnten.(28) Die eigene Distanz gegenüber den Ausschreitungen wurde scharf betont, aber es hieß: "und doch ist es unsere sache, um die es geht, unser junges recht, unsere zukunft."(29)

So kamen viele zu der Anschauung, daß die "deutsche Revolution" noch nicht zu Ende sei, daß sie erst begonnen habe. Man glaubte, daß die bündische Jugend selbst einer Staatsjugend hätte einen Sinn geben können, daß nun aber "die jugendpfleger, die aschgrauen und die pauker als führer anrücken" würden, daß lawinenartig und ohne Unterschied die Jugend erfaßt würde und fühlte sich vom "grauen vor dem unsinn, der angerichtet" würde, gepackt. So stark war noch das Bewußtsein einer Elite hier verankert, daß die Warnung ausgesprochen wurde: "ein staat, dem es nach einer revolution nicht gelingt, die besten teile der jugend zu gewinnen, muß an seiner eigenen inneren hohlheit wieder zusammenbrechen."

Einen außerordentlich aufschlußreichen Einblick in die wohl für die meisten bündischen Menschen tragisch wirkende neue Situation jener Tage ermöglichen die in der als Manuskript vervielfältigten Zeitschrift "bagger" wiedergegebenen Tagebuchaufzeichnungen. Die Bedeutung dieser noch vorliegenden Quelle ist um so höher anzusetzen, als hier noch keine politische Gegenposition zum Nationalsozialismus bezogen wird, die Schrift also ganz frei von jeder propagandistischen Absicht ist, lediglich das Geschehene ohne besondere Haßausbrüche festhält und sich in Reflexionen über dessen Sinn und die eigene Aufgabe in dieser Zeit klar zu werden versucht.(30) Die Annahme, daß diese Aufzeichnungen als typisch für den größten Teil der bündischen Jugend angesehen werden können, ist berechtigt, da sich aus dem bisher Gesagten ergibt, daß für die Bünde keineswegs eine allgemeinverbindliche parteipolitische Einstellung und Ausrichtung maßgebend war, daß aber ein national- und sozialrevolutionäres Pathos in ihren Gedankengängen und Formen hervortritt, und so eine Positionsnähe zum Nationalsozialismus trotz aller Kritik nicht ganz abgestritten werden kann. Es kommt hinzu, daß der Nationalsozialismus zunächst noch selbst sehr viele Entwicklungsmöglichkeiten offenließ und sich erst nach dem 30. Juni 1934 in klar umreißbarer Form abzuzeichnen begann.(31) So kann von einer einheitlichen politischen Frontstellung der Bünde gegenüber dem Dritten Reich nicht gesprochen werden. Es entwickelt sich eine solche erst, als die Bünde selbst gesprengt und einzelne Personen wie Gruppen sich von den Maßnahmen des neuen Staates so sehr abgestoßen fühlten, daß sie sich zu einer Widerstandsarbeit entschlossen. Während nur ein Teil, dem man kaum die subjektiv ehrliche Überzeugung absprechen kann, sich zu Adolf Hitler bekannte, versuchten wohl die meisten zunächst innerhalb des Jungvolks sich durchzusetzen, ein Vorgang, der sowohl aus den hier angeführten Tagebuchaufzeichnungen, vielen Zeugenaussagen und der Geheimschrift Nr. 21 der Reichsjugendführung hervorgeht.(32) Die ersten Widerstandsgruppen bildeten sich zunächst aus den Kreisen, welche aus Bünden herauswuchsen, die wie die "Eidgenossen" durch ihre stärkere Verbindung zu Kreisen der Konservativen Revolution – die sich politisch und ideologisch gegen den Nationalsozialismus wandte – von Anfang an eine scharfe Ablehnung des Nationalsozialismus vertraten und so leicht eine ideologische Trennung vollziehen konnten. Zudem verhinderte hier auch das frühzeitige Verbot eines Bundes wie den Eidgenossen (etwa März oder Februar 1933) die Illusion, es sei möglich, durch positive Mitarbeit und ein Bekenntnis zum Nationalsozialismus die eigenständige Form eines Bundes zu erhalten.(33)

Das "tagebuch eines aufgelösten" berichtet nun über die Ereignisse in der Zeit vom 18.6 bis 29.7.1933, also einem Zeitabschnitt, der hier besonders in Frage steht. Die Aktionen gegen die bündische Jugend werden von Polizei- und HJ-Formationen durchgeführt. Man ahnt, "es lag etwas in der luft". Die Jungen gehen nicht mehr "in kluft" auf Fahrt, sondern jeder zieht ein anderes Hemd an "gut zum tarnen". Schlagartig erfolgen Haussuchungen und Verhaftungen, Beschlagnahmung aller Bundesakten und privaten Korrespondenz. Die HJ ist "wütend", weil sie in den Heimen, die bereits geräumt waren, nichts finden. Bezeichnend für die ganze Situation ist, daß der Führer als SA-Mann scharf gegen die Behandlungsweise protestiert und von dem Sturmführer bis zum Oberführer der SA gedeckt wird. Dann beginnen Verhandlungen mit einem "großen mann aus dem jungvolk". Im Falle eines Übertritts wird die Führung des gesamten Jungvolks in der Stadt dem bündischen Führer angeboten. Der Jungbannführer ist gerade dabei, auch "scharnhorst und jungsturm gleichzuschalten". Am Nachmittag des 25.6. treffen sich die Jungen des Bundes (Deutsche Freischar bzw. Großdeutscher Bund) in weißen Hemden und marschieren durch die Stadt: "die alten Fahnen wehten über uns, die trommeln pochten und wir sangen, daß uns die kehlen schmerzten. denn wir wußten genau, so marschieren wir zum letzten mal. dann nahmen wir die parade der hj ab, sie mußten an uns vorbei. wir standen eisern und gereckt und die weiße fahne mit der schwarzen lilie – klaus stand mit ihr hinter mir – schlug mir zwei-, dreimal ins gesicht, daß ich hätte schreien mögen. dann reihten wir uns im jungvolk ein, ein weißer fleck in der langen braunen kolonne. in der nacht am sonnenwendfeuer traten wir zum j-v über. wir kommen freien herzens, niemand zwingt uns, wir gehen wieder, wenn wir nicht den platz bekommen, der uns nach unserer vergangenheit und unserem können gehört. wir nahmen unsere fahne von den speeren und geben sie dem stammführer, der gab sie uns sofort zurück".(34)

Dann werden Pläne geschmiedet von einer Einbeziehung des ganzen Jungvolkes. Trotz immer größer werdender Bedenken macht man mit, hofft sich trotz der "angst der eingesessenen führer" durchsetzen zu können. Ein Führerlager "fliegt auf", da die Ältern den hundertprozentigen Nationalsozialismus "nicht kapieren können". Zunächst scheint alles aus zu sein, dann geht es doch wieder.

"wir führen nun nicht das ganze jungvolk, sondern 'bloß' beinahe die hälfte. Die 'jungen sind alle was geworden' und doch sieht man, dass die entwicklung noch nicht abgeschlossen ist. Ohne uns kann das jungvolk nicht leben", heißt es da.

"staatsjugend-jugendpflege-jugendbewegung, darum wird es gehen". Keine ideologischen Gegensätze sind es also hier, die das Verhältnis zur Hitlerjugend bestimmen, sondern zunächst die ureigensten Anliegen der Jugendbewegung.

Der innere Zusammenhalt der Gruppen, das Gefühl, trotz der Auflösung noch einem Bunde anzugehören, das Bewußtsein einer Aufgabe und Sendung dieser Gemeinschaft in der Gegenwart, das alles bleibt unverändert gewahrt und scheint das einzig Sichere in aller Verwirrung. Man verliert im Glauben an die Kraft des Auslesegedankens nicht den Mut vor der Masse der anderen: "wir hatten vom balkon bei gerds eltern dem aufmarsch des jungbann zugesehen. 20 000 jung-volkjungen waren vorübergezogen, danach saßen wir zusammen, nicht mutlos. nein, die fünfstellige zahl hatte uns unseren mut und unseren sinn wiedergegeben. und dann sagt der, der zu uns sprechen kann und darf: ..geht in das jung-volk, später müßt ihr vielleicht von der penne doch hinein.
geht hinein, macht mit.
aber ich sage euch: hundertprozentig für die gruppe arbeiten, den rest für das j.v., so soll es sein".
Und an anderer Stelle heißt es: "wir werden gehen, wenn ihr uns das feld nicht gebt, wir werden gehen und nicht untergehen. wir sind nicht tot".(35)
So versucht der junge bündische Mensch in dieser Zeit, sich unter allen Umständen die Freiheit der eigenen Wahl und die Selbständigkeit des Urteils zu erhalten. Die persönliche Bindung zu den Menschen des Bundes bleibt das Wichtigste und Überzeugendste seiner Haltung. Hier wird eine Kompromißlosigkeit propagiert, die jede Versuchung, durch Versprechen und eigene Vorteile zum Übertritt zu bewegen, zu überwinden versucht. So steht etwa unter "berichte aus dem jungvolk" der Fall Krause. "krause trifft klaus. krause schleift klaus auf seine bude. krause sagt zu klaus: 'mein ehrenwort, du wirst jungenschaftsführer, aber wenn du noch mit den leuten aus dem bund gesehen wirst, dann fliegst du'. klaus sagt 'auf wiedersehn'.(36)

Die Tatsache, daß eine Gruppe von Menschen wie der "Stromkreis" aus der Deutschen Freischar durch viele Jahre hindurch zusammenhält, noch eine illegale Schrift herausgibt, beweist, wie stark das Gesetz der persönlichen Bindung in der Jugendbewegung gewesen ist. Und keineswegs bildet der Stromkreis eine alleinige Ausnahme, sondern fast überall, wo Bünde in den Städten vorhanden waren, blieben solche Gruppen zusammen und erhielten sich lange Zeit hindurch.

In diesen Gruppen lebte ein Gedanke, der eine persönliche Verantwortung allem Leben gegenüber fordert, die keiner abnehmen kann. Man weiß, daß man auf manche Menschen verzichten muß, "die in gewöhnlichen Zeiten noch im Bund sein könnten".(37) Der Elitegedanke wird umso nachdrücklicher herausgestellt. Es gibt hier keine Mitläufer mehr, und das empfindet man als gut. Bünde wie die dj.1.11. suchen der nationalsozialistischen Propaganda durch erhöhte Pflege des Opfersinns zu begegnen.(38) Die eigene Position wird im allgemeinen nicht politisch-ideologisch untermauert, sondern man sucht noch nach einem eigenen Standpunkt, will "ja" und auch "nein" sagen können. So beschränken sich die Argumente gegen die Hitlerjugend auf eine typisch jugendbewegte Kritik der Zustände in einer Massenorganisation, die zugleich ironisch im Unterton den Faschismus und Militarismus, die schon früher von bündischer Seite als undeutsch und fremdes Element im Nationalsozialismus bezeichnet worden waren, lächerlich macht. So etwa:

"im Zeltlager der hj auf dem Parteitag in Nürnberg.

Bruchstücke aus einer Radioübertragung.

Die Kochkessel sind so groß, daß der Koch auf eine Galerie steigen muß. Der Wind weht scharf von Osten (Melodie es dunkelt schon in der Heide), Text vom Obergebietsführer.

Musik und Melodie selber.

Jungfaschistenmarsch. Der Du-se wird sich freuen.

Bremer Stadtmusikanten. 11-jähriger mit Trompete. 2 Jungs aus Schweinheim: "Brüllt bei Baldur"

Baldur von Schirach:. . . . .anderthalb Millionen. . .

Sozialistischer Glaube. . . .(39)

Aber die Stellung zum neuen Staat erschöpfte sich keineswegs nur in einer negativen Kritik. So wie die Jüngeren vielfach ihre Aufgabe in einer Durchsetzung des bündischen Gedankens in Jungvolk und HJ sahen, gingen eben große Teile der Jungmannschaft zur NSDAP und ihren Kampfformationen. So wurden junge Menschen der Deutschen Freischar insbesondere durch den Elitegedanken der SA angezogen. Ja, es wird direkt eine Parole ausgegeben: "Hinein in die NSDAP", um einen umso größeren Einfluß erlangen zu können.(40) Und keinesfalls konnte dieser Versuch einer Einflußnahme bündischer Kreise in der damaligen Zeit als völlig utopisch angesehen werden. In der RJF (Reichsjugendführung) ergab sich die Möglichkeit, bündische Führer hineinzuziehen. Erst eine große HJ-Führertagung Ende 1935 im Zirkus Sarasani in Dresden, die fast ausschließlich von ehemaligen bündischen Führern besucht war, führte der obersten Leitung der RJF und den Staatssicherheitsstellen die Gefahr einer Durchsetzung des bündischen Elements in der Hitlerjugend deutlich vor Augen und löste die erste Verfolgungswelle aus.(41) Zu dieser Zeit war bereits das Jungvolk der Hitlerjugend weitgehend vom bündischen Einfluß geformt. Der Jungenkalender des bündischen Verlages Günther Wolff wurde in Sachsen als Kalender des Jungvolks betrachtet und verkauft.(42) Die Liederbücher dieses Verlages waren den meisten Jungvolkführern bekannt und wurden eifrig gebraucht. Um diesem bündischen Einfluß zu begegnen, wurde der Referent des Personalamtes der Hitlerjugend, ein Gebietsführer, mit der Bekämpfung und Ausschaltung der bündischen Elemente betraut. Als primitives "Abschußmittel" wurde oft der § 175 benutzt. (43)

Eine gewisse Unterstützung wurde den bündischen Kreisen zeitweise durch Rudolf Hess und seine Parteikanzlei gewährt, die sich gegen die Machtstellung Baldur von Schirachs wandte und für die Bündischen eintrat. So deckte Rudolf Hess weitgehend den VDA (Verein für das Deutschtum im Ausland), in dessen Gruppen viele Bündische schon von der Volkstumsarbeit her eine Deckung zu gewinnen vermochten, gegen die Gleichschaltungsversuche, indem er auf der Wichtigkeit der Existenz einer solchen überstaatlichen Organisation beharrte.(44) Insonderheit waren es hier wohl die nationalen Kräfte des Kreises der Konservativen Revolution, die damals noch keine äußerlich klar erkennbare Grenze zum Nationalsozialismus gezogen hatten, den Bünden nahestanden und es unternahmen, für die Rettung der bündischen Jugend zu intervenieren. So versuchte man im Frühjahr 1934 über Friedrich Weber vom Bund Oberland und ebenfalls wieder Rudolf Hess die Existenz der Bünde zu retten. Theodor Schieder sprach in dieser Angelegenheit noch im Mai 1933 mit von Papen, ohne allerdings etwas erreichen zu können.(45)

Auch Admiral von Trotha wandte sich an Rudolf Hess, der ihm seine Unterstützung zusagte und sich in Verhandlungen für den Großdeutschen Bund einsetzte.(46) Aber der Wille der Partei, die Jugend in der totalen Form einer Staatsjugend zu erfassen, erwies sich doch als stärker, wenn auch zu Beginn der nationalsozialistischen Aera viele Dinge noch im Planen waren. In der Erkenntnis der Unmöglichkeit einer weiteren Arbeit erfolgte daher auch die Selbstauflösung der Deutsch-Akademischen Gildenschaft im Juli 1933. Doch wandte man sich selbst noch in der Verhaftungswelle des Dezember 1939 und Frühjahres 1940 von bündischer Seite an Rudolf Hess, um das Schlimmste zu verhüten.(47) Ein Erfolg aber konnte nicht erzielt werden.

Denn je straffer Hitler die Zügel seines totalitären Staates anzog, umso weniger war für die Bündischen eine Möglichkeit vorhanden, Unterstützung von maßgeblichen Persönlichkeiten zu erlangen. Von Papen vermochte auf die Beschwerde über die Unterdrückung der Bünde nur noch die hoffnungslose Antwort zu geben: "Ich werde es Göring sagen, wenn ich ihn sehe".(48) In diesem Staate sollte und durfte es überhaupt keine Opposition mehr geben. Zwar wies von Papen noch einmal im Mai 1934 in einer Rede im Jungakademischen Klub, als deren Initiator Edgar J. Jung aus dem Lager der Konservativen Revolution angesehen werden muß, darauf hin, daß es auch in einem nationalen Staat eine Opposition geben müsse(49), aber der Wille, jede Opposition zu unterdrücken, hieß sehr bald diese wenigen Stimmen schweigen. Für die Gegner des nationalsozialistischen Systems war kein Platz mehr in der Öffentlichkeit gelassen. Zogen sie es nicht vor zu schweigen, so blieb ihnen nur die Form eines illegalen Widerstandes oder die Emigration. Sie vermochten nur noch in kleinsten Kreisen zu wirken. Das deutsche Volk in seiner Gesamtheit wurde ihrer Stimme unerreichbar.

XI. Der Widerstand der deutschen Jugendbewegung gegen den totalitären Staat Adolf Hitlers

Zunächst ist hier wohl festzustellen, daß es einen organisierten Widerstand der deutschen Jugendbewegung oder der Bünde insgesamt nicht gegeben hat und aus mehreren Gründen auch nie geben konnte. Allerdings muß auch gesagt werden, daß die Ausmaße eines aktiven Widerstandes gegen den nationalsozialistischen Staat von Seiten einzelner bündischer Gruppen, Personen, ihre Teilnahme an der Arbeit anderer politisch bestimmter Widerstandskreise und ihre Einflüsse auf die Bildung neuer, die Hitlerjugend ablehnender Gruppen von Jugendlichen allgemein nicht bekannt sind und eine Ausdehnung erreichten, die dazu berechtigt, die "bündische Opposition" zu den bedeutendsten und zahlenmäßig stärksten Widerstandskreisen hinzuzurechnen. Allerdings machen der Mangel eines organisatorischen Zusammenhaltes, einer einheitlichen politischen Ideologie, die Selbstverständlichkeit und spontane Art des Handels dieser aus den Bünden hervorgegangenen Menschengruppen eine zusammenfassende Darstellung fast unmöglich, und die Spärlichkeit der vorhandenen Quellen erschwert die Darstellung.

Die Gründe dafür, daß ein von den alten Bünden selbst getragener Widerstand unmöglich war, liegen sowohl in der Struktur der Bünde selbst als auch an den äußeren Umständen. Die bündische Jugend war eben grundverschieden von parteipolitisch und weltanschaulich gebundenen Jugendorganisationen und betonte von jeher das Ethos der freien geistigen Entscheidung des Einzelnen sowohl in politischer als auch in weltanschaulicher Hinsicht. Daher konnte und mußte sie auch die Entscheidung gegenüber dem Nationalsozialismus der ethischen Verantwortung des Einzelnen überlassen. Des weiteren standen die Bünde ohne praktische politische Erfahrung nun plötzlich einem mit allen Machtmitteln ausgerüsteten totalitären Staatsgebilde gegenüber, dessen Gesamtentwicklung sich nicht von Beginn an vorausberechnen ließ. So wurden ihre Organisationen zerschlagen, die führenden Persönlichkeiten sorgfältig überwacht, ehe sie einen Entschluß zu wirksamen Gegenmaßnahmen hätten treffen können. Erst langsam, und je mehr die Unterdrückungsaktionen des Staats wuchsen, wurde man sich in den weiterbestehenden Gruppen über Formen und Möglichkeiten einer illegalen Arbeit klar. Da aber ergab es sich von selbst, daß unter der Kontrolle der Geheimen Staatspolizei und der Hitlerjugend Organisationen größeren Ausmaßes – und solche wären erforderlich gewesen, wenn man alle oder auch nur einen großen Teil dieser Gruppen hätte erfassen wollen – eine zu große Gefahr der Entdeckung in sich bargen, als daß ihre Arbeit eine positive Wirkung hätte haben können. Trotzdem besaßen Gemeinschaften wie der "Graue Orden" oder die in der Gruppe "Sozialistische Nation" arbeitenden bündischen Gruppen in vielen Städten Westdeutschlands "Mitglieder" und verfügten über weitreichende Querverbindungen.(1) Die Tatsache, daß die Bünde auch zu verschiedenen Malen offiziell verboten werden mußten, erhellt auch, daß hier von ihrer Seite noch überall Gruppen weiter existierten und die Verfolgungen des Staates herausforderten. Es ist wichtig zu beachten, daß jeglicher Widerstand zunächst hervorgerufen wird, weil der neue Staat konsequent die Freiheit der Gemeinschaft zerstört, und somit der Widerstand bündischer Menschen von dem eigentlichen Anliegen der Jugendbewegung ausgeht. Die Verhaftung der eigenen Führer, die Gerüchte über die Konzentrationslager, die Unterdrückung und Mißhandlung Andersdenkender rufen dann das Gerechtigkeitsgefühl dieser Menschen wach. Sie vollziehen aus ethischen Gründen die Trennung gegenüber dem Gewaltstaat und erst zuletzt gelangen sie in Berührung mit politisch-ideologischen Gedankengängen, die sie zu einer politischen Arbeit gegen das Dritte Reich führen.(2)

DIE MASSNAHMEN DES NATIONALSOZIALISTISCHEN STAATES GEGEN DIE BÜNDISCHE JUGEND

Die eigentlichen Verfolgungsmaßnahmen der nationalsozialistischen Staatsführung gegen die bündische Jugend setzten Anfang 1934 ein und dauerten ununterbrochen bis Ende des Zweiten Weltkrieges. Wieviele Menschen davon betroffen wurden, wieviele verhaftet, verurteilt und ermordet wurden, darüber gibt es keine Statistik. Von denen, die dort verloren gingen, berichtet keine Zeitung, kein Nachruf auf einen Heldentod, sie starben namenlos und nur in wenigen Fällen drang eine Nachricht durch die Zensur des totalen Staates in die Zeitungen des Auslandes, oder brachte die NS-Presse einen herabsetzenden Artikel über die "Volksverräter". Eisiges Schweigen deckte die Gestapo über alle Vorkommnisse, wenn sie nicht einer größeren Öffentlichkeit bekannt waren. Nur geringe Botschaft gelangte zu den emigrierten Freunden im Ausland und fand dort in den Zeitschriften wie "Kameradschaft" oder "Schriften der jungen Nation" einen Widerhall. Sie starben, nicht weil sie etwa eine illegale Arbeit geleistet hatten, sondern weil einmal der Augenblick kam, wo sie aus ihrem innersten Gewissen heraus nein sagen mußten und bereit waren, die Konsequenzen zu tragen; so der Offizier und U-Bootkommandant Oskar Kusch, der am 12.5.1944 hingerichtet wurde, zu dessen "Fall" sich der Marinestabsrichter gegenüber dem Verteidiger Dr. Brüning äußerte: "Diesen Fall konnte Kollege Hagemann nicht durchgehen lassen, denn dann würden wir den Ast absägen, auf dem wir sitzen."(3)

Auch diese Untersuchung kann nun keinesfalls den Anspruch auf irgendwelche Vollständigkeit erheben. Die Akten der Gestapo und des Volksgerichtshofs sind wohl für immer abgeschlossen und unerreichbar. So müssen die wenigen nachprüfbaren Fälle und Zeugenaussagen, die erreichbar waren, genügen, um wenigstens eine annähernde Schilderung des Geschehens zu geben.

Für die bündische Jugend entstand damals eine Situation, wie sie die symbolische Erzählung vom "Meister des Ordens" aus dem Jahre 1935 schildert. Alles Äußere mußte fallen, keine Trommel und keine Fahne führten mehr zum Kampf. Das graue Fahnentuch hatten sie selbst verbrannt. Es galt nur noch das persönliche Beispiel und der innere Ruf zu Aufgabe und Verpflichtung, kein Befehl, sondern nur das eigene Gewissen.(4) Noch brannten an verborgenen Stellen die Lagerfeuer, aber ihre Romantik war gefährlich geworden, man traf sich erst draußen vor den Städten, umging die Sperren des HJ-Streifendienstes und war froh, wenn man die Mitgliedschaft im Jungvolk oder der Hitlerjugend zur Tarnung ausnutzen konnte.

Am 18. Februar 1934 wurde auf Befehl Görings im ganzen Reich eine Großaktion gegen die dj.1.11. durchgeführt.(5) Die Versuche von bündischer Seite, sich auf jede mögliche Art doch noch durchzusetzen, forderten diese Maßnahmen heraus. So hatte sich beispielsweise Werner Helwig noch im Dezember 1934 in Frankfurt mit anderen Nerothern an einem Versuch beteiligt, die HJ von innen heraus zu sprengen.(6) Dieser Versuch, wie auch viele andere, mißlang und Helwig mußte emigrieren. Auf der Nerother Burg Waldeck hielt bald Robert Oelbermann seine letzte Rede, von der Werner Helwig einiges in seinen Erinnerungen festgehalten hat: "Er sagte etwas von braunen Affenhorden, die sich über die Freiheit und den Geist hergemacht hätten und denen wir die Stirn bieten sollten in unbeugsamen Trotz. Er sagte, daß es ganz an uns läge, an jedem Einzelnen von uns, Deutschland wieder freizukämpfen aus der Umklammerung dieses schauderhaften Geschehens. . . . In herrlicher Gelassenheit sprach er vom Bund und seinen nie verlöschenden Aufgasen. . ."(7)

Der Hauptträger des Kampfes gegen die bündische Jugend war zunächst natürlicherweise die Hitlerjugend, die aber in zunehmenden Maße von den staatlichen Dienststellen und den NS-Parteiorganisationen unterstützt wurde. Die Einsetzung eines HJ-Streifendienstes gegen alle verbotenen Jugendverbände, von denen die Bündischen jede Tarnung, so auch das Tragen von HJ-Hemden ausnützten, geht bis in den Juni 1933 zurück. Eine Dienstanweisung des damaligen Jungbannführers des Gaues Köln-Aachen E. Ulanowsky, befiehlt die Einrichtung von Kontrollstreifen, die von "Jungenschafts- und Jungzugführern gebildet werden und an der weißen Armbinde mit der Siegrune und dem Stempel der Jungbannführung kenntlich" seien. Auch gegen ein provozierendes Tragen der Farben schwarz-weiß-rot wird hier Stellung genommen, war es doch bei Aufmärschen usw. oft der Fall, daß bündische Gruppen sich dieser Fahne als eines Symbols der nationalen Haltung bedienten und nicht etwa der Hakenkreuzfahne. "Wir haben es heute nicht mehr nötig, uns provozieren zu lassen und werden gegen diese schamlosen Provokateure und Gesinnungslumpen rücksichtslos vorgehen. Der Reichsjugendführer Baldur von Schirach sagt: Schlagt die Reaktion, wie ihr den Marxismus geschlagen", so schließt der Jungbannführer seinen Befehl ab.(8)

Die im Juni 1933 nach Auflösung des Großdeutschen Bundes durchgeführten Aktionen traten natürlicherweise hinter die großen politischen Ereignisse der Parteiauflösungen und Gleichschaltung des "Stahlhelms" zurück. Neben den seitenlangen Berichten zu kommunistischen Umtrieben im "Stahlhelm", die die Presse brachte, und die die Öffentlichkeit im Sinne der neuen Regierung propagandistisch bearbeiteten, finden sich nur wenige Nachrichten über die Maßnahmen auf dem Jugendsektor. Baldur von Schirach erklärte am 26. Juni auf einer Rede in Hannover, daß er den Großdeutschen Bund verboten habe, "weil er der Ansicht sei, daß Elemente, die nicht die Konsequenzen aus ihrer nationalen Gesinnung zu ziehen vermögen, keine Daseinsberechtigung hätten".(9) Eine solche Ansicht bedeutete in jenen Tagen praktisch das Todesurteil für die weitere Existenz der Bünde. Sie wurden aufgelöst, ohne daß vorerst eine gesetzliche Grundlage für dieses Vorgehen vorhanden gewesen wäre.(10) Obgleich formell zunächst nur der Großdeutsche Bund verboten war, genügte die Anordnung Baldur von Schirachs zur Einigung der deutschen Jugend, um Beschlagnahmungen, Streifendienst usw. in Tätigkeit treten zu lassen.(11) Der Reichsstatthalter in Mecklenburg-Lübeck verkündete am 20. Juni 1933 die Auflösung sämtlicher nichtnationalsozialistischer Jugendorganisationen und berief sich darauf, daß auf Befehl der Reichsregierung alle Heime und Besitzungen der gesamten Jugendverbände in Mecklenburg sofort in seine Hände übergingen.(12) Zweifellos hat zu diesem Zeitpunkt noch kein solcher amtlicher Befehl vorgelegen, wenn man nicht in der Ernennung Baldur von Schirachs zum Reichsjugendführer und seinen Maßnahmen zur Auflösung der Bünde den rechtlichen Grund für die Auslösung der örtlichen Aktionen sehen will.(13)

Jedoch mußten in der folgenden Zeit die noch illegal bestehenden Gruppen der bündischen Jugend immer stärker erfahren, daß sie es nicht nur mit einem mit großen Machtmitteln ausgestatteten konkurrierenden Jugendverband zu tun hatten, sondern es eben der Staat selbst war, der sich in zunehmendem Maße seiner Machtmittel und vor allem der Geheimen Staatspolizei gegen sie bediente.

Die Schwere der Verfolgungen, die offenbare Ausweglosigkeit und Hoffnungslosigkeit der ganzen Situation drängten eine größere Zahl bündischer Menschen und Führer zur Flucht ins Ausland. So gelang es Eberhard Koebel auf abenteuerliche Weise zu entkommen.(14) Drei Wochen nach seiner Flucht stellte es sich heraus, daß am 30. Juni 1934 der Befehl vorgelegen hatte, ihn zu töten.(15) Die Weltfahrtgruppe der Nerother kehrte gar nicht mehr nach Deutschland zurück.

H.J. Schoeps, K.O. Paetel, Hans Ebeling, Theo Hespers und viele andere gingen in die Emigration, und hatten dort hart um ihre persönliche Existenz zu ringen. Dennoch versuchte man die Arbeit fortzusetzen und eine Widerstandsaktion aus bündischen Kreisen heraus aufzubauen. Daß diese Widerhall in Deutschland fand und im Reich selbst die bündischen Gruppen nicht auszurotten waren, beweisen die wiederholten Verbote der bündischen Jugend durch die Geheime Staatspolizei, die von 1936 an den Kampf gegen die Jugendbewegung von zentraler Stelle und im Reichsmaßstab aufnahm.(16)

Da die Akten der Geheimen Staatspolizei und der Volksgerichtshöfe nicht mehr greifbar sind, ist es, wie schon bemerkt, nicht möglich, irgendwelche genaueren Angaben oder Statistika über das Ausmaß der Verfolgungen und ihre Opfer zu erlangen. Es können also immer nur Einzelangaben aus den Berichten der Überlebenden herangezogen und von hier aus beschränkte Rückschlüsse auf die Gesamtheit illegaler bündischer Betätigung gezogen werden. Unerwähnt müssen hier die vielen kurzfristigen Bestrafungen junger Menschen bleiben, die von örtlichen Sondergerichten ausgesprochen oder einfach in der Form von Schutzhaft durch die Gestapo vorgenommen wurden. Es ließen sich wohl hunderte von verschiedenen Fällen anführen. Hier sei vor allem an die große Razzia der SA zu Pfingsten 1935 im Rheinland(17) - auf der man feststellen mußte, daß ein nicht geringer Teil der Hitlerjugendgruppen mit bündischen Gruppen "auf Fahrt" war - und an die Verhaftungswellen in den Jahren 1936/37 und 1939/40 erinnert.(18)

Im Jahre 1936 wurde der Bundesführer des Nerotherbundes Robert Oelbermann verhaftet. Er kehrte nicht mehr zurück und wurde im Konzentrationslager "erledigt".(19) Der Sekretär von dj.1.11. in Berlin, Heinz Krohn, erhielt eine zweijährige Zuchthausstrafe und wurde später offenbar von der Gestapo ermordet. Klaus Macher starb ebenfalls in seiner KZ-Haft. Längere Haft in Konzentrationslagern erlitten die Mitglieder von dj.1.11. Hans Seidel, Rele Schweizer und Willi Claus (Bill). Größeres Aufsehen erregte auch im Ausland die Hinrichtung des dj.1.11.ers Helmut Hirsch am 4.6.1937 in Plötzensee, der von Agenten im Dezember 1936 aus der Emigration zurückgelockt worden war und bereits die Staatsangehörigkeit der USA besaß. Ein Versuch der USA-Regierung Roosevelt, Hirsch zu retten, blieb ohne Erfolg.(20) Von 1937 bis 1940 wurde auch der Führer der Südlegion Dr. R. Pallas in den Gefängnissen der Gestapo und im Konzentrationslager festgehalten.(21)

Bekannter wurde der Essener Prozeß gegen Angehörige des Jungnationalen Bundes, der vom 14. bis 24. Juni 1937 stattfand. Hans Böckling erhielt eine zwölfjährige Zuchthausstrafe und der zweite Hauptangeklagte Dr. Karl Wegerhoff starb unter geheimnisvollen Umständen während der Verhandlungen. Nervenzusammenbruch und Selbstmord wurden als Gründe bekanntgegeben. Der Anklagevertreter betonte in seiner Rede: "Zwei von 10 Jahren hatten die Angeklagten Zeit, ihre Gesinnung zu ändern. Zwei Jahre lang konnten sie mir ihren eigenen Augen sehen, daß der Nationalsozialismus ein Segen für Deutschland und die Rettung Europas war. Tagtäglich hatten sie Gelegenheit zur Besinnung zu kommen und sich selbst unter dem Hakenkreuzbanner einzureihen. Sie taten es nicht, sondern verblieben in der Opposition, zunächst nur in ihren Gedanken aber seit Anfang 1935 auch in ihren Handlungen. Das ist ihre große unverzeihbare Schuld, und daher beantrage ich die Todesstrafe für den Angeklagten Böckling und lebenslängliche Zuchthausstrafe für den Angeklagten Lankers".(22)

Diesen Prozessen waren im Frühjahr 1937 erneute Verbote der bündischen Jugend vorausgegangen. Die Grundlage für alle Verbote bildete die Verordnung des Reichspräsidenten zum Schutze von Volk und Staat vom 28. Februar 1933 RGBL. I S. 83. Am 3. April 1937 erschien im "Amtsblatt der Regierung zu Köln" eine "Staatspolizeiliche Verordnung", die das "Verbot der Bündischen Jugendverbände" zum Gegenstand hatte. Eine weitere Meldung erfolgte im "Westdeutschen Beobachter" vom 18. Mai 1937 unter dem Titel: "Zum Verbot der Bündischen Jugend". Jede weitere Betätigung wurde unter Strafe und die Androhung von Schutzhaft gestellt. Im Reichssicherheitshauptamt richtete Himmler eine besondere Abteilung, die Dienststelle XX H, zur Bekämpfung der bündischen Jugend ein. Der HJ-Streifendienst gegen diese wurde verstärkt und besondere Anweisungen zu ihrer Bekämpfung ausgegeben.(23) Als auch das nicht half, erging am 20. Juli 1939 ein erneutes Verbot der bündischen Jugend, das von der obengenannten Dienststelle XX H gezeichnet und von Heydrich unterschrieben war. Es wurde im "Deutschen Reichsanzeiger und Preussischen Staatsanzeiger" veröffentlicht, und war das letzte Warnzeichen des totalen Staates vor Beginn des Krieges und der Verhaftungswelle, die im Sommer 1939 begann.

Diese letzte große Aktion der Gestapo gegen Gruppen der Jugendbewegung richtete sich in erster Linie gegen die Jungenschaftskreise, die sich seit dem Sommer 1938 zu einer weitgehenden Zusammenarbeit mit der von K.O. Pastel von Paris her geleiteten Gruppe "Sozialistische Nation"(24) entschlossen hatten und auch mit der von H. Ebeling in Amsterdam und Brüssel herausgegebenen Zeitschrift "Kameradschaft" in Verbindung standen. Sie griff über – vor allem im Rheinland – auf Gruppen katholischer bündischer Jugend und fand eigentlich ihr Ende mit der Hinrichtung der Münchner Studenten im Jahre 1943.(25) Die größeren Prozesse gegen die zumeist noch jugendlichen Angeklagten aus den Städten Köln, Bonn, Hamburg, Berlin, Stuttgart fanden im September 1941 vor dem II. Senat des Volksgerichtshofes in Berlin ihren Abschluß, nachdem gegen die Mitglieder unter 18 Jahren im Sommer 1940 vor dem Sondergericht in Köln verhandelt worden war. Die Hauptangeklagten in diesen Prozessen wurden wegen Vorbereitung zum Hochverrat zu langjährigen Zuchthausstrafen verurteilt.(26) Aus der Haft kehrte nicht mehr zurück der Journalist Fred Broghammer aus Stuttgart.

Am 9. September 1943 wurde Theo Hespers, Mitherausgeber der Zeitschrift "Kameradschaft, Schriften junger Deutscher", in Berlin hingerichtet(27), und zusammen mit Hans Scholl starb Willi Graf. Hans Scholl, der aus einer illegalen Jungenschaftsgruppe herauswuchs, war der Initiator der Münchener Studentenrevolte, die weitgehend unter dem Einfluß von Menschen der Jugendbewegung stand, denn auch Willi Graf war in einer Gruppe des Grauen Ordens in Saarbrücken gewesen und hatte noch 1939 in näherer Beziehung zu der Bonner Jungenschaftsgruppe, die sich an der Arbeit der Gruppe "Sozialistische Nation" beteiligte, gestanden. Gerade das Buch Inge Scholls über "Die weiße Rose" ist wohl mit der erschütterndste und aufrüttelnste Bericht, der über die illegale Arbeit von jungen Menschen der Jugendbewegung geschrieben wurde.(28) Bekannter sind die Namen von Adolf Reichwein und Graf Helmut von Moltke aus dem Kreisauer Kreis, die im Zusammenhang mit dem Attentat von 20. Juli 1944 am 20. Oktober in Berlin hingerichtet wurden. Sie zählten mit anderen Führern der Deutschen Freischar zu den Initiatoren der Arbeitslagerbewegung in Schlesien. Adolf Reichwein ist besonders durch seine pädagogischen Arbeiten bekannt geworden. Durch die Teilnahme an der Verschwörung gegen Hitler konnten hier Männer der Jugendbewegung zu bedeutender geschichtlicher Wirkung gelangen. Aber es gelang dem totalen Staat, den Versuch bündischer Gruppen und einzelner bündischer Menschen, sich in der Politik durchzusetzen, in Blut zu ersticken.(29)

DIE ILLEGALE TÄTIGKEIT DER BÜNDISCHEN

Betrachtet man das Vorgehen des nationalsozialistischen Staates gegen die bündische Jugend, die doch von ihrem Grundcharakter her als besonders aufgeschlossen für nationale und soziale Fragen anzusehen war, so entsteht die Frage, warum es dem nationalsozialistischen Staat nicht gelang, diese Menschen für sich zu gewinnen und aus welchem Grunde er sich veranlaßt sah, mit solch drakonischen Mitteln gegen junge Menschen vorzugehen, deren idealistische Haltung doch als positiv für jeden neuen Aufbau eines Staates angesehen werden konnte. Und im weiteren muß hier beanwortet werden, welche illegale Arbeit von bündischen Gruppen denn eigentlich geleistet worden ist.

Schon in den vorhergehenden Kapiteln ist dargelegt worden, daß die Machtübernahme durch die NSDAP – trotz der ihr auch von vielen Bündischen entgegengehaltenen Kritik – keineswegs überall in den Bünden ablehnend betrachtet wurde. Die ersten Konflikte wurden durch den Totalitätsanspruch der Hitlerjugend heraufbeschworen, den die bündischen Menschen ablehnen mußten. Jene Konsequenz aus ihrer nationalen Gesinnung zu ziehen, die Baldur von Schirach verlangte, bedeutete für sie die Aufhebung der Einzelentscheidung zu Gunsten einer Parteidogmatik, die viele junge Menschen nicht anerkennen konnten. Auf der anderen Seite mußte die neue Staatsführung damit rechnen, daß diese Menschen, trotz ihrer freiwilligen Bereitschaft mitzuarbeiten, sich nur schwer einer geistigen Uniformierung unterwerfen würden und somit anfälliger gegenüber jeder Kritik und bereit zu einer politischen Opposition eher seien als die große Masse der "Gleichgeschalteten".

Ein Staat wie der Adolf Hitlers, der sich für die Durchsetzung seiner Ziele jedes Mittels bediente, war eben gezwungen, jede mögliche Opposition schon von vorneherein auszuschalten, wenn er sich selbst in seiner Existenz und seinen Grundlagen nicht gefährden wollte. Die Verbindungen bündischer Kreise zu den Gruppen der "Konservativen Revolution", ja selbst bis zu den Kommunisten – auch wenn sie nicht in der Form einer festen ideologischen und politischen Bindung bestanden –, ließen diese Opposition der Jugend noch gefährlicher erscheinen, da aus ihren Reihen politische Gegner des Systems neuen Nachwuchs erhoffen konnten. Um diese Jugendlichen aber zu gewinnen, hätte der nationalsozialistische Staat als solcher ein anderer werden müssen, eine Entwicklungsmöglichkeit, die, wie schon gesagt, bei seiner geistigen Formlosigkeit vielleicht 1933 noch offen gestanden hätte, die aber notwendig an den führenden Persönlichkeiten der Partei scheitern mußte. So waren es der diesem System zugeordnete Zwang und die Methoden brutalster politischer Führung, die die Bündischen abstießen, während eine ideologische Gegenposition schon wegen der dem Nationalsozialismus anhaftenden geistigen Unklarheiten nur sehr zögernd gesucht und nie zu Ende durchdacht worden ist.

Es gelang dem Staat zwar, die Organisation der Bünde zu zerstören. Schwerer erreichbar aber waren für ihn die organisch gewachsenen Gemeinschaften. Dieser Kern bündischer Lebensform blieb an vielen Orten erhalten und wirkte weiter fort, ganz gleich, ob nun ein Teil der Glieder dieser Gemeinschaften in irgendwelchen Parteiorganisationen mitmachen mußte. Hier halfen Verbote wenig. Die einzelnen Gruppen waren nur schwer zu fassen. Sie zogen sich auf sich selbst zurück, vermieden jedes öffentliche Auftreten, machten oft im Jungvolk mit und versuchten dort ihre Art durchzusetzen.(30)

So bestand die erste Phase der illegalen Tätigkeit bündischer Gruppen zunächst lediglich in der Aufrechterhaltung der eigenen Existenz. Wie viele dieser Gruppen es gegeben hat, läßt sich nicht feststellen. Howard Becker schätzt, daß etwa "ein gutes Viertel der bündischen Jugend keine Nazizüge aufwies".(31) Legt man hier die ursprüngliche Mitgliederzahl von etwa 60 000 zu Grunde, so ergäbe sich etwa eine Zahl von 15 000 jungen bündischen Menschen, von denen angenommen werden kann, daß sie auf irgendeine Weise ihre Gemeinschaft aufrecht erhielten oder neue Gruppen bildeten. Ein Beweis für diese Zahl ist allerdings kaum zu bringen.

Noch bis zum Beginn des Zweiten Weltkrieges gingen diese Gruppen in Deutschland und im Ausland auf Fahrt, hielten in Privathäusern ihre Heimabende ab und die persönlichen Verbindungen zu anderen Gruppen waren weitverzweigt. Hauptstützpunkte blieben nach wie vor die großen Städte, da dort die Anonymität des Einzelnen leichter gewahrt werden konnte. Hierbei spielte die Tatsache, aus welchen Bünden die Einzelnen kamen, eine immer geringere Rolle. Ja, es bildeten sich neue Bünde und Verbindungen wie z.B. der Graue Orden oder die unter dem Kennwort "Sozialistische Nation" zusammengefaßten Gruppen.(32) Weiterhin kam es zu Vereinigungen von Jugendlichen in "wilden" Gruppen, die zum Teil während des Krieges mit kriminellen Elementen durchsetzt waren. Hierzu gehören auch die in ausländischen Berichten und bei Howard Becker mehrfach genannten "Edelweißpiraten" wie auch die "Kittelbachpiraten"(33), eine Gruppe Jugendlicher, die zunächst sich bis 1933 zur NSDAP hingezogen fühlte, dann aber ihre braunen Hemden auf dem Marktplatz in Krefeld verbrannte(34), ferner die im Verbot vom 20. Juli 1939 genannten "Navajos", sowie das ebenfalls bei H. Becker und in ausländischen Berichten erwähnte "Pack". Die Zahl und Namen dieser wilden Gruppen ließen sich noch vermehren. Sie können aber wohl nicht als eigentlich zur Jugendbewegung gehörig angesehen werden, wenn hier auch zweifellos in Liedgut und Fahrtenromantik ein Erinnerungsmoment an die einstige bündische Jugend erhalten blieb. Trotzdem sollen sie aber als eine Art jugendliche Revolte gegen die Massenerziehung und den Drill der Hitlerjugend – und um in etwa die recht verwirrten und unklaren Zusammenhänge mit der bündischen Jugend zu klären – noch gesondert behandelt werden.

Bei den verschiedensten Gelegenheiten gelang es dem HJ-Streifendienst, der SA und Gestapo, Angehörige dieser illegalen Gruppen aufzugreifen. Jedoch wurde nach Möglichkeit wenig Aufheben davon gemacht. Die immer wieder erneuerten Verbote zeigen, wie erfolglos im Grunde dieses Vorgehen blieb. Auch die große Razzia der rheinischen SA zu Pfingsten 1935 vermochte keine Abhilfe zu schaffen.(35) Während der Olympiade 1936 wurde ein besonderer Streifendienst der HJ um Berlin organisiert, um dorthin "trampende" Gruppen der bündischen Jugend aufzufangen. Hier gelang es z.B., eine dem Grauen Orden zugehörige Gruppe aus Bonn in Neuruppin zu verhaften. Die Jungen wurden nach längerem Verhör nach Hause geschickt.(36) Überhaupt wußte man in diesen Jahren in bündischen Kreisen dauernd von kürzeren Verhaftungen und Verhören durch die

Gestapo zu berichten. Aber der rebellische Teil der Jugend blieb weiterhin bei seiner romantischen Lebensform. Die Pressestelle des Gebiets Ruhr-Niederrhein der Hitlerjugend gab 1937 die Nachricht heraus, daß der HJ-Streifendienst weiterhin eingesetzt sei, um die Strassen von den bündischen Elementen zu säubern.(37) Erkenntlich wären diese Gruppen an ihren bunten Skihemden, den sehr langen Haaren und den umso kürzeren Hosen. Da die ehemalige Kluft verboten war, wurde sie meistens nur noch auf Auslandsfahrt getragen, während sich in Deutschland das uneinheitliche bunte Hemd umso stärker von den HJ-Formationen abhob.

Zu größeren Zwischenfällen kam es im Allgemeinen nicht, obgleich Schlägereien zwischen illegalen Gruppen und Hitlerjugend in den ersten Jahren nach 1933 nicht gerade selten waren. Einen beliebter Anlass für das Hervortreten der verbotenen bündischen Jugend bot jedesmal das Auftreten des Donkosakenchores, zu dessen Dirigenten die Berliner Jungenschaftsgruppen schon in den Jahren vor der Machtergreifung freundschaftliche Beziehungen unterhalten hatten.(38) Ein Beispiel, das bis in die Tagespresse drang, findet sich in einem Bericht des "Westdeutschen Beobachters" anläßlich des Auftretens der Donkosaken in der Messehalle in Köln am 31. Januar 1936.(39) Zunächst ist dort von Sprechchören "enthusiasmierter Jungen" die Rede. Aber am 5. Februar – nachdem man sich anscheinend über die Herkunft dieser Jungen klar geworden war – wird in einem Artikel "Hosen noch strammer ziehen" festgestellt, daß "asoziale Elemente" diese künstlerische Feststunde in einen "Polterabend" verwandelt hätten. Es sei eine der stärksten Frechheiten gewesen, die Köln in letzter Zeit gesehen habe. Die Angelegenheit hätte aber eine ernstere Grundlage, als die älteren Jahrgänge ahnen möchten. Bei dieser Gruppe, die zuerst recht strichweise hereingetröpfelt sei, sich aber "später zu einer geschlossenen Singgemeinschaft unter den vom schwachen Mondlicht geisterhaft erhellten Messerundgang zusammenballte", habe es sich "vielmehr um ein bewußtes Hervortreten jener Kreise" gehandelt, "die man schon für ausgestorben hielt". Sie seien also noch da, würden sich bei passender Gelegenheit hervorwagen, seien zwar nicht ernst zu nehmen, aber sie würden stören. Da für die individuelle Behandlung solcher Krankheiten keine Mittel und Zeit vorhanden sei, wird eine "hochanständige Tracht Prügel" vorgeschlagen.(40)

Als Folge dieser auch an anderen Orten auftretenden "Störungen" erhielt der Donkosakenchor das Verbot, eine Reihe von Liedern zu singen, die in der bündischen Jugend verbreitet waren.(41) Die Konzerte des Chores wurden von Gestapo-Beamten bewacht. Im Frühjahr 1939 wurde bei einem weiteren Konzert des Chores in der Beethovenhalle in Bonn nach tumultartigen Szenen eine Reihe von Personen durch die Gestapo verhaftet, untersucht und nächtlichen Verhören unterworfen, ohne daß es gelang, die eigentlichen bündischen Kräfte herauszufinden.(42) Aber die Unruhe unter der Jugend dauerte an, und Himmler sah sich im Juli 1939 zu einem erneuten und umfassenden Verbot der bündischen Jugend genötigt.

Als Hauptverbreitungsgebiete dieser illegalen Gruppen kann man etwa das Rhein-Ruhrgebiet, Berlin, Hamburg und Sachsen bezeichnen. Die Tätigkeit beschränkte sich allerdings nicht auf diese engeren Räume. Der Graue Orden besaß Gruppen in Saarbrücken, Freiburg und anderen Städten im Süden. "Die verlorene Rotte" wirkte in Speyer.(43) Der "Stromkreis" hielt sich in Mitteldeutschland, vor allem an der Elbe. In Österreich (Wien) gab es solche Gruppen, die der Jungenschaft nahestanden.(44) Die Verbindungen der Gruppe "Sozialistische Nation" waren weit verzweigt nach Hamburg, Berlin, Wien, Stuttgart, Köln und anderen Städten. Fast in allen größeren Städten hielten sich illegale Gruppen ehemaliger Bünde. Der Mangel einer einheitlichen Organisation, ein Zustand, der sowohl durch die dauernde Gefahr der Entdeckung wie durch die Unerfahrenheit in der Untergrundtätigkeit und die Zersplitterung der Bünde schon vor 1933 bedingt war, machte es schwer, ja wohl unmöglich, auch nur eine annähernd genaue Erfassung dieser Kreise durchzuführen. Planvolle Aktionen konnten daher von der Gesamtheit dieser Gruppen niemals durchgeführt, ja nicht einmal versucht werden. Querverbindungen waren zumeist nur durch persönliche Beziehungen gegeben.

Diese ganze Opposition bündischer Kreise beruhte ja, wie schon erwähnt, nicht auf einer durchdachten politischen Oppositionsstellung, sondern man sah sich in der eigenen Lebensfreiheit eingeengt und rebellierte, wie es der alte Wandervogel einst auch getan hatte. Nur waren es diesmal ganz andere Mächte als Schule und Elternhaus, mit denen man sich auseinandersetzen mußte. Die Flucht in die Wälder war gefährlich geworden, und die Romantik hörte dort auf, wo sich die Tore der Gefängnisse schlossen. So war man bemüht, der äußeren Gewalt die innere Haltung der Menschen der Jugendbewegung entgegenzusetzen, zog sich auf den eigenen Bereich zurück.(45) Doch war in den ernster zu nehmenden und geistig höher stehenden Gruppen ein immer stärker wachsendes Bewußtsein vorhanden, daß es in der Haltung gegenüber dem Nationalsozialismus einer grundsätzlichen Entscheidung bedürfe. War man hier einmal gewillt, die eigene Lebensform weiterzuführen, so ergaben sich ja immer größere Konflikte mit der bestehenden Staatsmacht, und selbst dort, wo zunächst nur eine Gegenposition zur Hitlerjugend bezogen wurde, drängten die Verhältnisse zu einer Auseinandersetzung mit dem politischen System.

Sicherlich bedeutet das Aufrechterhalten einer frei gewählten Gemeinschaft junger Menschen, die in der Art und Weise der Jungenschaftsbünde ihr Leben fortsetzten, Fahrten durchführten und auf den Heimabenden an einer Vertiefung ihrer geistigen Schau arbeiteten, schon viel für diese Zeit und war vielleicht mit eine Bedingung zur Erhaltung der geistigen Unabhängigkeit. Sehr viel schwieriger aber mußte für diese jungen Menschen die geistig-politische Distanzierung vom Nationalsozialismus werden. Die eigene nationale und soldatische Haltung, der in den Bünden lebendige Reichsgedanke, die Liebe zu Volk und Heimat, das schien in unüberbrückbarem Gegensatz zu einer Opposition gegen diesen Staat zu stehen, dessen äußere und innere Erfolge der "nationalen Politik" Adolf Hitlers ja unbestreitbar erschienen. Wo war hier Deutschland? Dem fühlte man sich verpflichtet, "denn: unsere Stellung zu Deutschland ist unwandelbar, von äußeren Dingen nicht beeinflußbar, von innen einmalig und bindend bestimmt."(46) Dieses Zitat, aus den Führerblättern "re 7" der jüdischen Jungenschaft "Schwarzes Fähnlein" entnommen, ist kennzeichnend dafür, wie selbst die jungen Juden der deutschen Jugendbewegung, die doch noch ein größeres Maß an Verfolgung zu tragen hatten, an ein nationales Denken gebunden waren. Um so bitterer wog hier das Bewußtsein, ausgeschaltet zu sein. Es ist sehr aufschlußreich für die gesamte geistig-politische Situation der Jugendbewegung nach 1933, daß auch die jüdische/deutschen Jungenschaften, - die glaubten, daß sie die letzten seien, die noch bündisch wären und bündisch leben müßten, die nicht in ein Ghetto gehen wollen und sich bewußt als eine "deutsche Jungenschaft", als "deutsche jüdische Stämme" ansehen, – sich dazu berufen und bestimmt fühlen, gerade "diese Form der Jugenderziehung hochzuhalten und weiterzuführen", Ja man glaubt, sich "einmal als Partner der soldatisch-militärischen Hitlerjugend beweisen",... "ihr eine wertvolle Ergänzung sein zu können". Man denkt daran, daß man "einmal in Ehren vor der Deutschen Nation dastehen" will.(47) Dieses gleiche Bewußtsein des Ausgeschlossenseins und gleichzeitig doch der Zugehörigkeit zum Deutschen Reich und Volk spricht auch aus einem bündischen Lied dieser Zeit:

"Wir stehen am Rande der Straße.
Die Trommeln und das Banner zieh'n vorbei.
Wir grüßen stumm unsre Fahne.
Trage sie, wer es auch sei."

So gelangt der ehemalige Führer der Südlegion, Dr. R. Pallas zu der nicht ganz unberechtigten Anschauung, daß die Auflehnung der bündischen Jugend gegen das Dritte Reich nur eine "individualistische" gewesen sei, "weil jenes Dritte Reich ihr Jugendland und die Erinnerung daran mit brutaler und hemmungsloser Konsequenz zerstörte. Nur wenige wären Antifaschisten geworden, hätten die Nazis ihr individuelles Leben nicht angetastet". Sie hätten sich vereinzelt und in kleinsten Verbindungen zusammenbleibend, so gut wie sie es eben vermochten, "ihre Lebenshaltung" bewahrt, aber nur wenige hätten einen kämpferischen Willen mit ihrer individuellen Opposition verbunden.
Die Ursache der Erscheinung, daß sich die Zahl der jugendlichen Einzelgänger, die zu zweit und dritt auf Fahrt zogen, stets noch vermehrte, sieht er nicht so sehr in einer Fortsetzung des Gedankens der bündischen Jugend, als vielmehr in jener unstillbaren Sehnsucht jeder Jugend nach den wirklichen und echten Werten des Lebens und dem Versuch, sich einer zwangsweisen allgemeinen Uniformierung aller Dinge zu entziehen.(48)
Trotzdem scheint uns doch wohl gerade die Bedeutung der bündischen Rebellion gegen den Nationalsozialismus darin zu liegen, daß sie in einem Zeitalter der Massensuggestion und Massenhypnose den Mut zur Persönlichkeitshaltung fand. Eine starke Stütze der persönlichen Opposition war für die meisten dieser Gruppen die von dj. 1.11. herausgestellte Haltung eines zeitlosen Heroismus, der seine Vorbilder im Gegensatz zum Nationalsozialismus bewußt nicht einem germanischen Heldenmythos entnahm.(49) Der junge Mensch der illegalen Gruppen sah sich ja in einen Gegensatz zu seiner gesamten Umwelt gedrängt. So trug er mit sich ein Bewußtsein des heroischen Unterganges der Letzten, bezeichnete sich, wie eine Gruppe in Speyer, als "Verlorene Rotte" und stand so ausweglos einer ungewissen Zukunft und feindlichen Gegenwart in tragischer Haltung gegenüber.
Den Verzicht auf die Gestaltung der Zeit und das Zurückgehen auf eine erneute und sorgfältigere Vorbereitung des "Neuen Reiches" durch den Orden der Jungenschaft sprach das Spiel "Entscheidung" aus, das etwa 1936 im Grauen Orden entstand. Das Pathos dieses Spiels zeigt noch den unveränderten Wortgebrauch der autonomen Jungenschaftsbünde: Ein schwerverwundeter Soldat, dem beide Beine zerschmettert wurden, erhält entgegen seinem Wunsch, sein Leben zu beenden, von einem sterbenden Offizier den Auftrag, auf "dem verkohlten Boden des Reiches" ein neues Fundament zu bauen. Der Tod sei "der Sinn des Lebens für die anderen". Hier ist also der unmittelbare Aufruf, den die Nachkriegsjugendbewegung aus dem Sterben der Soldatengeneration empfangen

zu haben glaubte, auch in der illegalen Zeit noch lebendig. Im zweiten Teil des Spieles gelingt es dem von diesem Kriegskrüppel erzogenen und geformten "Jungengeneral", die Regierung mit Gewalt zu stürzen. Im gleichen Augenblick der Siegesnachricht erhält der Jungengeneral die Meldung, daß ein Offizier die Kasse der Zentralbank geplündert habe. Diese Tat zerstört das reine Werk der Jungen.

"der krüppel: du wirst noch einmal anfangen
                    ganz vorn, ganz unten.
                    ich helfe dir.
                    jeden stein behauen.
                    allem sich entziehen.
                    dem einen sich geben.
                    alle schauen auf dich.

der jungengeneral: (ist aufgestanden, lange pause)

                    ich trage eine volle länge sehnsucht
                    und soll sie nun mit einem
                    klaren wort ins leere gießen. . .
                    ich soll die fundamente unsres bau's
                    zersprengen
                    ein ganzes leben stein behauen
                    nur säen, niemals ernten . . .
                    daß einmal einer richtig bauen kann
                    daß irgendwann
                    ein turm den steilen schatten
                    tief in's weite werfe
                    ein turm . . .

(er bricht ab. sein blick, der in's weite gesehen hat, trifft den blick des krüppels) der chor setzt noch einmal ein mit dem anfangsmotiv: wir behauen den stein, stein sind wir selbst. . .(50)

In dieser Entscheidung des "Jungengenerals" ist symbolisch die Absage an den Sieg der nationalen Revolution enthalten. Das Dritte Reich kann nicht das ersehnte Reich sein. Es ist durch Verbrechen und Eigennutz geschändet. Das Vermächtnis der Front, wie es die Jugendbewegung aus dem reinen Sterben des Kriegswandervogels bei Langemarck als Aufgabe übernommen hatte, verlangte einfach einen nochmaligen kompromißlosen Neubeginn, und die Erkenntnis, nur zu säen, nie aber zur Ernte bestimmt zu sein, erschüttert zwar bis zur Tragik und bitteren Verzweiflung, aber der Gedanke des Reiches als letzter Ordnungsidee ohne jede festgelegte politisch-ideologische Orientierung bleibt stark genug, um gehört und als innere Verpflichtung und Aufgabe empfunden zu werden.

MITARBEIT AN POLITISCH ORIENTIERTEN WIDERSTANDSKREISEN

Während nun der größte Teil der Gruppen der Jugendbewegung, die nach 1933 ihre Gemeinschaften in illegaler Form aufrechterhielten, zumeist auf der rein bündischen Ebene weiterwirkte, gab es doch auch zahlreiche Kreise und Einzelpersönlichkeiten, die auf eine planvoll und politisch durchdachte Widerstandsarbeit hinzielten und zu politisch-ideologisch orientierten Gruppen Verbindungen aufnahmen und mitarbeiteten. Bei den Gemeinschaften, die sich zu einer solchen Arbeit entschlossen, wie etwa den Jungenschaftsgruppen des Kreises "Sozialistische Nation", entwickelte sich das politische, praktische Handeln als Konsequenz der Haltung der Jugendbewegung, deren Stil und Inhalt gewahrt wurde.

Hier zeigte es sich, wie berechtigt die Annahme von national-sozialistischer Seite war, daß die bündische Jugend in besonderem Maße für "staatsfeindliche Umtriebe" anfällig sein könnte.(51) Besondere Bedeutung maß die Reichsjugendführung der Untergrundarbeit der dj.1.11. bei, die schon in der "rot-grauen Aktion" bemüht gewesen war, einen Einfluß auf sämtliche Bünde auszuüben. Dabei wußte man nur allzu gut, wie gefährlich eine planvolle Zersetzungsarbeit in der Hitlerjugend werden konnte, wenn sie von einem besonders hoch qualifizierten Menschenkreis ausging. So heißt es in der Geheimschrift Nr. 21 der Reichsjugendführung: "Die Bünde wurden alle direkt oder indirekt von dem Führer der dj.1.11., Eberhard Koebel, beeinflußt. Im April 1933 rät Koebel dem Bund in die HJ und besonders ins Jungvolk einzutreten, um zu zersetzen –, ihre Leute sitzen bis in die höchsten Stellen der Hitlerjugend hinauf. Die Aussprache (im Heimabend) berührt alle Gebiete und setzt sehr vielseitige Bildung der Führer voraus. Die geistige Allgemeinbildung der Führer ist ungewöhnlich hoch. Ein dienstliches Verhältnis eines Vorgesetzten zu den Jungen ist unbekannt. Die Disziplin in dj.1.11. beruht auf freiem Gehorsam ... Das Jungenmaterial ist von seltener Güte, keine andere Organisation, die ihm auch nur annähernd ähnliches entgegenzustellen hätte."(52)

Schon im Herbst 1931 hatte die Leitung von dj.1.11 in Berlin beschlossen, der antifaschistischen Massenbewegung, die unter der Führung der KPD stand, beizutreten, während für diejenigen, die diesen Schritt zu einer parteipolitisch-ideologischen Bindung nicht mitmachen wollten, die Deutsche Jungenschaft e.V. gegründet wurde.(53) Der Versuch der Jungenschaft (dj.1.11.) nach dem 30. Januar Widerstandsarbeit zu leisten und die Hitlerjugend zu zersetzen, scheiterte praktisch an dem Eingriff der Staatsgewalt. Die Flucht Koebels ins Ausland im Jahre 1934 setzte seinen Versuchen, persönlichen Einfluß auf die Entwicklung in Deutschland zu nehmen, ein Ende. Das Gedankengut der dj.1.11. aber wirkte weiter in den sich neu bildenden illegalen Jungenschaftsgruppen, in Teilen der konfessionellen Verbände, so z.B. Quickborn-Jungenschaft, Neudeutschland und auch im Jungvolk der Hitlerjugend. Das weitverbreitete Schrifttum des Verlages Günther Wolff trug zu dieser Auswirkung in sehr bedeutendem Maße bei. Aber diesem Wirken setzte das Verbot der Zeitschriften ein baldiges Ende.(54)

Nun ist es wohl keineswegs zu bestreiten, daß in fast allen Widerstandskreisen, die sich gegen das Regime Hitlers in Deutschland bildeten, Menschen aus der ehemaligen Jugendbewegung mitarbeiteten. Dennoch kann wohl kaum die sichere Behauptung aufgestellt werden, daß allgemein und in allen Fällen hier ein unmittelbarer Kausalzusammenhang von Jugendbewegung und Widerstand vorgelegen hat. Es ließe sich auch noch nachweisen, daß ein ebenso großer, wenn nicht noch stärkerer Prozentsatz der Jugendbewegung zumindest zeitweilig mit dem Nationalsozialistischen System zusammengearbeitet hat. Anderserseits kann aber doch nicht übersehen werden, daß die Grundhaltung der Jugendbewegung zum Nationalsozialismus Adolf Hitlers im Widerspruch stand, die Situation nach 1933 gerade die bündischen Menschen bei einer wachen Beobachtung der Verhältnisse in eine oppositionelle Stellung drängen mußte, und vor allem die maßgebenden Persönlichkeiten der Jugendbewegung keineswegs in der NSDAP zu finden waren. Die Zugehörigkeit und Verwandtschaft der Bündischen zu den Strömungen der "Konservativen Revolution", wie sie Armin Mohler herausgestellt hat, läßt aber doch weiterhin den berechtigten Schluß zu, daß die Einzelpersönlichkeiten der bündischen Jugend, die sich aus eigenem Entschluß und individualistischer Haltung den Widerstandskreisen zuwandten, gerade aus ihrer bündischen Vergangenheit und Erziehung den Anstoß für ihr Handeln gewannen.(55) Schon vor der Machtübernahme hatten es ja die Kreise der Konservativen Revolution, die sich nicht wie die NSDAP an die Massen, sondern in erster Linie an Elitegruppen wandten, in viel größerem Maße vermocht, die aus den Bünden heranwachsenden Menschen anzusprechen.(56) So war es eigentlich nur die Konsequenz eines folgerichtigen Denkens, wenn sich zahlreiche einzelne Menschen der Bünde diesen Widerstandskreisen nach 1933 anschlossen.

Charakteristisch für diesen Weg aber ist es immer, daß die Menschen auf Grund ihrer individualistischen Entscheidung diesen Entschluß faßten und darum, wenn in den Widerstandsgruppen Angehörige der Bünde zu treffen waren – die hier vorgelegten Berichte weisen darauf hin, daß sich dort immer wieder ehemalige Bündische begegnen – doch die Bünde selbst nicht zu einem gemeinsamen Handeln gegen den nationalsozialistischen Staat gelangt sind. Weiterhin, daß man nur sehr gute Bekannte und Freunde für die illegale Arbeit gewann, von denen kaum einer unter 20 Jahren zählte.(57) So beteiligten sich bündische Menschen an den Widerstandskreisen von Friedrich Hielscher und Ernst Niekisch(58), im "Kreisauer Kreis" und der "Roten Kapelle", wohl auch an den Bemühungen der "Schwarzen Front", ja selbst, wie es sich im Falle Koebels zeigte, an der illegalen Arbeit der KPD.(59) Koebel stellt sogar die Behauptung auf, daß Harro Schulze-Boysen, den R. Pallas als einen der aufrichtigsten und mutigsten Widerstandskämpfer, die die bürgerliche Gesellschaft hervorgebracht habe, aus seiner persönlichen Erfahrung her bezeichnet, schon im Jahre 1932 durch die dj.1.11. mit der KPD in Verbindung gebracht worden sei.(60) Hierzu berichtet R. Pallas, daß Harro Schulze-Boysen aber eine direkte Verbindung zur Jugendbewegung abgelehnt habe, da sie ihm zu wenig realistisch, zu abseitig und traumverloren für seine Ideen und seinen Kampf erschienen sei. Mit der Jugendbewegung habe ihn lediglich die Hoffnung verbunden, aus ihren Reihen Kräfte für den Widerstand zu gewinnen, und darum habe er im allgemeinen den Kreisen der Jugendbewegung sympathisch gegenübergestanden.(61) Die ganzen Zusammenhänge und Verbindungen der "Roten Kapelle" zu bündischen Kreisen und Einzelpersönlichkeiten können hier nicht klargelegt werden. Sie sind ebenso wie die Mitarbeit einzelner Bündischer bei anderen Widerstandskreisen schwer erkennbar und kaum zu entwirren. Da aber auch keineswegs die These aufgestellt werden soll, daß nun, weil einzelne Bündische in diesen Kreisen arbeiteten, diese Kreise selbst bündisch bestimmt gewesen seien, so gehört ihre eigentliche Arbeit auch nicht mehr in den Rahmen dieser Darstellung. Wichtig ist hier nur für die Gesamtschau der Verhältnisse, daß zahlreiche einzelne Menschen der Jugendbewegung diesen Weg des Widerstandes gegen den Nationalsozialismus als Einzelne und aus eigenem Entschluß wählten.

Um eine typische Form bündisch-politischen Widerstandes aber handelte es sich bei den Jungenschaftsgruppen der Gruppe "Sozialistische Nation". Hier waren es illegal weiterbestehende Jungenschaftsgruppen, die im Jahre 1937 zuerst mit deutschen Emigranten in Paris in Berührung kamen, sich 1938 zu gemeinsamer politischer Arbeit gegen das nationalsozialistische System entschlossen, da sie die Notwendigkeit politischen Widerstandes als eine Konsequenz ihrer bisherigen Haltung ansahen. Auch waren es vornehmlich Jugendliche im Alter von 17, 18 und 19 Jahren, die sich an der politischen Arbeit beteiligten. So hielt eine Gruppe von Primanern der Jungenschaftsgruppe Bonn regelmäßige Schulungsabende ab, auf denen sie auf Anraten K. O. Paetels sich mit politischen Fragen auseinandersetzten.(62) Im Frühjahr 1939 fuhren Mitglieder der Gruppen aus Köln, Hamburg, Berlin und Bonn zu Paetel nach Paris, um dort an einer politischen Schulungsarbeit teilzunehmen. Der Bericht in "Anti-nazidevelopment among German Youth" läßt klar erkennen, daß die oppositionelle Stellung dieser Gruppe zunächst aus einer instinktiven Abwehr gegen die Brutalität des Nationalsozialismus gezogen wurde, während die politische Grundlage durch die Berührung mit dem Paetel-Kreis, den Armin Mohler ebenfalls der konservativen Revolution zurechnet, erreicht werden konnte.(63)

Die politische Arbeit dieser Kreise erstreckte sich zunächst auf eine Auseinandersetzung mit der nationalsozialistischen Ideologie. Hitlers Buch "Mein Kampf", das Programm der NSDAP wurden diskutiert, dann vor allem Schriften und Werke aus dem Bereiche der Konservativen Revolu- tion herangezogen. So etwa die Bücher von Spengler und Jünger, die in Holland herausgegebene Zeitschrift "Kameradschaft" und die "Schriften der jungen Nation", welche Paetel mit fiktiver Münchener Adresse in Stockholm und Paris herausgab. Eine feste Vorstellung über die deutsche Zukunft besaß man noch nicht. Nur eines schien sicher, daß Hitlers Politik über kurz oder lang zu einer Katastrophe führen müsse. Diesem Verhängnis aber wollte man sich mit allen Mitteln entgegenstellen. Hitlers Großdeutsches Reich erschien ihnen als eine furchtbare machtpolitische Verzerrung des großdeutschen Gedankens.(64) Politische Gedankengänge bewegten sich in Richtung auf einen Volksstaat, aufgebaut auf den Gauen und Stämmen des Reiches, wie sie etwa in den Leitsätzen "Unser Deutsches Reich" und "So wollen wir Deutschland" in der Zeitschrift "Kameradschaft" im Jahre 1938 und 1939 veröffentlicht wurden.(64) Diese politischen Vorstellungen entsprachen denen, die die bündische Jugend auch schon vor 1933 im großdeutschen Volksgedanken, der Reichsidee und der Notwendigkeit einer Überwindung der liberalistisch-kapitalistischen Wirtschafts- und Gesellschaftsform gehabt hatte. Der revolutionäre Impuls war der gleiche geblieben. Das Bewußtsein, der großen Masse Andersdenkender gegenüberzustehen, hob den Elitegedanken nur noch mehr heraus. Selbst die äußeren Erfolge des nationalsozialistischen Staates vermochten es nicht, diese jungen Menschen von ihrem Weg abzubringen oder ihre Opposition zu betäuben. Bücher wie die "Moorsoldaten" von Wolfgang Langhoff, und die Berichte der Emigranten klärten sie über die Vorgänge in den deutschen Konzentrationslagern auf. Die wiederholten Fahrten ins Ausland (vor allem Frankreich) brachten sie immer wieder in Berührung mit der Kritik, die dort am Nationalsozialismus geübt wurde und verhinderten, daß ihr Blick auf dem von der NSDAP gewollt beschränkten deutschen Horizont haften blieb. Keineswegs kann auch von einer Zurückwendung oder einem Bestreben zur Restauration der Weimarer Republik bei diesen Gruppen gesprochen werden. Der Weimarer Staat hatte es ja nie vermocht, die deutsche Jugend an sich heranzuziehen, da er sowohl in der Lösung der nationalen wie auch der sozialen Frage versagte, ihm auch jeder außenpolitische Erfolg durch die Kurzsichtigkeit der Westmächte vorenthalten worden war und dadurch dem Nationalsozialismus die billigsten, bequemsten Propagandamöglichkeiten geboten wurden. Irgendwie hoffte man in den illegalen Gruppen, zusammen mit allen Widerstandskämpfern und der Arbeiterschaft nach dem Zwischenspiel des Nationalsozialismus dennoch aus dem Geiste der Jugendbewegung ein "neues Reich" bauen zu können.

Zunächst aber nahm der Kampf gegen den Nationalsozialismus in der illegalen Arbeit alle Kräfte in Anspruch. Dessen Beseitigung als Nahziel drängte die Gedanken um eine ferne Ausgestaltung der Zukunft weitaus zurück. Bei den Klassenkameraden in der Schule, Freunden und Bekannten versuchte man politische Gespräche in Gang zu bringen und sie für den Gedanken einer Opposition zu gewinnen. Im Sommer 1939 wurden von Mitgliedern dieser Gruppen in den Arbeitslagern Geilenkirchen und Süggerath illegale Zellen gebildet, die es sich besonders zur Aufgabe machten, den politischen Schulungsunterricht, der im Arbeitsdienst gegeben wurde, zu kritisieren und ad absurdum zu führen. Im Fahrtengepäck wurden die "Schriften der jungen Nation", "Kameradschaft" und Rundbriefe an die bündische Jugend nach Deutschland hereingeschmuggelt und verbreitet. Scham und Entsetzen über die Judenpogrome des 9. November 1938 in Deutschland bewogen diese jungen Menschen, genaue Berichte über diese Vorgänge den deutschen Emigranten zuzuleiten. Die Post ging zumeist über Deckadressen in Schweden und wurde unter Decknamen empfangen. Verbindungen zu Gruppen Katholischer Jugend wurden gehalten und noch im Dezember 1939 von drei Gruppenmitgliedern versucht, eine nähere Beziehung zur Arbeiterschaft herzustellen. Weder die ersten Verhaftungen von Mitgliedern der Gruppe "Sozialistische Nation" in Stuttgart, Berlin und Hamburg, noch der Siegesfeldzug Hitlers in Polen vermochten diesen Widerstandswillen zu tilgen. Erst die umfangreichen Aktionen und Verhaftungen der Gestapo im Dezember 1939 und Frühjahr 1940 vernichteten diese Widerstandsgruppen.(66)

Parallel mit der Arbeit der Gruppe "Sozialistische Nation" und durch die Zeitschrift "Kameradschaft" verbunden lief die Arbeit der illegalen Gruppen, die Dr. H. Ebeling und Theo Hespers von Belgien und den Niederlanden her aufzubauen versuchten. In Holland selbst wurde mit Unterstützung protestantischer Jugendorganisationen das "Comite vor duitsche jeugdige Luchtelingen" unter dem Vorsitzenden Kuches und dem Sekretär Dr. Verkade gegründet. Eine Parallelgründung entstand in Brüssel unter dem Vorsitzenden Paul Heymanns und dem Sekretär Rechtsanwalt Stella Wolf. Dieses Komité gewann personelle Unterstützung in Flandern, Brabant und der Wallonie.(67) Theo Hespers entfaltete seine Tätigkeit von Roermond und später von Helmond in Nordbrabant aus. An jedem Wochenende kamen Gruppen verschiedenster Bünde zu ihm herüber. In den Gemüsewagen der Holländer wurde antinationalsozialistisches Schrifttum nach Deutschland eingeschmuggelt. Auf einen offiziellen Protest der Deutschen Regierung hin wurde Hespers aus der Grenzprovinz Limburg verbannt. Es gelang ihm, bündische und katholisch-bündische Gruppen zu einer weitgehenden Mitarbeit zu gewinnen.(68) Die Zeitschrift "Kameradschaft, Schriften junger Deutscher" versuchte die politischen Grundlagen für diese Widerstandsgruppen zu erarbeiten. In dieser Zeitschrift wurden die Berichte über die Opposition bündischer Gruppen im Reich zusammengetragen. Hier wurde bündische Haltung mit einer revolutionären Haltung gegenüber dem Nationalsozialismus identifiziert und der leidenschaftliche Kampf gegen dieses System als Sinn der deutschen Jugendbewegung gefordert. So hieß es: "Es hat sich erwiesen, daß Bündisch dem Nationalsozialismus konträr gegenübersteht. Und es ist bezeichnend, daß die großen Prozesse des Nationalsozialismus sich noch stets gegen bündische Menschen gerichtet haben. Im Prozeß gegen die katholische Jugend wurde die katholisch-bündische Jugend im Kaplan Dr. Rosaint getroffen. Der Essener Prozeß war gegen den Jungnationalen Bund gerichtet und im Prozeß gegen Ernst Niekisch kann man die beiden Hauptmitangeklagten Drexel und Tröger als bündisch bezeichnen".(69)

"Die evolutionäre Periode der deutschen Jugendbewegung, der bündischen Jugend, hat mit 1933/34 aufgehört. Es bedarf nicht vieler Worte. Aber die Tatsache sei festgestellt, daß das Wesen und der Sinn der deutschen Jugendbewegung, der bündischen Jugend, sich nur durchsetzen und vollendet werden kann gegen das System des Nationalsozialismus im Revolutionären. Der totalitäre Staat verlangt auch eine totalitäre Opposition. Die Haltung der bündischen Menschen kann nicht halb sein. Es geht heute nicht mehr allein um kulturelle Güter, nicht allein um diese oder jene Form der jungen Generation im Leben durchzusetzen, sondern es geht um das Leben des deutschen Volkes und der deutschen Jugend schlechthin".(70) In diesem Aufsatz wird das Balkenkreuz als überbündisches Zeichen dem Hakenkreuz gegenübergestellt und die Strophe eines bündischen Liedes von der "Ritterschaft des Reiches" vorangestellt, als Symbol des Kampfes der Jugend:

"Das Balkenkreuz, das schwarze
fliegt voran auf weißem Grunde:
verloren wohl, doch unbesiegt!
So klingt uns seine Kunde!"

Die Zeitschrift "Kameradschaft, Schriften junger Deutscher" erschien zunächst Ende 1937 in Belgien, später in Holland und wurde bis zu dem deutschen Überfall auf die Niederlande weitergeführt. Sie stand unter dem Motto: "Unterstützt die deutsche Jugendbewegung im Kampfe für ihre Freiheit!" Insbesondere versuchte sie auch, eine gemeinsame Front von bündischen und katholisch-bündischen Gruppen im Kampf gegen den Nationalsozialismus herzustellen.(71) Über das politische Wollen gibt etwa der "Brief eines Bündischen aus dem Reich" Auskunft. Dort heißt es: "Wir wollen Freiheit, aber kein zweites 'Weimar'. Wir wollen auch keine Diktatur mehr, weder von 'Rechts' noch von 'Links'. Auch keine kommunistische 'Demokratie', denn nur als Sprungbrett zur Diktatur propagiert man sie. Wir müssen neue Wege gehen. Uns scheint eine Demokratie mit unserem bündischen Führertum, direkt gewählt von der Gemeinschaft in ihr, nur ihr allein bis zum Letzten verantwortlich, das Richtige zu sein. Doch bis es soweit ist, müssen wir warten. Wie lange noch?"(72)

Man hofft, daß der nächste Krieg, der als Folge der Hitlerschen Politik sicher erwartet wird, die Möglichkeit zu einer Aktion im ganzen Reich geben wird.

"Dann können wir uns bewähren. Diesmal wird es wirklich ein 'Dolchstoß' gegen die Machthaber, ihren Terror und ihre imperialistischen Ziele. Unsere Parole ist: Kampf für ein deutsches Großdeutschland."(73)

Die Hoffnung, die man in der ersten Zeit nach 1933 von bündischer Seite auf die Reichswehr setzte, ist endgültig vernichtet. Man weiß mittlerweile, daß der deutsche Generalstab "keine eigene p o l i t i s c h-strategische Linie verfolgt", daß die neue Wehrmacht auf Gedeih und Verderb mit dem nationalsozialistischen Staat verbunden ist, daß die dynamische Kraft dieser gewaltigen Kriegsinstrumente zum Einsatz drängen muß, und daß die Generale entschlossen sind, diesen Einsatz zu vollziehen, und sei es auch nur um "in Ehren unterzugehn". Als Beweis für die Haltung der Generalität, von der der Truppenoffizier ausgenommen wird, werden zahlreiche Aussprüche aus der offiziellen Militärliteratur zitiert.(74) Nachdem allerdings der Faktor "Wehrmacht" als mögliche revolutionierende Kraft ausgeschlossen ist, kann natürlicherweise nicht eingesehen werden, welche Hoffnungen man sich damals auf die reale Verwirklichung und durchschlagende Möglichkeit irgendwelcher Widerstandsaktionen gemacht hatte.

Es ist ja typisch für die ganze Art dieser bündischen Opposition, daß sie opponiert ohne eine wirkliche Aussicht auf Erfolg, daß sie im Grunde weiß, daß eine Änderung ohne die Katastrophe eines kommenden Krieges schlechterdings unmöglich ist. Man lebt etwa im Gefühl der "Letzten Reiter", des "Verlorenen Haufens", und das "Trotzdem" jungenhaften Eigensinnes und jugendlich-idealistischer Radikalität ist doch immer mehr als politische Ideologien das Agens ihres Wirkens. Das Gefühl ist zumeist maßgebender als die politische Einsicht, die mehr intuitiv als theoretisch gewonnen wird. Die Gesamtstimmung dieser bündischen illegalen Gruppen gibt wieder der "Sprechchor der Jugend", von einer bündischen Gruppe im Reich:

"Wir halten tief und stumm in uns verborgen
Die alte Sehnsucht und den jungen Groll
Wir kämpfen immer für den einen Morgen
Der uns die Freiheit wiederbringen soll.

Wir sprechen nicht von Zeiten, die vergangen.
Wir sind die Zukunft, rings um uns die Not,
Die wir mit starkem Herzen doch bezwangen,
Ist schon von unsren Feuern überloht,

Die flammend es der ganzen Welt bezeugen:
Wir sind die Jugend, die die Fesseln bricht.
Das Joch der Not mag alle Herzen beugen,
Doch unsre Herzen zwingt das Elend nicht.(75)

Wenn der Kreis um H. Ebeling auch noch während des Krieges von London aus über eine eigene Sendestation "Der Sturmadler-Sender der Deutschen Jugend" versuchte, die Oppositionsgruppen der Jugend anzusprechen und zum Widerstand aufzufordern, so gelang es doch nicht mehr, eine wirkungsvolle Opposition von bündischer Seite während des Krieges zur Auswirkung zu bringen.(76) Wenn auch die Münchener Studentenrevolte der "Weißen Rose" nicht ausschließlich von Bündischen getragen war, so kamen doch zwei der führenden jungen Menschen, Hans Scholl und Willi Graf, aus den Jungenschaftsbünden und die Blätter der weißen Rose sprechen die Sprache der Jugendbewegung. Im Namen der Jugend wird der Kampf gegen Hitler gefordert. Die Vorgänge in München und die Arbeit dieses Kreises haben durch die Schwester Hans Scholls eine gültige Darstellung erfahren. Es bleibt nicht mehr hinzuzusetzen als die tiefste Bewunderung und Verehrung gegenüber dieser im letzten und gültigen Sinne heroischen Haltung von Menschen der Jugendbewegung. Es gibt wohl kaum ein Ereignis der deutschen Geschichte, das mit diesem reinen jungen Opfertod verglichen werden kann. Der letzte Ruf Hans Scholls, bevor er das Haupt auf den Block legte, "Es lebe die Freiheit", war die entscheidende Antwort, die die Jugendbewegung dem Nationalsozialismus in Deutschland geben konnte, ein Fanal und Verpflichtung allen kommenden jungen Generationen, letztes und wertvollstes Erbe der Jugendbewegung.(77)

Das letzte Opfer des Nationalsozialismus aus der Jugendbewegung wurde Adolf Reichwein. Durch seine Mitarbeit im "Kreisauer Kreis" – in dem sich Männer aller früheren politischen Lager auf ein Programm der Ordnung des Reiches, das in den ersten vorgesehenen Schritten fest, klar und bestimmt war, in den späteren alle Möglichkeiten einer gerechten Sozialordnung offenhielt, einigten – wurde er in die Verschwörung des 20. Juli 1944 hineingezogen. Keinesfalls stimmte er leichten Herzens einer Gewaltlösung zu und verwarf sie eigentlich noch bis zum letzten Augenblick. Aber er sah keinen anderen Ausweg mehr. Er selbst, durch seine Weitherzigkeit und Vorurteilslosigkeit dazu bestimmt, verhandelte zusammen mit Leber mit den kommunistischen Widerstandsgruppen. Ein Spitzel verriet ihn, und er wurde verhaftet, bevor noch die Aktion des 20. Juli gescheitert war. Über die Hintergründe der ganzen Vorgänge kann hier nicht berichtet werden. Bedeutsam für uns ist aber, daß Menschen der Jugendbewegung wie Reichwein und Helmut v. Moltke aus ihrer Lebenshaltung heraus alle Konsequenzen einer Entscheidung gegen den Gewaltstaat auf sich nahmen. Hier gelangten Menschen der Jugendbewegung zur geschichtlich entscheidenden politischen Tat. Der Kreisauer Kreis selbst war, schreibt der Freund Reichweins H. Bohnenkamp, "keine Verschwörung, um Hitler Gewalt anzutun, sondern die geistige Vorbereitung dessen, was nach dem schnell und sicher kommenden Ende seiner Macht zu geschehen hatte."(78) Die Brutalität des Nationalsozialismus aber zerstörte nicht nur die Gegenwart, sondern traf auch die politische deutsche Zukunft durch die Hinrichtung derjenigen Menschen, deren Kraft und Begabung zur Gestaltung einer besseren Zeit fähig waren. Die Vollstreckung des Todesurteils gegen Adolf Reichwein erfolgte am 20. Oktober 1944.

Der Grund dafür, daß es während des Krieges keine Gruppe der Jugendbewegung gab, die sich in einem aktiven Widerstand hätte durchsetzen können, lag zunächst darin, daß es der Gestapo durch die Aktionen in den Jahren der nationalsozialistischen Herrschaft weitgehend gelungen war, auch die letzten gefährlichen bündischen Oppositionsgruppen zu zerschlagen. Abgesehen davon, daß es den Menschen der Jugendbewegung allein nie hätte gelingen können, den Sturz des Regimes durchzuführen, war immerhin durch die Verbindung mit den verschiedensten politischen Kräften die Möglichkeit eines Erfolges gegeben. Die geschichtliche Tatsache eines hartnäckigen und beispielhaften Widerstandes der deutschen Jugend gegen Hitler kann weder geleugnet noch übersehen werden. Für die Erfolglosigkeit des Widerstandes kann ein weiterer Grund darin gesehen werden, daß der Krieg die Menschen auseinanderriß, die Verbindungen nur sehr schwer gehalten werden konnten und eine auf bereits bestehenden illegalen Gruppen aufbauende Widerstandsarbeit hierdurch praktisch unmöglich gemacht wurde. Daß diese Arbeit geplant war, beweist die Weiterführung der "Gruppe Sozialistische Nation" in den ersten Kriegsmonaten bis zur endgültigen Aufdeckung dieses Kreises durch die Gestapo. Eine eigentliche Rebellion Jugendlicher kam an ganz anderer Stelle zum Durchbruch, ohne in einem ursächlichen Zusammenhang zur alten Jugendbewegung zu stehen, wenn auch gewisse Verbindungslinien nicht zu übersehen sind.

DIE OPPOSITION DER "EDELWEISSGRUPPEN"

Dieses Kapitel sei hier nur angeschlossen, um eine gewisse Klärung über ein Erscheinen von "wilden" Jugendgruppen während des letzten Krieges zu geben, nicht aber um diesen zu einer Bedeutung zu verhelfen, die ihnen vielfach fälschlich zugemessen worden ist.

In den letzten Kriegstagen (etwa von 1942 ab) bildeten sich in deutschen Großstädten, vor allem in Westdeutschland, illegale Gruppen von Jugendlichen, die geheim und offen zur Rebellion gegen die Hitlerjugend und die Institutionen des nationalsozialistischen Systems drängten. Der bekannteste Name für diese Gruppen war der der "Edelweißpiraten". Als gemeinsames Kennzeichen wurde unter dem Rockaufschlag, aber zuweilen auch offen ein Edelweißabzeichen getragen. Trotz dieses einen Namens für viele Gruppen handelte es sich hier entgegen Mutmaßungen des amerikanischen Geheimdienstes nicht um eine zusammenhängende Organisation, wenn es auch unzweifelhaft zahlreiche Verbindungen zwischen den einzelnen Gruppen gegeben hat. Die Mitglieder dieser Kreise waren in den allermeisten Fällen Arbeiterjugend und wuchsen so aus einem ganz anderen Milieu heraus als die jungen Menschen der Jugendbewegung. Die Zielsetzung trug im Grunde rein negierenden Charakter, war nicht an irgendwelche politischen Ideologien gebunden und richtete sich lediglich gegen das Zwangssystem des nationalsozialistischen Staates. Positiv zu werten ist der ungeheure Drang nach persönlicher Freiheit, der hier vorhanden war, sich aber oft bis zu Zügellosigkeit steigerte. Es kann hier etwa von einer Art jugendlichen Bandentums gesprochen werden, das nicht immer frei von kriminellen Elementen geblieben ist. Irgendwelche Literatur oder sonstige Zeugnisse sind von diesen Jugendlichen nicht hinterlassen worden. Die Gruppen verschwanden nach dem Ende des Krieges mit der Normalisierung der Verhältnisse ziemlich schnell. Unsere Beurteilung stützt sich hier auf die gesammelten Berichte in: Anti-nazi-Development among German Youth, ferner auf die Angaben bei Howard Becker, einige photographische Aufnahmen und persönliche Befragung von einigen Mitgliedern solcher Gruppen, die die vorliegenden ausländischen Berichte ergänzen und zum Teil korrigieren können. Aus der Kenntnis der Verhältnisse einer Großstadt wie Köln läßt sich dann wohl ein berechtigter Analogieschluß auf die Situation in anderen deutschen Großstädten ziehen.

Howard Becker führt nun einen gewissen Vergleich zwischen dem "Edelweiß" und dem Aufbruch der Jugendbewegung um die Jahrhundertwende durch. Er sieht den wesentlichen Unterschied zwischen beiden Erscheinungen darin, daß der Wandervogel unpolitisch, das Edelweiß aber politisch bestimmt gewesen sei. (79) Dieser Ansicht kann, abgesehen von dem schiefen Vergleich, nur insoweit zugestimmt werden, als die praktischen Auswirkungen der Edelweißgruppen in ihren Handlungen nach außen in Betracht gezogen werden. So etwa die Zusammenarbeit mit ausländischen Arbeitern zu Sabotagezwecken. Hier ist es allerdings eine Tatsache, daß die "Fremdarbeiter" von Radio London B.B.C. im Januar 1945 ausdrücklich aufgefordert wurden, die Verbindung mit solchen Jugendlichen aufzunehmen.(80) Diese Zusammenarbeit ist in verschiedenen Fällen tatsächlich erfolgt und veranlaßte die Gestapo zu äußerst hartem Durchgreifen. So wurden in Köln im November 1944 eine Anzahl Fremdarbeiter mit zwei Edelweißmitgliedern am Ehrenfelder Bahnhof öffentlich erhängt. Waffen und Sprenggeräte hatte man etwa einen Monat vorher in einem Kellerversteck in der Nähe durch Zufall entdeckt. Kriminelle Delikte, die von diesen Menschen verübt worden waren, standen in ursächlichem Zusammenhang mit der Aufrechterhaltung der Lebensexistenz von illegal lebenden "Fremdarbeitern", Jugendlichen und Deserteuren aus der Wehrmacht, die sich so durchzuschlagen versuchten.(81)

Über ähnliche Fälle berichtet ABSIE (American Broadcasting Station in Europa) im Jahre 1945.(82) Waffen sollten gestohlen worden sein, Beschriftungen angebracht, und zahlreiche (30 %) Mitglieder der HJ in Krefeld seien geheime Mitglieder des Edelweiß. Die Einrichtung von besonderen Schutzhaftlagern für diese Jugendlichen, die nach Erklärung des Organs der Deutschen Polizei ("Deutsche Polizei" vom 15.6.1944) dazu bestimmt waren, die jugendlichen Cliquenbildungen, die sich gegen die Hitlerjugend wie die nationalsozialistische Weltanschauung richteten und zu strafbaren Akten führen würden, zu bekämpfen, zeigt, daß man sich von nationalsozialistischer Seite ernsthafte Mühe geben mußte, mit dem Problem der Ausbreitung dieses jugendlichen "Bandentums" fertig zu werden.(83) So war das Konzentrationslager bei Neuwied ausschließlich für solche Jugendliche bestimmt. Radio Luxemburg berichtete am 8. Dezember 1944 über einen Erlaß des Reichsjugendführers Arthur Axmann vom 1. April 1944, der einen besonderen Kontrolldienst der Hitlerjugend angeordnet habe, welcher sich speziell mit unorganisierter, trampender und wandernder Jugend sowie der jugendlichen Bandenbildung befassen sollte.(84) Einen endgültigen Erfolg konnte die Hitlerjugend nicht erreichen. Je mehr im Chaos des Bombenkrieges die staatlichen Ordnungsmächte zerstört wurden, um so leichter gewannen diese Gruppen die nötige Bewegungsfreiheit. Bestimmte Orte, wie z.B. der Märchensee im Siebengebirge, dienten als gemeinsame Treffpunkte, ohne daß allerdings von irgendeinem organisatorischen Zusammenhalt oder einer bestimmten Absicht die Rede sein konnte.(85) Schlägereien mit der Hitlerjugend konnten häufig beobachtet werden; kleinere Sabotageakte, Abhören alliierter Sender, Verbreitung von Flugblättern und dergleichen Dinge mehr gehörten wohl zu den von der Gestapo geahndeten Delikten. Inwieweit alliierte Agenten an diesen Aktionen beteiligt waren, läßt sich nicht feststellen. Howard Becker nimmt es als ziemlich sicher an.(86) Das mehrfach erwiesene Interesse des amerikanischen Geheimdienstes CIC an der ganzen Angelegenheit gibt der Annahme von Howard Bekker einen hohen Grad von Wahrscheinlichkeit.

Sieht man aber von diesen ganzen Vorkommnissen ab, die den Edelweißgruppen einen äußerlich politischen Charakter verleihen, so kann man den Unterschied: Jugendbewegung – unpolitisch, Edelweiß – politisch kaum aufrecht erhalten. Gewiß, der Drang junger Menschen nach Freiheit, die ganze Situation in diesen Kriegsjahren wirkten sich in politisch anzusprechenden Aktionen aus, aber der Grundcharakter des "Edelweiß" kann nicht als politisch bezeichnet werden. Die äußeren "politischen" Handlungen waren aus einer instinktiven Abwehr gewachsen. Es fehlte jede ernsthafte Auseinandersetzung mit politischen Problemen, jede politische Ideologie und letztlich auch der Sinn für jede politische Ordnung. Ebensowenig wie man dem jugendlichen Bandenwesen im Rußland der ersten Nachkriegsjahre einen wirklich politischen Charakter zusprechen kann, vermag man das auch dem "Edelweiß" gegenüber.

In erster Linie aber interessiert hier die Frage, ob diese Gruppen in einer Beziehung zur alten Jugendbewegung gestanden haben oder nicht. Im äußeren Auftreten glichen die auf Fahrt gehenden Edelweißmitglieder weitgehend den bündischen Gruppen der illegalen Zeit. Jedoch hat eine unmittelbare Beziehung zur bündischen Jugend wohl nirgends bestanden. Zwar erhielten sich einige Lieder der Bündischen in diesen Kreisen, man sang sogar: "Wir wollen bündisch sein", aber es verband sich hiermit keinerlei klare Vorstellung, was die bündische Jugend eigentlich gewesen war. Von einzelnen Gruppen wurde zweifellos nach einem Anknüpfungspunkt an das Vergangene gesucht. Es ist dem Verfasser bekannt, daß eine Edelweißgruppe engeren Kontakt mit einem inhaftierten Führer illegaler Jungenschaftsgruppen aufnahm und ihn zum geheimen Führer ihrer Aktionen wünschte. Im allgemeinen aber lag die Zeit der Jugendbewegung dem Bewußtsein dieser Jugendlichen schon so fern, daß eigentlich nur noch die Erinnerung lebendig war, daß irgendwann die Jugend frei gewesen sei und nicht dem Zwang der Hitlerjugend unterworfen war. Ein gewisser Einfluß aus dem alten Nerotherbund ist wohl noch in der Namengebung "Piraten" zu erkennen. Nach der Darstellung bei Howard Becker ist schon der Name der Kittelbach-Piraten von dem sogenannten "Piraten-Orden" des Nerother Bundes übernommen worden, und es ließe sich wohl eine Linie ziehen, die von der Weiterführung einzelner Nerother-Gruppen über die Kittelbachpiraten zu den Edelweiß-Piraten führt.(87) Die Fahrtenromantik der alten Jugendbewegung lebte hier unter ganz anderen Voraussetzungen, allerdings ohne jede geistige Bindung an das Vergangene wieder auf. Jene Romantik, verbunden mit dem unbestimmten starken Drang nach Freiheit, ist wohl als das eigentliche Agens dieser "wilden Jugendbewegung" anzusehen. Wie die Nerother sangen auch die Edelweiß-Mitglieder "Wir waren schon hier und dort, wir waren schon überall". Ohne Zweifel ist ein verspätetes Nachwirken der bürgerlichen Jugendbewegung auf die Arbeiterjugend in den Edelweiß-Gruppen festzustellen. Aber der Mangel an intellektuellen Fähigkeiten und geeigneten Führern ließ diese Bewegung im Primitiven verharren, ohne daß irgendwelche positiven Werte geschaffen wurden.(88) Bedeutsam aber bleibt immerhin, daß einige tausend deutsche Jugendliche sich aus gesundem Instinkt und der Liebe zur Freiheit heraus dieser Rebellion anschlossen und somit bewiesen, daß es dem totalen Staat nicht gelungen war, die ganze Jugend wirklich zu erfassen und der allgemeinen Uniformierung zu unterwerfen.

XII. Jugendbewegung nach 1945?

Nach der Beendigung des Kriegs war man in Deutschland bemüht, die seit 1933 unterdrückten und verbotenen Jugendorganisationen wieder ins Leben zu rufen. So sehr die alliierten Besatzungsmächte einen Wert auf die "reeducation" der deutschen Jugend legten, so mißtrauisch blieben sie doch zunächst allen Selbständigkeitsbestrebungen dieser Jugend gegenüber. Jenes Mißtrauen gegen die Gesamtentwicklung der deutschen Jugend hatte seinen Grund in den völlig falschen Erwartungen und Voraussagen alliierter Erziehungsstellen, die sich mit der "Reeducation" befassen sollten. Nicht wenig trug zu diesen Erwartungen von Werwolfaktionen, geheimen Hitlerjugendverbindungen und eines weitverbreiteten jugendlichen Bandenwesens die Voraussage Howard Beckers in seinem Buch "German Youth, bond or free" bei, der vor der Besetzung hierin ein äusserst pessimistisches Bild der Zukunft der deutschen Jugend entworfen hatte. Howard Becker selbst, der amerikanischer Erziehungsoffizier in Hessen war, nahm in der deutschen Ausgabe seines Buches eine Reihe der von ihm "widerstrebend gemachten düsteren Prophezeihungen" zurück.(1) Nichts destotrotz kamen wohl aber die meisten alliierten Erziehungsoffiziere im Banne dieser düsteren Voraussage über die Entwicklung der deutschen Jugend nach Deutschland, und man entschloß sich nur langsam von den alliierten Dienststellen aus, den neuentstehenden Jugendverbänden größere Freiheiten und den Zusammenschluß auf breiterer Basis zu gestatten. Trotzdem kann wohl gesagt werden, daß sich die meisten Erziehungsoffiziere der Alliierten und in besonderem Maße der britische Oberst Andrews immer wieder für die deutschen Jugendorganisationen eingesetzt haben und ihre Belange auch vor den Stellen der alliierten Geheimdienste zu verteidigen wußten.(2)

Die Jugendverbände selbst vermochten in den Jahren nach 1945–1952 wieder eine beachtliche Stellung im öffentlichen Leben zurückzugewinnen. Von Kirchen, Parteien und öffentlicher Jugendpflege unterstützt, konnten sie eine große Anzahl von Mitgliedern in ihren Reihen vereinigen. So stand sogar die 3. Hauptversammlung des Deutschen Städtetages 1950 in Köln unter dem Motto "Unsere Städte und ihre Jugend". Erstmalig trafen sich auf einer Hauptversammlung der deutschen Städte die Stadtoberhäupter mit den führenden Vertretern der Jugendorganisationen, die gleichberechtigt an allen Abstimmungen teilnahmen.(3) Weitgehend ist auch der Einfluß der Jugendorganisationen auf die Jugendgesetzgebung, und bedeutende Summen werden aus öffentlicher Hand den Jugendverbänden zur Unterstützung ihrer Arbeit alljährlich zugewiesen. Die Jugend ist, wie schon in der Einleitung betont wurde, ein wichtiger Faktor des öffentlichen Lebens geworden. Zur 50. Wiederkehr der Gründung des Wandervogels brachten die größten deutschen Tageszeitungen Artikel über die Jugendbewegung, und der Bundesinnenminister Dr. Robert Lehr hielt auf einem Festakt in Berlin selbst die Festansprache. So ist allem Anschein nach weitgehend erreicht, was die Jugendbewegung gewollt hat.

Betrachtet man jedoch die Dinge etwas eingehender und beachtet dazu auch den Grundton der Reden und Artikelserien in den Zeitungen, so ließe sich etwa folgende Formel aufstellen: Die Jugendbewegung ist tot, sie hat sich überlebt, es leben die Jugendpflegeverbände, die ihr Erbe angetreten haben. Denn darüber kann wohl kein Zweifel bestehen, das Bild und Geschehen in der Öffentlichkeit wird von den großen Jugendpflegeorganisationen bestimmt und nur eine verschwindende Minderzahl der Pressestimmen erwähnt die Jugendbewegungsbünde.(4) Jene haben viele äußere Formen und wichtigstes Ideengut von der Jugendbewegung übernommen, obgleich sich auch hier schon auf verschiedenen Gebieten eine starke Tendenz zeigt, das englische Clubsystem zu übernehmen. Es kann aber trotz der teilweise sogar bewußten Übernahme des Erbes der Jugendbewegung durch die großen Jugendpflegeorganisationen nicht davon gesprochen werden, daß sich in ihnen der Aufbruch der Jugend um die Jahrhundertwende und der 20er Jahre erneuert habe. Alle jugendbewegten Formen können nicht darüber hinwegtäuschen, daß hier die lebendige Selbstinitiative der Jugend fehlt, die immer Kennzeichen der echten Jugendbewegung geblieben ist. In diesen Jugendpflegeverbänden, die weithin von Erwachsenenorganisationen, Parteien und Kirchen mitaufgebaut und geführt werden, ist die Jugend von vornherein einem bestimmten Zweck unterworfen. Hier werden gleichsam die Nachwuchskader der Konfessionen und Parteien herangezogen, die Jugend von Anfang an in einem weltanschaulichen oder parteipolitischen Gesichtspunkt unterrichtet und so eine unvoreingenommene Meinungsbildung des jugendlichen Menschen ausgeschlossen. Nach einem halben Jahrhundert deutscher Jugendbewegung ist in Krieg, totalitärer Unterdrückung und parteipolitischer Beeinflussung der revolutionäre Elan der deutschen Jugend weitgehend gebrochen. Die Klagen über eine fehlende Idee, die die Jugend erfassen könne, über ihr Abseitsstehen und Abwarten, über ihre Skepsis und ihr Mißtrauen zeigen nur allzu deutlich, wie sehr man bemüht ist, die Jugend wieder zu "reaktivieren". In der Ostzone, der Deutschen Demokratischen Republik, hat diese Reaktivierung der Jugend zu einer Staatsjugendorganisation geführt, die sich im Prinzip kaum von der ersten Verkehrung der Jugendbewegung, der Hitlerjugend, unterscheidet. Die "Freie Deutsche Jugend" hat zwar allem Anschein nach einen großen Prozentsatz der Jugend wirklich zu erfassen und für ihre Ziele zu begeistern vermocht, aber es sind nicht die Ziele der Jugend selbst, die dort vertreten werden, sondern der ganze Idealismus und die Begeisterungsfähigkeit werden von einem totalitären Staatssystem verschlungen, das nur noch ein staatlich genormtes Einheitsdenken zuläßt und die geistig-politische Ausrichtung des Jugendlichen von sich aus festgelegt hat. Zwar hat dort die Jugend wohl allem Anschein nach das Bewußtsein, für die Zukunft eines ihr gehörenden Staatswesens zu arbeiten, aber ein gewaltsam verengter Horizont erlaubt ihr ebensowenig wie es der Hitlerjugend erlaubt war, eine umfassende Orientierung und die Herausarbeitung eines freiheitlichen Lebensideals.

Gelang es hier dem ostzonalen Staat, die Jugend unter Ausschaltung der freien Wahl- und Schicksalsgemeinschaft für sich zu gewinnen und zu begeistern, und damit eine Situation herzustellen, aus der es vielleicht einmal ein ähnlich grauenvolles Erwachen wie 1945 geben wird, so vermochte die westdeutsche Bundesrepublik, die zwar die Freiheit der Gemeinschaft und der Gesinnung garantierte, keine starke Anziehungskraft zu entwickeln. Die große Chance, die Jugend für ein demokratisches Staatsideal zu gewinnen, wurde einmal durch die politische Haltung der Westmächte in der Nachkriegszeit stark eingeengt, zumeist aber wohl verspielt durch die Restauration des alten Parteienstaates von Weimar, der schon vor 1933 gegenüber der Jugend versagte. Trotz Bundesjugendplan und öffentlichen Mitteln ist es bisher nicht gelungen, die Jugend in ein echtes Verhältnis zu ihrer Staatsführung zu bringen. Das Bild des Reiches, der Gedanke der Volksgemeinschaft, die in den 20er Jahren die Jugend zu ihren freiwilligen Leistungen anspornten, sind durch den Mißbrauch seitens des Nationalsozialismus so entwertet, daß sie keine Anziehungskraft mehr besitzen, und das Ideal eines neuen Europa erregt die Jugend nicht in ihrer tiefsten Leidenschaftlichkeit, wie es die im deutschen Geschichtsbild wurzelnde Reichsidee einst vermocht hatte.

Es kann wohl kein Zweifel darüber bestehen, daß die deutsche Jugend nach den bitteren Erfahrungen der letzten zwei Jahrzehnte erheblich an Schwungkraft eingebüßt und an Glauben verloren hat. Es hat nach dem Krieg kein Ereignis, keine Idee gegeben, die sie bis in ihre Tiefen hätte bewegen können. Zwar ist hierdurch die Anfälligkeit für demagogische Einflüsse weitgehend gebannt, es fehlt aber auch jeder revolutionäre Elan, der die Neuschöpfungen der Jugendbewegung einst ausgezeichnet hat. Weitgehend mangelt auch das Gefühl eines Verpflichtetseins dem großen Ganzen gegenüber. Dem entspricht auch die Scheu vor jeder Bindung, die die Bildung von neuen jugendlichen Gemeinschaften so erschwert. Die Anziehungskraft der Jugendorganisationen hat trotz der für 1951 angegebenen Mitgliederstärke von etwa insgesamt 6 Millionen Jugendlichen (= 34 % der Gesamtjugend) gegenüber der Zeit vor 1933 stark nachgelassen. Die Versuche mit Einrichtungen von "Heimstätten der offenen Tür" auch das Gros der Nichtorganisierten anzusprechen, müssen in ihren Ergebnissen noch abgewartet werden. Es wird oft allzusehr vergessen, daß die Jugend nicht nur durch Vergünstigungen, sondern in stärkerem Maße durch verpflichtende Forderungen und Aufgaben, die ihr vorgelebt werden, gewonnen werden kann. Die fehlende Konsequenz in der so dringend notwendigen gesellschaftlichen und geistigen Neuordnung des gesamten deutschen Lebens zerstört die Hoffnung der Jugend auf eine gewandelte Gegenwart und Zukunft und begräbt auch die ernsthaften Ansätze durch die immer stärker anwachsende Gewalt einer seelenlosen Bürokratie.

Wenn es nun den konfessionellen und sozialistischen Jugendverbänden nach 1945 gelang, einen verhältnismäßig hohen Mitgliederstand zurückzugewinnen, warum gelang ein Gleiches nicht den Bünden der Jugendbewegung? Die Statistik für 1951 gibt als Mitgliederzahl bei den Fahrtenbünden ungefähr 10 000 Mitglieder an, also etwa den sechsten Teil des Standes von 1933.(5) Das ist keineswegs ein überzeugender Erfolg. Es läge hier die Vermutung nahe, daß die Jugend für das Ideengut der Jugendbewegung nicht mehr ansprechbar ist, doch muß der Grund für den geringen zahlenmäßigen Aufschwung der Jugendbewegungsbünde in der grundverschiedenen Struktur gegenüber den Jugendpflegeverbänden gesucht werden. Dort bestanden und organisierten sich nach 1945 die Erwachsenenorganisationen sehr schnell. Sie vermochten geistliche Jugendleiter und Jugendfunktionäre einzusetzen und durch sie die Jugendlichen zu erfassen. Auf der Seite der Jugendbewegungsbünde war es von Beginn an unmöglich, die Tradition von 1933 einfach fortzusetzen. Ein Restaurierungsversuch kann schlechterdings keine Jugendbewegung schaffen. Des weiteren kommt hinzu, daß die ehemaligen Führerkader der Bünde alt geworden waren, daß sie inzwischen mit der Aufrechterhaltung ihrer eigenen Existenz und der ihrer Familien so beschäftigt waren, daß sie nicht so ohne weiteres sich hineinversetzen konnten in die Zeit einer durch Krieg und totalitäres Regime ausgenutzten und erschöpften Jugend. Zudem war die Führerschaft der alten Bünde durch die Zeitereignisse dezimiert, und keiner der altbekannten Namen tauchte in den sich neu bildenden Bünden wieder auf. Ferner ist zu beachten, daß die Erscheinung der Jugendbewegung in der älteren Generation fast vergessen und der Name der bündischen Jugend unbekannt geworden war. Niemand vermochte sich so recht etwas darunter vorzustellen. Es fehlte eine klare "Firmenbezeichnung", unter welcher man die großen Verbände und selbst die Pfadfinderschaft so einfach in die Schubfächer politischer und konfessioneller Unterscheidungen einzureihen vermochte. So wurde den Bünden nicht zuletzt von den Besatzungsmächten und zuweilen auch von Elternschaft, den Behörden, Parteien und Kirchen ein grosses Mißtrauen entgegengebracht, das zum Teil bis heute nicht überwunden werden konnte. Die Weigerung vor allem der Jungenschaftsbünde, sich in eine parteipolitische Frontstellung drängen zu lassen, hat diese Lage keineswegs verbessert. Trotz der entschiedenen Ablehnung jedes totalitären Systems, welches in der Grundentscheidung des Menschen die Gewissensfrage nicht anerkennt und somit dem Prinzip jugendbewegter Haltung widerspricht, ist die Unterstellung kommunistischer Einflüsse auch für die Jugendbewegung nach 1945 kein selten geäußerter Verdacht.(6)

Trotz all dieser Hindernisse kann aber nicht übersehen werden, daß sich nach 1945 eine Reihe von Jugendbünden gebildet hat, die von sich haupten, Jugendbewegung zu sein. Zahlreich und in den verschiedensten Gegenden Deutschlands entstanden schon 1945 neue Gruppen, die zumeist auf dem Gedankengut der Jungenschaft weiterbauten.(7) Ihre Gründer kamen zum Teil aus ehemaligen illegalen Gruppen, oder waren als Jungen irgendwie noch in Berührung mit den vor 1933 bestehenden Bünden gekommen. Jedoch gelang es nur für kürzere Zeit, diese Gruppen der Jungenschaft in einem größeren Bund zusammenzuschließen. Ebenso entstanden neue Wandervogelbünde, der Deutsche Pfadfinderbund, die Deutsche Freischar, die Tatgemeinschaft und weitere kleine Jugendbünde. Die Versuche, die Bünde zu einer Zusammenarbeit im sogenannten "Bündischen Block" zu bringen und ihnen eine dauernde Vertretung im Zonenausschuß Deutscher Jugendverbände in der britischen Zone zu verschaffen, scheiterten auf die Dauer völlig. Erst am 11. März 1951 einigte man sich zur Schaffung eines "Ringes Deutscher Fahrtenbünde", der bei Wahrung der einzelnen Bundesautonomie die gemeinsamen Belange der Bünde vertreten sollte.

Wichtiger aber als die Fragen der organisatorischen Zusammenschlüsse, die vor allem von den Jungenschaftsgruppen mit betonter Nachlässigkeit behandelt werden, ist in Hinsicht auf diese Gruppen die Frage, ob es sich um eine neue Welle der Jugendbewegung handelt, oder ob auch hier lediglich ein Restaurierungsversuch der ehemals glänzenden Vergangenheit vorliegt. Diese Frage ist mit endgültiger Klarheit wohl noch nicht zu beantworten, da die Dinge noch allzusehr in der Entwicklung begriffen sind, und wir auch noch nicht den notwendigen Abstand zu einer wirklich objektiven Würdigung gewinnen können.

Jedoch scheinen uns verschiedene Symptome dafür zu sprechen, daß es sich um mehr als einen Restaurierungs- und Wiederbelebungsversuch des Alten handelt. Bei aller Kritik, die gegenüber diesen Gruppen an vielen Orten zweifellos berechtigt erscheint, kann nicht verborgen bleiben, daß sich eine Anzahl außerordentlich lebendiger Gemeinschaften entwickelten, denen eine eigene Regenerationsfähigkeit nicht mehr abgesprochen werden kann. Eine Flut von hektographierten Zeitschriften wie "die rotgraue stafette", "der Turm", "Die Kogge", "Die Peitsche" u.a. mehr, wie auch der handgedruckte "rufer" sind in den Nachkriegsjahren von diesen Gruppen verfertigt worden. Gedruckte Zeitschriften, wie das besonders für die Älterenarbeit wertvolle Ansätze aufweisende "Unser Schiff", ferner "Der Kompass" "Das Bild", "Das Lagerfeuer" und die Jungenzeitschrift "Feuer" vermochten sich zwar auf die Dauer aus finanziellen Gründen nicht durchzusetzen, hoben sich aber in ihrer eigenwilligen Gestaltung deutlich von den Zeitschriften der Jugendpflegeverbände ab. Eigenartige und wertvolle Neuschöpfungen und Neusammlungen auf dem Gebiet des Liedgutes wurden im Verlag "Junge Welt" (Opladen) veröffentlicht. Dort erschienen ebenfalls gutgelungene Jugendhandbücher und Jungenkalender, die den Vergleich mit den Ausgaben der Zeit vor 1933 nicht zu scheuen brauchen. Auch die Fahrt, sei es die abenteuerliche Großfahrt ins Ausland wie die Fußwanderung durch die deutsche Landschaft, hat ihre zentrale Bedeutung als Erprobung der Gemeinschaft und Erweiterung des Blickfeldes wie auch als Erfüllung romantisch-abenteuerlicher Sehnsucht nach der Ferne wiedergewonnen.

Was aber ist die treibende Kraft dieser Gruppen? Der Generationskonflikt der Jahrhundertwende hat längst nicht mehr die Bedeutung vergangener Zeit, wenn er auch immerhin hier und da auftreten kann. Ebensowenig ist es das Bild des Reiches oder des Volkes, was diese jungen Menschen bewegt. Auch ein eigenes Jugendland abseits vom Lärm des Alltags sucht man nicht mehr. Trotz übernommener äußerer Formen scheint die Jugendbewegung von 1951 einen anderen Grundgehalt zu haben als die der vergangenen Zeit. Der Blick für die Dinge des täglichen Lebens ist nüchterner und realistischer geworden. Die Jugendbünde stehen nicht mehr abseits vom Tagesgeschehen, sondern das politische Bild der Welt ist Gegenstand ernsthafter Beschäftigung. Eine umfassende Allgemeinorientierung bei Vermeidung jeder einseitig ausgerichteten parteipolitischen Linie wird angestrebt. Dabei weiß man aber, daß die Gruppe nicht etwa aufgebaut ist, um ein Programm zu verwirklichen, sondern die lebendig gewachsene Gemeinschaft sich selbst Aufgabe und Programm stellt. So bleibt die Jugendbewegung nach 1945 in ihrem tiefsten Kern irrationalistisch und auf die persönliche menschliche Beziehung gegründet. Eine tiefgründige Abscheu vor jeder Kollektiventscheidung, vor jeder geistigen Abhängigkeit, vor jedem Befehl "im Namen des Volkes", des Staates oder einer Partei, der an sie ergehen könnte, weist auf die große Vertrauenskrise hin, in der sich wohl der größte Teil der deutschen Jugend der Nachkriegszeit gegenüber allen Autoritäten befindet. Steht auf der einen Seite der mißtrauenden Jugend nun oft ungehemmte Verfolgung der eigenen Interessen und Neigungen, so bleibt wenigstens doch die Gemeinschaft in den Jugendgruppen ein wichtiges Moment, das den Blick wieder auf das höhere organische Ganze lenkt. Die gemeinschaftsbildende Kraft der Jugendbewegung ist also keineswegs erloschen. Eines aber scheint uns bei der Betrachtung dieser Gruppen neu und ungewohnt. Das Mißtrauen gegen die Zeit und jegliche Autorität, der starke Drang zu einer autonomen Stellung, hat nicht zur Romantik und "Flucht in die Wälder" geführt. Stattdessen scheint in der Jugendbewegung ein neuer Typus entstanden zu sein, der hellwach und aufmerksam für die politischen Vorgänge in einer Art geistig-politischer "Resistance" gegenüber seiner Zeit lebt, eine Entwicklung, die wohl nicht zuletzt durch die illegale Zeit der Jugendbewegung eingeleitet worden ist. Eine weitere Aussage und Analyse scheint uns hier verfrüht. Noch lassen sich für einen aufmerksamen Betrachter dieser

Entwicklung keine bestimmten Zielsetzungen erkennen. Politisch bedeutet die Jugendbewegung heute wenig oder vielmehr noch nichts. Daran vermag zunächst das Interesse, das ihr von verschiedensten politischen Strömungen entgegengebracht wird, nichts zu ändern.

Ob die Jugendbewegung noch einmal eine Bedeutung erlangen kann, wird davon abhängen, ob sie fähig sein wird, ihre Gemeinschaften in neuen Formen über das eigentliche Jugendalter hinaus fortzusetzen und somit im politischen Leben neuer, organisch gewachsene soziale Gebilde zu schaffen. Die Konsequenz ihrer Haltung aber stellt der Jugendbewegung in unserer Zeit die unabdingbare Aufgabe, das Menschliche im politischen Raum zur notwendigen Geltung zu bringen. Vermag sie das, so wird sie in diesem Zeitalter der Manager, des Kollektivs und der seelenlosen Machtpolitik eine vornehmlich der Jugend zustehende revolutionäre Sinngebung erhalten.

Literaturverzeichnis

Da in den Zeitschriften der Jugendbewegung viele Beiträge ohne Verfasserangabe erscheinen, sind die aus solchen Schriften entnommenen Zitate jeweils nach den einzelnen Zeitschriften angegeben. Der Grund für das Verschweigen der Verfasser ist nicht in einem Willen zur Anonymität, sondern in dem starken Gemeinschaftsbewußtsein der Jugendbewegung zu suchen.

AHLBORN Knud, Krieg, Revolution und freideutsche Zukunft, Beihefte zur Freideutschen Jugend, H.2, Freideutscher Jugendverlag Adolf Saal, Hamburg 1919

Ders., Die Freideutsche Jugendbewegung, 172. Flugschrift des Dürer-Bundes, D.W. Callwey, München 1917

AHRENS, Heinrich, Die deutsche Wandervogelbewegung von den Anfängen bis zum Weltkrieg, Hansischer Gildenverlag, Hamburg 1939

AIGLES, Alma de l', Die Grundlagen der jungdeutschen Politik in: Wilhelm Ehmer, Hofgeismar, ein politischer Versuch in der Jugendbewegung, Eugen Diederichs, Jena 1921

ALEWYN, Richard, Die Deutsche Frage, in: Der Weisse Ritter, 5. Jhrg., H. 1, Der Weisse Ritter Verlag, Ludwig Voggenreiter, Potsdam

BAER, Rudi, Deutsche Aufgabe? in: Der Bund, Kameraden Deutsch-Jüdischer Wanderbund, Bundesblatt 1928, Selbstverlag des Bundes, Berlin

BECKER, Georg, Die Siedlung der deutschen Jugendbewegung, eine soziologische Untersuchung, Diss. Köln 1930

BECKER, Howard, German Youth, bond or free, Oxford University Press, New York 1946

Ders., Vom Barette schwankt die Feder, Die Geschichte der deutschen Jugendbewegung, Verlag der Greif, Wiesbaden 1949

BEER, Rüdiger Robert, Auftakt zu Neuwahlen, in: Der Zwiespruch, unabhängige Zeitung der Jugendbewegung, amtliches Nachrichtenorgan vieler Bünde, Zwiespruchverlag Hartenstein (Sa.), Rudolstadt, Berlin, 12. Jhrg. vom 27.8.1930

BIEDERMANN, Freiherr v., Verschiedene Strömungen in der Freideutschen Jugend, in: Tägliche Rundschau Nr. 117 vom 3.6.1919

BIELEFELD, Hans, Nationale Jugend, in: Der Zwiespruch, 13. Jhrg. vom 11.1.1931

BLEIKEN, Uwe, Der Standort des Bundes, in: Der Bund, Führerblätter des Großdeutschen Bundes, Großdeutsche Verlagsanstalt, Berlin, 7. Jhrg. H. 8, Dez. 1931

BLÜHER, Hans, Wandervogel, Geschichte einer Jugendbewegung, I. Teil, Heimat und Aufgang, Verlag Hans Blüher, 4. Auflage, Charlottenburg 1919

Ders., Wandervogel. . . . II. Teil, ebenda

Ders., Die deutsche Wandervogelbewegung als ein erotisches Phänomen, Verlag Bernhard Weise, Berlin 1912

BLUNCK, H. Fr., Vom Wandervogel zur SA, in: Will Vesper, Deutsche Jugend, Dreissig Jahre Geschichte einer Bewegung, Holle & Co., Berlin 1934

BOEHM, Max Hildebert, Mitteleuropa und der Osten, in: Volk und Reich, Politische Monatshefte für das junge Deutschland, Mittelstelle für Jugendgrenzlandarbeit, Berlin, Jhrg. 1925, Juni

BOECK, Joachim, Königsbühl, Der Weisse Ritter Verlag, Potsdam 1925

BOHNENKAMP, Hans, Gedanken an Adolf Reichwein, Pädagogische Studien, H. 1, Georg Westermann, Braunschweig, Berlin, Hamburg 1949

BONDY, Max, Freideutsche Politik, in: Wilhelm Ehmer, Hofgeismar, ein politischer Versuch in der Jugendbewegung

BRAUN, Richard, Individualismus und Gemeinschaft in der deutschen Jugendbewegung, Diss. Erlangen 1929

BRAUSSE, Bernhard, Erziehung im Arbeitsdienst, in: Jugend im Dienst, Führerblätter zur Gestaltung des deutschen Arbeitsdienstes, Berlin 1. Jhrg. H. 3, Nov. 1932

BREUER, Hans, Herbstschau 1913, in: Wandervogel, Monatsschrift für deutsches Jugendwandern, Spamersche Hofdruckerei, Leipzig, 8. Jhrg., H. 10, Okt. 1913

Ders., Wille und Werk, in: Deutsche Freischar 1928, H. 1

BRONSART, Heinz Dieter v., Unverfälschtes Führertum, in: Der Bund, 5. Jhrg., H. 5

BUSKE, Ernst, Die außenpolitische Schulung der bündischen Jugend, in: Deutsche Freischar, Verlag Ludwig Voggenreiter, Potsdam Jhrg. 1928, H. 2

BUSSE-WILSON, Elisabeth, Stufen der Jugendbewegung, I. u. II. Teil, Eugen Diederichs, Jena 1925

Dies., Die freideutsche Zusammenkunft in Jena, in: Der freideutsche Führertag in Jena. Freideutsche Jugend, Freideutscher Jugendverlag Adolf Saal, Hamburg, 5. Jhrg., Sept. 1919, H. 8/9

CRAEMER, Rudolf, Völkische Bewegung und Friedensidee, in: Kommende Gemeinde, Hrsg. Bund der Köngener, Druck: Goebel, Tübingen , 1. Jhrg., H. 3/4

Ders., Politik, Parteien und junge Generation, in: Deutsche Freischar, 2. Jhrg., H. 3, (s. auch Muhle)

DÄHNHARDT, Heinz, Die Lage, in: Jungnationale Stimmen, Großdeutsche Verlagsanstalt GmbH., Berlin, Jhrg. 1929, H. 7

Ders., Über die Notwendigkeit geistiger Auseinandersetzung der bündischen Jugend mit dem Nationalsozialismus, in: Das junge Deutschland, Aug. 1930, in: Wille und Werk, unabhängige Zeitschriftenschau der deutschen Jugendbewegung, Hrsg. Werner Kindt, Berlin, 5. Jhrg., H. 1, 1930

DEHIO, Ludwig, Gleichgewicht oder Hegemonie, Scherpe Verlag, Krefeld 1948

DÖRNER, Klaus, Wir sind politische Jungen, in: Führerblätter der Hitlerjugend, Hrsg. Amt für weltanschauliche Schulung, Reichsjugendführung der NSDAP, Berlin, Ausg. DJ, Nov. 1935

DINGRÄVE, Leopold, Wo steht die junge Generation, Schriften der "Tat", Eugen Diederichs, Jena 1931

DROST, Heinz, Zur Gestaltung der Jungenschaft, in: Deutsche Freischar, Jhrg. 1928, H. 3

DSCHENFZIG, Theodor, Stefan George und die Jugend, 2. Aufl., Bruckmann, München 1935

EBELING, Hans, Die Fahne zerriss, der Sper zerbrach, Theo Hespers, Kampf einer Jugend gegen Hitler. Aachener Nachrichten vom 7.11.1949

Ders., The German Youth Movement, The New Europe Publishing Co. LTD, London 1945

EISBRECHERMANNSCHAFT, Lieder der, Günther Wolff, Plauen i.V. 1933

Dies., –, Soldatenchöre der, Günther Wolff, Plauen i.V. 1934

EHMER, Wilhelm, Hofgeismar, ein politischer Versuch in der Jugendbewegung, Eugen Diederichs, Jena 1921

ENGELHARDT, Victor, Die deutsche Jugendbewegung als kulturhistorisches Phänomen, Arbeiterjugendverlag Berlin 1923

ENGELHARDT, Victor, Der Mann in der Jugendbewegung, Arbeiterjugendverlag, Berlin 1924

ESCHMANN, E.W., Deutsche Freischar und Deutsches Volk, in: Deutsche Freischar 3. Jhrg., H. 3

FABER, Sebastian, Leonardo, Brief und Siegel, Der Weisse Ritter Verlag, Potsdam 1926

FABRICIUS, H., Geschichte der nationalsozialistischen Bewegung, 2. Aufl., Berlin 1937

FLITNER, Wilhelm, Die pädagogischen Arbeiten der Jugendbünde, in: Will Vesper, Deutsche Jugend . . . .

FICK, Luise, Die deutsche Jugendbewegung, Eugen Diederichs, Jena 1939

FISCHER, Josepha, Die soziale und kulturelle Bedeutung der Jugendbewegung, Sonderdruck aus: Sozialrechtliches Jahrbuch, 3. Bd., Verlag J. Bensheimer, Mannheim 1932

FRANK, Joachim, Vad shall det bli ar tyskarna? Stockholm 1944, (hier deutsches Schreibmaschinenmanuskript des Verfassers H.J. Schoeps verwandt)

FRANKE, Vera, Anti-Nazi Development among German Youth, American Association for a Democratic Germany, New York 1945

FÖRSTER, Friedrich Wilh., Jugendseele, Jugendbewegung und Jugendziel, Rot-Verlag, Erlenbach Zürich, München, Leipzig 1923

FÖRSTER, Hans, A., Werk, Wille und Weg, in: Werkland, vivos voco, Verlag die Werkgenossen, Leipzig, Hrsg. Richard Woltereck, Bd. 4, Nr. 2

FRICKE, M., Bücher im Arbeitslager, in: Jungen im Dienst, Führerblätter zur Gestaltung des deutschen Arbeitsdienstes, 1. Jhrg., H. 3, Nov. 1932, Berlin

FULDA, F.W., Deutsch oder National, Beiträge des Wandervogel zur Rassenfrage, Erich Mathes, Leipzig 1914

GAEBEL, Ernst, Am Rande der Politik, in: Der Wanderer, Monatsschrift für Jugend und Wanderlust, Verlag u. Hrsg. Bund Deutscher Wanderer, Wittenberg, 14. Jhrg. 1929, H. 5/6

GEORGE, Stefan, Der siebente Ring, Werke VII. Bd. Georg Bondi, Berlin

GEHRTS, Erwin, Die Jugend kapituliert nicht, in: Der Zwiespruch, 12. Jhrg. vom 14.9.1930

GLATZEL, Frank, Freideutsche Jugend und Politik, in: Freideutscher Führertag in Jena, Freideutsche Jugend, 5. Jhrg., Sept. 1919, H. 8/9

Ders., Der jungdeutsche Bund, in: Hertha Siemering, Die deutschen Jugendverbände.

GOETSCH, Georg, Englandfahrt 1926 der märkischen Spielgemeinde, Wolfenbüttel 1927

Ders., Aus dem Leben und Gedankenkreis eines Jugendchores, Wolfenbüttel 1926

Ders., Grundschule der Politik, in: Deutsche Freischar, IV. Bd., H. 4

GRABOWSKY, Adolf und Walter KOCH, Die freideutsche Jugendbewegung. Ursprung und Zukunft. Friedrich Andreas Perthes, Gotha 1921

HABBEL, Ludwig, Die Außenpolitik der deutschen Pfadfinderbewegung, in: Der Weisse Ritter, 7. Bd., Lief. 3-4

Ders., Kibbo Kift, Bücher der Waldverwandtschaft, Der Weisse Ritter Verlag, Berlin 1922

Ders., und Ludwig Voggenreiter, Schloß Prunn. Der deutsche Pfadfindertag von 1919, Der Weisse Ritter Verlag, Regensburg 1919

HAGEN, Wilhelm, Meine Jenaer Eindrücke, in: Der freideutsche Führertag in Jena, Freideutsche Jugend, 5. Jhrg., Sept. 1919, H. 8/9

HAHNSEN, Otto, Politik und Gemeinschaft, Organisation und Freideutsche Jugend, in: Der freideutsche Führertag in Jena, Freideutsche Jugend, 5. Jhrg., Sept. 1919, H. 8/9

HARLESS, Hermann und J.M. KLEIN, Volk und Menschheit, in: Freideutsche Jugend, 4. Jhrg., 1918

HASSINGER, Heinrich, Jugend am Werk, Kultusministerium Stuttgart 1949

HAUSHOFER, Karl, Zur Geopolitik der Donau, in: Volk und Reich, Jhrg. 1925, H. April/Mai

HEILBORN, E., Zwischen zwei Revolutionen, 2. Bd, Berlin 1929

HEISS, Fr., Um Volk und Reich, in: Volk und Reich, Jhrg. 1925, H. April/Mai

HENNICKER, Rolf, Die Jugendverbände der Bundesrepublik Deutschland, Deutsches Jugendarchiv, München 1951

HERLE, Jakob, Unternehmertum und Jugend, Verlag des Wirtschaftspolitischen Schulungskreises, Dr. Carl Düssel, Leipzig 1931

HERRLE, Theo, Die deutsche Jugendbewegung in ihren kulturellen Zusammenhängen, 3. umgearb. Aufl., Fr. A. Perthes, Gotha 1924

Ders., Die deutsche Jugendbewegung in ihren wirtschaftlichen und gesellschaftlichen Zusammenhängen, Fr.A. Perthes, Gotha 1921

HELLER, Alfred, Ist die deutsche Jugendbewegung tot? Die Neue Zeitung Nr. 106, München vom 5.5.1950

HELWIG, Werner, Auf der Knabenfährte, J. Asmus, Konstanz-Stuttgart 1951

HERZOG, Felix, Kampf um die Jungmannschaft, in: Deutsche Freischar, Jhrg. 1929, H. 4

HEINRICH, Walter, Lagen, Sinn und Wege der bündischen Jugend. (Sudetendeutsche Jungenschaft) in: Jungenschaft und Jungmannschaft, Harz/Elbe, Hrsg. Bund der Wandervögel und Pfadfinder, Aug. 1926

HILDENBROCK, Benno, Verfassung der Jungenschaft, in: Deutsche Freischar, Jhrg. 1928, H. 3

HIRSCH, S. Soziale Arbeit, in: Der Bund, Kameraden Deutsch-Jüdischer Wanderbund, Bundesblatt 1928

HITLER, Adolf, Mein Kampf, 76. Aufl., Franz Eher Nachfolger, München 1933

HOFFMANN, F., Die bündisch-revolutionäre Ideologie in der deutschen politischen Gegenwart, Greifswalder Universitätsreden 1933

HOFFMANN, Karl, Mitteleuropa in der Weltpolitik und den Welträumen, in: Volk und Reich, Jhrg. 1925, H. April/Mai

HONIGSHEIM, Paul, Jugendbewegung, Politik, Friedensbewegung, Sonderdruck aus der Broschüre: 10 Jahre Kampf der Jugend für den Frieden, Berlin

JUGENDTAG, Freideutscher 1913, Freideutscher Jugendverlag, Hamburg 1919

JUGEND, Freideutsche, Zur Jahrhundertfeier auf dem Hohen Meissner, Eugen Diederichs, Jena

JUGEND, Die Freideutsche im Bayrischen Landtag, Hamburger Hauptausschuß der Freideutschen Jugend, Freideutscher Jugendverlag, Hamburg 1914

JUGENDKULTUR, Dokumente zur Beurteilung der modernsten Form freier Jugenderziehung. Katholischer Presse-Verein, München 1913

JUGEND heraus, Kleines Handbuch für deutsche Jugendgruppen, Der Weisse Ritter Verlag, Ludwig Voggenreiter, Potsdam 1927

JUGEND, Marburger Tagung der freideutschen -, Hamburger Hauptausschuß der Freideutschen Jugend, Hamburg 1914

JUNGDEUTSCHES Wollen, Vorträge gehalten auf der Gründungsversammlung des Jungdeutschen Bundes auf Burg Lauenstein, 9.-12. VIII. 1919, Bundesamt des Jungdeutschen Bundes, Verlag des deutschen Volkstums, Hamburg

JUGENDVERBÄNDE, kleines Handbuch, der -, Deutsches Archiv für Jugendwohlfahrt, Berlin 1931

JANSEN, John. B., and Stefan WEYL, The silent War. The Unterground Movement in Germany. J.B. Lippincott Co, Philadelphia 1943

JUNG, Edgar J., Die Herrschaft der Minderwertigen, ihr Zerfall und ihre Ablösung durch ein Neues Reich. Verlag Deutsche Rundschau GmbH., 2. Aufl., Berlin 1930

KITTEL, Helmut, Kulturkritische und kulturfördernde Kräfte reformatorischen Glaubens (Vortrag, Berlin am 19. X. 1927), in: Der Weisse Ritter, VII Bd., H. 10-12

KLATT, Fritz, Gestaltung der Freizeit, in: Jugend im Dienst, 1. Jhrg., H. 3, Nov. 1932

KNEIP, Rudolf, Vom Wandervogel zum Jungenbund, 1. Teil der Geschichte der sächsischen Jungenschaft. Im Selbstverlag, Mittweida 1928

KOEBEL, Eberhard, Der gespannte Bogen Auszug Hrsg., Deutsche Jungenschaft, Göttingen, (Nachdruck nach 1945 ohne Jahreszahl)

Ders., Die Heldenfibel, Günther Wolff, Plauen i.V., 1933

Ders., Fahrtbericht 29 (Lappland), Briefbücherei Nr. 1, Ludwig Voggenreiter, Potsdam 1930

Ders., Ein bißchen Politik, in: Das Lagerfeuer, Mai 1931, H. 5, Atlantisverlag Berlin

Ders., Geschichte einer jungen Bewegung, in: Der Eisbrecher, I. Jhrg., 1932, Günther Wolff, Plauen i.V.

Ders., maschinenschriftliche Darstellung der Geschichte der dj. 1.11. vom 15.X. 1951

KÖNIG, Friedrich, Großdeutsch, Kleindeutsch, Volksdeutsch, Reichsdeutsch, in: Volk und Reich, politische Monatshefte für das junge Deutschland, Jhrg. 1925, November

KÖNIG, Joseph, Das Ethos der Jugendbewegung in Deutschland mit besonderer Berücksichtigung der freideutschen Jugendbewegung. Diss. Bonn, 1928, Schwann, Düsseldorf 1929

KÖRBER, Normann, Die deutsche Jugendbewegung, Versuch eines systematischen Abrisses zum praktischen Gebrauch für den Volkserzieher, Zentralverlag GmbH., Berlin 1920

Ders., Die Schicksalsstunde der deutschen Jugend, Neuwerk Verlag, Schlüchtern, Habertshof 1923/24

Ders., Das Bild vom Menschen in der Jugendbewegung unserer Zeit, Verlag für Kulturpolitik, 1. Aufl., Berlin 1927

Ders., Bündische Staatsauffassung und Friedensidee, in: Deutsche Freischar, Jhrg. 1928, H. 2

KULTURBUND, Der Neudeutsche - in Österreich, Aufruf, Reichenberg

KÜGLER, Hermann, Die Jungenschaft in der bündischen Jugend, Verlag das junge Volk, Plauen i.V. 1928

LAGARDE, Paul de, Schriften für das deutsche Volk, I. u. II., J.F. Lehmann Verlag München 1934

LANGBEHN, Julius, Rembrandt als Erzieher, von einem Deutschen, Hirschfeld, Leipzig, 30. Aufl., 1891

LAMERDIN, Kurt, Bündischer Geist und modernes Leben, in: Der Zwiespruch, 12. Jhrg., Bl. 28 vom 27. VII. 1930

LÄHN, Kurt, Von der geistigen Heimat deutscher Jugend, Günther Wolff, Plauen i.V. 1933

LEITHÄUSER, Joachim,G., Mythos und Dynamit, in: Der Monat, eine internationale Zeitschrift, München, 3. Jhrg. 1951, H. 34

LESSER, Jonas, Von deutscher Jugend, Paul Neff Verlag, Berlin 1932

LITTMANN, Arnold, Die bündische Jugend von 1925-1933, in: Will Vesper, Deutsche Jugend

Ders., Das Arbeitslager in Colborn, in: Deutsche Freischar, Jhrg. 1928, H. 1

Ders., Herbert Norkus, die Hitlerjungen vom Beusselkietz, Steuben-Verlag, Berlin 1934

LÜBESS, Hugo, Der unbedingte Bund, in: Der Bund, Führerblätter des Großdeutschen Jugendbundes, Großdeutsche Verlagsanstalt, Berlin, Jhrg. 1927, H. 2

LÜTKENS, Charlotte, Die deutsche Jugendbewegung, ein soziologischer Versuch, Frankfurter Societätsdruckerei GmbH., Frankfurt/M. 1925

LUTZE, H., Es geht an die Demokratie, in: Der Zwiespruch, 12. Jhrg., Bl. 35, Sept. 1930

MASCHKE, Erich, Möglichkeiten und Grenzen, in: Der Weisse Ritter, 4. Jhrg. 1923, H. 4/5/6

MATTUSCH, Kurt R., Auf dem Wege zum großen Bund, 1921-26, in: Will Vesper, Deutsche Jugend

MAU, Hermann, Jugendbewegung gestern und heute, in: Kölner Universitätszeitung, Eigenverlag 2. Jhrg., H. 1, Mai 1948

MAYER, Paul Yogi, Judentum und Bund und Bündische Erziehung im totalen Staat, in: r e 7 Führerblätter der Jungenschaft "Schwarzes Fähnlein", Frankfurt/M.

MEHNERT, Klaus, Die Jugend in Sowjet-Russland, S. Fischer Verlag, Berlin 1932

MENZEL, Eberhard, Die Bünde und das Staatsjugendproblem, in: Der Zwiespruch, 14. Jhrg. vom 13. III. 1932

Ders., Kampf um die dj. 1.11., in: Der Pfad zum Reich, Führerblätter Deutscher Pfadfinder, Günther Wolff, Plauen i.V., 5. Jhrg., 1932, H. 1

MESSER, A., Die Freideutsche Jugendbewegung. Ihr Verlauf von 1913-1923, 5. erw. Aufl., Hermann Beyer u. Söhne, Langensalza 1924

MITGAU, Joh. Hermann, Der Feldwandervogel, in: Will Vesper, Deutsche Jugend

Ders., Die Jenaer Tagung, in: Der freideutsche Führertag in Jena, Freideutsche Jugend, 5. Jhrg., Sept. 1919, H. 8/9

MITTELSTRASS, Gustav und Christian SCHNEEHAGEN, Freideutscher Jugendtag 1913, Freideutscher Jugendverlag, Adolf Saal, Hamburg 1919

MOHLER, Armin Die Konservative Revolution in Deutschland, 1918-1932, (Diss. Basel 1949), Friedrich Vorwerk, Stuttgart 1950

MOTHES, Kurt, Vom Leuchtenburgkreis, in: Deutsche Freischar, 2. Jhrg., 1929/30, H. 2

MOELLER van den Bruck, Arthur, Das dritte Reich, Ringverlag, Berlin 1923

MUHLE, Hans, Politik, Parteien und junge Generation, in: Deutsche Freischar, 2. Jhrg. 1929/30

MÜHLENFELD, Julius, Der Staat und Wir, in: Der Wanderer, Verlag und Hrsg. Bund Deutscher Wanderer, Wittenberg, 23. Jhrg. 1928, H. 4

Ders., Ablösung vor? in: Der Wanderer, 23. Jhrg. 1928, H. 5

NATORP, Paul, Hoffnungen und Gefahren unserer Jugendbewegung, Vorträge und Aufsätze aus der Comenius Gesellschaft, Eugen Diederichs, Jena 1921

Ders., Individuum und Gemeinschaft, Vortrag auf der 25. Aarauer Studienkonferenz am 21. IV. 1921, Eugen Diederichs, Jena 1921

NEUMANN, W. Ludwigstein, Bericht über das Gau- und Jungenschaftsführertreffen 29. IX. - 1. X. 1928 in:, Deutsche Freischar, Jhrg. 1928, H. 3

NICKLISCH, Hans und Walter Oschilewski, Das Opfer der Jugend u. Flugblätter der Weissen Rose, in: Der Phönix 1947, Ein Almanach für junge Menschen, Lothar Blanvalet, Berlin 1937

NIEKISCH, Ernst, Entscheidung, Widerstandsverlag, Berlin 1930

NITZSCHE, Max, Bund und Staat, Wesen und Formen der bündischen Ideologie, Konrad Triltsch, Würzburg 1942, Diss. München 1938

NÖTZEL, Karl, Grundlagen des geistigen Russlands, Eugen Diederichs, Jena 1917

OELBERMANN, Robert, Kameraden singt, Lieder der Bauhütte, Günther Wolff, Plauen i.V. 1935

Ders., -, Karl u. Walter Tetzlaff, Heijo der Fahrtwind weht. Lieder der Nerother, Günther Wolff, Plauen i.V. 1933

OPPENHEIMER, Franz, Theorie und Praxis der Siedlung, in: Die gelben Blätter, Verlag des Bundes der Wandervögel und Kronacher, 2. Jhrg., Sept. 1932, H. 1/2

PAETEL, K.O., Tätigkeitsbericht der Gruppe "Sozialistische Nation", in: 4. Rundbrief an die Freunde in Deutschland und Brief an die Freunde in Deutschland, 7. Folge Tätigkeitsbericht der Gruppe "Sozialistische Nation, Forest Hills, L.I. USA

Ders., Deutsche Jugend, in: Deutsche Blätter, New York (Nur die Seiten des Aufsatzes vorhanden)

Ders., -, Carl Zuckmayer, Dorothy Thompson, Deutsche innere Emigration, Friedrich Krause, New York City 1946

PALLAS, Rudi, Das war der echte Widerstand, in: Aachener Nachrichten vom 29. X. 1949

Ders., Versuch einer Analyse der bündischen Jugend, Moskau, Sommer 1944, (Schreibmaschinenmanuskript)

PANNWITZ, R., An das jüdische Volk, Heft 5 der Flugblätter des Pannwitz Verlages

PETERSEN, Peter, Nachwort, in: Werner Pohl, Bündische Erziehung

PICKER, Henry, Hitlers Tischgespräche im Führerhauptquartier, 1941-42, Athenäum Verlag, Bonn 1951

POHL, Werner, Bündische Erziehung, Hermann Böhlaus Nachfolger, Weimar 1933

POHL, Werner, Für radikale Realpolitik, in: Der Zwiespruch, 12. Jhrg., vom 16.III. 1930

PROSS, Harry, Nationale und soziale Prinzipien in der bündischen Jugend, Diss. Heidelberg 1948

QUICKBORN Jungenschaft, Winterlager, Jungenblatt 1932, H. 1, Hrsg. Quickborn Jungenschaft, Bonn (als Manuskript gedruckt)

RAUPACH, Hans, Junge Mannschaft im Arbeitsdienst, in: Will Vesper, Deutsche Jugend

REBSCH, Gerhard, Coburg, Scharfenstein-Grebs, in: Der Bund, Führerblätter des Großdeutschen Jugendbundes, Jhrg. 1926, H. 7

Ders., Der Nationalsozialismus als Krise der Jugendbewegung, in: Der Bund, Führerblätter des Großdeutschen Jugendbundes, Jhrg. 1929, H. 6

RIETDORF, Otto, Nationalsozialistische Jungen, in: Führerblätter der Hitlerjugend, Nov. 1935, Hrsg. Reichsjugendführung der NSDAP, Berlin, Ausg. DJ

RITTER, Gerhard, Die Dämonie der Macht, Leibniz Verlag, 6. Aufl. München 1948

RODE, Karl, Grundlagen und Ziel bündischer Erziehung, in: Jungnationale Stimmen, 1. Jhrg., H. 1

ROTH, Erich, Bündische Frontbildung, in: Wille und Werk, unabhängige Zeitschriftenschau der deutschen Jugendbewegung, 7. Jhrg. 1932, H. 12, entnommen aus: Die Kommenden, Verlag die Kommenden, Nr. 31, vom 31. VII. 1932

SCHIEDER, Theodor, Das Problem der Revolution im 19. Jahrhundert, in: HZ Bd. 170, H. 2, Sept. 1950

SCHIERER, Herbert, Das Zeitschriftenwesen der Jugendbewegung, Diss. Berlin 1938, Rudolf Lorentz Verlag, Charlottenburg

SCHIRACH, Baldur von, Die Hitlerjugend, Idee und Gestalt, Köhler & Amelang, Leipzig 1934

Ders., Revolution der Erziehung, Zentralverlag der NSDAP, Franz Eher Nachf., München 1942

SCHLEMMER, Hans, Der Geist der deutschen Jugendbewegung, Pädagogische Reihe 9. Bd., Rösl & Cie., München 1923

SCHMALENBACH, Hermann, Die soziologische Kategorie des Bundes, Die Dioskuren, Jahrbuch für Geisteswissenschaften, Hrsg. Walter Strich, Meyer & Lessen, München 1922

SCHMICH, Günther, Der Meister des Ordens, etwa 1935 als Manuskript gedruckt

Ders., Entscheidung (Laienspiel für Jungen), nur als Schreibmaschinenmanuskript vorhanden

SCHMIDT, Georg, Der Kronacher Bund alter Wandervögel, in: Hertha Siemering: Die deutschen Jugendverbände

Ders., Randbemerkungen zu Zeit- und Streitfragen der Wandervogelbewegung, als Handschrift gedruckt, Hrsg. Geschäftsstelle des Wandervogels, 2. Aufl. 1917, Oranienburg, Berlin

SCHNABEL, Raimund, Das Führerschulungswerk der Hitlerjugend, Junker und Dünnhaupt, Berlin 1938

SCHNEIDER, Reinhold, Der geistige Ertrag der deutschen Jugendbewegung, Friedrich Mann's Pädagogisches Magazin, Abhandlungen vom Gebiete der Pädagogik und ihrer Hilfswissenschaften, H. 1232, Hermann Bayer & Söhne, Langensalza 1929

SCHOEPS, Joachim, Um der Entscheidung willen Scheidung, in: Die Tat, Monatsschrift zur Gestaltung neuer Wirklichkeit, 22. Jhrg. 1930/31, H. 4, Eugen Diederichs, Jena

SCHOLL, Inge, Die weisse Rose, 3. Aufl., Verlag die Frankfurter Hefte 1952

SCHOLZ, Ernst, Die Revolution der modernen Jugend, Versuch einer kurzen Darstellung, Anker-Verlag, Bremen 1932

SCHOMBURG, Burchardt, Der freiwillige Arbeitsdienst, seine pädagogischen Aufgaben und Möglichkeiten, in: Die gelben Blätter, 11. Jhrg., H. 1/2

SCHOMBURG, H.E., Der Wandervogel, seine Freunde und seine Gegner, Julius Zwisslers Verlag, Wolfenbüttel 1917

SCHOTTE, W., Weltgeschichtlicher Ausblick, in: Jungnationale Stimmen, 1. Jhrg., H. 1

SCHULTZ-HENKE, Harald, Die Überwindung der Parteien durch die Jugend. Das Wollen der neuen Jugend. Eine Auseinandersetzung mit den Grundfragen unserer Zeit, Gotha 1921

Ders., Weisse und rote Garde, in: Wilhelm Ehmer, Hofgeismar, ein politischer Versuch in der Jugendbewegung.

SCHUMACHER, Bündisches Aufgebot, in: Wille und Werk, 6. Jhrg., H. 6, 1931 entnommen aus: Der Fahrende Gesell, 6. Jhrg.

SCHÜTZ, O., Friedrich Nietzsche, der Prophet der deutschen Jugendbewegung, in: Neue Jahrbücher für Wissenschaft und Jugendbildung, Leipzig 1929, H. 1

SCHWEMMER, Hermann, Junge Nation, in: Jungnationale Stimmen, 1. Jhrg., H. 12, Mai 1927

SEIDELMANN, Karl, Grundformen des Jungenlebens, in: Deutsche Freischar, Jhrg. 1928, H. 3

SEIPEL, Ignaz, Die Aufgabe der Oesterreich-Deutschen, in: Volk und Reich, Jhrg. 1926, H. Januar

SIEMERING, Hertha, Die deutschen Jugendverbände, ihre Ziele, sowie ihre Entwicklung und Tätigkeit seit 1917, Carl Heymanns Verlag, Berlin 1923

SOTKE, Fritz, Die nationalsozialistische Staatsidee, Verlagsgenossenschaft Beruf und Wissen, Berlin 1932

SPAHN, Martin, Die Anschlußfrage und die Zukunft des Reiches, in: Volk und Reich, Jhrg. 1926, H. Februar

Ders., Mitteleuropa, in: Volk und Reich, Jhrg. 1925, H. April/Mai

Ders., Oesterreich und Mitteleuropa, in: Volk und Reich, Jhrg. 1925, H. Sept./Okt.

SPENGLER, O., Worte von, in: Der Bund, Führerblätter des Großdeutschen Jugendbundes, Jhrg. 1926, H. 7

SPRANGER, Eduard, Psychologie des Jugendalters, Quelle & Meyer, 19. Aufl., Heidelberg 1949

STANFEL, Robert, Unser Reich komme, in: Der Bund, Führerblätter des Großdeutschen Jugendbundes, 7. Jhrg., 1932, H. 8

SRBIK, Heinrich, Ritter von Metternichs mitteleuropäische Idee, in: Volk und Reich, Jhrg. 1926, H. Sept.

STÄHLIN, Otto, Die Deutsche Jugendbewegung, A. Deichertsche Verlagsbuchhandlung, Leipzig 1930

STELLRECHT, Helmut, Der deutsche Arbeitsdienst, Mittler & Sohn, Berlin 1923

STETTNER, Heinz, Lebt der Wandervogel noch? Die Neue Zeitung, München vom 12. VI. 1950

SÜDLEGION, Lieder der, Günther Wolff, Plauen i.V. (ohne Jahreszahl) etwa 1933 TÖNNIES, Ferdinand, Gemeinschaft und Gesellschaft, Grundbegriffe der reinen Soziologie, 6. u. 7. Aufl., Verlag Karl Curtius, Berlin 1926

TORMIN, Helmut, Freideutsche Jugend und Politik, Freideutscher Jugendverlag Adolf Saal, Hamburg 1918

TROTZENDORF, Hans, Die Gruppe im Dienst, in: Jungen im Dienst, 1. Jhrg., H. 3, Nov. 1932

TRUCHT, Lieder der, Günther Wolff, Plauen i.V. (etwa 1933)

TURNEYSEN, E., Dostojewski, in: Das Neue Werk, Jhrg. 1922, Nr. 3, Neuwerk Verlag, Schlüchtern, Habertshof

UMBREIT, Hans, Arbeitslager, in: Deutsche Freischar, IV., Bd., H. 4

UNSERE Städte und ihre Jugend. Bericht über die 3. Hauptversammlung des Deutschen Städtetages in Köln, 30. VI. und 1. VII. 1950, Otto Schwartz & Co., Göttingen 1951

URSIN, Karl, Die österreichische Position, in: Deutsche Freischar, 2. Jhrg., 1929/30, H. 3

USADEL, Georg, Die nationalsozialistische Jugendbewegung, Velhagen & Klasing, Bielefeld u. Leipzig 1934

VESPER, Will, Deutsche Jugend, dreißig Jahre Geschichte einer Bewegung, Holle & Co., Verlag GmbH., Berlin 1934

VOELKEL, Martin, Bescheid auf die Antwort der Bünde zum Verfassungsentwurf des Hochbundes, in: Der Weisse Ritter, 5. Jhrg., H. 1

Ders., Hie Ritter und Reich, Der Weisse Ritter Verlag, Berlin 1923

VOGGENREITER, Ludwig, Zur deutschen Jugendbewegung, in: Spurkalender 1925/ 26, Voggenreiter Verlag, Potsdam

Ders., Bekenntnis zu Adolf Hitler, in: Spur, Zeitschrift des deutschen Jungen, 1.V. 1933, Ludwig Voggenreiter Verlag, Potsdam

WANDERVOGEL, Liederbuch des Steglitzer, Hrsg. Frank Fischer, 2. Aufl. 1910

WALTHER-BURMEISTER, Odo, Das Lied im Lager, in: Jungen im Dienst, 1. Jhrg., H. 3, Nov. 1932

WENDLAND, H.D., Das soziale Problem, in: Jungnationale Stimmen, 3. Jhrg., H. 3, März 1928

Ders., Der reformatorische Staatsgedanke, in: Jungnationale Stimmen, 3. Jhrg., 1928, H. 1

Ders., Geist der Erziehung, in: Jungnationale Stimmen, 1. Jhrg. 1926, H. 7

WEBER, Alfred, Abschied von der bisherigen Geschichte, Claasen und Goverts Verlag, Hamburg 1946

WENIGER, Erich, Die Jugendbewegung und ihre kulturelle Auswirkung, Sonderdruck aus: Geist der Gegenwart, Stuttgart 1928

WINKLER-HERMADEN, Psychologie des Jugendführer, Eugen Diederichs, Jena 1927 WINTER, Fr., Politik der Jungen, in: Jungnationale Stimmen, 1. Jhrg., 1926, H. 1 WITKOP, Philipp, Kriegsbriefe gefallener Studenten, G. Müller, München 1929

WOLTERECK, Richard, Wirtschaftliches Neuland der Jugendbewegung, in: Werkland Verlag, Die Werkgenossen, Leipzig, Bd. IV., H. 2, Hrsg. Richard Woltereck

ZIEGENFELD, A.H., Der Spannungsraum Mitteleuropa, Kartenskizze, Anhang zum Februarheft 1926 der Zeitschrift Volk und Reich

ZUPFGEIGENHANSL, der, Hrsg. Hans Breuer, 1. Aufl. 1909, Hofmeister, Leipzig, 159. Aufl. 1933

Zeitschriften

bagger, Hrsg. stromkreis (hektographiert), h. 5, 1935, illegal erschienen.

bemühung, Hrsg. Herbert heymann, Hamburg, Druck bei H. Weise und bei E. Roth, Hamburg, 3 Hefte (etwa 1934)

Briefe an die Deutsche Jungenschaft, Hrsg. Deutsche Freischar, Jhrg. 1930, Ludwig Voggenreiter Verlag, Potsdam

Bubentyrker, Nachrichtenblatt des "Lagerfeuers", Atlantisverlag Berlin 1931

Das junge Deutschland, überbündische Zeitschrift. Hrsg. Reichsausschuß deutscher Jugendverbände, 25. Jhtrg., Berlin 1931

Das Lagerfeuer, eine deutsche Jungenzeitschrift, Jrg. 1930/31, Atlantisverlag Berlin, seit 1931 21. Jhrg. des Pfadfinder, Atlantisverlag Berlin, Zürich, ab H. 11 1931 Lasso-Verlag G.m.b.H. Berlin

Das Nachrichtenblatt 1950/51, Hrsg. Vereinigung Burg Ludwigstein e.V., Göttinger Druckerei und Verlagsgesellschaft m.b.H., Göttingen

Der blaue Reiter, Beilage zur Zeitschrift Jugendland

Der Bund, Führerblätter des Großdeutschen Jugendbundes 1925 - 1931, seit 1931 Führerblatt der Freischar junger Nation, Großdeutsche Verlagsanstalt, Berlin

Der Bund, Zeitschrift der Kameraden, Deutsch-Jüdischer Wanderbund, Bundesblatt 1928. Selbstverlag des Bundes Berlin

Der Eisbrecher, Hrsg. Eberhard Koebel, Jhrg. 1932-35, Günther Wolff, Plauen i.V.

Der große Wagen, ein Werk der Jungentrucht 1932-1932, 2. Bde. Verlag Gerhard Hüttmann, Potsdam, Heft 1-4 unter dem Titel: ein Werk der Jungentrucht

Der neue Anfang, Zeitschrift der "Entschiedenen Jugend", Verlag der neue Anfang, Jhrg. 1919/20, München

Der Pfad zum Reich, Führerblätter deutscher Pfadfinder. Jhrg. 4 und 5 1931/32, Günther Wolff, Plauen i.V.

Der Pimpf, nationalsozialistische Jungenblätter. Hrsg. Reichsjugendführung Zentralverlag der NSDAP, Berlin. Franz Eher Nachf. G.m.b.H., Jhrg. 1938

Der weisse Ritter, Hrsg. Bund der Neupfadfinder, zuletzt 1927 Bund der Wandervögel und Pfadfinder, Ludwig Voggenreiter, Franz Habbel und Karl Sonntag. Jhrg. 1921-1927, Der Weisse Ritter-Verlag, Berlin

Der Zwiespruch, unabhängige Zeitschrift der Jugendbewegung, amtliches Nachrichtenorgan vieler Bünde, Jhrg. 1919 - 1933, Zwiespruchverlag, Hartenstein (Sa.) Rudolstadt, Berlin

Die Bündischen, Kampfblatt der bündischen Front, Hrsg. Bündische Reichsschaft, Eigenverlag Berlin-Schöneberg 1933 im Voggenreiter-Verlag, 5. Jhrg. H. 4 Apr. 1934. In Fortsetzung dieser Zeitschrift erschien die

Bündische Welt, Monatsschrift der bündischen Reichsschaft, Verlag Fr. Gebhard, Heidelberg-Rohrbach, Jhrg. 1934, H. 3

Die gelben Blätter, Verlag des Bundes der Wandervögel und Kronacher, Berlin Charlottenburg, 4. Jhrg. 1932 H. 1/2

Die Kameradschaft, Die Jungenschaft, Blätter für Heimabendgestaltung in der Hitlerjugend und im Jungvolk. Hrsg. von der Reichsjugendführung Abt. 5, Berlin

Die Kiefer, Philosophische Zeitschrift der dj. 1.11.) Jhrg. 1932/33, Günther Wolff, Plauen i.V.

Die Kommenden, Hrsg. Ernst Jünger und Werner Lass, Verlagsgesellschaft Die Kommenden, Großdeutsche Wochenschrift aus dem Geiste volksbewußter Jugend, Jhrg. 1930/31

Die Pachantei, Meinungsaustausch freier Wandervögel, hrsg. von Kurt Schulz und Fritz Cotta, Verlag M. Hertel, Leipzig 1.III. 1914

Deutsche Freischar, (Führerzeischrift der Deutschen Freischar), Verlag Ludwig Voggenreiter, Potsdam, Jhrg. 1928-1933

Feuer, Eine Schrift der Jungen, hrsg. deutsche Jungenschaft, Köln, Selbstverlag, Jhrg. 1947-1951

Freideutsche Position, die Rundbriefe der Freideutschen Kameradschaft Nr. 3/1930, (Manuskript ohne Verlagsangabe) Nr. 4 (gedruckt) Versand Leipzig

Freideutsche Jugend, eine Monatsschrift Freideutscher Jugendverlag, Hamburg Jhrg. 1915-1924

Freideutscher rundbrief, 1947-1948, hrsg. Freideutscher Kreis, Hamburg (als Manuskript gedruckt)

Führerblätter der Hitlerjugend, Ausg. DJ Nov. 1935, Hrsg. Amt für weltanschauliche Schulung, Reichsjugendführung der NSDAP, Berlin

Jugendland, eine deutsche Jungenzeitschrift, Hrsg. Ringgemeinschaft deutscher Pfadfinder, Günther Wolff, Plauen i.V., Jhrg. 1931-32

Jugend im Dienst, Führerblätter zur Gestaltung des deutschen Arbeitsdienstes. 1. Jhrg. H. 3. Nov. 1932, Berlin

Jungenblatt, Hrsg. Quickborn Jungenschaft, Bonn 1932, Selbstverlag

Jungnationale Stimmen, (seit 1931 Führerblatt der Freischar junger Nation), Großdeutsche Verlagsanstalt G.m.b.H., Berlin, Jhrg. 1926–31

Jungdeutsche Stimmen, Rundbriefe für den Aufbau einer wehrhaften Volksgemeinschaft, Verlag des deutschen Volkstums, Hamburg, 3. Jhrg. 1921

Kameradschaft, Schriften junger Deutscher, verschiedene verantwortliche Herausgaben, printed in Belgien und in Holland. 1937 Brüssel, 1938 Amsterdam, 1939 Kensington, Park Gardens, London; gestaltet wurde die Schrift von den Kreisen um Ebeling und Hespers)

Kommende Gemeinde, Hrsg. Bund der Köngener. Druck Goebel, Tübingen, Jhrg. 1929, H. 3/4

r e 7 Führerblätter, hrsg. schwarzes fähnlein, jungenschaft, Kurt Wongtschowski, Frankfurt/M. (hektographiert)

Speerwacht, 22. Jhrg. des Pfadfinders, Jhrg. 1932, Verlag I.J. Weber, Leipzig

Spur, Zeitschrift des deutschen Jungen, Ludwig Voggenreiter Verlag, Potsdam, Jhrg. 1930/31

Tat, Monatsschrift zur Gestaltung neuer Wirklichkeit, 22. Jhrg. 1930/31, H. 4, Eugen Diederichs, Jena

Tyrker, Amtsblatt von dj.1.11. und Führerblätter der deutschen autonomen Jungenschaft, Jhrg. 1930/31, Eigenverlag Berlin

Wanderer, Monatsschrift für Jugend und Wanderlust, Verlag und Hrsg. Bund Deutscher Wanderer, Wittenberg, Jhrg. 1910 f.

Wanderer, Sonderausgabe: 25 Jahre Bund deutscher Wanderer, Verlag und Hrsg. Bund deutscher Wanderer, Wittenberg 1930

Wandervogel, Führerzeitung, Hrsg. Fr. v. Fulda, Verlag E. Matthes, Leipzig 1912/14

Wandervogel, Illustrierte Monatsschrift, hrsg. von Fritz A. Meyen (ab Nr. 6) und Karl Fischer, Amtliches Organ des Ausschusses für Schülerfahrten, März 1904 – Aug. 1916

Wandervogel, Monatsschrift für deutsches Jugendwander, Monatsschrift des Wandervogels e.V., Druck Spamersche Hofdruckerei, Leipzig, 8. und 9. Jhrg. 1913/14

Wandervogel, Monatsschrift des Wandervogel, Deutscher Bund für Jugendwandern, hrsg. Bundesleitung des Wandervogel, Druck Hohmann, Darmstadt 1907

Jungwandervogel, Zeitschrift des Bundes für Jugendwandern, hrsg. von der Bundesleitung des Jungwandervogels, Berlin-Schöneberg, Nov. 1910–14

Altwandervogel, Monatsschrift für deutsches Jugendwander, Jhrg. 8/1913 und 9/1914, hrsg. Bundesleitung des Altwandervogels, Göttingen.

Werkland, Verlag die Werkgenossen, Hrsg. Richard Woltereck, Leipzig, Bd. 4, Nr. 2

Wille und Werk, unabhängige Zeitschriftenschau der deutschen Jugendbewegung, Hrsg. Werner Kindt, Berlin, 1929 – 1932

Widerstand, Hrsg. Ernst Niekisch, Widerstandsverlag Berlin, Nr. Okt. 1930

Volk und Reich, politische Monatshefte für das junge Deutschland, Hrsg. Mittelstelle für Jugendgrenzlandarbeit, Berlin, Jhrg. 1925 und 1926

Westdeutscher Beobachter, Verlagsort Köln, Jhrg. 1933–1937

Anmerkungen zu
I. Einleitung

1 Vergl. Josepha Fischer: Die soziale und kulturelle Bedeutung der Jugendbewegung. Sonderdruck aus: Sozialrechtl. Jahrb. Bd. III, 1932
2 Hans Ebeling: Die Fahne zerriß, Der Speer zerbrach. Theo Hespers, Kampf einer Jugend gegen Hitler. Aachener Nachrichten v. 7.11.1949
3 So etwa: Paul Honigsheim: Jugendbewegung, Politik, Friedensbewegung. Sonderdruck aus d. Broschüre: 10 Jahre Kampf der Jugend für den Frieden. Heinz Stettner, Lebt der Wandervogel noch? Die Neue Zeitung München, v. 12.7.1950. Alfred Heller: Ist die deutsche Jugendbewegung tot? Die Neue Zeitung, München v. 5.5.1950
4 Hermann Mau: Jugendbewegung gestern und heute, Kölner Universitätszeitung, Mai 1949, 3. Jahrg.Heft 1
5 Vergl. Rudolf Schneider: Der geistige Ertrag der deutschen Jugendbewegung, Langensalza 1929
6 Vergl. Josepha Fischer: a.a.O., S.67 f., auch: Erich Weniger: Die Jugendbewegung und ihre kulturelle Auswirkung. Sonderdruck aus: Geist der Gegenwart, Stuttgart 1928
7 Hermann Mau a.a.O., S.3, Vergl. auch: Josepha Fischer a.a.O., S.68
8 Vergl. Karl O.Paetel: Deutsche Jugend, in: Deutsche Blätter, New York 1946; Karl O.Paetel, Karl Zuckmayer, Dorothy Thompson: Deutsche innere Emigration, New York City, 1946
9 Vergl. Erich Weniger: Die Jugendbewegung und ihre kulturelle Bedeutung
10 Vergl. auch: Deutsche Freischar (Führerzeitschrift der Deutschen Freischar) Ludwig Voggenreiter, Potsdam Bd.IV.H.3 Aufsatz: Bund, Politik, Beruf (ohne Verfasserangabe); Der Bund, Zeitschrift des deutsch-jüdischen Wanderbundes, 1928, S.23
11 Vergl. Ludwig Habbel u. Ludwig Voggenreiter: Schloß Prunn, der deutsche Pfadfindertag von 1919. Der Weisse Ritter Verlag, Regensburg 1919
12 Vergl. Karl Nötzel: Die Grundlagen des geistigen Rußlands, Jena 1917, S.211
13 Vergl. E.W.Eschmann: Die Zerstörung des Bürgertums und wir. Wille und Werk, Unabhängige Zeitschriftenschau der deutschen Jugendbewegung, VI.Jahrg., H.4, S.25 f. Auszug aus dem Aufsatz Deutsche Freischar und deutsches Volk in: Deutsche Freischar, III.Jahrg., H.5
14 Mündlich verbreitet
15 Eine andeutende Zusammenstellung des Ertrages an Lebensgütern findet sich bei Rudolf Schneider: Der geistige Ertrag der deutschen Jugendbewegung. Langensalza 1929, S.4o f.
16 Will Vesper: Deutsche Jugend, 30 Jahre Geschichte einer Bewegung, Berlin 1934; Luise Fick: Die deutsche Jugendbewegung, Jena 1939; Heinrich Ahrens: Die deutsche Wandervogelbewegung von den Anfängen bis zum Weltkrieg, Hamburg 1939
17 Howard Becker: German Youth, bond or free, New York 1946 Deutsch: Vom Barette schwankt die Feder, die Geschichte der deutschen Jugendbewegung. Wiesbaden 1949
18 Howard Becker: Vom Barette schwankt die Feder, S. 13 f.
19 Luise Fick: a.a.O., S.16
20 Hans Blüher: Wandervogel, Geschichte einer Jugendbewegung, II. Teil, Charlottenburg 1919, S.184/185.
21 Wie etwa Blüher in erotischer Hinsicht in: Die deutsche Wandervogelbewegung als ein erotisches Phänomen. Berlin 1913. In politischer Hinsicht die bereits genannten Verfasser.

Anmerkungen zu
II. Die geschichtliche Entwicklung und die Organisationsformen der Jugendbewegung.

1 Alfred Weber: Abschied von der bisherigen Geschichte, Hamburg 1946, S.126
2 Paul de Lagarde: Schriften über das deutsche Volk, I u. II, Ausg. München 1934; Julius Langbehn: Rembrandt als Erzieher, Leipzig 1891
3 Vergl. hierzu auch Ludwig Dehio: Gleichgewicht oder Hegemonie. Krefeld 1949, S.193
4 Über die Bereicherung der bürgerlichen Schichten vergl. E.Heilborn: Zwischen zwei Revolutionen. Berlin 1929, Bd.II, S.62
5 Vergl. Theodor Schieder: Das Problem der Revolution im 19. Jahrhundert.HZ Bd.170, Heft 2, September 1950, S.265
6 Theodor Schieder a.a.O., S.270
7 Vergl. hierzu und zu der Situation der bürgerlichen Schichten um die Jahrhundertwende die Darstellungen der Geschichte der Jugendbewegung von: H.Ahrens: Die deutsche Wandervogelbewegung von den Anfängen bis zum Weltkrieg; Luise Fick: Die deutsche Jugendbewegung; Theo Herrle: Die deutsche Jugendbewegung in ihren wirtschaftlichen und gesellschaftlichen Zusammenhängen, Gotha 1921; Charlotte Lütkens: Die deutsche Jugendbewegung, ein soziologischer Versuch, Frankfurt 1925; Harry Pross: Nationale u. soziale Prinzipien in der bündischen Jugend, Diss.Heidelberg 1948
8 So etwa in den am Treffen auf dem Hohen Meißner beteiligten studentischen Verbindungen, die noch erwähnt werden.
9 Zahlreiche Aufsätze über die Generationsfrage befinden sich in "Wille und Werk", unabhängige Zeitschriftenschau der deutschen Jugendbewegung, Jahrg. 1928 - 33. In der russischen Intelligenzler-Jugend trat dieser Konflikt sogleich von Anfang an in Verbindung mit starken sozial-revolutionären Tendenzen auf. Vergl. K.Nötzel a.a.O., S.187 f.

10 Hans Blüher: Wandervogel, Geschichte einer Jugendbewegung. I. Teil Heimat und Aufgang. S.47

11 Armin-Mohler: "Die Konservative Revolution in Deutschland 1918-1932, Grundriß ihrer Weltanschauungen, Stuttgart 1950

12 Sehr stark und keineswegs immer berechtigt polemisiert gegen diese Zusammenfassung Mohlers Joachim G. Leithäuser in der Besprechung des Mohlerschen Buches: Mythos und Dynamit in: Der Monat, eine internationale Zeitschrift 3. Jahrg. 1951, H.34, S.435. Die Ansicht Mohlers über ein bestimmtes gemeinsames Leitbild der Konservativen Revolution kann allerdings vom Verfasser dieser Arbeit nicht geteilt werden.

13 Vergl. hierzu Armin Mohler a.a.O., S. 37 f.

14 Vergl. hierzu auch von nationalsozialistischer Seite Max Nitzsche: Bund und Staat, Wesen und Formen der bündischen Ideologie. Würzburg 1942 (Diss. München 1938)

15 Möller van der Bruck: Das dritte Reich, Berlin 1923

16 Vergl. Ludwig Dehio a.a.O., S.215 f. und S. 221 f.

17 Vergl. Gerhard Ritter: Die Dämonie der Macht, 6. Auflage, München 1948, S. 154

18 Vergl. Adolf Hitler: Mein Kampf, 76. Auflage, München 1933, S. 18 f.

19 Hans Blüher: Wandervogel I. Teil, S.56

20 Diese Personen waren: Wolfgang Kirchbach, Heinrich Sohnrey, Paul Remer, Hermann Müller-Bohn (alle Schriftsteller), der Nationalökonom Prof. Dr. Albrecht, Prof.Dr. Gurlitt, der Arzt Dr. Hentzelt und Oberlehrer Dr. Brinkmann.

21 Der Wanderer, Monatsschrift für Jugend und Wanderlust, 5. Jahrg. 1910, H.2, S. 36/38.

22 Vergl. Wandervogel, illustrierte Monatsschrift vom 1. Mai 1904, S.22; Die weiteren Angaben über den Wandervogel sind den ausführlicheren Darstellungen von Hans Blüher, Else Frobenius und Heinrich Ahrens entnommen.

23 Rudolf Kneip: Vom Wandervogel zum Jugendbund, erster Teil der Geschichte der sächsischen Jungenschaft, im Selbstverlag Mittweida 1928, S. 4 (1905 Ortsgruppe in Leipzig, 1906 Freiberg vor allem von Studenten getragen.)

24 Über die sogenannte "Heidelberger Pachantei" vergl. Hans Blüher, Wandervogel II.Teil, Charlottenburg 1919, S.131

25 Das Liederbuch des Steglitzer WV wurde bereits 1904 von Frank Fischer herausgegeben und enthielt vor allem Volkslieder des 19. Jahrh., erreichte aber nicht die Bedeutung des "Zupfgeigenhansel".

26 Angaben nach Der Wanderer, Sonderausgabe 25 Jahre Bund deutscher Wanderer, 1930

27 Hierzu ausführliche Darstellungen von A. Messer: Die Freideutsche Jugendbewegung, ihr Verlauf von 1913 - 1923, 5. erw. Auflage, Langensalza 1924 (Umfassende Quellenangabe); A. Grabowsky u. W. Koch, Die freideutsche Jugendbewegung, Ursprung und Zukunft, 2. Aufl., Gotha 1921

28 Im ganzen waren es nach Theo Herrle: Die deutsche Jugendbewegung in ihren kulturellen Zusammenhängen (3.Aufl. Gotha 1924, S. 43) 13 Verbände, die auch auf dem Treffen auf dem Hohen Meißner teilnahmen: die deutsche akademische Freischar, der deutsche Bund abstinenter Studenten, der deutsche Vortruppbund, der Bund deutscher Wanderer, der Jundwandervogel, der österr. Wandervogel, die Germania, Bund abstinenter Studenten, die freie Schulgemeinde Wickersdorf, das Landschulheim am Solling, die akademische Vereinigung Marburg und Jena, der Serakreis Jena, die Burschenschaft Vandalia Jena.

29 Über diese Einzelpersönlichkeiten ebenda S. 44

30 G.Mittelstrass u. Chr. Schneehagen: Freideutscher Jugendtag 1913, Hamburg 1913. Ebenfalls zu vergleichen: 1. Aufruf zur Meißner Tagung bei V. Engelhardt: die deutsche Jugendbewegung als kulturhistorisches Phänomen, Berlin 1923, S.59

31 Von Wyneken verfaßter Aufruf zur Meißner Tagung bei Th. Herrle a.a.O., S.43

32 Freideutscher Jugendtag 1913 S. 10 f. Vergl. auch: Georg Müller: Rings um den Hohen Meißner in Will Vesper: Deutsche Jugend a.a.O., S. 50 f.

33 Vergl. Luise Fick: Die deutsche Jugendbewegung a.a.O.

34 Vergl. H. Ahrens: Die deutsche Wandervogelbewegung a.a.O.S. 201

35 Ebenda Briefzitat von F.W. Fulda (v. 20.11.1937) a.a.O., S. 200

36 Vergl. Ebenda S. 200 und Wandervogel 9. Jahrg. April 1914 S. 125, 126

37 Vergl. hierzu: Die Freideutsche Jugend im Bayr. Landtag. Hamburger Hauptausschuß der Freideutschen Jugend, Hamburg 1914; Paul Natorp: Hoffnungen und Gefahren unserer Jugendbewegung, Jena 1913; Jugendkultur, Dokumente zur Beurteilung freier Jugenderziehung, München 1913, Kath. Presseverein

38 Die Marburger Tagung der Freideutschen Jugend, Hamburger Hauptausschuß der Freideutschen Jugend, Hamburg 1914. Es schieden aus: der Bund deutscher Volkserzieher (Wilh. Schwaner), der Vortrupp (Herm. Popert), die freien Schulgemeinden (Gustav Wyneken)

39 Vergl. Normann Körber: Die deutsche Jugendbewegung, Berlin 1920, S. 17 auch Vikt. Engelhardt a.a.O., S.65

40 Vergl. auch: R.G. Binding: Langemarckfeier in: Hans Kraus, Um Feuer und Fahne, Potsdam 1934 S. 88 ff., weiterhin Luise Fick a.a.O., S. 101-116

41 R. Kneip: Vom Wandervogel zum Jungenbund a.a.O., S. 14/15 Vergl. Werner Kindt: (ehem. Bundesführer des Wandervogel e.V., später Schriftleiter des "Zwiespruch" u. Leiter d. Pressestelle des Reichsbundes f. Volkstum u. Heimat) Kriegswandervogel u. Nachkriegswandervogel in: Will Vesper: Deutsche Jugend

42 Vergl. Normann Körber: Die deutsche Jugendbewegung a.a.O. S. 17

43 Vergl. Vikt. Engelhardt: Die deutsche Jugendbewegung als kulturhistorisches Phänomen.

44 Vergl. A. Messer: Die Freideutsche Jugendbewegung, Harald Schultz-Henke: Freideutsche Jugend in: Hertha Siemering, Die deutschen Jugendverbände, ihre Ziele sowie ihre Entwicklung u. Tätigkeit seit 1917, Berlin 1923; weiterhin Vikt. Engelhardt a.a.O., S. 75 f. u. Th. Herrle a.a.O., S. 47 f.

45 Vergl. Frank Glatzel: Der Jungdeutsche Bund in H. Siemering a.a.O., S. 184 f.

46 Nach persönlichen Angaben von Dr. H. Ebeling (Bundesführer des Jungnationalen Bundes. Deutsche Jungenschaft

47 Vergl. auch die Rolle des Wandervogels im Freikorpsroman E.E. Dwingers: Die letzten Reiter.
48 Es wurde K. Ursin vorgeworfen, "er habe einen Wandervogelbundestag zum Werbebüro eines Freikorps er-niedrigt." (Freideutsche Jugend Jahrg. 1919, H. 11) Vergl. Norm. Körber a.a.O., S. 21.
49 Vergl. der Freideutsche Führertag in Jena in: Freideutsche Jugend 5. Jahrg. 1919, H. 8/9; Freihr. v. Bieder-mann: Verschiedene Strömungen in der Freideutschen Jugend, Tägl. Rundschau v. 3.6.1919 Nr. 117; Wilh. Ehmer: Hofgeismar, ein polit. Versuch in der Jugendbewegung, Jena 1921.
50 Über das Ende der Sendung der Freideutschen vergl.: Der weiße Ritter IV. Jahrg., H. 8/9, S. 341 f.
51 Ausführliche Angaben mit zahlreichen Quellenhinweisen über das Hineindringen der Jugendbewegung in die Jugendpflegeverbände finden sich bei Th. Herrle: Die deutsche Jugendbewegung in ihren kulturellen Zusam-menhängen. Beispiel für das Übergreifen auf konfessionelle Verbände das Buch von Joachim G. Boeckh, "Königsbühl" Potsdam 1925
52 Vergl. H.D. Wendland: Der Jungnationale Bund in: Herta Siemering a.a.O., S. 188 f.; auch Th. Herrle: Die deutsche Jugendbewegung in ihren kulturellen Zusammenhängen a.a.O., S. 85/86
53 Nach persönl. Angaben von Dr. H. Ebeling.
54 Vergl. Schloß Prunn: Der deutsche Pfadfindertag von 1919, die österr. Führeraussprache in Neulengbach, Re-gensburg 1919
55 Vergl. auch L. Habbel, Kibbo Kift, Bücher der Waldverwandtschaft Berlin 1922.
56 Ich folge hier den ausführlichen und mit guten Quellenangaben gespeicherten Darstellungen von L. Fick, a.a.O., S. 135 f. u. S. 198 f.
57 Zitiert bei R. Kneip a.a.O., S. 15
58 H.E. Schomburg: Der Wandervogel, seine Freunde und Gegner, Wolfenbüttel 1917
59 R. Kneip a.a. O., S. 46
60 Georg Schmidt: Der Kronacher Bund alter Wandervögel in: Hertha Siemering: a.a.O., S. 177–179.
61 Jenaer Rundbrief vom 1.3.1919 Zitat bei R. Kneip a.a.O., S. 21
62 Vergl. Hertha Siemering: Die deutschen Jugendverbände, Aufsatz der Altwandervogel, Bund für Jugendwan-dern e.V. a.a.O., S. 179/80; Kurt R. Matusch: (setzte das Werk Mehnerts in Sachsen fort) Auf dem Weg zum großen Bund 1921–26, in Will Vesper: Deutsche Jugend a.a.O., S. 105 f.
63 Über die Nerother: Werner Helwig: Auf der Knabenfährte, ein Erinnerungsbuch, Konstanz u. Stuttgart 1951
64 Eine ausführliche Darstellung dieser Vorgänge mit Abschriften von Originalbriefen findet sich bei R. Kneip: Vom Wandervogel zum Jungenbund, S. 39 f.
65 Vergl. ebenda S. 42; weiterhin K.R. Matusch a.a.O., S. 106
66 Vergl. K.R. Matusch: a.a.O., S. 107, Luise Fick a.a.O., S. 174. Ausführlicher Bericht in der Zeitschrift Der Weiße Ritter IV. Jahrg. 1923, H. 8/9, S. 329 f.
67 Bericht über das Grenzfeuer im Fichtelgebirge von Martin Voelkel in: Der Weiße Ritter, IV. Jahrg. Aug./Sept. 1923, S. 337
68 Über den Kreis um den Weißen Ritter vergl. Martin Voelkel, die Ritter und Reich, Berlin 1923. Dort ist das Vorbild einer Elite im Mittelalter gezeichnet. (S. 63)
69 Der Weiße Ritter, IV Jahrg. 1923, H. 8/9, S. 337
70 Nationale und soziale Prinzipien in der bündischen Jugend, Harry Pross, Diss. Heidelberg 1948 (Schreibma-schinenmanuskript)
71 Deutsche Freischar 3. Bd. 1930, H. 1, S. 15
72 Der weiße Ritter V. Jahrg., H. 1, S. 1
73 Ebenda S. 3
74 Ebenda S. 5, Martin Voelkel: Bescheid auf die Antwort der Bünde zum Verfassungsentwurf des Hochbundes. Vergl. auch K.R. Matusch: Auf dem Weg zum großen Bund a.a.O., S. 111
75 Der Weiße Ritter V. Jahrg., H. 1, S. 8; Ludwig Voggenreiter: Zur deutschen Jugendbewegung, Spurkalender 1925/26, S. 64, Vergl. Anm. 1) S. 39
76 Vergl. Der Weiße Ritter VII. Bd. Lieferung 3–4, S. 79, auch K.R. Matusch a.a.O., S. 113
77 Vergl. Der Weiße Ritter Bd. VI, S. 99 f. sowie für die weiteren Angaben auch A. Littmann: Die bündische Ju-gend von 1923–33, in Will Vesper: Deutsche Jugend S. 128 ff.
78 Vergl. Der Zwiespruch, unabhängige Zeitung der Jugendbewegung IX. Jahrg. 1927, Bl. 22/23, S. 121
79 1.8.1926 Großdeutsche Gildenschaft, Bündnis der 3 großen Bünde, Deutsche Freischar, Jungnationaler Bund, Deutscher Pfadfinderbund zu einer gemeinsamen studentischen Gliederung. Vergl. Der Zwiespruch IX. Jahrg. 1927, Bl. 22/23, S. 121
80 Über die Arbeit des Leuchtenburgkreises vergl. Kurt Mothes: Vom Leuchtenburgkreis, Deutsche Freischar 1929/30 II. Jahrg. H. 2, S. 101–103
81 Vergl. Wesen und Aufbau einer Mannschaft des Bundes in: Deutsche Freischar, II. Jahrg. 1929/30, H.1, S.2. f.
82 Der Zwiespruch, 27.7.1930 XII. Jahrg. Bl. 28, S. 327
83 Briefe an die deutsche Jungenschaft, H.4, 1930, S. 1 (Verlag Voggenreiter Potsdam). Ebenso die dazugehöri-ge Beilage "Zeitung". Dort sprechen einige Artikel für die tiefe Erschütterung über den Tod dieses hervorragenden Mannes.
84 Der Zwiespruch, 27.7.1930, XII Jahrg. Bl. 28, S. 325
85 Über den Zusammenschluß vergl. Der Bund (Herausgeber ein Kreis der deutschen Freischar, vor der Einigung Führerblätter des Großdeutschen Bundes, nach der Einigung der Freischar junger Nation, V.Jahrg. H.5, Heuert 1930, S. 95 f.
86 Der Zwiespruch ebenda S. 326; ausführlicher Bericht in: Deutsche Freischar, 3. Bd. N. 3. S. 99 f.
87 Auszüge aus den Bundessatzungen der bedeutendsten Bünde befinden sich bei Werner Pohl: Bündische Erziehung, Weimar 1933, S. 69 f.
88 Vergl. Der Zwiespruch, IX. Jahrg. 22.3.1927, S. 121 und Werner Pohl: Bündische Erziehung, über den Wortlaut des Bündnisses und die beteiligten Bünde.

89 Nach mündlichen Angaben von Dr. H. Ebeling, der mit diesen internen Angelegenheiten und Hintergründen der Verhandlungen besonders vertraut war.
90 Max Nitzsche: Bund und Staat, Wesen und Form der bündischen Ideologie, Würzburg 1942
91 Georg Usadel: Die nationalsozialistische Jugendbewegung, Bielefeld u. Leipzig (o.Jahreszahl) Usadel war Obergebietsführer und Abteilungsleiter in der Reichsjugendführung.
92 Baldur von Schirach: Die Hitlerjugend, Idee und Gestalt. Leipzig 1934 S. 49
93 Vergl. Georg Usadel a.a.O., S. 8
94 Vergl. Baldur von Schirach a.a.O., S. 20
95 Angabe nach Harry Pross: Nationale und soziale Prinzipien in der bündischen Jugend.
96 Nach den Darstellungen B.v. Schirachs und Usadels.
97 Vergl. Baldur v. Schirach a.a.O., S. 50
98 Georg Usadel a.a.O., S. 15
99 Vergl. Baldur v. Schirach a.a.O., S. 31 f.

Anmerkungen zu
III. Jugendbewegung und Politik

1 Vergl. hierzu auch das Kapitel: Jugendbewegung und politisches Leben; Joseph König: Das Ethos der Jugendbewegung in Deutschland, Düsseldorf 1929.
2 Über die Unabhängigkeit der bündischen Jugend gegenüber allen parteipolitischen Einflüssen vergl. Jonas Lesser: Von deutscher Jugend, Berlin 1932, S. 31 f.
3 In der Klärung der Grundbegriffe der reinen Soziologie von Ferdinand Tönnies: Gemeinschaft und Gesellschaft (Berlin 1926, 6./7.Auflg.) sieht Tönnies im Orden oder Bund Typus und Idee der Familie erhalten und stellt ihn daher unter den Grundbegriff der Gemeinschaft, die am vollkomensten begriffen werde, "als metaphysische Verbundenheit der Leiber und des Blutes, von Natur ihren eigenen Willen und ihre eigenen Kraft zum Leben, folglich ihr eigenes Recht in bezug auf die Willen ihrer Glieder" habe. (S. 177) Vergl. dazu auch über die Fragen Freundschaft – Bund S. 15, 177, 195)
4 Vergl. Georg Götsch: Grundschule der Politik, in Deutsche Freischar, IV. Bd., K. 4, S. 138 f.
5 Adolf Hitler: Mein Kampf, S. 652 f.
6 Der Kronacher Bund (H.2/3, 1928, S. 24) Zitat bei Rich. Braun, Individualismus und Gemeinschaft in der deutschen Jugendbewegung. Diss. Erlangen 1929 (Zitat zeigt starke Anlehnung an Tönnies)
7 Georg Goetsch: Grundschule der Politik a.a.O., S. 139
8 So u.a. auch Harald Schultz-Henke: Die Überwindung der Parteien durch die Jugend, Gotha 1921, S.5 ff.
9 Georg Goetsch: ebenda, S. 140
10 Georg Goetsch: S. 141
11 Anderer Ansicht sind in dieser Hinsicht Luise Fick in: Die deutsche Jugendbewegung, Will Vesper und weitere Autoren in dem Sammelband: Deutsche Jugend, die die zum politischen Bewußtsein erwachte Jugendbewegung in einer Art Selbstaufhebung als "Staat suchende Jugend" in dem nationalsozialistischen Staat aufgehen lassen. Howard Becker in "German Youth bond or free" vertritt die Ansicht, daß eine Pervertierung ihrer eigenen Gedanken die Jugendbewegung zum nationalsozialistischen Staat geführt habe.
12 Eine ausführliche Würdigung der Burschenschaft als Jugendbewegung gibt Elisabeth Busse-Wilson in: Stufen der Jugendbewegung, Jena 1925, S. 9 f.
13 Otto Stählin: Die deutsche Jugendbewegung, 2. Aufl., Leipzig 1930, S. 4
14 Hans Blüher: I. Teil a.a.O., S. 90
15 Vergl. die ausführlichen Quellensammlungen bei Rudolf Kneip, Vom Wandervogel zum Jugendbund, 1905 – 1922; Luise Fick a.a.O., S. 34 f.; Heinrich Ahrens a.a.O., S. 15 f.
16 Über die Romantik in Wandervogel vergl. H. Blüher II, Teil a.a.O., S. 91 f.
17 Vergl. H. Blüher I.a.a.O., S. 125 f. und andere Stellen.
18 Ebenda S. 91; vgl. auch die Dokumente zur Geschichte des Wandervogels bei H. Ahrens a.a.O., S. 242 f. und R. Kneip (im Anhang)
19 Der Wandervogel, V. Jahrg. Oktober 1910, Nr. 10, S. 222 (Zitat bei H. Ahrens a.a.O., S. 74)
20 Wandervogel, Monatsschrift f. deutsches Jugendwandern, VI. Jahrg. Ostermond 1911, S. 108
21 Geleitwort über die Aufgabe des Bundesorgans Zeitschrift des Wandervogels, Deutscher Bund v. 1. April 1907, S. 1
22 Johann Hermann Mitgau: Der Feldwandervogel in: Will Vesper: Deutsche Jugend a.a.O., S. 64
23 Philipp Witkop: Kriegsbriefe gefallener Studenten, München 1929.
24 Der Zwiespruch 1918, H. 18/19: vergl. Albrecht Meyn in: Wandervogel, Oktober 1918, auch 8 Rundbrf. der Österr. Feldwandervögel, zitiert bei Luise Fick a.a.O., S. 239. Auszüge aus Feldbriefen bei Will Vesper a.a.O., S. 64-82.
25 Harry Pross a.a.O., S. 64. Hierzu können auch die Bücher von Benno v. Mechow "Das Abenteuer" und Ernst Jünger "Das abenteuerliche Herz" verglichen werden, da in ihnen diese Deutung ganz zum Ausdruck kommt.
26 Jonas Lesser: Von deutscher Jugend a.a.O., S. 145
27 Freideutsche Jugend Jahrg. 1914-15, S. 57
28 Nach Luise Fick a.a.O., S. 102, mündliche Bestätigung durch Knud Ahlborn.
29 Knud Ahlborn in: Der Wanderer, 25. Jahrg. Sonderausgabe 1930 S. 41, vergl. auch den Kriegsbericht von Hannes Aff ebenda S. 32.
30 Helmut Tormin: Freideutsche Jugend und Politik, Hamburg 1918 S. 48, mündl. Bestätigung durch Knud Ahlborn.

31 Otto Stählin: a.a.O., S. 51; vergl. hierzu: Jungdeutsches Wollen, Vorträge gehalten auf der Gründungstagung des Jungdeutschen Bundes auf Burg Lauenstein, 9.–12.8.1919

32 Freideutsche Jugend. 3. Jahrg. 1917, S. 390

33 Feldpostkarte mit Bild u. Ausspruch v. Ottger Gräff, Wolf Hyer-Verlag, Ückermünde in Pommern

34 vergl. hierzu Knud Ahlborn: Krieg, Revolution und Freideutsche Zukunft (über die Jenaer Tagung v. 11.–19. 4.1919) Beihefte zur Freideutschen Jugend, H.2

35 Den Grund für die allgemein sozialistische Einstellung sieht E.Busse-Wilson in der soziologischen Schichtung der Freideutschen, die alle dem klein-bürgerlichen Milieu entstammten; also eine rein materielle Begründung des idealistischen Sozialismus. E. Busse-Wilson: Stufen der Jugendbewegung I.u. II. Jena 1925, S. 51

36 Hermann Mitgau: Die Jenauer Tagung in: Freideutsche Führertag in Jena, Freideutsche Jugend, 5. Jahrg., H.8/9., Sept. 1919

37 Knud Ahlborn: Krieg, Revolution u. Freideutsche Zukunft (Einleitungsworte)

38 Helmut Tormin: Freideutsche Jugend u. Politik, Hamburg 1918. Die gleiche Ansicht findet sich bei H. Schultz-Henke: Weisse oder rote Garde in: Hofgeismar, ein politischer Versuch in der Jugendbewegung. Jena 1921, S. 44. Über die Frage des Ethos in der Politik vergl. auch O. Nansen: Politik, Gemeinschaft, Organisation und Freideutsche Jugend in: Der freideutsche Führertag in Jena

39 E.Busse-Wilson: Stufen der Jugendbewegung a.a.O., S. 36

40 Wilh. Hagen: Meine Jenaer Eindrücke in: Der Freideutsche Führertag in Jena. . . "aber gerade hat einer ge-sprochen, ein Kommunist, Das war der Bedeutenste der Tagung. . . und er predigte den Kommunismus im Geiste. . . für uns stand die Ergriffenheit eines Menschen dahinter und weil wir den Menschen erlebten, darum war uns ein Mißverständnis unmöglich."

41 Eine feste Verbindung zur proletarischen Jugend wurde von der Eentschiedenen Jugend" geschaffen, die in dem Mangel an politischer Konsequenz die Ursache für den Zusammenbruch der Jugendbewegung sah. Dieser Kreis stand Wyneken nahe. Vergl. Zeitschrift dieser Gruppe "Neuer Anfang" 2. Jahrg. 1920, H. 7/8 S. 101 f.

42 Vergl. Frank Glatzel: Freideutsche Jugend u. Politik in: Der Freideutsche Führertag in Jena.

43 Alma de l'Aigle: Die Grundlagen jungdeutscher Politik in: Hofgeismar, ein polit. Versuch in d. Jugendbewegung a.a.O., S. 34

44 Max Bondy: Freideutsche Politik in: Hofgeismar a.a.O., S. 29

45 Harald Schultz-Henke: Weiße oder rote Garde, in Hofgeismar a.a.O., S. 39

46 Max Bondy ebenda S. 29

47 Ebenda S. 31

48 Ebenda S. 31–32.

49 Vergl. Norman Körber: Die deutsche Jugendbewegung, Berlin 1920, S. 20 f.

50 Ernst Buske in: Die freideutsche Jugendbewegung, Gotha 1920, S. 23–26. Zitiert bei Hand Schlemmer: Der Geist der deutschen Jugendbewegung, München 1923

51 Vorläufige Bundesverfassung der deutschen Freischar v. 28./29.4.1928 in: Deutsche Freischar Jahrg. 1928, S. 3–4

52 Vergl. hierzu: Nikolaus von Stumm: Bund in: Der Bund, Führerblätter der Freischar junger Nation, 7. Jahrg. 1932, H. 8

53 Erläuterungen der Grundsätze der vorläufigen Bundesverfassung der deutschen Freischar in: Deutsche Frei-schar, Jahrg. 1928, H. 1, S. 2.

54 Theodor Böttiger: Jungnationale Stimmen. 3. Jahrg. Januar 1928, S. 1, S. 2

55 Heinr. v. Stackelberg in: Jungnationale Stimmen 6. Jahrg. 1931 H. 1 S. 12

56 Vergl. Heinz Dietrich Wendland: Der reformatorische Staatsgedanke, in: Jungnationale Stimmen, 3. Jahrgang 1928 H. 1, S. 5 und Anmerkung 2, S. 11; über die geschichtliche Verbindung der Jugendbewegung mit dem protestant. Staatsethos schreibt eingehend H. Pross: Nationale u. soziale Prinzipien in d. bündischen Jugend, Diss. Heidelberg 1948

57 Uwe Bleiken in: Der Bund. 7. Jahrg. Dezember 1932, H. 8 S. 164/65

58 Vergl. Deutsche Freischar, 4 Bd. H. 4, S. 126 (ohne Verfasser)

59 Ebenda S. 127

60 Hans Muhle: Politik, Parteien und junge Generation in "Deutsche Freischar, 2. Jahrg. 1929/30, H. 3, S. 158 ff. (dort sind auch die Zitate dieses Abschnittes entnommen).

61 Deutsche Freischar, 2. Bd. H. 3, S. 160

62 Vergl. hierzu Julius Mühlenfeld: Der Staat und wir, in: Der Wanderer, 23. Jahrg. 1928. H. 4, S. 81 f.

63 Der Zwiespruch 11. Jahrg., Bl. 35, 28.8.1929 S. 383

64 Wille und Werk, unabhängige Zeitschriftenschau der deutschen Jugendbewegung, 5. Jahrg. 1930, H. 2, S. 14 (entnommen aus: Das junge Volk, Januar 1930)

65 Wille und Werk 6. Jahrg. 1931, H. 5 (entnommen aus: Der Bund, Jahrg. 1931, H. 2.)

66 Vergl. Der Jungdeutsche, Jahrg. 1929, Nr. 9 in: Wille und Werk 4. Jahrg. 1929, H. 2 und auch die dort ge-sammelten Ausschnitte über die Generationsfrage in der Politik.

67 Werner Pohl: Für radikale Realpolitik in: Der Zwiespruch, 12. Jahrg. 1930, Bl. 11, S. 122; vergl. auch Erwin Gehrts; Die Jugend kapituliert nicht, in: Der Zwiespruch, 12. Jahrg. 1930, Bl. 35, S. 410–411.

68 Vergl. Die Parteilosen in: Jungnationale Stimmen 3. Jahrg. 1928, H. 5, S. 132 f.

69 Ernst Gaebel: Am Rande der Politik in: Der Wanderer, 24. Jahrg. 1929, H. 5–6, S. 114. Auch: Der Zwiespruch, 12. Jahrg. 1930, Bl. 11 S. 122/23 (Ohne Verfasser)

70 Kurt Lammerdin: Bünd. Geist u. modernes Leben, Der Zwiespruch 12. Jahrg. 130, Bl 28, S. 328
71 Über das Boberhaus als parteifreien Boden zur politischen Erziehung und Arbeit vergl. Wille und Werk 1928, H.2
72 Vgl. Wille und Werk, 6. Jahr. 1931, H. 9, S. 69 (aus Weg und Ziel 1939, H. 1)
73 Ebenda S. 76
74 Politische Meisterschaft in: Der Zwiespruch, 6. Jahrg. 1924 Bl. 96, S. 6/7. Vergl. auch Bündische Jugend und politisches Wissen in: Wille und Werk, 4. Jahrg. 1929, H. 3 (aus: Bündische Welt. 1928, H. 5)
75 Ebenda
76 Vgl. Wille und Werk, ebenda
77 Vergl. Die vorläufige Bundesverfassung und Staat und Volk, zur Verfassung der Deutschen Freischar in: Deutsche Freischar 1928 H. 1 S. 2–8, auch: Hermann Schwemer: Junge Nation, in Jungnationale Stimmen 1. Jahr. H. 12. Mai 1927
78 Vergl. hier auch Werner Pohl: Bündische Erziehung, Weimar 1933 über die "Richtlinien" der einzelnen Bünde S. 71 f.
79 Vergl. Heinz Dähnhardt: Die Lage, in: Jungnationale Stimmen 4. Jahr. H. 7. Juli 1929 S. 201 f., auch Hans Muhle in Deutsche Freischar II. Jahrg. 1929/30 H. 3 S. 154 f.
80 Rüdiger Robert Beer: Auftakt zu Neuwahlen in: Der Zwiespruch 12. Jahrg. 1930 Bl. 28 S. 328/329
81 Aufruf der Reichsgruppe bündischer Jugend, in: Der Zwiespruch Jahrg. 1930 Bl. 34
82 Einzelner Aufruf zur Gründung einer "Reichsgruppe bündischer Jugend in der Deutschen Staatspartei". Er wurde unterzeichnet von: Jörg Erb (BDJ), Hermann Forschepiepe (B. d.W. u. KR.) Heinz Gräfe (DPS), Dr. Heinrich Haeckel (Gildensch. soz. Arb.), Willi Hartloff (Köngener), Eduard Hertlein (DF), Normann Körber (Reichsstand), Dr. A. Littmann (DF), Hermann Lutz (B.d.W. u. Kr.) H.A. Meyer (DF), Prof. G. Mittelstrass (B.d.W. u. Kr.) Dr. Alwin Müller (Reichsstand), Werner Pohl (DF), Luise Rieger (B.d.W. u. Kr.), Hans Schulz (DF), Dr. Alfred Thomas (B.d.W. u. Kr.), Willi Umbreit (B.d.W. u. Kr.) Dr. Gerhard Wacke (Schles. Jungmannschaft), Dr. Th. Wilhelm (Reichsstand)
83 Vergl. die Berichte in: Das junge Deutschland, überbündische Zeitschrift), 25. Jahrg. 1931; Der Zwiespruch Jahrg. 1931 H. 2. Febr. 25; Der Widerstand, Okt. Nr. 1930. Dr. Kleo Pleyer in: Der Zwiespruch 12. Jahrg. Bl. 35; Die Bündischen, 5. Jahrg. 1932 S. 1 f.
84 Alle Angaben über die Volkskonservative Vereinigung verdanke ich der mündlichen Darstellung von Rüdiger Robert Beer.
85 Vergl. Der Schwarze Sonntag der "jungen Generation" in: Der Zwiespruch 12. Jahrg. 1930 Bl. 38, S. 452 f.; Uwe Bleiken: Der Standort des Bundes, in: Der Bund, Führerblätter der Freischar junger Nation, 7. Jahrg. 1932 H. 8
86 Vergl. Schumacher: Bündische Aufgebot, in: Wille und Werk 6. Jahrg. 1931 H. 6 S. 45 f., aus: Der fahrende Gesell, Jahrg. 1931 H. 3; ebenda auch die Antwort der Bündischen Reichsschaft entnommen aus: Bündische Welt, Monatsschrift der Bündischen Reichsschaft H. 3 vom 15.v.1931 Erich Roth: Bündische Frontbildung, in: Wille und Werk
87 7. Jahrg. 1932 H. 12, entnommen aus: Die Kommenden, Nr. 31 v. 31.7.1932 Wichtiges und Überzeugendes Quellenmaterial zud iesem ganzen Kapitel findet sich in den gesammelten Referaten der Arbeitswoche "Bund und Politik" vom 2.–6. Oktober 1929 im Boberhaus; in: Deutsche Freischar II. Jahrg. 1929/30 H. 3 (Beiträge von Hans Muhle, Rudolf Craemer, Hans Dehmel, Karl Ursin, Fritz Borinski und Heinz Dähnhardt).

Anmerkungen zu
IV. Welche geistigen Mächte und politischen Kräfte wirken auf die politische Willensbestimmung der Jugendbewegung?

1 Vergl. Der Bund, Kameraden – Deutschjüdischer Wanderbund, Bundesblatt 1928 S. 1
2 Vergl. G. Mittelstrass: Freideutscher Jugendtag 1913 2. Aufl. Hamburg 1919
3 Vergl. die Darstellungen von Theo Herrle: Die deutsche Jugendbewegung in ihren kulturellen Zusammenhängen a.a.O. S. 12–14? Richard Braun: Individualismus und Gemeinschaft in der deutschen Jugendbewegung, Diss. Erlangen 1929 S. 16 ff. Friedrich W. Förster, Jugendseele, Jugendbewegung, Jugendziel, München u. Leipzig 1923 S. 96 f.? O. Schütz: Friedr. Nietzsche der Prophet der deutschen Jugendbewegung. Neue Jahrbücher für Wissenschaft und Jugendbildung, Leipzig 1929 H. 1 S. 64–80 (bei all diesen Verfassern sind die Zusammenhänge deutlich dargestellt). Als weiteres Beispiel die Schrift von Sebastian Faber: Zarathustras Nachfolge, Darmstadt 1930
4 Theo Herrle a.a.O., S. 14
5 Die Schrift des Wandervogels Walter Hammer: Nietzsche als Erzieher, wurde auf Wunsch jedem Jugendlichen persönlich zugesandt. Der Weisse Ritter III. Bd. Heft: Philosophie der Jungen, zeigt die Nietzsche-Einwirkungen ganz klar.
6 Der Bund, Führerblätter des Großdeutschen Jugendbundes. Jahrg. 1926 H. 7 S. 19
7 Vgl. Richard Braun a.a.O. S. 29
8 Vgl. ebenda S. 29–20
9 Vergl. Charlotte Lütkens: Die deutsche Jugendbewegung Frankfurt a/M 1925 S. 24
10 Wilhelm Flitner (Prof. der Pädagogik, Mitbegründer der Akademischen Freischar Jena): Die pädagogischen Arbeiten der Jugendbünde. In Will Vesper: Deutsche Jugend a.a.O. S. 202/3
11 Paul de Lagarde: Deutsche Schriften Göttingen 1886 S. 485. Noch das erste Heft der Führerblätter der Deutschen Freischar bringt auf der zweiten Seite ein Wort von Paul de Lagarde (Deutsche Freischar I. Jahr. 1928)

12 Gerhard Ritter: Die Dämonie der Macht a.a.O. S. 142
13 Armin Mohler: Die Konservative Revolution in Deutschland 1918-1932
14 Vergl. Adolf Hiltler: Mein Kamp a.a.O., S. 296 und die Rede Baldur von Schirachs "Housten Stewart Chamberlains deutsches Herz, in Revolution der Erziehung, 3. Aufl. München 42. H. St. Chamberlain wirkte zwar auch auf die Jugendbewegung, gelangte aber dort keineswegs zu einer solch dominierenden Stellung wie im Nationalsozialismus.
15 Vergl. Hans Schlemmer: Der Geist der deutschen Jugendbewegung, München 1923, Zitate von Hölderlin finden sich auch bei Joachim Boeckh: Königsbühl, Potsdam 1925
16 Vergl. hierzu Theodor Dschenfzig: Stefan George und die Jugend, München 1934, auch H. Pross a.a.O. S. 131
17 Vergl. Max Nitzsche: Bund und Staat, Würzburg 1942, S. 6.
18 Vergl. ebenda S. 3 - 17
19 Vergl. auch E. Busse-Wilson: Die Religionen des 20. Jahrhunderts und ihre Wirkung auf die Jugendbewegung in: Stufen der Jugendbewegung a.a.O. S. 124 ff.
20 Joachim Boeckh a.a.O. S. 63
21 Kibbo Kift, Die Waldverwandtschaft 2. Aufl. Berlin 1922 S. 61 f.
22 Georg Sebastian Faber (Fred Schmid, später Führer des jugendschaftlich bestimmten Grauen Corsp): Leonardo, Brief und Siegel, Potsdam 1926
23 Ebenda S. 68/69 (Die in Anmerkung 2 - 5 aufgezeigten Bücher erschienen bezeichnender Weise alle im Verlag Der Weisse Ritter)
24 Vergl. S. 13 dieser Arbeit
25 Vergl. S. 29 Anm. 80
26 Über den Reichsgedanken wird noch in einem besonderen Kapitel berichtet
27 Vergl. H. Schlemmer: a.a.O. S. 100, ferner Zeitschrift "Der Bund" Jahr. 1926 H. 7 S. 21: Worte Oswald Sprenglers
28 Die Darstellungen wurden mir von Werner Pohl mündlich gegeben. Als Verbindungsmann zur politischen "Linken" und in leitender Stellung bei der Durchführung der Arbeitslager hatte er einen sehr guten Einblick in die Verhältnisse.
29 Vergl. Der Zwiespruch 15. Jahr. v. 15.I. 1933 Bl. 2 S. 22
30 Vergl. Ernst Niekisch: Entscheidung, Berlin 1930
31 Vergl. Das Junge Deutschland, Überbündische Zeitschrift, Hrsg. Reichsausschuß Deutscher Jugendverbände 25. Jahrg. 1931
32 Edgar J. Jung: Die Herrschaft der Minderjährigen, ihr Zerfall und ihre Ablösung durch ein Neues Reich. 2. Aufl. Berlin 1930 S. 269, 271 ff. und 382, 389 ff.
33 Vergl. Ernst Niekisch: Entscheidung, Berlin 1930
34 Unterlagen hierzu: K.O. Paetel: Vierter Rundbrief an die Freunde, Tätigkeitsbericht der Gruppe "Sozialistische Nation" (GSRN – Gruppe sozialrevolutionärer Nationalisten) und Briefe an die Freunde in Deutschland, 7. Folge Tätigkeitsbericht der Gruppe "Sozialistische Nation"
35 Vergl. hierzu die ausführliche Darstellung von nationalsozialistischer Seite: Max Nitzsche "Bund und Staat" a.a.O. S. 28-44, insbesondere aber zur ganzen Frage: Armin Mohler, Die Konservative Revolution in Deutschland 1918-1932
36 Vergl. Deutsche Freischar III. Bd. Heft 4 S. 146 ff. Die Bündischen 5. Jahrg. H. 4. April 1932 S. 2.'
37 Vergl. als Nachweis: Eberhard Koebel, Die Heldenfibel, Plauen 1933 (Dieses Buch war in den jungenschaftlichen Bünden außerordentlich stark verbreitet)
38 Aus: Aufstand, Querschnitt durch den revolutionären Nationalismus, Berlin 1931, S. 67, Zitat bei Max Nitzsche a.a.O. S. 41
39 Im Hause von August Winnig (Rechtssozialist), der aus der Altsozialistischen Partei, Absplitterung der SPD vor allem in Sachsen 1926, kam, war der Treffpunkt der politischen Gespräche des Niekisch-Kreises, an dem viele Bündische teilnahmen. (Nach Darstellung von Werner Pohl)
40 Vergl. Deutsche Freischar III Bd. H. 4 S. 152
41 Vergl. Adolf Hitler: Mein Kampf S. 1 - 137
42 Die einzige ausführliche Darstellung der österreichischen u. sudetendeutschen Jugendbewegung findet sich mit vielen Quellenangaben bei Luise Fick, Die deutsche Jugendbewegung. Originalquellen sind hier nur aus den Aufsätzen österreichischer Führer in deutschen Jugendbewegungszeitschriften verwandt worden. Vergl. z. oben L. Fick a.a.O. S. 50 ff. auch: Karl Ursin in: Deutsche Freischar II. Jahrg. H. 3 1929/30 S. 172 f.
43 Deutsche akademische Gemeinschaft, Wien 1914, zitiert bei L. Fick a.a.O. S. 51 u. 230
44 Der Neudeutsche Kulturbund in Österreich, Reichenberg 1910 Aufruf
45 Vergl. L. Fick a.a.O. S. 51 f.
46 Hans Breuer: Herbstschau 1913, Wandervogel 8. Jahrg. H. 10 Okt. 1913 S. 284
47 Wandervogel 9. Jahrg. April 1914 S. 105-106
48 Vergl. Luise Fick a.a.O. S. 75 (daselbst Quellennachweis)
49 Manuskript von Kutschera zu einem Zeitungsaufsatz: Wandervogelbewegung in Deutschland, Zitat bei L. Fick a.a.O. S. 78
50 Vergl. ebenda S. 77
51 Vergl. Karl Ursin: Deutsche Freischar II. Jahrg. H. 3. 1929/1930, "Die österreichische Position".
52 Karl Ursin: Die österreichische Position, in: Deutsche Freischar 1929/30 II. Jahrg. H. 3 S. 173-174
53 Vergl. Friedr. König: Großdeutsch-Kleindeutsch/Volksdeutsch/Reichsdeutsch, in Volk und Reich, Politische Monatshefte für das junge Deutschland, Nov. 1925 (insbesondere S. 236-237)
54 Hans Breuer: Herbstschau 1913, in: Wandervogel 8. Jahrg. Okt. 1913 S. 229

55 Friedel Heiss: Um Volk und Reich, in: Volk und Reich, April – Mai 1925 S. 48

56 Punkt 1 des Programmes der NSDAP lautete: Wir fordern den Zusammenschluß aller Deutschen auf Grund des Selbstbestimmungsrechtes der Völker zu einem Großdeutschland.

57 Nach Aussage von Werner Pohl.

58 Vergl. Erich Maschke: Möglichkeiten und Grenzen, in: Der Weisse Ritter IV. Jahrg. Apr./Mai/Juni 1923 H.v. 4-5-6. S. 259 (253–265) auch Karl Ursin in: Deutsche Freischar a.a.O. S. 174 ff.

59 Vergl. S. 26 dieser Arbeit.

60 Joachim Boeckh: Königsbühl a.a.O. S. 105/6

61 Joachim Boeckh a.a.O. S. 105–106

62 Werner Pohl: Bündische Erziehung, Weimar 1933 gibt auf S. 51 f. den Abdruck zweier solcher Fragebogen (Es handelt sich bei dem Verfasser nicht um den schon vorher erwähnten Werner Pohl): Vergl. auch Ernst Buske in: Deutsche Freischar H. 2 S. 113.

63 Die Grenz- und Auslandsfahrten der Sommer 1928 und 1929 in: Deutsche Freischar 1928 H. 3 S. 168 und Deutsche Freischar II. Jahrg. 1929/30 H. 2 S. 142 ff.

64 E. Buske: Die außenpol. Schulung der bünd. Jugend, in DF 1928 H. 2 S. 113–114

65 Ernst Buske in: Deutsche Freischar II. Jahrg. 1923/30 H. 1 S. 60 ff.

66 Ebenda

67 Ernst Buske in: Deutsche Freischar 1928 H. 2 S. 111, 112

68 Ebenda

69 In der Zeitschrift Volk und Reich schrieben u.a. Beiträge: Ritter von Srbik, Zwiedinek-Südenhorst, Ignaz Seipel, Josef Nadler, Haushofer. Finanziell wurde die Zeitschr. vom preuss. Innenministerium unterstützt (Severing). Nach Angabe von Werner Pohl.

70 Als Beleg seien hier nur erwähnt die Beiträge von Prof. Martin Spahn: Die Anschlußfrage und die Zukunft des Reiches; Volk und Reich Jahrg. 1926 Februarheft, S. 56 (50–56) und des österreichischen Bundeskanzlers Dr. Ignaz Seipel: Die Aufgabe der österreichischen Deutschen, Jahrg. 1926 Januarheft S. 4–9

71 Nach Angaben von Werner Pohl

72 So die im Verlag G. Wolff erscheinenden Liederhefte: Südlegion, Heijo der Fahrtwind weht, Lieder der Eisbrechermannschaft u.a.

73 Die Eingliederung in die Reichsjugendführung erfolgte ins Gebiet Ausland als Mittelstelle für volksdeutsche Jugendarbeit. Nach ns. Darstellung in gegenseitigem Einvernehmen. Vergl. Will Vesper a.a.O. S. 252

74 Nach Angaben von Werner Pohl

75 Was die Durchdringung der bündischen Jugend in Österreich mit den politischen Plänen der NSDAP anbetrifft, so versicherten mir 1937 bei einem Treffen in Venedig die Freischärler aus Österreich, daß alle ihre Gruppen der illegalen Hitlerjugend angehörten.

76 Vergl. L. Fick a.a.O. S. 164, 165, 166, 173, Anm. 66 S. 203. Die Darstellungen der Verfasserin sind quellenmäßig so gut belegt, daß sie in diesem Punkt als gesichert angesehen werden können.

77 Grenzland, Bericht der ersten Tagung Okt. 1929. Brief Ursins an v. Trotha 24.7.1930 fordert klarere nationale Ausrichtung. Angaben nach L. Fick a.a.O. S. 262, 202

78 Ebenda S. 206

79 Ebenda a.a.O. S. 204, ff.

80 Nach mündl. Bericht des Pressereferenten Jochen Zenker

81 Im Wandervogel selbst gab es vor dem 1. Weltkrieg eine heftige Diskussion über die Rassenfrage. (Vergl. hierzu das Kapitel: Jugendbewegung und Rassenfrage). Er behielt noch bis 1933 den Rasseparagraphen, der die Aufnahme von Juden verbot, in seinen Bundessatzungen bei. Vergl. Werner Pohl: Bündische Erziehung a.a.O.

82 Vergl. Adolf Hitler: Mein Kampf S. 740 f.

83 Vergl. Arnold Littmann: Die bündische Jugend 1925–33 in: Will Vesper: Deutsche Jugend a.a.O. S. 178

84 Vergl. auch Otto Stählin: Die deutsche Jugendbewegung Leipzig 1930 S. 48

85 Vergl. W. Ehmer: Hofgeismar, ein politischer Versuch in der Jugendbewegung. Jena 1921

86 E. Busse-Wilson: Stufen der Jugendbewegung, Jena 1925, S. 53 Vergl. auch Anm. 1. S. 8 und die auf S. 8 erwähnte Verwandtschaft zwischen russischer Intelligenzler-Jugend und deutscher Jugendbewegung

87 Vergl. Hans Schlemmer a.a.O. S. 142/143 auch: H. Turneysen "Dostojewski" u. E. Blum: Dostojewskis Bedeutung für die deutsche Jugendbewegung

88 E. Busse-Wilson a.a.O. S. 39 f. und 123

89 Vergl. H. Pross, Nationale und soziale Prinzipien in der Bündischen Jugend

90 Es waren in erster Linie die Liederbücher: Lieder der Eisbrechermannschaft, Soldatenchöre der Eisbrechermannschaft, Lieder der Südlegion, Lieder der Trucht, Heijo der Fahrtwind weht. Die Chorsätze von Serge Jaroff befinden sich in den "Liedern der Eisbrechermannschaft" und in den "Soldatenchören".

91 Der große Wagen, März 1933 H. 6. S. 17–18 und 2. Jahrg. H. 3 8. 18–19, 31

92 Das Lagerfeuer, Heft. Okt. 1930 S. 9 ff und H. 2 Nov. 1931 S. 15

93 H. Pross a.a.O. S. 160

94 Vergl. auch Max Nitzsche a.a.O. S. 50

95 Vergl. "Feuer", eine Schrift der Jungen H. 7 1950, "Serge Jaroff"

96 Diese Mitteilung wurde mir durch Serge Jaroff im Frühjahr 1939 mündlich gegeben, außerdem erschienen in den Programmen zu den Veranstaltungen des Chores 1939 die Hinweise, es sollten eine Reihe von Liedern "Platoff-Lied", "der rote Sarafan", nicht mehr als Zugaben verlangt werden, da sie nicht mehr im Repertoire des Chores enthalten seien.

97 Das Lagerfeuer 21. Jahrg. des Pfadfinder H. 11 Nov. 1931 S. 3 f und H. 12. Dez. 1931 S. 4 ff.

98 Zeitschrift "Die Kiefer" August 1933 H. 6 S. 4 ff.

99 Eberhard Koebel: Die Heldenfibel, Plauen 1933

100 Vergl. Koebel: Die Heldenfibel a.a.O. S. 123; Das Lagerfeuer Jahrg. 1932 H. 4 (daß "der Raum des unbedingten Jungenstaates jenseits der letzten Kriege und ihrer Generale sei") Auch S. Faber (Fred Schmid, Führer des
Grauen Korps) "Der Feind steht überall dort, wo wir gebunden sind" zitiert bei Max Nitzsche a.a.O. S. 48. In
der Heldenfibel S. 123: Es gilt vor allem drei Dinge zu vergessen: "den eigenen Körper, die Lieben und die
Heimat". (Ein Ausspruch der auch aus der russischen Intelligenzler-Jugend stammen könnte)

Anmerkungen zu
V. Beziehungen zum Nationalsozialismus

1   Über die Notwendigkeit geistiger Auseinandersetzung der bündischen Jugend mit dem Nationalsozialismus
    vergl. Heinz Dähnhardt in: Das junge Deutschland H. 8. Aug. 1930 in: Wille und Werk, unabhängige Zeit-
    schriftenschau der deutschen Jugendbewegung 5. Jahrg. 1930 H. 1 S. 2-5
2   Joachim Schoeps: Um der Entscheidung willen Scheidung, Die Tat April 1930 S. 3-4
3   Joachim Schoeps: Um der Entscheidung willen Scheidung, April 1930 S. 4
4   Ebenda
5   Schon 1922 findet sich in "Der weiße Ritter" 4. Jahrg. H. 2 S. 118 und H. 3 S. 190 eine kurze Kontroverse
    über die Bedeutung des Hakenkreuzes, "für das deutsche Männer bereits in den Tod gingen".
6   Normann Körber: Schicksalsstunde der deutschen Jugend Schlüchtern, Habertshof 1923/24 S. 6. u.a.
7   Kommende Gemeinde Jahrg. 1929 S. 3/4 S. 160/161
8   Ebenda
9   Hans Bielefeld in: Der Zwiespruch, 14. Jahrg. 1. Sept. 1932 S. 280
10 Der Bund, Führerblätter der Freischar junger Nation 7. Jahrg. Dez. 1932 S. 8 S. 169
11 Rudolf Cramer in: Jungnationale Stimmen, April 1931 S. 4. S. 103
12 Rudolf Cramer in: Jungnationale Stimmen, Dez. 1931 S. 12. S. 338/9
13 Deutsche Freischar III. Bd. H. 4 1931 S. 129
14 Deutsche Freischar Bd. III 4.4. S. 125
15 Ebenda S. 149
16 Ebenda S. 141
17 Ebenda S. 150
18 Ebenda S. 151
19 Ebenda S. 151
20 Vergl. ebenda S. 152
21 Ebenda S. 154.
22 Ebenda S. 154
23 Vergl. ebenda S. 156
24 Vergl. ebenda S. 137
25 Vergl. ebenda S. 158 (Der hier besprochene Aufsatz ist ohne Verfasserangabe veröffentlich worden).
26 K.O. Paetel: Deutsche Jugend, Aufsatz aus "Deutsche Blätter", New York 1946. In diesem Zusammenhang ist
    wohl auch an den Tatkreis mit Hans Zehrer gedacht. Interessantes Material zu dieser Frage gibt auch noch E.
    v. Salomon in: Der Fragebogen. Die bündische Jugend wird allerdings nicht mehr unmittelbar davon berührt.
27 Vergl. ebenda S. 161.
28 Ebenda S. 160
29 Adolf Hitler "Mein Kampf" S. 742-752
30 Deutsche Freischar III. Bd. H. 4 S. 161
31 Die Freideutsche Position, Rundbriefe der Freideutschen Kameradschaft, Winter 1931 Nr. 4 S. 12.
32 Über die Bildung der Bündischen Front vergl. Der Zwiespruch Jahrg. 1930 Bl. 35 S. 409-411 und S. 49 dieser
    Arbeit. Die folgenden Zitate sind entnommen aus: Die Bündischen, Blätter zum politischen Einsatz Jahrg.
    1932 H. 4 S. 2 f.
33 Ebenda S. 2; auf S. 14 wird aus einer Rede des Stahlhelm-Gauführers von Berlin Major Stephani unter der
    Überschrift "Erwachendes Preußentum?" zitiert: "Der Nationalsozialismus ist trotz seiner großartigen Erfolge
    etwas unserem nordisch-preussischen Empfinden Wesensfremdes. Hitlers Glaube ist römisch, seine Staatsidee
    ist römisch, wie die Tracht und die Feldzeichen der NSDAP. . .".
34 Ebenda S. 3.
35 An kritischen Stellungnahmen aus dem Lager der Bündischen könnten hier noch angeführt werden: Gerhard
    Rebsch: Der Nationalsozialismus als Krise der Jugendbewegung, in der Führerzeitschrift. d. Großdeutsch.
    Jungenbundes: Der Bund Jahrg. 1926 Okt. Heft Nr. 6; Auszug dieses Aufsatzes auch in: Wille und Werk, 5.
    Jahrg. 1930 S. 1 Ausg. C.S. 6/7; Heinz Dähnhardt: Bündische Jugend und Nationalsozialismus, in: Das junge
    Deutschland, Aug. 1930 H. 8, zitiert in: Wille und Werk 6. Jahrg. 1931 H. 1 Ausg. C. S. 2 f.; Kritik bündischer
    Jungmannschaft an der NSDAP, Die Junge Mannschaft, Juni 1932 H. 12 in: Wille und Werk 7. Jahrg. H. 10
    1932 S. 75 (dort wird die NSDAP als Wegbereiterin einer dritten Welle des Nationalsozialismus angesehen, der
    von den Bünden aus das Reich schaffen solle. Die besten Menschen habe der Byzantinismus der NSDAP aus-
    geschlossen, zu einem neuen Deutschland aber gehörten neue Menschen.)
36 Kameradschaft, Schriften junger Deutsche, H. April/Mai 1938 (Über diese im Ausland erscheinende illegale
    Zeitschrift der Jugendbewegung, die in großen Mengen ins Reich eingeschmuggelt wurde, wird noch zu spre-
    chen sein.)
37 Der Zwiespruch vom 28. VIII. 1929 S. 384
38 Der Zwiespruch vom 12. Sept. 1929 S. 413

39 Nach persönlichen Angaben vom K.O. Paetel.

40 Vergl. Der Zwiespruch vom 1. Sept. 1932 S. 285

41 Kleines Handbuch der Jugendverbände 1931 (Die Zahlenangaben sind bereits auf S. 55 zitiert)

42 Nach Angaben von K.O.-Paetel. Diese Angaben wurden mir im allgemeinen von H. Ebeling und Werner Pohl bestätigt.

43 So kamen der Stellvertreter Baldur von Schirachs K. Nabersberg, der spätere Reichsjugendführer A. Axmann und der Reichskommissar in Dänemark Best aus den Reihen des JNB. (Angabe nach H. Ebeling)

44 Der Bundesführer der Nerother Robert Ölbermann starb nach qualvollen Mißhandlungen im Konzentrationslager.

45 Werner Kindt: Randbemerkungen über den politischen Standort der Bünde der Jugendbewegung (bündische Jugend) und ihrer Menschen zu der Ausarbeitung von K.O.-Paetel (Schreibmaschinenmanuskript zu der Darstellung die Paetel übermittelte).

46 Besonders gute Beziehungen bestanden zum preußischen Kultusminister Becker, dessen persönlicher Referent A. Reichwein war.

47 Angaben nach K.O. Paetel; Vergl. auch Deutsche Freischar III. Bd. H. 3 S. 77; bestätigende Angaben von H. Ebeling über die Stellung der Deutschen Freischar zum Nationalsozialismus vergl. Deutsche Freischar Jahrg. 1929/30 H. 2: "Besonders eingehend wurde auch unsere Stellung zur Nationalsozialistischen Bewegung besprochen. Der Bund wird keinem seiner Angehörigen seine politische Überzeug nehmen, da er vollständige politische und konfessionelle Neutralität wahrt. Es steht daher auch jedem Mitglied des Bundes das Bekenntnis zum Nationalsozialismus frei. Selbstverständlich ist aber, daß wir das Leben unserer Jungenschaften nicht zu einer Parteivorschule erniedrigen und die menschliche Entwicklung unserer Jungen nicht durch Hereintragen parteiplitischer Verhetzung in die Gruppen verbiegen lassen wollen. . . Gegen etwaige parteipolitische Zellenbildung, von welcher Seite sie auch kommen mag, soll entschieden vorgegangen werden."

48 Der Zwiespruch Sept. 1930 S. 409

49 Der Zwiespruch vom 7. Nov. 1929

50 Nachwort von Prof. Petersen in: W. Pohl: Bündische Erziehung S. 83 und 84

51 Zitiert bei H. Pross: Nationale und soziale Prinzipien in der Bündischen Jugend Heidelberg 1948

52 Howard Becker: Vom Barette schwankt die Feder a.a.O.

53 Deutsche Freischar III. Jahrg. 1930/31 Bd. III S. 77 f.

54 Luise Fick: Die deutsche Jugendbewegung Jena 1939

55 Dieser Anspruch läßt sich an sehr vielen Stellen nachweisen, so B.v. Schirach; Revolution der Erziehung, München 1942 S. 40; B.v. Schirach; Die Hitlerjugend, Idee und Gestalt, Leipzig 1934 S. 23, 34, 37, 69

56 Brief eines Führers des Großdeutschen Bundes an den Reichsleiter der Hitlerjugend, in: Großdeutscher Bund, Nachrichtenblatt 2, Berlin am 19.V.1933, zitiert bei H.Pross a.a.O. S. 159

57 B.v. Schirach: Die Hitlerjugend a.a.O. S. 48

58 Diese Dienstvorschriften für den Streifendienst der Hitlerjugend sind dem Verfasser der Arbeit bekannt. Ein Original ist leider nicht mehr zu erhalten. Erwähnt werden sie auch bei Hans Ebeling: The German Youth Movement, London 1945

59 Vergl. B.v. Schirach: Die Hitlerjugend a.a.O., S. 35/36/50/51

60 Ebenda S. 481

61 Baldur v. Schirach: Die Hitlerjugend, a.a.O. S. 35/36

62 Vergl. ebenda S. 52

63 Ebenda S. 53

64 Vergl. ebenda S. 13 und 48; auch Georg Usadel: Die nationalsozialistische Jugendbewegung, Bielefeld u. Leipzig (ohne Erscheinungsjahr, etwa 1934)

65 Vergl. B.v. Schirach: Die Hitlerjugend a.a.O. S. 14 u. 51

66 Vergl. ebenda S. 14/15

67 Ebenda S. 51

68 Gotthart Ammerlahn (früher Jungnationaler Bund) in: Der junge Nationalsozialist H.2 Febr. 1932, wiedergegeben in: Wille und Werk, Ausg. 8 7. Jahrg. 1932 H. 3; B.v. Schirach; Die Hitlerjugend a.a.O. S. 52.

69 Vgl. ebenda

70 Baldur v. Schirach: Die Hitlerjugend a.a.O. S. 49/50

71 So die bereits zitierten Darstellungen der Geschichte der Jugendbewegung von H. Ahrens a.a.O. S. 236, Will Vesper (im Vorwort) dort auch die Aufsätze von H.Fr. Blunk: Vom Wandervogel zur SA und Arnold Littmann: Die bündische Jugend von 1925 - 33 u.a.; weiterhin bei Luise Fick

72 B.v. Schirach: Die Hitlerjugend a.a.O. S. 51

73 Ernst Krieck zit. bei Will Vesper a.a.O. S. 140

74 Vergl. L. Fick a.a.O. S. 216 ff.

75 H. Fr. Blunck: Vom Wandervogel zur SA, in Will Vesper a.a.O. S. 1 ff.

76 Baldur v. Schirach: Die Hitlerjugend a.a.O. S. 13 f. u. 51 Max Nitzsche: Bund und Staat a.a.O. S. 66 ff.

77 Max Nitzsche ebenda S. 67; Vergl. Baldur v. Schirach: Die Hitlerjugend a.a.O. S. 34.

Anmerkungen zu
VI. National und sozial

1 Hans Blüher: Wandervogel I. Teil a.a.O. S. 97
2 Vergl. L. Fick a.a.O. S. 39
3 Hans Blüher: Wandervogel II. Teil a.a.O. S. 185 Vergl. auch H. Ahrens a.a.O. S. 101 f., der zahlreiche Belege anführt, daß Breuer das Volkslied im Zupfgeigenhansl bewußt des Deutschen wegen so sehr betont.
4 Vergl. Fr. W. Förster: Jugendseele, Jugendbewegung, Jugendziel, Erlenbach, Zürich, München, Leipzig 1923
5 Wiedergegeben bei Friedrich W. Förster.
6 Abdruck in "Freideutsche Jugend, zur Jahrhundertfeier auf dem Hohen Meissner" Jena 1914
7 Abdruck in "Freideutscher Jugendtag 1913", Hamburg 1919 und in "Freideutsche Jugend"
8 Philipp Witkop: Kriegsbriefe gefallener Studenten, München 1928.
9 Fr. W. Förster a.a.O. S. 162 f.
10 Freideutsche Jugend, Jahrg. 1919 S. 343
11 Benno Hildenbrock in: Deutsche Freischar. Jahrg. 1928 H. 3. S. 152.
12 Vergl. die gesammelten Aufsätze von Martin Voelkel in: Hie Ritter und Reich, Berlin 1923 auch: Deutsche Jugend, der Staat und die Dichter. Aufsatz in: Der Weiße Ritter Bd. 7. Lief. 10-12 (ohne Verfasserangabe).
13 Der Weiße Ritter, Bd. 7. s. 293 im Aufsatz: Deutsche Jugend, der Staat und die Dichter.
14 Richard Alewyn: Die deutsche Frage, in: Der Weiße Ritter 5. Jahrg. H. 1 S. 44.
15 Vergl. auch die Darstellung Charl. Lütkens: Die deutsche Jugendbewegung, Frankfurt 1925 und Jonas Lesser: Von Deutscher Jugend, Berlin 1932 S. 131 f.
16 Vergl. Deutsche Freischar und Deutsches Volk, E.W. Eschmann in: Deutsche Freischar Jahrg. 1930/31 Bd. III. H. 3. S. 74 f.
17 Zu dem hier Gesagten wird vor allem der aufschlußreiche Aufsatz von E.W. Eschmann: Deutsche Freischar und Deutsches Volk, in Deutsche Freischar Jahrg. 1930/31 H. 3 S. 74-98 herangezogen.
18 Ebenda S. 96
19 Ernst Buske in: Deutsche Freischar Jahrg. 1928 H. 1 S. 64
20 So der Großdeutsche Jugendbund und alle Jungnationalen. Zu vergl. wäre hier die Zeitschrift: Der Bund, Führerblätter des Großdeutschen Bundes. Bezeichnenderweise war hier der Bundesführer ein Admiral. Aber wie in der Entwicklungsgeschichte der Bünde dargestellt, handelt es sich hier um einen nationalen Jugendbund, der erst im Laufe seiner Entwicklung von der Jugendbewegung überformt wurde.
21 Für die betont geistige Einstellung vergl. die beachtenswerte Schrift von Kurt Lähn: Von der geistigen Heimat deutscher Jugend
22 Adolf Hitler: Mein Kampf S. 474/475
23 Vergl. ebenda S. 433/434, 46/47
24 Gegen den "Rassenwirrrwahn" vergl. Jonas Lesser a.a.O. S. 126
25 Adolf Hitler: Mein Kampf, vergl. S. 437 ff.
26 Adolf Hitler a.a.O. S. 684
27 Vergl. auch: Der Zwiespruch, 13. Jahrg. 1931 H. 11. l. 31 S. 22 Aufs. v. Hans Bielefeld: Nationale Jugend; Richard Braun: Individualismus und Gemeinschaft in der deutschen Jugendbewegung a.a.O. S. 114; Paul Honigsheim: Jugendbewegung, Politik, Friedensbewegung, Sonderdruck.
28 Vergl. A. Littmann: Die bündische Jugend von 1925-33, 5. Teil Die Beziehungen zur Ausländischen Jugend, in Will Vesper a.a.O. S. 161 ff.
29 Deutsche Freischar 2. Jahrg. 1929/30 H. 2 S. 142 f.
30 Ebenda S. 137 f.
31 Ebenda
32 Georg Goetsch: Englandfahrt 1926 der märkischen Spielgemeinde, Wolfenbüttel 1927; Georg Goetsch: Aus dem Leben und Gedankenkreis eines Jugendchores, Wolfenbüttel 1926
33 Der Weiße Ritter VII. Bd. Lief. 5-9, Sonderheft: Deutschenglische Aussprache; auch zu vergl. Deutsche Freischar III. Bd. H. 7 S. 240 f. (dort wird englisch-deutsche Verbindung zur Neuordnung des germanischen Lebensraumes gefordert.
34 Interessant hier auch der Streit um die Aufnahme fremder Nationalhymnen. Vergl. Deutsche Freischar III. Bd. H. 7 S. 281; u. II. Jahrg. 1929/30 H. 1 S. 61; Der Zwiespruch 11. Jahrg. 1929 Bl. 37 S. 413 f.
35 Fast alle diese Zeitschriften wurden bei Günther Wolff in Plauen i.V. verlegt; ebenso die Liederbücher. Beteiligt war auch der Atlantisverlag mit dem Verleger Hürlimann.
36 Vergl. E. Koebel: Fahrtbericht 29, Potsdam 1930.
37 Vorwort zum Liederheft der "Südlegion"
38 Vergl. die schon erwähnten Berichte über diese Tagungen von W. Ehmer, E. Busse-Wilson, J. Mitgau u.a.
39 Freideutsche Jugend 8. Jahrg. 1922 H. 4 S. 104; vergl. auch J. Koenig: Das Ethos der Jugendbewegung in Deutschland. S. 173
40 Vergl. Freideutsche Jugend 8. Jahrg. 1922 H. 8/9 S. 259
41 Hierzu Berichte über das Ommener Weltbundtreffen in: Der Zwiespruch, 10. Jahrg. Bl. 36 vom 9.9.1928 S. 421-425. Dort auch der Text einer Resolution der gesamten deutschen Teilnehmer. "Der Kongreß ist der Überzeugung, daß eine wirksame Bekämpfung des Imperialismus nicht möglich ist ohne ein Zusammenwirken der friedensbereiten Jugend mit den Massen des internationalen revolutionären Proletariats und den unterdrückten Völkern". Die Resolution zeigt allerdings sehr stark das Einwirken kommunistischer Phraseologie, deren Dialektik die politisch ungeschulteren Teilnehmer der Jugendverbände wohl nicht gewachsen waren.
42 Vergl. Schloß Prunn, der deutsche Pfadfindertag 1919, Regensburg 1919

43 Ausführliche Erörterung: Franz Ludwig Habbel: Die Außenpolitik der deutschen Pfadfinderbewegung, in: Der Weiße Ritter 7. Bd. Lief. 3–4 S. 60–80

44 Ebenda: Der vierte internationale Pfadfinderkongreß. S. 84 Zum Pfadfindertag in Barcelona: DF. 2. Jahrg. 1929/30 H. 2 S. 137 f.

45 Deutsche Freischar III. Bd. H. 3 S. 90

46 Ebenda S. 76

47 Vergl. hierzu Anm. 3 S. 35 über die soziologische Kategorie des Bundes (Tönnies und Schmalenbach; ferner: Paul Natorp, Individuum und Gemeinschaft, Vortrag auf der 25. Aarauer Studienkonferenz am 21.4.1921; J. König: Das Ethos der Jugendbewegung in Deutschland. Dieser lehnt aber von katholischem Standpunkt die Gemeinschaftsbildung in den Bünden ab, da er hierin eine Herauslösung aus der Familie, dem Volk und der Menschheit erblickt. (S. 200 f.); Helmut Kittel: kulturkritische und kulturfördernde Kräfte reformatorischen Glaubens. In: Der Weiße Ritter VII. Bd. Lief. 10–12 s. 264 f.

48 Deutsche Freischar III. Bd. H. 3 S. 84

49 Die Übertragung dieser Verhältnisse auf die äußere Welt fordert H. Schultz-Henke, wenn er von der Idee der Gerechtigkeit spricht, die in der materiellen Gleichheit begründet werden soll. H. Schultz-Henke: Die Überwindung der Parteien durch die Jugend, Gotha 1921 S. 16–19

50 Hermann Mau: Jugendbewegung gestern und heute. Kölner Universitätszeitung 3. Jahrg. H. 1 Mai 1948

51 Vergl. Karl Nötzel: Grundlagen des geistigen Rußlands. Jena 1917 S. 195 ff.

52 Vergl. Klaus Mehnert: Die Jugend in Sowjet-Rußland Berlin 1932

53 So etwa, wenn Schürnbrand in: Schloß Prunn, ausführt: "Uns ersteht die soziale Handlung nicht aus einem Gesetz 'du mußt', sondern aus dem Gefühl, aus dem innerlichen Mitfühlen mit unseren Mitmenschen, das uns sagt, wo wir helfen müssen" (rein caritative Handlung).

54 Den Nachweis, daß die Führer nicht, wie oft behauptet wurde, aus besitzlosen Kreisen stammten und es ihnen damit leicht war, auf das Geld zu verzichten, führte Georg Becker: Die Siedlung der deutschen Jugendbewegung Diss. Köln 1930

55 Vergl. "Theorie und Praxis der Siedlung", Franz Oppenheimer in: Die Gelben Blätter 11 Jahrg. Spt. 1932 H.1/2 S. 21 f.; Josepha Fischer: Die soziale und kulturelle Bedeutung der Jugendbewegung a.a.O. S. 80 ff.; dort hingewiesen auf Woltereck: Wirtschaftliches Neuland der Jugendbewegung in: Werkland Bd. 4 H. 2 S. 80; Ferner Victor Engelhardt: Die deutsche Jugendbewegung als kulturhistorisches Phänomen, Berlin 1923 S. 87 ff.; Hans A. Förster: Werk, Wille und Weg, in: Werkland Bd. 4 Nr. 2 S. 106/107

56 Josepha Fischer a.a.O. S. 81–85

57 Vergl. Dr. Herle: Unternehmertum und Jugend, Leipzig 1931 auch Unternehmertum und Jugend in: Der Zwiespruch 13. Jahrg. Bl. 2 v. 11.1.1931

58 Deutsche Freischar Bd. III H. 3 S. 85; vergl. auch Julius Mühlenfeld; Ablösung vor? in: Der Wanderer 23. Jahrgang 1928 H. 5 S. 152

59 H.D. Wendland: Das soziale Problem, in: Jungnationale Stimmen 3. Jahrg. H. 3 März 1928 S. 78; Vergl. auch: Paul Hövel: Die soziale Frage und Wir. In: Jungnationale Stimmen 1. Jahrg. H. 2 S. 63 f.; auch die Zitate bei L. Fick a.a.O. S. 132/3 u. 193

60 Vergl. J. Lesser a.a.O. S. 229; Ch. Lütkens a.a.O. S. 187 f.; V. Engelhardt: Der Mann in der Jugendbewegung. Berlin 1924 S. 35; über die antiliberale Einstellung der jungen Generation, darüber, daß die Fundamente der alten Gesellschaftsordnung wegsinken würden, da "die Zustimmung der jüngeren Generation zum System" ausbleibe, vergl. die sehr wichtige Diagnose von Leopold Dingräve: Wo steht die junge Generation, Jena 1931 S. 32 (29–35)

61 Über die Gildenschaft "Soziale Arbeit" vergl. Sieg. Hirsch: Soziale Arbeit. in: Der B und, Kameraden Deutsch-jüdischer Wanderbund, Bundesblatt 1928; "Student und soziale Arbeit" in: Deutsche Freischar 2. Jahrg. H. 2 S. 352 f.

62 Vgl. Adolf Hitler: Mein Kampf a.a.O. S. 352 f.

63 Ebenda S. 672 f.

64 Das Programm der NSDAP, in: Die Kameradschaft, Blätter für Heimabendgestaltung in der Hitlerjugend, Folge 14, Okt. 1937 (insbesondere Punkt 7 und 11–18)

65 Die Proklamation des Führers zum Parteitag der Arbeit, aus: Die Kameradschaft II. Teil Führerschulung, Folge 14, Okt. 1937

66 Adolf Hitler: Mein Kampf. 3. Kapitel: Allgemeine politische Betrachtungen aus meiner Wiener Zeit S. 71 f.

67 Vergl. oben S. 94

68 Vergl. Ernst Scholz: Die Revolution der modernen Jugend, Bremen 1932 S. 23

69 Der Zwiespruch 6. Jahrg. Bl. 15 v. 7.3.1924 S. 4

70 Vergl. auch zu dem Folgenden Hans Raupach: Junge Mannschaft im Arbeitsdienst in Will Vesper: Deutsche Jugend s. 226–236; vom gleichen Verfasser erschien: Arbeitsdienst in Bulgarien, Studentenwerkschriften Bd. 5 1932

71 Vergl. Deutsche Freischar Jahrg. 1928 H. 1 S. 27

72 Protokollbericht über dieses Lager in: Das Arbeitslager der Löwenberger Arbeitsgemeinschaft, in: Deutsche Freischar Jahrg. 1928 H. 1 S. 31 ff.

73 Vergl. Der Zwiespruch 14. Jahrg. Bl. 24 1. IV. 1932 S. 279 "Gegen die überspitzten Ansprüche der Weltanschauungen". Für Volkslager"! Auch Jonas Lesser a.a.O. S. 172 f.

74 Vergl. Hans Raupach in Will Vesper a.a.O. S. 233

75 Vergl. Helmut Stellrecht: Der Deutsche Arbeitsdienst, Berlin 1933 und Nationalsozialismus und Arbeitsdienst, Berlin 1934 (er entwickelte das Programm eines nationalsozialistischen Arbeitsdienstes)

76 Durch Gesetz vom 26.VI.1935 wurde die allgemeine Arbeitsdienstpflicht eingeführt

77 Vergl. Howard Becker a.a.O. S. 105 (deutsche Ausgabe)

78 Über den Dienstgedanken vergl. Felix R. Herzog: Der Kampf um Jungmannschaft. In: Deutsche Freischar Jahrg. 1929 H. 4 S. 30 ff.

79 Burkhardt Schomburg: Der freiwillige Arbeitsdienst, seine pädagogischen Aufgaben und Möglichkeiten, in: Die Gelben Blätter, 11. Jahrg. H. 1–2 S. 5–9

80 Vergl. Hans Umbreit: Arbeitslager, in: Deutsche Freischar IV. Bd. H. 4 S. 147–153; ausführliche Berichte in Tagebuchform: Arnold Littmann: Das Arbeitslager in Colborn, in: Deutsche Freischar Jahrg. 1928 H. 1 S. 24–31, (dort auch statistische Angaben über die Teilnehmer nach Altersklassen, Berufen, bündischer Zugehörigkeit, landschaftlicher Herkunft); Das Bundesarbeitslager in Löwenburg (o.Verf.) in: Deutsche Freischar 2. Jahrg. 1929/30 H. 1 S. 37–48 (hier ein besonders anschaulicher und ausführlicher Bericht auch über die geistig–kulturelle Arbeit.); zu vergl. weiterhin mehrere Artikel zur Arbeitsdienstfrage in: Wille und Werk, unabhängige Zeitschriftenschau der deutschen Jugendbewegung Ausg. C. Jahrg. 7 1932 H. 7 und H. 9

81 Hans Bernhard Brausse: Erziehung im Arbeitsdienst. In: Jugend im Dienst, Führerblätter zur Gestaltung des deutschen Arbeitsdienstes. L. Jahrg. Nov. 1932 H. 3 S. 66 f.

82 Fritz Klatt: Gestaltung der Freizeit, ebenda S. 76 f.; Hans Trotzendorff: Die Gruppe im Arbeitsdienst, ebenda S. 92 f. M. Fricke: Bücher im Arbeitslager, ebenda S. 94 f.

83 Odo Walther–Burmeister: Das Lied im Lager, ebenda S. 92 f. M. Fricke: Bücher im Arbeitslager, ebenda S. 94 f.

84 So meint Luise Fick: Die deutsche Jugendbewegung a.a.O. S. 188/189, daß das große Ziel des Arbeitsdienstes erst in der einheitlichen Erziehung zur nationalsozialistischen Weltanschauung erreicht sei.

Anmerkungen zu
VII. Volk, Reich, Staat, Rasse

1 Ernst Buske in seinem Aufsatz: Jugend und Volk. In: Adolf Grabowsky und Walther Koch: Die freideutsche Jugendbewegung, Ursprung und Zukunft, 2. Aufl. Gotha 1921

2 Der Weiße Ritter Jahrg. 1921 H. 6 S. 197 (o. Verf.)

3 Der Weiße Ritter Jahrg. 1921 H. 6 S. 183

4 Martin Voelkel: Hie Ritter und Reich, Berlin 1923 S. 14

5 Ebenda S. 14/15

6 Vergl. auch Jonas Lesser a.a.O. S. 115 und die dort zitierte Stelle aus dem 3. Heft der Schriftenreihe der Adler und Falken.

7 Nachweisbar im ganzen Schrifttum des Verlages Der Weiße Ritter, Berlin. Insbesondere die Hefte: Freiheit und Sendung 4. Jahrg. 1923 H 8/9 und Sendung Jahrg. 1921 H. 6

8 Der Weiße Ritter Jahrg. 1921 H. 6 S. 196/197

9 Der Weiße Ritter Jahrgang 1921 H. 6, S. 196/197

10 Über den Volks– und Blutbegriff des Georgskreises vergl. Max Nitzsche: Bund und Staat, Würzburg 1942. Dort auch Zitate von George, Gundolf, Wolfskehl, Brodersen, W. Heybey

11 Vergl. Kurt Lähn: Von der geistigen Heimat deutscher Jugend, Plauen 1933

12 Vergl. Werner Pohl: Bündische Erziehung, S. 28 f. Kapitel: Volk. Auch Normann Körber: Die Schicksalsstunde der deutschen Jugend, Schlüchtern 1923/24 S. 8–9

13 Vergl. J.W. Hauer: Volkwerdung. In: Kommende Gemeinde 1. Jahrg. 1929 H. 3/4 S. 11

14 Vergl. Deutsche Freischar III. Jahrg. Bd. 3 S. 96/97

15 Vergl. auch Jonas Lesser a.a.O. S. 114 f

16 Vergl. die hierzu auf S 77–79 angeführten Berichte über die Freideutschen Tagungen

17 S. Anm. 1 S. 102

18 Ebenda

19 Deutsche Freischar III. Jahrg. H. 3 S. 96

20 Adolf Hitler: Mein Kampf a.a.O., S. 311 und S. 409 ff. (Auf das Absurde und völlig Unbeweisbare der Hitlerschen Rassetheorien soll hier nicht weiter eingegangen werden.)

21 Adolf Hitler: Mein Kampf a.a.O. S. 438

22 Vergl. Deutsche Freischar III. Jahrg. H. 7 S. 247 u. S. 248

23 Vergl. Armin Mohler a.a.O. S. 19

24 Deutsche Freischar Jahrg. 1929 H. 4 S. 9

25 Der Weiße Ritter Jahrg. 1921 H. 6 S. 213; vergl. auch Martin Voelkel: Hie Ritter und Reich, Berlin 1923 S. 103

25 Der Weiße Ritter Bd. 4 S. 11; Das Schicksal der deutschen Kultur in: Hie Ritter und Reich S. 19 ff.; auch der Weiße Ritter Bd. 5 H. 1 S. 36

27 Vgl. Martin Voelkel: Das Schicksal der deutschen Kultur in: Ritter u. Reich S. 19 ff.; auch der Weiße Ritter Bd. 5, H. 1 S. 36

28 Der Weiße Ritter Jahrg. 1923 H. 8/9 S. 307

29 Ludwig Habbel: Kibbo Kift, Bücher der Waldverwandtschaft Berlin 1922 S. 64; vergl. auch die symbolische Erzählung: Konrat in: Der Weiße Ritter 5. Jahrg. H. 1 S. 31 f., die den ganzen Kult des Reichsgedankens der Neupfadfinder wiedergibt.

30 Der Weiße Ritter 5. Jahrg. H. 1 S. 36

31 Vergl. Anm. 67 S. 26 dieser Arbeit

32 Vergl. Joachim Boeckh: Königsbühl, Potsdam 1925

33 Vergl. ebenda S. 13 f. und S. 126

34 Vergl. ebenda S. 54–57, 110, 120, 135, 167

35 Einwirkungen und Zitierungen Georges ebenda S. 62, 113, 135/7
36 Georg Sebastian Faber: Leonardo, Potsdam 1926
37 Normann Körber: Das Bild vom Menschen in der Jugendbewegung unserer Zeit, Berlin 1927 S. 29
38 Der Bund (Zeitschrift des Großdeutschen Jugendbundes DNJ e.V.) Jahrg. 1927 H. 2 S. 57 Hugo Lübbes: Der unbedingte Bund, auch N. Körber: Die Schicksalsstunde der deutschen Jugend S. 14
39 Robert Stanfel: Unser Reich komme. In: Der Bund 7. Jahrg. 1932 H. 8 S. 185
40 Gerhard Rebsch: Coburg-Scharfenstein-Grebs. In: Der Bund Jahrg. 1926 H. 7 S. 11 (Aufnahme eines Glaubens an die Sendung einer schöpferisch völkischen Bewegung); in H. 2/1927 S. 57 Deutung des 3. Reiches als völlige Erneuerung der Nation
41 Der Bund 7. Jahrg. H. 8 S. 187
42 W. Schotte: Weltgeschichtlicher Ausblick. In: Jungnationale Stimmen 1. Jahrg. H. 2 S. 39; Vergl. auch R. Craemer: Völkische Bewegung und Friedensidee. In: Kommende Gemeinde 1. Jahrg. H. 3-4 S. 47
43 Vergl. S. 55; 104-108 über Einwirkungen Moeller van den Brucks und weiterer Kreise aus dem Bereich Konservativen Revolution; S. 93 f. über konkrete Verbindungen der Jungnationalen zu den Volkskonversativen
44 Vergl. L. Fick a.a.O. S. 190-193; dort auch die Zitate von Karl Ursin
45 Vergl. hierzu die Abhandlungen in der Zeitschrift "Volk und Reich (Hrg. Fr. Heiß für die Mittelstelle für Jugendgrenzlandarbeit) Berlin (Vergl. auch S. 117 dieser Arbeit) Jahrgänge 1925/26 die Aufsätze von: Martin Spahn: Mitteleuropa (Jahrg. 1925 H. Apr./Mai S. 2 f.); Karl Hoffmann: Mitteleuropa in der Weltpolitik und den Welträumen (ebenda S. 38 f.); Max Hildebert Boehm: Mitteleuropa und der Osten (Jahrg. 1925 H. Juni S. 65 f.); Martin Spahn: Österreich und Mitteleuropa (Jahrg. 1925 H. Sept./Okt. S. 174) Karl Haushofer: Zur Geopolitik der Donau (ebenda S. 161 f.) (Haushofers Gedankengänge ware nicht ohne Einfluß auf Hitlers spätere Machtpolitik). Friedrich Lange: Mitteleuropa als Verkehrseinheit (ebenda S. 181 f.); Kartenskizze: Der Spannungsraum Mitteleuropas (A.H. Ziegenfeld) Anhang zum Februarheft 1926; Heinrich Ritter von Srbik: Metternichs mitteleuropäische Idee (Jahrg. 1926 Sept. Heft S. 341 f.)
46 Vergl. Deutsche Freischar III. Bd. 1931 H. 7 S. 249 f.
47 Vergl. K.O. Paetel: Deutsche Jugend a.a.O. S. 15 f.
48 Über Moeller van den Bruck vergl. auch Arbeit oben
49 Es können hier also nur grundsätzlich politisch-praktische Unterscheidungsmerkmale angedeutet werden.
50 Adolf Hitler: Mein Kampf, S. 739 f., 749, 712, 648 (Diese Vergleiche mögen für das hier Gesagte genügen, es läßt sich unschwer eine große Zahl gleichgearteter Stellen nachweisen).
51 Vergl. hierzu: "Nationale und soziale Prinzipien in der bündischen Jugend" Diss. H. Proß a.a.O. S. 98 f. und die dort angeführten Zitate von F. Hoffmann: Die bündische-revolutionäre Ideologie in der deutschen politischen Gegenwart. Greifswalder Universitätsreden (35) 1933
52 Vergl. Deutsche Freischar Jahrg. 1928 H. 2.S. 107
53 Vergl. E. Koebel: "Die Heldenfibel", Plauen 1933 S. 125 S. Faber: "Zarathustras Nachfolge" Darmstadt 1930 S. 38
54 Vergl. "der große wagen", eine Schrift der Jungentrucht 2. Bd. H. 4 S. 6 f.; auch die Führerzeitschrift dieses Bundes "Der Folger" Juni 1932 H. 1 S. 5
55 Der Weiße Ritter 1. Jahrg. H. 1 S. 9; Vergl. auch Charlotte Lütkens a.a.O. S. 149
56 Der Weiße Ritter 7. Bd. Lief. 3-4 S. 57
57 Vergl. Jungnationale Stimmen 1. Jahrg. H. 1 S. 15 und H. 2 S. 36, und H. 12 S. 364; auch Jugend im Staat in: Der Zwiespruch 14. Jahrg. Bl. 28 Nov. 1932 S. 325
58 Zitat aus einem Brief (1924) bei Will Vesper a.a.O. S. 117
59 Vergl. Deutsche Freischar IV Bd. H. 5 S. 161 f.
60 Ebenda S. 164 (ohne Verfasser-Angabe)
61 Auch als Ausdruck des Kulturwillens eines Volkes in Deutsche Freischar Jahrg. 1929 H. 6 S. 6 (Norbert Gürke)
62 Rudolf Craemer: Völkische Bewegung und Friedensbewegung, in: Kommende Gemeinde 1. Jahrg. H. 3/4 S. 45 und Fr. Winter: Politik der Jungen, in: Jungnationale Stimmen 1. Jahrg. H 1 S. 14
63 Vergl. H.D. Wendland: Der reformatorische Staatsgedanke, in: Jungnationale Stimmen 3. Jahrg. Jan. 1928 H. 1 S. 5 f.
64 Vergl. Jonas Lesser a.a.O. S. 190; Eine völlig ins Metaphysische übergreifende Deutung des Staates geben die Neupfadfinder in: Der Weiße Ritter 7. Bd. Lief. 10-12 S. 296
65 Normann Körber: Bündische Staatsauffassung und Friedensidee, in: Deutsche Freischar Jahrg. 1928 H. S. 109
66 Der Weiße Ritter 5. Bd. H. 1 S. 11
67 Vergl. Deutsche Freischar Jahrg. 1929 H. 4 S. 4 und 3. Bd. H. 3 S. 96
68 Rudolf Craemer: Politik, Parteien und junge Generation, in: Deutsche Freischar 2. Jahrg. H 3 S. 165
69 Zur Staats- und Parlamentskrise (ohne Verfasserangabe) in: Deutsche Freischar. 3. Bd. H. 4 S. 164
70 Zur Staats- und Parlamentskrise in: Deutsche Freischar 3. Bd. H. 4 S. 164, 165, 169.
71 H. Muhle: Politik, Partei und junge Generation in: Deutsche Freischar Jahrg. 1928 H. 2, S. 108; 1929 H. 4 S. 6; 3. Bd. H. 3 S. 96; 3. Bd. H. 4 S. 168; Jungnationale Stimmen 1. Jahrg. H. 12 S. 361 6. Jahrg. H. 1 S. 6.
72 Diese Forderung dringt immer wieder durch: Vgl. Deutsche Freischar Jahrgänge 1928 u. 1929; Jugnationale Stimme 1. u. 6. Jahrgang.
73 Normann Körber a.a.O. S. 108; auch an einen berufsständischen Staat wird gedacht. Eugen Maß: Parteistaat und Ständesstaat, in: Der Zwiespruch 9. Jahrg. Bl. 22/23 März 1927 S. 129
74 H. Muhle a.a.O. S. 157 f.
75 Norman Körber a.a.O. S. 108
76 Vergl. auch H. Lutze: Es geht um die Demokratie, in: Der Zwiespruch 12. Jahrg. Bl. 35 Sept. 1930

77 Ebenda
78 Deutsche Freischar 3. Bd. H. 4 S. 169
79 Vergl. Deutsche Freischar Jahrg. 1928 H. 2 S. 107; Jungnationale Stimmen 4. Jahrg. H. 7 S. 212; Der Zwie-
    spruch 9. Jahrg. Bl. 22/23 S. 129; R. Craemer, in: Die kommende Gemeinde a.a.O. S. 46
80 Vergl. Deutsche Freischar 3. Bd. H. 4 S. 166 und 168
81 Normann Körber, in: Deutsche Freischar Jahrg. 1928 H. 2 S. 108 Frank Glatzel: Jungdeutsche Wollen, Ham-
    burg, führt S. 49 aus: "Der Wille zur Kraft und Machtentfaltung ist gebunden an die Idee der wahren Volks-
    gemeinschaft. Deswegen ist die Macht des Staates niemals Selbstzweck . . . Es ist schlechterdings unmöglich,
    daß sich die Macht des wahrhaftigen Staates gegen wahre Volksbürger richtet." (Dieser Gedanke ist zwar
    utopisch, da er nur vom Idealfall ausgeht, er zeigt aber, wie wirklichkeitsfremd hier oft politische und staat-
    liche Probleme behandelt werden).
82 R. Craemer, in: Die Kommende Gemeinde a.a.O. S. 48
83 Vergl. Deutsche Freischar 2. Jahrg. H. 3 S. 157
84 Kameradschaft, Schriften junger Deutscher 2. Jahrg. Aug. 1939 S. 107-109
85 Kameradschaft, 1. Jahrg. Dez. 1938 R. 12 S. 228, auch S. 230
86 Ebenda S. 227 und 241
87 Adolf Hitler: Mein Kampf S. 500-503
88 Vergl. S. 108/109 dieser Arbeit
89 Adolf Hitler: Mein Kampf a.a.O. S. 433
90 Vergl. S. 108 dieser Arbeit
91 Adolf Hitler: Mein Kampf a.a.O. S. 513
92 Ebenda S. 510
93 Ebenda S. 440
94 Ebenda S. 441
95 Adolf Hitler: Mein Kampf a.a.O. S. 439
96 Hans Blüher: Wandervogel I. Teil a.a.O. S. 98
97 A. Ahrens a.a.O. S. 199. Er kommt in seiner Arbeit eingehend auf die Judenfrage im Wandervogel zu spre-
    chen. Seine persönlichen Verbindungen zu F.W. Fulda wie auch die Abfassung seiner Dissertation in der Na-
    tionalsozialistischen Aera bewirken aber doch wohl, daß er der Judenfrage im Wandervogel eine allzu große
    Bedeutung beimißt.
98 Vergl. Luise Fick a.a.O. S. 232 Anm. 28 (Sie führt als Beleg die Zeitschrift "Fahrend Volk" 1913 H. 14 an)
    Ferner H. Ahrens a.a.O. S. 191 Anm. 32 "Mitglieder und Wandervögel können nur deutsche Arier werden".
    Belegt durch: Der Wandervogel, Blätter für entschiedenes Deutschtum Scheiding 1913 S. 3
99 Zitiert bei Luise Fick a.a.O. S. 64 nach: "Burschen heraus" Neblung Jul. 1918 S. 59 (Vergl. auch das dortige
    Zitat aus: Fahrend Volk 1914 V. 10)
100 Zitierungen sind bei H. Ahrens in so großer Auswahl gegeben, daß sich eine wörtliche Wiedergabe erübrigt.
    Als aufschlußreiches Quellenmaterial über den Antisemitismus sei hier noch angeführt F.W. Fulda: Deutsch
    oder National, Beiträge des Wandervogels zur Rassenfrage Leipzig 1914; Wandervogel-Führerzeitung Jahrg.
    1913/14; Hammer, Flugbl. 1914
101 Die Pachantei, Meinungsaustausch der Wandervögel Leipzig 1914 März-Heft 1
102 Paul Natorp: Hoffnungen und Gefahr unserer Jugendbewegung Jena 1914 S. 27
103 Wandervogel, Monatsschrift des Wandervogels e.V. 9. Jahrg. April 1914 S. 120
104 Bundesleiter des Wandervogels e.V. Neuendorff in: Wandervogel-Führerzeitung Juni 1914 H. 6 S. 105-108
105 Jungwandervogel 4. Jahrg. Juli 1914 S. 101
106 Altwandervogel Jahrg. 1914 H. 5 S. 123 (Zitiert bei A. Ahrens a.a.O. S. 178)
107 Der Greifenbund, in: Knut Ahlborn: Die Freideutsche Jugendbewegung 172. Flugschrift des Dürerbundes
108 Vergl. Herta und Manfred Krebs in: Jungdeutsche Stimmen 3. Jahrg. 1921 S. 152: "Ein Deutscher, ein Völ-
    kischgesinnter muß heute noch unter allen Umständen Judengegner sein." Vergl. Jungnationale Stimmen 4.
    Jahrg. S. 219-225
109 Vergl. H. Ahrens a.a.O. S. 195 Anm. 44; Luise Fick a.a.O. S. 65 Anm. 36 (Zitiert das "Hammer" Flugbl. 1914)
    Ahrens gibt an, daß die Zählung alle Wandervogelbünde außer dem Einigungsbund umfaßt habe.
110 Vom Barette schwangt die Feder a.a.O. S. 115
111 Georg Müller: Rings um den hohen Meißner, in: Will Vesper a.a.O. S. 58
112 Vergl. S. 8 dieser Arbeit
113 Vergl. Anm. 104, S. 115
114 Vergl. Anm. 111 u. 112 Kapitel 7
115 Elisabeth Busse-Wilson: Stufen der Jugendbewegung Jena 1925 S. 31
116 Martin Voelkel: Hie Ritter und Reich a.a.O. S. 33
117 Der Weiße Ritter 4. Jahrg. H. 2 Anläßlich einer von mehreren Seiten vorgebrachten Besprechung von Blühers
    Buch "Secessio judaica" (S. 116-122;2) Zitat von R. Pannwitz: An das judische Volk. H. 5 der Flugbl. von R.
    Pannwitz (Auf S. 112 der vorgenannten Zeitschrift). In dem Zitat von Pannwitz zeigt sich eine offensichtliche
    Verwandtschaft mit dem George-Gedicht: "blond oder schwarz demselben schoß entsprungene verkannte
    brüder. . ." George Werke VIII S. 41, Berlin (Auch die von Pannwitz gebrauchte Kleinschrift weist auf George
    hin)
118 Deutsche Freischar 2. Jahrg. 1929/30 H. 2 S. 81
119 Vergl. Der Bund, Kameraden, Deutsch-Jüdischer Wanderbund, Bundesblatt 1928 Herausg. Rudi Baer und
    Hermann Gerson.
120 Ebenda Rudi Baer: Deutsche Aufgabe? S. 12

121 Vergl. Max Nitzsche: Bund und Staat a.a.O. S. 53
122 Der Verfasser hat selbst an mehreren Treffen illegaler Gruppen mit deutsch-jüdischen Emigranten teilgenommen. Zwei Jungen einer bündischen Gruppe in Bonn sandten Berichte über die Judenpogrome 1938 nach Paris. 1939 wurde eine Sammlung von Kleidungsstücken für deutsche und jüdische Emigranten in Köln, Bonn, Hamburg und Berlin von Jungen illegaler Gruppen durchgeführt. Alle diese Unternehmungen wurden nachher u.a. Gegenstand von Hochverrats-Prozessen vor dem 2. Senat des Volksgerichtshofes Berlin am 9. bis 11. Sept. 1941 Aktenz.: 8 J 162/40 2 H. 77/41
123 Kameradschaft, Schriften junger Deutscher Dez. 1938 H. 12 S. 234-239

Anmerkungen zu
VIII. Die Jungenschaftsbewegung 1929-33

1   Vergl. Briefe an die Deutsche Jungenschaft H. 4 1930 S. 32
2   Bezeichnend für diese Denkweise Koebels ist eine Briefstelle aus dem Jahre 1947, wo er die Gliederung der künftigen Jungenschaft darstellt. Er geht hier bis zu einer Mitgliederzahl von 200.000 (Brief E. Koebels v. 14. 5.47 an den Verfasser).
3   Zu vergleichen wäre hierzu die Schilderung des "Sühnelager" in: Das Lagerfeuer 1931 H. 5 S. 4 f.
4   Nach seinem Austritt aus der Deutschen Freischar hatte Koebel sich mit seiner Gemeinschaft dem Deutschen Pfadfinderbund zugewandt. Er übernahm dort die Schriftleitung der Bundeszeitschrift "Das Lagerfeuer", die er völlig im Sinne von dj. 1.11. gestaltete und zur besten Jungenzeitschrift s.Zt. ausbaute. Bemerkenswert ist, daß darin zuweilen ganze Seiten für die Mitglieder des DPB gestrichen werden und leer erscheinen, weil die Bundesleitung des DPB den übergroßen Einfluß der dj. 1.11. fürchtete.
5   Eberhard Menzel: Kampf um die dj. 1.11. in: Der Pfad zum Reich Führerblätter deutscher Pfadfinder 5. Jahrg. 1932 H. 1 S. 13-20
6   Darstellung von Eberhard Koebel vom 15.10.1951
7   Vergl. Nachruf für dj. 1.11., in: Der Pfad zum Reich, Führerblätter Deutscher Pfadfinder 5. Jahrg. 1932 H. 6 S. 200
8   E. Koebel: "Die Geschichte einer jungen Bewegung" in: Der Eisbrecher 1. Jahrg. 1932
9   E. Koebel: "Fahrtbericht 29", Potsdam 1930, S. 85 f.
10 Vergl. Max Nitzsche: Bund und Staat a.a.O. S. 50 f.
11 Über die Zeitschrift "Pläne", die im Original nicht mehr erhältlich war, vergl. Zeitschriftenschau, in: Der Pfad zum Reich 5. Jahrg. 1932 H. 6 S. 204/5
12 Eberhard Koebel: Die Heldenfibel, Günther Wolff, Plauen i.V. 1933 und Eberhard Koebel: Der gespannte Bogen (Ausz.) Hrsg. Deutsche Jungenschaft, Göttingen (Neudruck nach 1945 ohne Jahresangabe).
13 Vergl. auch Armin Mohler a.a.O. S. 190 ff.
14 "Die Rotgraue Garnison von dj. 1.11." in: bubentyrker, Nachrichtenblatt des Lagerfeuers, Atlantis-Verlag Berlin Dez. 1931/32 S. 5
15 Der gespannte Bogen, in: Bündische Erziehung, von Werner Pohl, Weimar 1933 S. 77
16 Die rotgraue Aktion in: bubentyrker Dez. 1931/32 S. 5
17 Tusk: Erpel-Erfurt in: Das Lagerfeuer 1931 H. 10 S. 20/21
18 Vergl. Ludwigswinkel in: Das Lagerfeuer H. Sept. 1930 S. 33 f.
19 Vergl. Max Nitzsche a.a.O. S. 47
20 Jungenblatt 1932 H. 1 Umschlagseite Hrsg. Quickbornjungenschaft Bonn.
21 Vergl. Der große Wagen ein Werk der Jungentrucht Jahrg. 1932 H. 3 S. 29 und Der große Wagen Jahrg. 1933 H. 4 S. 31
22 Vergl. die noch zu behandelnde Geheimschrift der Reichsjugendführung Nr. 21 Amt für Jugendverbände vom 1.2.1936 zitiert in: Jugend am Werk, Stuttgart 1949 Hrsg. Ministerialrat Hasslinger Kultusministerium.
23 Teut (Karl Müller) schrift, in: ein Werk der Jungentrucht Jahrg. 1932 H. 1 S. 24
24 Vergl. Herbert Schierer: Das Zeitschriftenwesen der Jugendbewegung Diss. Berlin 1938 S. 101
25 Als Beispiele wären hier noch die sorgfältigst ausgestalteten Zeitschriften "Die Speerwacht" und "Jugendland" zu nennen.
26 Vergl. Herbert Schierer a.a.O. S. 98. Diese Dissertation wurde mit Billigung der Reichsjugendführung veröffentlicht und gibt einen ausführlichen Bericht über alle Zeitschriften der Jugendbewegung. Schierer urteilt hier über die Schriftleitung Koebels bei der Zeitschrift "Das Lagerfeuer", daß sie durch ihn zur "graphisch vollkommensten Zeitschrift der Jugendbewegungen" gestaltet worden sei.
27 Eberhard Koebel "Die Heldenfibel", Günther Wolff Plauen i.V. 1933 S. 105/6
28 Georg Sebastian Faber (Fred Schmid) "Leonardo", Der Weiße Ritter Verlag, Potsdam 1926 S. 68,70
29 Eberhard Koebel "Der gespannte Bogen" a.a.O. S. 7
30 Ebenda S. 11
31 Vergl. hierzu das Zurückgehen auf Heraklit in Eberhard Koebel "Die Heldenfibel" a.a.O. S. 140 bis 149
32 Deutlich stellt das Sebastian Faber in seiner Schrift "Leonardo" heraus a.a.O. S. 69
33 Armin Mohler a.a.O. S. 197
34 E. Koebel: Die Heldenfibel a.a.O. 111 f.
35 Ebenda S. 119 und 122
36 Brief Eberhard Koebels an den Verfasser vom 27.2.1947
37 Eberhard Koebel in der Zeitschrift "Kiefer" August 1933 H. 6 S. 4 f.
38 Max Nitzsche a.a.O. S. 50-33
39 Vergl. S. 66 f. dieser Arbeit
40 Max Nitzsche a.a.O. S. 51

41 Eberhard Koebel: Der gespannte Bogen a.a.O. S. 31
42 Eberhard Koebel: Der gespannte Bogen a.a.O. S. 27 auch S. 17
43 Lieder der Eisbrechermannschaft, Plauen 1933 H. 3 (Vorwort Eberhard Koebels)

Anmerkungen zu
IX. Usurpation der Begriffs- und Formenwelt der Jugendbewegung durch die NSDAP

1   Leopold Dingräve: Wo steht die junge Generation? Jena 1931 S. 23
2   Vergl. H. Becker a.a.O. S. 158 und H. Proß a.a.O. S. 37 Hermann Mau a.a.O. S. 2; Heinz Dähnhardt in:
    Freideutscher Rundbrief Nr. 3 März 1948 S. 16
3   B. v. Schirach: Die Hitlerjugend a.a.O. S. 20; Georg Usadel a.a.O. S. 6
4   Baldur von Schirach: Die Hitlerjugend a.a.O. S. 25
5   Ebenda S. 59; vergl. auch Otto Rietsdorf: Nationalsozialistische Jungen, in Führerblätter der Hitlerjugend,
    Ausg. DJ Nov. 1935 S. 21
6   Baldur von Schirach: Die Hitlerjugend a.a.O. S. 36
7   Howard Becker a.a.O. S. 168
8   Vergl. Adolf Hitler a.a.O. S. 515
9   Rundgespräch in: Freideutscher Rundbrief Nr. 1 September 1947 S. 9
10 Zu dem hier Gesagten können folgende Beispiele angeführt werden: Für zwei Heimabende im Monat waren
    die Schulungsthemen fest vorgeschrieben. Vergl. Führerblätter der Hitlerjugend, Ausg. 12. Nov. 1935 S. 32;
    Ebenda S. 32 "Wir holen uns am Feuer Kraft für die Treue zu Dienst und Arbeit, zu Führer und Kameraden";
    Vorschläge für Jungenschaftswimpel" in: DJ-Führerdienst, Okt. 1937 Abt. weltanschaul. Schulung
11 Vergl. Claus: Wir sind politische Jungen, in Führerbl. der Hitlerjugend Ausg. DJ Nov. 1935 S. 22/23 Dörner be-
    zieht hier Stellung gegen die bündischen Führer im Jungvolk, die angeblich das Jungvolk aus der Tradition
    und Einheit der Hitlerjugend herauszulösen versuchten. Vergl. weiterhin auch: Werner Helwig: Auf der Kna-
    benfährte – ein Erinnerungsbuch
12 Baldur von Schirach: Revolution der Erziehung, Reden aus den Jahren des Aufbaues, 3. Aufl. München 1942
    S. 26 f. seine Rede "Langemarck"
13 Vergl. S. 81 f. dieser Arbeit
14 Georg Usadel a.a.O. S. 7
15 Baldur von Schirach: Die Hitlerjugend a.a.O. S. 13
16 H. Ahrens a.a.O. S. 236
17 Will Vesper a.a.O. S. XIII; dort auch die weiteren Aufsätze von H.F. BLunck, K.R. Mattusch und A. Littmann;
    L. Fick a.a.O. S. 221/222
18 Max Nitzsche a.a.O. S. 47 f.
19 W. Ruder (1933 Leiter der Abteilung Schulung im Gebiet 13 der Hitlerjugend) in: Will Vesper a.a.O. S. 192
20 Über diesen Anspruch berichtet auch Jonas Lesser: Von deutscher Jugend a.a.O. S. 32, er verwirft ihn aber
    als Verfälschung und Gefahr für die bündische Jugend. a.a.O. S. 33
21 Willi Ruder a.a.O. S. 190
22 Georg Usadel a.a.O. S. 6
23 Vergl. ebenda S. 7
24 Nach Usadel mußte die Umformung von Walter Flex zu Jünger, Schauwecker, Zöberlein und Wehner führen.
    Der Weg der Jugendbewegung ging zwar vielfach zu den Revolutionären Ideologien der Konservativen Revo-
    lution, nicht aber in die NSDAP.
25 Baldur von Schirach: Die Hitlerjugend a.a.O, S, 15
26 Ebenda S. 18
27 Vergl. ebenda S. 49/50
28 Willi Ruder a.a.O. S. 191; auch G. Usadel a.a.O. S. 7
29 Baldur von Schirach: Die Hitlerjugend a.a.O. S. 14
30 Georg Usadel a.a.O. S. 7 "Dennoch wurde vieles übernommen: Der Fahrtbetrieb mit Wanderung und Zeltlager,
    dieses Losgelöstsein von Zivilisation, Bequemlichkeit und Technik, dieses Aufsichselbstgestelltsein in der Na-
    tur, dieses Sichaufeinanderverlassenmüssen, das nur durch echten Kameradschaftsgeist erreicht wird. Das
    Singen alter Landknechts- und alter geistlicher Lieder. . ."
31 Vergl. die Originalfotos in: Arnold Littmann: Herbert Norkus und die Hitlerjungen von Beusselkietz, Berlin 1934
32 Vergl. Um die pädagogische Provinz, in: Deutsche Freischar IV. Bd. H. 5 S. 161
33 Heinz Dietrich Wendland: Geist und Erziehung, in: Jungnationale Stimmen 1. Jahrg. H. 7 S. 217
34 Vergl. ebenda S. 217
35 Karl Rode: Grundlagen und Ziele bündischer Erziehung in: Jungnationale Stimmen 1. Jahrg. H. 1 S. 7
36 Normann Körber: Das Bild vom Menschen in der Jugendbewegung und unsere Zeit Berlin 1927 S. 28
37 H. Proß a.a.O. S. 53
38 Vergl. Fr. L. Habbel: Kibbo Kift, auch Karl Seidelmann: Grundformen des Jungenlebens im Bund. Deutsche
    Freischar Jahrg. 1928 H. 3 S. 142 f.
39 Habbel: Kibbo Kift a.a.O. S. 68
40 Vergl. Anm. 2 S. 255 (Natorp wird in diesem Aufsatz zitiert)
41 L. Fick a.a.O. S. 175
42 Adolf Hitler a.a.O. S. 452
43 Ebenda S. 456
44 Ebenda S. 457 bis 487

45 Der Große Wagen II. Jahrg. H. 6 S. 3
46 Der Große Wagen ebenda S. 30 und 31
47 Vergl. Der Eisbrecher Nov. 1953 H. 14 S. 53 "Braunes Sturmlied"
48 Der Pimpf, nationalsozialistische Jungenblätter Folge 4 Jahrg. 1938 S. 1 f.
49 Das Lagerfeuer, 21. Jahrg. des Pfadfinder H. 3 1931 S. 5
50 Tusk (E. Koebel): Ein bißchen Politik in: Das Lagerfeuer Mai 19831 H. 5 S. 10
51 Der Pimpf Jahrg. 1938 Folge 14 S. 28
52 Ebenda Folge 10 S. 3
53 So in: "Deutsche Freischar", "Jungnationale Stimmen", "Der Bund", "Die Gelben Blätter", u.a.; es fehlt auch
   eine politische Allgemeinorientierung, wie sie etwa durch eine Bücherliste zur politisch-sozial-wirtschaftlichen
   Lage Deutschlands in der Zeitschrift "Deutsche Freischar" IV. Bd. H. 5 S. 179 f. versucht wird.
54 H.J. Führerdienst, März 1938 Abt. WS Gebiet 18 Franken 3.4./III
55 Vergl. hierzu das Liederbuch der Hitlerjugend "Uns geht die Sonne nicht unter" sowie die in den Zeitschriften
   der Hitlerjugend wie "Der Morgen", "Der Pimpf", "Die Jungenschaft", "Die Kameradschaft" u.a.m. veröffentlichten Lieder.
56 Vergl. Walter Heinrich: Lage, Sinn und Wege der bündischen Jugend, in: Jungenschaft und Jungmannschaft
   Harz/Elbe Bund der Wandervögel und Pfadfinder Aug. 1926 S. 16
57 Die bevorzugte und grundlegende Form des Bundes der Jugendbewegung als "Männerbund" betont auch Armin Mohler a.a.O. S. 195/196
58 Eduard Spranger "Psychologie des Jugendalters, Heidelberg 1949 S. 72 f.
59 Vergl. Max Mitzsche "Bund und Staat", der sich von nationalsozialistischer Seite eingehend mit dieser Frage
   befaßt, a.a.O. S. 53 f.
60 Den Beweis hierfür liefert eine Anordnung des Chefs der Deutschen Polizei Daluege zur Bekämpfung der Jug-
   gendkriminalität, in der darauf hingewiesen wird, die bündische Jugend sei mit Hilfe des § 175 zu diskrimie-
   ren. Sie sei dadurch einfacher zu erledigen. Leider sind diese Anordnungen, denen sogar Bildmaterial bestimmter bündischer Typen beigegeben war, nicht mehr greifbar.
61 Karl Rode: Grundlage und Ziele bündischer Erziehung, in: Jungnationale Stimmen 1. Jahrg. H. 1 S. 7
62 Benno Hildenbrock: Verfassung der Jungenschaft: Punkt 4 des Verfassungsentwurfes: Der Jungenschaftler ist
   brüderlich gegen jeden seiner Kameraden . . .in: Deutsche Freischar 1. Jahrg. H. 3 S. 153
63 Vergl. H. Drost: Zur Gestaltung der Jungenschaft in: Deutsche Freischar 1. Jahrg. H. 3
64 Zu vergleichen sind hier die zahlreichen Beiträge zur Mannschafts- und Jungmannschaftsfrage in den Führer-
   zeitschriften der Bünde: Deutsche Freischar, Der Bund, Jungnationale Stimmen u.a.
65 Gesetz über die Hitlerjugend (BGBl. I. S. 993 vom 1. Dez. 1936) sowie Durchführungsverordnungen zum Gesetz über die Hitlerjugend vom 25. XII. 39. (BGBl. I. S. 709 und 710) § 3 Die Aufgabe der Erziehung der gesamten deutschen Jugend in der Hitlerjugend wird dem Reichsjugendführer der NSDAP übertragen. "Er ist Jugendführer des Deutschen Reiches". § 1 Die gesamte deutsche Jugend innerhalb des Reichsgebietes ist in der
   Hitlerjugend zusammengefaßt. § 3 bestimmt die Erziehung im Geise des Nationalsozialismus und § 9 der 2.
   Durchführungsverordnung regelt die pflichtmäßige Anmeldung, § 12 die Strafbestimmungen für das Fernhalten
   vom Dienst durch gesetzliche Vertreter sowie die Befugnis der Ortspolizei die Jugendlichen zum Dienst anzu-
   halten.
66 Vergl. 1. Durchführungsverordnung zum Gesetz über die Hitlerjugend (allgemeine Bestimmungen) vom 25. XII.
   1939 (BGBl. I S. 709 § 2)
67 So kann hier auch nicht auf die Herausstellung der verschiedenen Typen des Jugendführers eingegangen
   werden, wie sie nicht ganz glücklich Winkler-Hermaden in seiner "Psychologie des Jugendführers" (Jena
   1927) aufstellt.
68 Howard Becker a.a.O. S. 81 ff.
69 Georg Götsch in: Briefe an die Deutsche Jungenschaft Jahrg. 1930 H. 4 Beilage S. 1
70 Werner Pohl: Bündische Erziehung a.a.O. S. 38
71 W. Neumann: Ludwigstein, Bericht über das Gau- und Jungenschaftsführertreffen (29.9.-1.10.1928) in: Deutsche Freischar Jahrg. 1928 H. 3
72 Schürnbrand in der allgemeinen Führeransprache in Schloß Prunn in: Schloß Prunn a.a.O. S. 12 (Hrsg. Ludwig
   Habbel)
73 Vergl. hierzu: Deutsche Freischar XXX. Bd. H. 3 S. 99 ff.; Der Zwiespruch "Der Zerfall des großen Bundes",
   Bl. 29 12. Jahrg. vom 12. X.1930
74 Vergl. H. Lübess: Der unbedingte Bund, in: Der Bund Jahrg. 1927 H. s. S. 56
75 Deutsche Freischar III Bd. H. 3 S. 106
76 J. von Maydell in: Deutsche Freischar Jahrg. 1930 XXX Bd. H. 2 S. 68
77 Der Zwiespruch ebenda S. 458
78 Heinz-Dieter von Broensart: Unverfälschtes Führertum in: Der Bund 5. Jahrg. H. 5 S. 99
79 E. Koebel: Der gespannte Bogen a.a.O. S. 53
80 Eine Deutung der Führerstellung, wie sie besonders in den stark von Georg beeinflußten Kreisen angewandt
   wurde, findet sich bei H. Faber: Leonardo a.a.O. S. 69
81 E. Koebel: Geschichte einer jungen Bewegung, in: Der Eisbrecher 1. Jahrg. 1932 wäre hier zu vergleichen
   wie auch das von ihm redigierte Lagerfeuer 1931 H. 10 "Die Tragödie vom Führerwechsel. (Der Einfluß Koebels ist unverkennbar).
82 Günther Schmich und Bruno Tausig: Der Meister des Ordens, etwa 1935 als Manuskript gedruckt.
83 Ernst Buske: Wille und Werk in: Deutsche Freischar Jahrg. 1928 H. 1 S. 10
84 Vergl. Howard Becker a.a.O. S. 177 f.
85 Führerblätter der Hitlerjugend Ausg. NJ Nov. 1935 S. 21

86 Die genauen Vorschriften der Personalabteilung mit vorgedruckten Formularen werden wiedergegeben in HJ Führerdienst, Hrsg. Gebiet 18 Franken März 1938 S. 10/III bis 20/III

87 Führerblätter der Hitlerjugend Ausg. DJ Nov. 1935 Nr. 20

88 Vergl. Martin Voelkel: Hie Ritter und Reich Berlin 1923 S. 50–51

89 Vergl. Schlacht an der Römerstraße, Totengedenken in: Das Lagerfeuer vom 11. Nov. 1931 S. 23

90 Dieses Bewußtsein ist sehr deutlich ausgeprägt in dem Spiel "Entscheidung", das während der illegalen Zeit im "Grauen Orden", entstand. Verfasser Günther Schmich (nur als Schreibmaschinenmanuskript erhalten). Der "Jungengeneral" wird hier von einem Kriegskrüppel erzogen und zur Revolution geführt", (Etwa 1935 geschrieben)

91 Der Eisbrecher Nov. 1933 H. 14 S. 47

92 Vergl. Deutsche Freischar IV. Bd. H. 8 S. 212

93 Kameradschaft, Schriften junger Deutscher 2. Jahrg. Jan. 1939 H. 1 S. 24

94 Jungen heraus, kleines Handbuch für deutsche Jungengruppen, Der Weiße Ritter Verlag, Potsdam 1927, S. 30

95 F. Herzog: Der Kampf um die Jungenschaft, in: DF 1929 H. 4 S. 35

96 ebenda

97 Jungen heraus a.a.O. S. 10

98 Deutsche Freischar IV. Bd. H. 8 S. 212

99 Ebenda

100 Jungen heraus a.a.O. S. 20; Vergl. hierzu auch die Dissertation von H. Pross, Nationale und soziale Prinzipien in der bündischen Jugend, die diesen Notwehrgedanken auf den Seiten 146/147 besonders hervorhebt.

101 Bagger H. 5 Hrsg. vom Stromkreis, der aus der Deutschen Freischar herauswuchs, erschienen im Herbst 1933, Manuskript S. 18 (Seitenzahl sonst nicht angegeben)

102 Vergl. Deutsche Freischar IV. Bd. H. 8 S. 212

103 E. Koebel: Die Heldenfibel (einleitendes Gedicht)

Anmerkungen zu
X. Stellung der bündischen Jugend zur Machtübernahme

1 Vergl. K.O. Paetel: Deutsche Jugend a.a.O. S. 14

2 Hitler selbst erwähnt in seinen Tischgesprächen, daß die Arbeit mit diesem Kabinett alles andere als einfach gewesen sei und auch sein Verhältnis zu Hindenburg in der ersten Zeit von manchen Vorbehalten abhängig gewesen wäre. Henry Picker: Hitlers Tischgespräche von von 1951 S. 431

3 Die Behauptung F. Hoffmanns in: Die Bündisch-revolutionäre Ideologie in der deutschen politischen Gegenwart, Greifswalder Universitätsreden (35) 1933, daß fast die gesamte Jungmannschaft der bündischen Jugend schon im Jahre 1931 der NSDAP und ihren Kampfverbänden angehört habe, ist als einfach falsch anzusehen.

4 Ludwig Voggenreiter: Bekenntnis zu Adolf Hitler in: Spur H. 33 vom 1. Mai 1935 S. 129

5 Vergl. ebenda "Wir grüßen das neue Deutschland", eine eingehende Schilderung über den Aufmarsch bündischer Jugend am "Tag von Potsdam" 131–134

6 Nach einer persönlichen Darstellung von E. Koebel an den Verfasser vom 15.X.1951

7 Angabe in der Diss. von H. Pross a.a.O. S. 156

8 Angabe nach einer persönlichen Darstellung von Dr. R. Pallas (ehemaliger Führer der Südlegion)

9 Vergl. Baldur von Schirach: Die Hitlerjugend a.a.O. S. 33/34

10 Eberhard Menzel: Die Bünde und das Staatsjugendproblem in: Der Zwiespruch 13. März 1932 11 S. 124/125

11 Ebenda; einen solchen Vorschlag hatte er ja bereits in "Der gespannte Bogen" propagiert.

12 Baldur v. Schirach: Die Hitlerjugend a.a.O. S. 32 und H. Ebeling: The German Youth Movement London 1945 S. 20

13 Baldur von Schirach: Die Hitlerjugend a.a.O. S. 33

14 Nach persönlichen Angaben von Dr. H. Ebeling

15 Spur H. 33 vom 1.5.1933 S. 137

16 Rundbrief der Kanzlei Süd-West des Großdeutschen Bundes vom 27.5.1933 Heidelberg. Zitiert bei H. Pross a.a.O. S. 158

17 Vergl. Baldur von Schirach: Die Hitlerjugend a.a.O. S. 33

18 Ebenda S. 35

19 Die Herleitung seines Auflösungsrechts führt von Schirach selbst auf die ihm vom Führer verliehene Stellung zurück. Ebenda S. 36

20 Angaben nach H. Ebeling: The German Youth Movement a.a.O. S. 20 f.; Diss. H. Pross a.a.O. S. 160; Baldur von Schirach Die Hitlerjugend a.a.O. S. 33 f. und Freideutscher Rundbrief Nr. 3 März 1948 "Dokumentensammlung über die Verfolgung der bündischen Jugend durch die nationalsozialistische Reichsjugendführung" S. 18, dort auch die Wiedergabe der Verordnung des Jugendführers des Deutschen Reiches vom 21.6.1933 veröffentlicht am gleichen Tage im Reichsjugendpressedienst: "Der Großdeutsche Bund mit seinen Unter- und Teilorganisationen ist mit Wirkung vom 17. Juni 1933 aufgelöst. Eigentum des Großdeutschen Bundes sowie der angeschlossenen Unter- und Teilorganisationen ist sicherzustellen. Mit dem Großdeutschen Bund sind demnach aufgelöst: Freischar junger Nation, Deutsche Freischar, Deutscher Pfadfinderbund, Die Geusen, Ringgemeinschaft Deutscher Pfadfinder, Ring deutscher Pfadfindergaue, Deutsches Pfadfinderkorps, Freischar evangelischer Pfadfinder. Der Reichsausschuß der deutschen Jugendverbände wird mit sofortiger Wirkung aufgelöst. Die bisherigen Aufgaben des Reichsausschusses werden in die erweiterten Aufgaben der Jugendführung des Deutschen Reiches übernommen. Sämtliche Jugendorganisationen Deutschlands sind dem Jugendführer des Deutschen Reiches Berlin NW 40 Kronprinzenufer 10 Abt. Verbände zu melden.

Jugendorganisation die diese Meldung bis zum 13. Juli 1933 nicht oder für vollständig vollzogen haben, gelten als aufgelöst. . ."

21 Vergl. Das Junge Volk, bündische Zeitung 14. Jahrg. Nr. 12 Berlin 20 Juni 1933 S. 4; zitiert bei H. Pross a.a. O. S. 161
22 Ebenda
23 Ebenda S. 160 auch S. 159, das Schreiben eines Führers des Großdeutschen Bundes an den Reichsleiter der Hitlerjugend
24 Nach persönlichen Schilderungen des Bundesführers des Jungnationalen Bundes Dr. H. Ebeling, der selbst versuchte, die zuständigen Stellen in Berlin und Düsseldorf zu interessieren.
25 Vergl. Der große Wagen II Bd. H. 2 S. 30: Abschrift Der Jugendführer des Deutsches Reiches Abt. Verbände Berlin den 19. Aug. 1933, Herrn Dr. Karl Müller, Saarbrücken 3, "Ich bestätige Ihnen hiermit, daß die von Ihnen geführte Deutsche Jungentrucht ordnungsgemäß gemeldet worden ist und in derselben Form weiterbestehen kann. Heil Hitler' Der Leiter der Abteilung Verbände I.V. gez. Lichonowsky."
26 Nach der Darstellung von E. Koebel vom 15. X. 1951
27 Nach der Darstellung von Ebeling vom 20. III. 51. Ein gewisses Nachspiel hatte dieser Versuch noch, als im Jahre 1937 Kreise des Auslandsamtes der Hitlerjugend unter Geo von Sohrmeinitz ebenfalls versuchten, einen Pfadfinderverband ins Leben zu rufen und zu diesem Zweck Verbindungen mit illegalen Gruppen der bündischen Jugend aufnahmen. Dieser Versuch wurde durch das Eingreifen der Gestapo im Jahre 1937 unterbunden. (nach eigener Kenntnis des Verfassers)
28 Bagger H. 5 Herbst 1933 S. 5
29 Ebenda (auch das folgende Zitat)
30 Die Zeitschrift "bagger" ist bis zum Ende des Krieges herausgegeben worden. Leider ließ sich nur noch ein Exemplar dieser aufschlußreichen Schrift auffinden.
31 Vergl. Armin Mohler a.a.O. S. 68
32 Vergl. Auszug aus der Geheimschrift Nr. 21 der Reichsjugendführung Abt. Verbände in: Jugend am Werk Stuttgart 1949 Hrsg. Ministerialrat Hassinger, Kultusministerium.
33 Nach persönlichen Angaben von Dr. Arno Deuthmoser (Brief vom 8.I.1952) an den Verfasser, der dem Bunde "Die Eidgenossen" angehörte und im Spätsommer 1933 der Widerstandsgruppe Friedrich Hielschers beitrat.
34 "Aus dem Tagebuch eines Aufgelösten" in: bagger H. 5 S. 8 f.
35 Zitate aus: bagger 5 a.a.O. S. 7
36 Ebenda S. 18
37 bagger 5 a.a.O. S. 4 und S. 6
38 Darstellung Koebels an den Verfasser vom 15.X.1951
39 bagger 5 a.a.O. S. 18 und 19 zeigen verschiedene Berichte dieser Art. Kritisiert werden die Haltung der Führer, Überbetonung der Uniformierung und des militärischen Drills, sowie Lagerformen, die der bündischen Auffassung nicht entsprechen.
40 Nach persönlichen Ausführungen von Prof. Dr. Th. Schieder, Dr. H. Ebeling und Dr. K. Nabel.
41 Nach persönlichen Angaben von Ludwig Liebs (Bundesführer der Deutschen Freischar 1951/52)
42 Vergl. H. Ebeling: The German Youth Movement a.a.O. S. 22 auch: Kameradschaft, Schriften junger Deutscher 2. Jahrg. H. 1 Januar 1939 S. 6
43 Nach persönlichen Angaben von Ludwig Liebs
44 Nach persönlichen Angaben von Prof. Dr. Th. Schieder und Ludwig Liebs.
45 Nach Ausführungen von Prof. Dr. Th. Schieder, der selbst an diesem Rettungsversuch beteiligt war.
46 Aussage von K.O. Paetel in einem Brief an den Verfasser vom 10.XI. 1950
47 Dieser Versuch wurde von Rechtsanwalt Giesen (Rommerskirchen) unternommen, dessen Sohn mit einigen Freunden am 15. XII. 1939 von der Gestapodienststelle XIH2 Berlin, Reichssicherheitshauptamt in Köln verhaftet wurde.
48 Nach Aussage von Prof. Dr. Th. Schieder
40 Ebenda

Anmerkungen zu
XI. Der Widerstand der deutschen Jugendbewegung gegen den totalitären Staat Adols Hitlers

1 Der Graue Orden war ein katholischer Jungenbund (hatte allerdings auch protestantische Mitglieder) mit betont jungenschaftlicher Form und wurde von Fritz Leist (jetzt Prof. der Philosophie an der Universität München) geführt.
2 Bezeichnend für diese Entwicklung ist der Werdegang der bündischen Kreise in der Gruppe "Sozialistische Nation". Vergl. auch die allerdings nicht ganz den Tatsachen entsprechende Schilderung in: The silent war – Underground Movement in Germany, by John B. Jansen und Stefan Veyl. J.B. Lippincott Co. 1943 pp. 225 ff. zitiert in: Vera Franke: Anti-nazi development amrug German Youth, New York Spring 1945. Als bekannte Einzelpersönlichkeit wäre hier Adolf Reichwein zu nennen. Vergl. B. Bohnenkamp: Gedanken an Adolf Reichwein Pädagogische Studien, Braunschweig, Berlin, Bamberg 1949
3 R. Pallas: Das war der echte Widerstand in: Aachener Nachrichten vom 29. X. 1949 Nr. 153 S. 3
4 Günther Schmiche und Bruno Tausig: Der Meister des Ordens (als Schreibmaschinenmanuskript erhalten)
5 Darstellung E. Koebels vom 15.X.1951 S. 3
6 W. Helwig: Auf der Knabenfährte Konstanz-Stuttgart 1951 S. 99
7 Ebenda S. 214
8 Westdeutscher Beobachter vom 14.6.1933

9 Westdeutscher Beobachter vom 27.6.1933
10 So wurden z.B. "Die Eidgenossen" bereits im Febr. oder März 1933 verboten (Brief Arno Deutelmosers an den Verfasser) Westdeutscher Beobachter vom 23.6.1933
11 Westdeutscher Beobachter vom 23.6.1933 Nr. 146 Jahrg. 9 "Aktion über die Jugendbünde"
12 Westdeutscher Beobachter vom 20.6.1933
13 Westdeutscher Beobachter vom 19.6.1933 "Baldur von Schirach Jugendführer des Deutschen Reiches. Der Reichsführer hat mit sofortiger Wirkung verfügt: Es wird eine Dienststelle des Reiches errichtet, die die amtliche Bezeichnung Jugendführer des Deutschen Reiches trägt. Zum Jugendführer des Deutschen Reiches wird der Reichsjugendführer der NSDAP Baldur von Schirach ernannt." Die Verkündung der Verordnung zur Auflösung des Großdeutschen Bundes erfolgte erst am 21.6.1933.
14 Vad Skall det bli ar tyskarna? (Joachim Frank Stockholm 194) (Vergl. deutsches Manuskript S. 4)
15 Nach Darstellung Koebels vom 15.10.1951
16 H. Ebeling: The German Youth Movement, gibt für das erste ausdrückliche Verbot der bündischen Jugend durch das Preussische Geheime Staatspolizeiamt den 6.2.36. an (a.a.O. S. 2.) Ebenso Kameradschaft, Schriften junger Deutscher 2. Jahrg. H. Jan. 1939 S. 6
17 Vergl. H. Ebeling: The German Youth Movement a.a.O. s. 23
18 Zahlreiche Bestrafungen erfolgten im Juli/August 1940 durch das Sondergericht für den OLG Köln
19 Vergl. W. Helwig a.a.O. S. 133
20 Nach Angaben Eberhard Koebels vom 15.X.1951; ebenfalls bei H. Ebeling: The German Youth Movement a.a. O. S. 23. Die Übereinstimmung der Aussagen zweier so verschieden denkender Personen wie Dr. H. Ebeling und H. Koebel sind wohl eine genügende Gewähr für die Richtigkeit dieser Angaben. Als Zeuge des Vorgehens gegen dj. 1.11. kann auch der oben genannte Willi Claus (Prof. an der Hochschule für bildende Künste, Berlin) genannt werden.
21 Schreiben von Dr. R. Pallas an den Verfasser vom 11.12.1951
22 M. Ebeling: The German Youth Movement a.a.O. S. 24 (Rückübersetzung des Verfassers) Weitere Angaben über den Essener Prozeß in: Kameradschaft 1. Jahrg. 1937 H. 1 S. 4/9
23 Vgl. H. Ebeling: The German Youth Movement a.a.O. S. 25
24 Vergl. K.O. Paetel: Vierter Rundbrief an die Freunde, Tätigkeitsbericht der Gruppe "Sozialistische Nation" (GSRN-Gruppe Sozialrevolutionärer Nationalisten) und Briefe an die Freunde in Deutschland, siebente Folge, Tätigkeitsbericht der Gruppe Sozialistische Nation II Vergl. ferner Vera Franke: Anti-Nazi-Developments among German Youth, American Assoziation for a Democratis Germany New Spring 1945 S. 11–13
25 Vergl. Zeugenladung des Sondergerichtes des OLG Köln Akt.- Zeichen 39/129/40 und 39 – 216/40.
26 Mitteilungen von Dr. Edgar Lohner, Lektor an der Haward University USA Vergl. ferner: Urteil des II. Senats des Volksgerichtshofes Berlin vom 11. Sept. 1941, dessen Abschrift als Beispiel beigegeben werden mag.
27 Vergl. H. Ebeling: Die Fahne zerriß, der Speer zerbrach. Theo Hespers, Kampf einer Jugend gegen Hitler
28 Angaben über Willi Graf von Dr. K. Bian und anderen seiner Freunde, über die Geschwister Scholl, deren Hinrichtung am 22.2.1943 in Stadelheim erfolgte, vergl. Das Opfer der Jugend Flugblätter der Weißen Rose in: Der Phönix 1947, ein Almas nach für junge Menschen. Hrsg. Hans Nieklisch und Walther G. Oschilewski, Berlin 1947; Howard Becker a.a.O. S. 252 f. das auch eine nicht ganz wörtliche Wiedergabe des Manifestes der Münchener Studenten. Darstellung Koebels vom 15.10.51 gibt an, daß Hans Scholl von dj. 1.11. entscheidend beeinflußt wurde und vor dem Kriege jahrelang im Sinne der illegalen dj. 1.11. im Jungvolk gearbeitet habe. Diese Aussage wird durch das Buch Inge Scholls "Die weiße Rose", 3. Aufl. 1952 bestätigt. Hier sind auch die Flugblätter wiedergegeben und eine hervorragende Darstellung des für die illegale Zeit typischen Lebens von Hans Scholl.
29 Vergl. Hans Bohnenkamp: Gedanken an Adolf Reichwein a.a.O. S. 19/20; ferner H. Pross a.a.O. S. 171, nähere Ausführungen über den Kreisauer Kreis und Adolf Reichwein S. 327/28 dieser Arbeit.
30 Vergl. hierzu den bereits mehrfach zitierten "bagger" Nr. 5 ebenfalls geht es aus der Geheimschrift Nr. 21 der Reichsjugendführung hervor (zitiert in Hassinger, Jugend am Werk, Stuttgart 1949); auch die Zeitschriften des Jungvolks zeigen zunächst in den ersten Jahren nach 1933 ganz deutlich den bündischen Einfluß.
31 Howard Becker a.a.O. S. 210
32 Hierzu gehört auch die "Schwarze Jungmannschaft", über deren Tätigkeit Heinz Gruber nähere Angaben aus politischen Gründen ablehnte.
33 Vergl. Vera Franke a.a.O.: Anti Nazi developments among German Youth. Dort werden allein 9 verschiedene Namen von "wilden" Bünden angegeben.
34 Nach Angabe von Dr. H. Ebeling vom 28.3.1951
35 Vergl. H. Ebeling: The German Youth Movement a.a.O. S. 23
36 Nach persönlichen Berichten der Mitglieder dieser Gruppe
37 Pressestelle des Gebietes Ruhr-Niederrhein der Hitlerjugend vom 1. Sept. 1937 (zit. bei H. Ebeling ebenda S. 5)
38 Vergl. Lieder der Eisbrechermannschaft, Plauen 1933
39 Westdeutscher Beobachter vom 31. Jan. 36 (Abendausgabe)
40 Westdeutscher Beobachter vom 5. Februar 1936 (Abendausgabe)
41 Nach Mitteilungen des Dirigenten Serge Jaroff.
42 Nach Mitteilung der Bonner Jungenschaftsgruppe, die im Paetelkreis "Gruppe Sozialistische Nation" mitarbeitet
43 Mitteilung von Siegfried Schmidt, Speyer
44 In Wien hielten sich noch einige Zeit nach 1938 Überreste des Österreichischen Jungenkorps (öjk) (nach eigener Kenntnis des Verfassers)

45 Die ganze Haltung des Zurückziehens auf sich selbst und die nur-geistige Ebene zeigt sehr deutlich die Zeitschrift "Bemühung" Hrsg. von herbert heymann, Hamburg, Hefte Sommer und Herbst 1934. Ein ausgezeichnete Darstellung voll tiefem Verständnis für die Jungenschaftsgruppen gibt Inge Scholl in ihrem Buch über ihren Bruder und die Münchener Studenten

46 Paul Yogi Mayer (Bundesführer der Jungenschaft "Schwarzes Fähnlein") in: re 7 Führerblätter Frankfurt/M. 1933 S. 22

47 Bündische Erziehung im totalen Staat in: re 7 S. 2 f.

48 Rudi Pallas: Versuch einer Analyse der bündischen Jugend Moskau, Sommer 1944 (Schreibmaschinenmanuskript)

49 Vergl. Die Heldenfibel (E. Koebel); die gleiche Haltung zeigen die etwa 1935 im Grauen Orden illegal erscheinenden Blätter für die Scheul", die zwar dem Verfasser dieser Arbeit gut bekannt sind, von denen aber kein Exemplar mehr erreichbar war.

50 "Entscheidung", etwa 1936 im Grauen Orden entstanden, als Laienspiel für eine Jungengruppe gedacht. Schreibmaschinenmanuskript von G. Schmich, Karlsruhe

51 Vergl. Max Nitzsche: Bund und Staat a.a.O. S. 47 f

52 Geheimschrift Nr. 21 der Reichsjugendführung, Amt für Jugendverbände vom 1.11.1936 (zitiert in: Jugend am Werk, Stuttgart 1949 S. 49 Hrsg. Kultusministerium, Ministerialrat Hassinger) auch in: Dr. R. Hennicker: Die Jugendverbände der Bundesrepublik Deutschland Deutsches Jugendarchiv München e.V. München 1951 S. 24) Das folgende Zitat ist von dort übernommen. Das Original der Geheimschrift, von der auch Koebel mehrfach spricht, war nicht erreichbar

53 Vergl. Darstellung von E. Koebel vom 15.1.1951 S. 2

54 Im August 1935 wurde die Fortführung der Zeitschrift "Der Eisbrecher" dem Verlag untersagt. Mitteilung des Verlages an Herbert Schierer, wiedergegeben in dessen Dissertation: Das Zeitschriftenwesen der Jugendbewegung, Berlin 1938

55 Vergl. Armin Mohler a.a.O. S. 190 f.

56 Nach Angaben von Werner Pohl, Dr. H. Ebeling, Rüdiger/Robert Beer a.a.O.

57 Vergl. Brief Dr. Arno Deutelmosers an den Verfasser vom 3.1.1952

58 Vergl. Brief K.O. Paetels an den Verfasser vom 3.1.1951

59 Vergl. Der Prozeß gegen den Widerstandskreis und die Oberlandkameradschaften in: Kameradschaft 2. Jahrg. H. 1 Jan. 1939 S. 9 f; über den Kreisauer Kreis: Hans Bohnenkamp: Gedenken an Adolf Reichwein a.a.O. S. 19 f

60 Darstellung Koebels vom 15.1.1951 S. 3

61 Brief Dr. R. Pallas vom 11.III.1951 an den Verfasser

62 Vergl. Schreiben des Justizrates Dr. Rudolf Mix in der Strafsache o.d. 162/40 2. 77/41 an den 2. Senat des Volksgerichtshofes Berlin vom 26.V.1941

63 Vera Franke a.a.O. S. 11

64 Nach Angaben von Dr. Edgar Lohner sowie mehreren Mitgliedern dieser illegalen Gruppe

65 Unser Deutsches Reich in: Kameradschaft, Schriften junger Deutscher, 2. Jahrg. H. 5 August 1939 S. 107 f. So wollen wir Deutschland ebenda H. 12 Dez. 1938 S. 228 f.

66 Angaben von Dr. Edgar Lohner, K.O. Paetel und mehreren anderen weiteren Mitgliedern dieser Gruppe

67 Nach persönlichen Darstellungen von Dr. H. Ebeling vom 28.3.1951

68 H. Ebeling: Die Fahne zerriss, der Speer zerbrach in: Aachener Nachrichten vom 7. Nov. 1949 Nr. 159 S. 5

69 Vergl. auch: Der Prozeß gegen den "Widerstandskreis" und die Oberlandkameradschaften in: Kameradschaft, Schriften junger Deutscher 2. Jahrg. Jan. 1939 H. 1 S. 15

70 Was ist Bündisch? Ebenda 2. Jahrg. H. 1 Jan. 1939 S. 8

71 Ebenda

72 Brief eines Bündischen aus dem Reich, ebenda S. 19

73 Brief eines Bündischen aus dem Reich, ebenda 2. Jahrg. H. 1 Jan. 1939 S. 21

74 Hitler und die Generale, eine außenpolitische Betrachtung, ebenda 2. Jahrg. H. 5 Aug. 1939 S. 101 f.

75 Sprechchor der Jugend, von einer bündischen Gruppe im Reich, ebenda 2. Jahrg. H. 5 Aug. 1939 S. 97

76 Vergl. Joachim Frank: Vad shall det bli ar tyskarna? Stockholm 1944 (Deutsche Übersetzung, Schreibmaschinenmanuskript von H.J. Schoeps S. 4)

77 Vergl. Inge Scholl: Die weisse Rose, Verlag der Frankfurter Hefte

78 Die Angaben über Adolf Reichwein sind alle entnommen aus der Schrift von Hans Bohnenkamp: Gedanken an Adolf Reichwein. Ein näheres Eingehen auf den Kreisauer Kreis führt hier zu weit und erübrigt sich insoweit, als die Geschichte des 20. Juli von anderen sorgfältig erforscht wird.

79 Howard Becker a.a.O. S. 220 f.

80 Wiedergabe des Aufrufes in: Vera Franke a.a.O. S. 2/3

81 Sh. Fotographie der Hinrichtung (im Besitz des Verf.), Bestätigungen durch Aussagen mehrerer Edelweiß-Jugendlicher, die in diese Angelegenheit verwickelt waren.

82 Vergl. Vera Franke a.a.O. S. 4 (Dort Wiedergabe des Originalberichtes)

83 Bericht bei Vera Franke a.a.O. S. 17

84 Dispatch from Luxemburg vom 8. Dez. 1944 in: Vera Franke a.a.O. S. 4

85 Vergl. ebenda die weiteren Berichte von ABSIE S. 4-6

86 Vergl. Howard Becker a.a.O. S. 222

87 Howard Becker a.a.O. S. 252

88 Vergl. Bericht dreier amerikanischer Erzieher der "psychological warfare Branch of the Twelfth Army in Overseas" New Agency, January 8,9 1945: "They don't know a thing about democracy, cannot define it, don't know what it is, but they will all tell you they want some kind of Liberty". Zitiert in Vera Franke a.a.O. S. 7

Anmerkungen zu
XII. Jugendbewegung nach 1945 ?

1 Howard Becker: Vom Barette schwankt die Feder, die Geschichte der deutschen Jugendbewegung a.a.O.
   S. 267
2 Nach eigener Kenntnis des Verfassers
3 Unsere Städte und ihre Jugend, Bericht über die 3. Hauptversammlung des Deutschen Städtetages in Köln 30.
   6. und 1.7.1950, Otto Schwarz und Co. Göttingen 1951
4 Es wurden zu dieser Untersuchung die Artikel von 30 verschiedenen Tageszeitungen herangezogen. Schon
   die Überschriften lassen erkennen, inwieweit sich der Wandel der Bedeutung von Jugendbewegung und Jugendpflege vollzogen hat.
5 Die Statistik in "Die Jugendverbände der Bundesrepublik Deutschland" von Dr. Rolf Hennicker gibt als genaue
   Zahl 5 898 500 an. Hierbei ist jedoch zu berücksichtigen, daß allein die Sportjugend 2 033 200 und die Gewerkschaft 1 300 000 Mitglieder zählt, daß die Jugend in diesen Verbänden oft nur rein organisatorisch erfaßt
   ist und zudem mit einem hohen Prozentsatz von Doppelmitgliedern gerechnet werden muß.
6 Vergl. hierzu: Unser Weg in: Feuer, eine Schrift der Jungen H. 7 1950 Hrsg. Deutsche Jungenschaft Köln, S.
   2-4
7 Eine Übersicht über die neuerstandenen Bünde findet sich in: Das Nachrichtenblatt Nr. 8/10 Hrsg. Vereinigung
   Burg Ludwigstein e.V. 1951. Allerdings ist diese Darstellung sehr ungenau.

Jugend und Nationalsozialismus

JUGENDKRIMINALITÄT UND JUGENDOPPOSITION IM NS-STAAT
Ein sozialgeschichtliches Dokument
Herausgegeben und eingeleitet von Arno Klönne

Der totalitäre Anspruch des NS-Staates auf Erziehung und Erfassung der Jugend ist im Laufe des Dritten Reiches
auf vielfältige Widerstände bei Teilen der jungen Generation gestoßen. Der zunehmende Zwangscharakter der
NS-Jugenderziehung und die Reglementierung jugendlichen Lebens durch die HJ waren Reaktionen auf oppo-
sitionelles Verhalten jugendlicher Gruppen, insbesondere von Arbeiterjugendlichen, und sie riefen selbst wieder
neues Widerstreben hervor. Bei vielen jungen Leuten, die im Dritten Reich aufwuchsen, war die NS-Sozialisation
nicht gelungen. Das Spektrum "abweichenden" Verhaltens Jugendlicher im NS-Staat reichte von Jugendbanden,
die sich dem Drill der HJ entzogen, bis zu illegalen Fortsetzungen NS-gegnerischer, jugendbündischer Gruppen.
Der NS-Staat sah in dieser jugendlichen Opposition eine Gefährdung des Systems.
Unter dem Titel "Kriminalität und Gefährdung der Jugend" berichtete Anfang 1941 eine vertrauliche Dienstschrift
des Jugendführers des Deutschen Reiches über die Herkünfte und Erscheinungsformen abweichenden und stem-
oppositionellen Verhaltens von Jugendlichen. Diese bisher nahezu unbekannte, höchst aufschlußreiche Quelle zur
Sozialgeschichte der Jugend im Dritten Reich wird hier erstmals öffentlich zugänglich gemacht und interpretiert.

Geschichte der Jugend Bd. 1, DM 38.80, 250 S., ISBN 3-88660-006-8

JUGENDFILM UND NATIONALSOZIALISMUS
Dokumentation und Kommentar
Nachdruck der Sonderveröffentlichung Nr. 6 der Zeitschrift "Das Junge Deutschland" hrsg. vom Jugendführer des
Deutschen Reiches: A. U. Sander, Jugend und Film, Berlin 1944
kommentiert von Hartmut Reese

Für die nationalsozialistische Propaganda, vor allem aber für die nationalpolitische Erziehung der Jugend stellte
der Film ein vorrangiges Medium dar. Mit seiner Hilfe sollten die politischen und ideologischen Erziehungsziele des
Nationalsozialismus gerade in der Jugend durchgesetzt werden. In der vorliegenden Sonderveröffentlichung der
Reichsführung zum 10jährigen Bestehen der Jugendfilmstunden im Jahre 1944 wird nun ein Resümee der bisherigen Filmarbeit in und mit der Jugend versucht, das zum einen auf der empirischen Erhebung unter den Jugend-
führern/innen beruht und zum anderen einen Ausblick auf die notwendigen Schritte einer Ausweitung und qualitativen Verbesserung der Filmarbeit gibt. Obwohl diese Schrift ganz im Sinne der Reichsjugendführung abgefaßt
ist, gibt sie – zwischen den Zeilen und gegen den Strich gelesen – einen deutlichen Einblick in die Problematik
der Erfassung der Jugend durch den NS-Staat. Auch, ja gerade am Beispiel des attraktiven Mediums Film wird die
Zwiespältigkeit des Versuchs einer totalen Kontrolle der Jugend offensichtlich. In einem ausführlichen Kommentar
versucht Hartmut Reese, gerade diesen Aspekt der Schrift herauszustellen und deutlich zu machen, daß der
Gebrauch des Films nicht einfach im Sinne des Nationalsozialismus funktioniert, im Gegenteil, diese Art des
Filmkonsums durch die Jugend für den Nationalsozialismus selbst problematisch wird. Die Veröffentlichung dieser
Schrift stellt damit eine nur noch schwer zugängliche Quelle für die Auseinandersetzung um Jugend im National-
sozialimus wieder zur Verfügung.

Geschichte der Jugend Bd. 7, DM 29.80, 180 S., ISBN 3-88660-103-x

Lit Verlag, Vorländerweg 48, 44 Münster, Tel. 0251/76861